禮 & 藝

한국인의 의사소통 사상을 찾아서

김정탁 지음

한울
아카데미

서문

• 의사소통이란 무엇인가

의사소통학(커뮤니케이션학) 공부를 하면 할수록 아는 것보다 의문이 자꾸만 쌓여간다. 이렇게 쌓여가는 의문들 가운데 언제나 변치 않고 등장하는 것은 '의사소통이란 과연 무엇인가' 하는 것이다. 의사소통이란 우리들의 삶의 가치를 반영하는 것인가, 아니면 사회생활을 유지하기 위한 일종의 도구인가? 또 의사소통은 우리들의 합리적 정신의 소산인가, 아니면 우리들의 통정성(通情性)을 촉발하는 매개체인가?

이런 기본적인 의문은 의사소통학 공부를 처음 시작할 때나 나옴직한 것인데, 의사소통에 대한 사색과 탐구에 몰입하는 시간이 길어질수록 이런 의문에 대한 해답은커녕 그 골이 더욱 깊어지고 있다. 특히 새로운 매체가 물밀 듯이 몰려오고 있는 지금의 상황에서 의사소통에 대한 이런 의문은 더욱 증폭되고 있다.

물론 다른 학문 세계에서도 이런 유의 의문은 끊임없이 제기될 수 있다. 그렇지만 과학자의 경우 연구하고자 하는 특정 분야에 대한 의문은 있을 수 있어도 '과학이란 무엇인가'와 같은 근본적인 질문은 없을 것으로 본다. 바로 이런 의문들로 인해 필자는 의사소통학 연구 중에서 사상과 철학에 뒤늦게 관심을 갖게 되었다. 의사소통에 대한 기본적 의문에 대해 어떤 실마리를 찾지 않고선 필자가 관심을 갖는 의사소통의 내용물, 즉 보도물, 광고물, 영상물 등의 분석에 만족할 만한 성과를 이뤄내지 못할 것이라고 생각했기 때문이다.

우리들의 행위 중에서 가장 인간다운 행위는 의사소통이다. 인간 기능 중에서 가장 중요한 기능인 두뇌와 감각기관의 결합을 통해서 의사소통이 이루어진다는 점만 보아도 얼마만큼 이 말이 설득력 있는지를 가늠하게 된다. 게다가 인간의 의사소통은 언어, 문자와 같은 '매체'를 통해서 발전되어왔다. 인간은 매체를 사용함으로써 지능을 크게 발달시킬 수 있었고, 또 이성과 감성을 풍성하게 만들 수 있었다. 바로 이 점이 근본적으로 동물과 다른 점이다.

그런데 의사소통에 관한 사상은 우리 학문에서 소홀히 다루어져왔다. 의사소통의 하위 분야라고 할 수 있는 매체 사상에 대해선 어느 정도의 연구는 있었지만 막상 매체 사상의 모체에 해당하는 의사소통 사상에 대해서는 전혀 관심을 나타내지 않았다. 아마도 우리들의 의사소통 행위가 어떤 사상적, 또는 철학적 기반에서 비롯되기보다는 그냥 자연스럽게 이루어지는 행위라고 여겼기 때문이 아닌가 생각한다.

그런데 오늘날 의사소통 방식은 인간과 사회를 설명하는 데 핵심적 역할을 담당하고 있다. 이 때문에 20세기를 빛냈던 세계적인 석학들은 의사소통 내지는 매체 문제를 자신의 가장 중요한 연구 축으로 삼기도 했다. 예를 들어 뉴턴, 다윈, 프로이트, 아인슈타인, 파블로프의 축을 잇는 대사상가로 인정받는 맥루한은 영문학자의 길 대신에 매체연구자로 변신함으로써 명성을 얻을 수 있었으며, 독일의 대표적 지성인 하버마스는 '의식철학의 패러다임은 완전히 고갈되었다'고 선언하면서 그의 사상적 중심을 의사소통 행위로 옮겨왔다. 소비문화에 대한 예리한 분석을 통해 세계적인 명성을 얻고 있는 보드리야르는 마르크스의 '정치경제학 비판'을 빗대 '기호의 정치경제학 비판'을 제창했으며, 서구를 지배해온 로고스주의의 해체를 주장함으로써 오늘날 가장 논쟁적인 철학자로 각인되고 있는 데리다는 그의 『문자학』을 통해 서구사상에 대한 근본적 비판을 전개했다.

• 동양과 서양의 의사소통 차이

그렇다면 동양의 경우는 어떠할까? 동양은 일찌감치 의사소통이 인간의 모든 것이라는 입장을 꾸준히 견지해왔다. 사실 동양사상의 기본 축은 의사소통 사상이라고 해도 과언이 아닐 정도로 의사소통 사상이 우리들의 인식에 미치는 영향은 가히 절대적이라고 할 수 있다. 예를 들어 노장(老莊)사상의 핵심적 텍스트인 『도덕경(道德經)』 제1장 "도가도 비상도, 명가명 비상명(道可道 非常道, 名可名 非常名)"은 언어에 대한 극단적 불신을 표명함으로써 의사소통 문제를 근본적으로 맞닥뜨리고 있다. 언어도단(言語道斷)으로 요약되는 이 글귀는 노장사상의 모든 것을 담고 있지 않은가.

그런데 언어도단의 이상을 현실에서 구현하고자 했던 사상이 바로 공맹(孔孟)사상이다. 우리들은 공맹사상을 정치사상, 또는 통치사상이라고 규정하지만 이들 사상을 뒤에서 감시자처럼 응시하고 있는 것이 의사소통 사상이 아닐까? 이런 공맹의 의사소통 사상은 정명사상(正名思想)과 언행일치(言行一致)로 요약될 수 있는데, 이것이 노장(老莊)의 이상적 의사소통 사상을 실험실 안에서 과감히 바깥으로 끌어냈다는 평가를 받고 있다. 즉, 공맹사상은 노장의 순수하고 깨끗한 이상을 현실 속에서 구현하고자 노력했다.

어쨌든 동양과 서양의 의사소통 사상 사이에는 근본적인 차이가 존재한다. 그리고 그 차이는 언어관에서부터 비롯되고 있다. 서양의 의사소통 사상은 기본적으로 모든 대상은 언어로 치환할 수 있다는 신념에서부터 출발하고 있다. 모든 기의는 기표로서 대체될 수 있다는 구조주의 기호학이 바로 이런 서양의 의사소통 사상을 그대로 답습하고 있는 셈이다. 그리고 그 치환의 출발은 이항대립 구조에서부터 시작하고 있는데 밤과 낮, 삶과 죽음, 선과 악, 민주와 반민주 등이 그것이다.

그런데 대상을 언어로서 표현할 때 그 대상은 단절된 것처럼 보이지만 실제로 우리들의 삶 속에서 그것은 변화 과정, 생성 과정의 한순간일 따름이다. 어떻게 밤과 낮을 명확하게 구분할 수 있을까? 그렇다면 동녘에 떠오르는 '새벽'은 과연 '밤'일까 '낮'일까? 서양의 의사소통 사상은 이런 문제를 해결하기 위해 또 다시 '낮'을 '오전'과 '오후'로 구분하는 이항대립적 분화를 거듭한다. 물론 그 분화의 끝은 '0'과 '1'로 구분되는 디지털식 표현방식이다. 이런 분화 뒤에는 객관성과 명료성에 의해 의사소통이 지배되어야 한다는 믿음이 깔려 있는 것이다.

그런데 물이 수증기로 변하고, 수증기가 물로 변하는 것은 단지 현상의 변화에 불과하지 그 본질이 바뀌는 것은 아니다. 마찬가지로 삶과 죽음도 이 세상 너머 저 먼발치에서 보면 현상의 변화이지 본질의 변화는 결코 아니다. 불교의 윤회사상이 바로 여기서부터 출발하고 있다. 따라서 태어나서, 성장하고, 성숙하고, 사라지는 하나의 연속된 생성과 소멸의 과정으로 보면 삶과 죽음으로 이원화하는 표현방식에 문제가 있음을 알게 된다. 오히려 이런 식의 이항대립적 표현이 마치 실제가 구분되어 있는 것처럼 보여지도록 만든다.

이런 이항대립적 표현은 결국 우리들을 상극(相剋)의 논리로 빠뜨린다. 이항대립적 표현은 'either or' 방식이기 때문에 반드시 하나를 선택하도록 만든다. 선(善)과 악(惡)이 대표적인 예다. 그렇지만 상생(相生)의 논리는 'both all'과 같기에 굳이 그런 선택을 할 필요가 없다. 선과 악은 언어상으로만 구분될 뿐이지 애초부터 존재하지 않기에 우리들은 그런 구분과 선택이 의미 없다는 것을 일찌감치 깨닫고 있었다. 바로 유·불·선(儒·佛·仙)에 기초한 우리들의 의사소통 방식의 근저에 'both all'의 논리가 위치하고 있기 때문이다.

그렇다면 서구 로고스 중심 철학을 근본적으로 부정함으로써 서양철학을 다시 쓰도록 만든 데리다의 양가성(兩價性) 논리, 또는 젓가락 운동이 우리의 의사소통 방식과 어쩌면 이렇게 같을 수 있을까? 양가성 논리에 따르면 모든 기호는 그 의미가 양쪽으로 활짝 열려 있기에 선도 악도, 삶도 죽음도, 밤과 낮도 아니다. 즉 선과 악의 의미를 모두 포함한다. 바로 이것이 '대립'과 '갈등'으로 지배되는 서양의 사고방식을 '조화'와 '시너지'로 구성되는 동양의 사고방식으로 대체하려고 한 시도가 아닐까. 마치 '원자'의 세계관을 '망(network)'의 세계관으로, 나아가 '태극'의 논리로 바꾸려고 한 것이다.

사실 우리의 의사소통 사상은 물론이고, 행동에서조차도 모든 대상(기의)을 언어(기표)로서 표현할 수 있다는 신념은 처음부터 아예 배제되었다. 대상을 아무리 객관적이고, 명료하게 설명하려고 해도 언어로서 그 대상을 정확히 표현한다는 것이 불가능하다는 점을 깨닫고 있었기 때문이다. '가섭만이 미소로써 응답했다'는 불교 선종의 최초 교설에서 말하는 것처럼, 또 언어도단으로 압축되는 노장철학에서 말하는 것과 같은 탈언어적 발상이 우리들의 의사소통을 오랫동안 지배해왔다. 성철 스님의 "산은 산이고, 물은 물이다"는 유명한 언설이 바로 이런 식의 의사소통 사상을 단적으로 대변해준다.

• 우리의 의사소통 방식, '藝'와 '禮'

이처럼 우리들은 기표의 엄격한 제한을 통해서 대상인 기의를 상하지 않으려고 하는 절제된 의사소통 방식을 보여왔다. 바로 이것은 시적 언어와 은유적 표현으로서 구현되어왔다. 우리의 의사소통에는 이런 시적 언어와 은유적 표현이 기본적으로 많이 사용되고 있다. 필자는 이런 표현 방식을 모든 것을 객관화하고 명료화하려는 '법리적' 표현에 반대되는 '예술적' 표현이라고 규정하고, 우리의 의사소통 방식을 '예(藝)'로서 상징화했다.

또 공맹철학에 있어서 기표란 그리 중요하지 않다. 그것은 대상과 행동을 표현하기 위한 수단이기에 대상과 행동인 기의 자체가 중요하기 때문이다. 사실이 그렇다. 선을 행하는 것이 중요하지 선하다고 이름짓는 것은 아무런 의미가 없다. 그럼에도 우리 주위에는 선하지 않은 행동을 하고서도 그것을 선이라고 규정하고, 또 이것을 그대로 믿고 따르는 사람이 얼마나 많은가? 이 때문에 공맹은 언어보다 몸을 더욱 중요한 기표로서 상정하고, 언어와 행동의 일치, 즉 언행일치를 강조했다. 이 점이 몸 담론을 제외하고 텍스트 분석에만 치중하는 서양의 의사소통 사상과 근본적으로 다른 점이다. 필자는 의사소통에 있어서 몸 담론의 중요성을 '예'로서 상징화했다.

이처럼 우리의 의사소통 방식이 서양의 그것보다 훨씬 훌륭한데도 지금까지 우리는 뒤쳐진 서양의 의사소통 이론으로써 우리의 의사소통 행위를 연구하는 큰 우를 범해왔다. 즉 망원경으로 보아야 설명되는 우리의 의사소통 방식을 지금까지 현미경으로 들여다보고 있었으니 우리의 의사소통 방식의 훌륭한 점을 발견하지 못하고, 단편적이고, 부정적인 면만이 부각될 수밖에 없었다. 바로 이 점이 우리의 의사소통 연구를 근본적으로 다시 시작해야 하는 이유이기도 하다. 이 점이 제대로 규명되어야 필자가 관심을 갖는 보도물, 광고물, 영상물과 같은 의사소통의 내용물 분석이 제대로 이루어질 것이라고 생각한다.

그렇다면 동양과 서양의 의사소통 방식에 있어서 왜 이런 차이가 생겨나고 있는가? 그것은 오로지 의사소통의 매개 수단인 매체 기술(media technology)을 어떻게 만들어내고, 또 이용한 것과 직접적인 관련이 있다고 본다. 즉 언어라는 매체 기술을, 문자라는 매체 기술을, 또 인쇄라는 매체 기술을 어떤 식으로 응용한 결과인가이다. 기술이란 '인간 기능의 확장(extension of function in man)'이고, 매체 기술이란 인간 감각기관과 두뇌기관의 확장이다. 따라서 매체를 어떻게 수용하는가는 인간의 사고방식과 행동양식에 결정적 영향을 미친다. 즉 매체는 인간 정신의 구체적 표현이며, 그 자체가 의미분석의 핵심적 텍스트가 될 수가 있다.

그렇다면 표음문자와 표의문자의 경우를 예로 들어보자. 서양은 알파벳이라는 표음문자를 만들어냈고, 중국은 한자라는 표의문자를 만들어냈다. 표음문자로서 알파벳은 대상을 명료화하고, 객관적으로 표현할 수 있다는 점에서 매우 기능적이다. 이에 비해 표의문자인 한자는 대상 표현이 알파벳만큼 명확하지 못하다. 그렇지만 대상에 기초해서 만들어진 문자이기에 기표 자체에서 기의를 쉽게 읽을 수 있다. 즉 알파벳은 기표화하는 과정에서 기의 자체의 원래 의미가 손상될 수 있지만 한자는 그렇지 않다. 이런 차이들은 근본적으로 명료화와 객관화라는 가치를 실현하느냐의 여부에서 비롯된다.

이런 차이는 인쇄매체 기술을 활용하는 데 더욱 극명하게 나타난다. 우리나라는 구텐베르크보다 훨씬 빨리 인쇄 기술을 발명해냈지만 그것을 응용하는 데는 서양과 근본적인 차이를 보였다. 그 차이는 인쇄술이 우리 구미에 맞는 것이 아니라 서양인 구미에 맞는 매체 기술이어서 생겨났다. 즉 서양은 이미 표음문자의 객관성과 명료성에 이미 물들어 있었기에 선형적

인과관계(linear sequential)에 기초한 인쇄 기술은 그들의 호기심을 불러일으키는 데 충분했다. 그 결과 빠른 속도로 인쇄 기술의 보급이 이루어졌다. 족보를 인쇄하는 정도에 그친 우리의 활용도와는 너무나 대조적이다.

결국 인쇄 기술은 오늘날 서양사상을 형성하는 데 결정적 역할을 수행해왔다. 오늘날 서양 사회의 설계도에 해당하는 '근대성(modernity)'이 바로 그것이다. "나는 생각한다. 고로 존재한다"고 선언함으로써 근대의 문을 열었던 데카르트의 이 말은 "나는 이성적 존재이다. 고로 인간이다"는 선언에 해당한다. 이 말을 계기로 서양 사회에서는 합리성만이 우대받고, 통정성은 그야말로 천덕꾸러기 신세로 전락했다. 오늘날 우리의 삶을 지배하는 민주주의, 자본주의, 심지어 공산주의조차도 인간의 합리성이 작용해서 만들어낸 이념과 체제가 아닌가.

오늘날 이런 매체 기술은 구텐베르크의 인쇄술과 비교할 수 없을 정도로 눈부시게 발달하고 있다. 일설에 의하면 오늘날 전 세계적으로 발명특허되는 기술의 절반 이상이 매체 기술이라고 한다. 이런 새로운 매체 기술을 통해 인간은 자신의 의사소통 범위를 질적으로나 양적으로 크게 확장시키고 있는데 이런 매체 기술이 가져다줄 변화란 지금으로선 도저히 예측하기가 어렵지 않은가. 구텐베르크의 인쇄 기술이 가져다준 지난 밀레미니엄의 변화도 엄청난 것이었는데 그 기준에서 볼 때 새로운 매체 기술이 가져다줄 변화는 우리들의 상상을 크게 뛰어넘지 않을까.

그렇다면 이런 변화를 그냥 앉아서만 기다리고 있을 것인가? 즉 매체 기술이 가져다주는 결과에 그저 순응하면서 살아가는 것이 앞으로를 현명하게 살아가는 것일까? 여기에 만약 동의한다면 과학이란, 아니 인문과학과 사회과학이란 이렇게 덧없고, 힘없는 학문일까라는 자조가 필자의 입에서 저절로 튀어나오게 된다. 그것은 마치 과학자가 만들어놓은 계획

없는 설계도에 의해 그려진 집에서 그저 편리하다는 이유 하나만으로 만족하고 아무 소리 없이 살아야 하는 신세와 마찬가지가 아닌가.

그런데 여기에 하나의 탈출구가 보인다. 바로 서양의 의사소통 사상이 해결하지 못한, 아니 이제부터 그 해결의 실마리를 우리의 의사소통 사상에서 찾을 수 있기 때문이다. 필자가 '예(藝)'와 '예(禮)'로서 상징화와 그런 의사소통 방식이 그 구체적인 해결책이다. 구텐베르크의 인쇄기술보다 앞섰음에도 그 매체 기술을 제대로 활용하지 않은 것도, 심지어 한글이라는 우수한 표음문자를 만들고도 식자층에서는 한자로서만 의사소통 했던 것도 바로 서양식 의사소통의 원칙, 즉 기능적 원리에만 우리의 의사소통을 내맡길 수 없다고 생각했기 때문이다.

이제 새로운 매체 기술이 우리에게 들이닥치더라도 우리의 선조들이 해왔던 그런 의사소통 방식을 매체 기술에 적용하면 지금과 같은 문제가 이곳저곳에서 돌출적으로 나타나지 않을 것이다. 예를 들어 인터넷이라는 새로운 매체 기술이 도입되더라도 '예(藝)'와 '예(禮)'의 방식으로 의사소통을 하게 되면 지금처럼 비난과 욕설로 점철된 인터넷 방식의 의사소통은 크게 줄어들 것이다. 문제는 새로운 매체에 어떤 내용을 담느냐가 중요한 것이지 매체 기술 그 자체가 중요한 것은 아니다. 바로 이것이 데리다가 그처럼 강조한 '전자글쓰기' 방식이다.

• 커뮤니케이션으로부터 새로운 항해

의사소통학에는 외래어가 특별히 많다. 기술을 전제로 하는 학문이어서 어쩔 수 없는 일이긴 하지만 그래도 의사소통이란 말부터 '커뮤니케이션'이라고 하는 외래어로 시작하고 있다. 그런데 지금까지 우리 학회에서는 '커뮤니케이션'이라는 말이 보편적으로 사용되고 있어서인지 무감각하게 이 말을 사용하고 있다. 필자도 그동안 그런 식으로 사용해왔다. 그런데 막상 우리의 의사소통 사상을 언급하려고 하니 아무래도 동양의 커뮤니케이션 사상이라고 하는 말이 어쩐지 낯설다. 동양사상과 커뮤니케이션이라는 표현이 어울리지 않아서이다. 동양사상이라고 하면 의사소통이라는 규정하는 것이 오히려 자연스럽지 않은가.

따라서 이 책에서는 가능한 한 외래어 사용을 자제하고자 한다. 독자들께서 표현이 이상하다 싶으면, 필자가 다소 무리하게 우리말로 옮긴 탓이라고 보면 된다. 한국인의 의사소통 사상 연구가 계기가 되어 우리 학문에서도 외래어 사용을 가급적 배제했으면 한다. 하버마스 이론을 우리에게 처음 소개했던 철학자나 사회학자들도 커뮤니케이션 이론이라고 하지 않고, 의사소통 이론이라고 하지 않았던가?

필자는 한국인의 의사소통 사상이 무엇인지 아직도 헤매고 있다. 어쩌면 이제 막 항구를 출발해서 긴 항해를 나선 선원의 심정과도 같다. 그 항해가 순풍을 타고 성공해서 돌아올지, 아니면 온갖 비바람과 악천후를 만나 고생 끝에 귀환할지 지금으로선 예측하기 힘들다. 아마 귀환도 못 하고 중간에 포기할는지 모른다. 그만큼 새로운 분야에 도전장을 냈다고나 할까. 그렇지만 순경을 당하든지 역경을 당하든지 꼭 제자리에 돌아오고 싶은 마음뿐이다. 한국정치학, 한국경제학, 한국사회학이 있듯이 한국언론학이 우리 학문에도 뿌리 내려서 언젠가는 언론학, 또는 의사소통학의 한국화를 이루고 싶은 소망 때문이다.

이 책을 쓰기 위해서 적지 않은 시간이 소요되었고, 또 주위로부터 적지 않은 도움이 있었다. 이 책을 처음 구상하게 된 것은 본인의 졸저 『굿바이 구텐베르크』(1999)에 대해 ≪이머지 새천년≫ 잡지에 장문의 서평을 써준 중앙일보 출판팀장 조우석 기자의 지나가는 말이 계기가 되었다.

한마디로 더 공부하면 더 좋은 결과가 있을 것이라는 말이었다. 물론 그것이 무리한 주문인지 알았지만 필자는 이 작업을 해내기로 결심했다. 이때부터 대학원의 '커뮤니케이션 사상' 과목을 담당하고선 원우들과 함께 씨름하면서 공부했다. 특히 양문석, 김희경 박사, 그리고 오경수, 한승수, 김위근, 임연철, 최옥선 박사과정 수료생, 또 최근에 삶을 마감한 이종상 교수의 도움을 잊을 수 없다. 이들의 헌신적 노력 덕으로 처음 구상했을 때보다 훨씬 큰 그림이 그려졌다.

또 필자의 적지 않은 주문에도 이를 묵묵히 따라준 도서출판 한울 관계자에게 감사드린다. 끝으로 이 책을 마무리하기 위해 그동안 약속도, 인사도 하지 못하고, 또 만나서 편하게 소주 한잔 기울이지 못했던 주위의 많은 친구와 동료 학자들에게 이 자리를 빌려 진심으로 미안한 마음을 전한다. 이제부터 홀가분하게 만나 개똥철학을 논하면서 하릴없는 인생을 말하더라도 제발 끼워주길 바란다는 부탁과 함께 말이다.

2004년 5월 5일

학교 연구실 憑虛書樓에서

김정탁

차례

제1장 매체 효과 패러다임을 넘어서

1. 의사소통 '학'의 출발

18세기를 '산업혁명'의 시기, 19세기를 '자본주의 발전'의 시기라고 하면, 20세기는 '교통통신 혁명'의 시기라고 말할 수 있다. 산업혁명과 자본주의의 발전이 '근대사회학'과 '근대경제학'을 탄생시킨 원동력이었다면 교통통신의 혁명은 의사소통(communication)학 출발의 계기가 되었다고 본다. 특히 통신과 매체 기술의 혁명이 그러하다. 통신혁명을 통해서 섀넌과 위버의 수학적 의사소통 이론(mathematical theory of communication)이 생겨났고(C. Shannon & W. Weaver, 1949), 또 대중매체 혁명으로 말미암아 라스웰식 매체 효과 분석 틀이 등장했다(H. D. Lasswell, 1948).

그런데 교통통신의 기술혁명 중에서 의사소통 기술(communication technology)은 지금도 멈출 줄 모르고 끊임없이 발전하고 있다. 오늘날 전 세계적으로 발명 특허되고 있는 기술의 절반 정도가 의사소통 기술이라는 사실이 이런 발전 양상을 단적으로 말해주고 있다. 따라서 의사소통학은 의사소통 기술의 급속한 발전으로 인해 커다란 변화를 경험하고 있다고 해도 과언이 아니다. 사실 지난 세기까지 대중매체 기술(mass media technology)에 기반한 의사소통학 패러다임은 이제 더 이상 큰 의미가 없다. 새로운 의사소통 내지는 매체 기술이 대중매체 기술과는 다른 차원에서 전개되고 있기 때문이다.

의사소통학은 여타 인문사회 과학과 비교할 때 중요한 특징을 지닌다. 그것은 의사소통학이 인문사회 과학 중 '기술(technology)'을 전제하는 유일한 학문이기 때문이다. 이는 의사소통학이 그 출발부터 기술 발전을 전제로 탄생되었다는 사실에서도 여실히 증명된다. 의사소통학은 20세기에 들어서면서 비로소 성립되었는데 당시 신문의 본격적 보급과 라디오와 같은 신 매체 탄생이 사람들에게 큰 충격을 주어서이다. 이러한 충격은 사람들이 '다중의사소통(mass communication)'의 영향력을 다시 한번 생각토록 하는 계기를 만들었다. 따라서 의사소통학은 대중매체의 영향력에 대한 연구와 함께 출발했다고 해도 과언이 아니다.

예를 들어 제1차세계대전에서 연합국이 독일의 후방을 교란시키기 위해 수행했던 선전전의 기여, 볼셰비키 혁명에서 민중을 선동하기 위해 사용한 팜플렛의 효과, 스페인과 전쟁을 일으키도록 한 퓰리처(J. Pulitzer)와 허스트(W. R. Hearst) 계열 신문 간의 치열한 판매경쟁으로 생겨난 언론의 영향력 등이 그것이다. 이런 일련의 사태들은 당시 사람들에게 대중매체 효과가 대단히 크다는 인식을 자연스럽게 심어주었고, 이것이 대중매체 현상을 하나의 '학'으로 탄생시킨 중요한 계기를 만들었다. 그 결과 미국에서는 '다중의사소통학'으로, 독일에서는 '공시학(publiczistik)'으로 각기 그 모습을 드러냈다. 이처럼 20세기는 의사소통학에서 특별한 의미를 지닌 시기였다고 말할 수 있다.

그런데 대중매체의 이런 사회적 영향력을 설명하는 당시 학자들의 입장은 서로가 달랐다. 일군의 학자들은 '대중사회론' 관점에서 대중매체의 효과를 파악하고자 했는데 이런 관점은 기존 사회학과의 연장선상에서 이루어진 것이라고 볼 수 있다. 다른 일군의 학자들은 대중매체 영향력을 새로운 사회현상으로 보고, 이 현상을 설명하기 위해 독립된 학문 영역이 필요하다는 입장을 취했다. 대중매체 효과를 파악하는 데 있어서 이런 입장의 차이는 결국 '수용자(audience)' 상황의 변화냐, 또는 '매체(media)' 상황의 변화냐와 같이 대중매체 영향력의 원인에 대한 해석 차이에서 비롯된다고 말할 수 있다.

먼저 수용자 상황이 변화했기 때문에 대중매체의 영향력이 커질 수밖에 없다는 사회학자들의 설명은 다음과 같다. 당시 사회학자들의 주요 관심사는 '사회적 차원의 노동의 분화(division of labor in a society)'와 이에 따른 '연대성(solidarity)'의 문제였다. 사실 산업혁명 이후 새롭게 전개된 근대사회의 가장 중요한 특징으로 사회적 차원에서 노동의 분화현상을 들 수 있다. 그리고 노동분화의 결과로 발생한 구성원간 연대성의 해체로부터 어떻게 다시 이를 회복하느냐가 당시 사회의 큰 관심거리였다.

사회적 차원에서 노동이 분화되기 이전인 농경사회에서는 연대성이 혈연과 지연을 바탕으로 성립되었다. 뒤르켐(E. Durkheim)은 이런 혈연과 지연에 입각한 연대성을 '기계적 연대성(mechanical solidarity)'이라고 불렀으며, 퇴니스(F. Tönnies)는 이런 사회를 가리켜 '혈연사회(Gemeinschaft)'라고 말했다. 반면 사회적 차원에서 노동이 막 분화되기 시작했던 산업사회에서는 연대성의 기반이 새롭게 구성되어야만 했다. 인구의 도시집중 등으로 혈연과 지연이 더 이상 연대성을 형성하지 못했기 때문이다. 따라서 근대 사회학자들은 새로운 연대성의 근원을 찾기 시작했다.

근대사회학의 창시자라고 할 수 있는 콩트(A. Comte)가 이에 가장 먼저 화답했다. 그는 사회발전이 철학적, 신학적, 실증적(과학적) 단계로 발전해왔다고 하면서 철학적 단계에서는 현인(賢人)에 의해, 신학적 단계에서는 신(神)에 의해, 그리고 실증적 단계에서는 법(法)에 의해 각기 지배받는다고 설명했다. 즉 법이 근대사회의 새로운 연대성의 근원으로 작용하고 있다고 파악했다. 또 퇴니스는 '혈연사회'를 대체하는 개념으로서 '이익사회(Geselschaft)'를 제시했고, 이 이익사회는 '계약(contract)'에 의해 연대성이 유지된다고 보았다. 여기서 계약이란 단순히 상업적 성격의 계약만이 아니라 국가와 개인 간의 계약이 구체화된 법도 포함되는 포괄적 개념의 계약이다.

그리고 뒤르켐은 '기계적 연대성'을 대체하는 개념으로 '유기적 연대성(organic solidarity)'을 제시했고, 이 유기적 연대성의 기반으로서 '의사소통'을 제시했다. 이처럼 뒤르켐이 새로운 사회의 응집력 기반으로서 의사소통을 제시한 데는 사회를 인간, 즉 가장 발달한 유기체(organism)와 비교한 결과라고 볼 수 있다. 사실 인간은 동물 중에서 기능적 분화(사회적 차원에서 노동의 분화에 해당)가 가장 잘 된 동물이다. 심장기능, 호흡기능, 소화기능 등이 이런 기능적 분화의 결과로서 나타났다. 그런데 이런 기능들을 우리 신체 내에서 연결해주는 기관이 바로 혈관과 신경이다. 그리고 사회 내에서 혈관과 신경 기능을 수행하는 것이 의사소통이라고 파악하고서 이를 새로운 사회의 연대성 근원으로 제시했던 것이다.

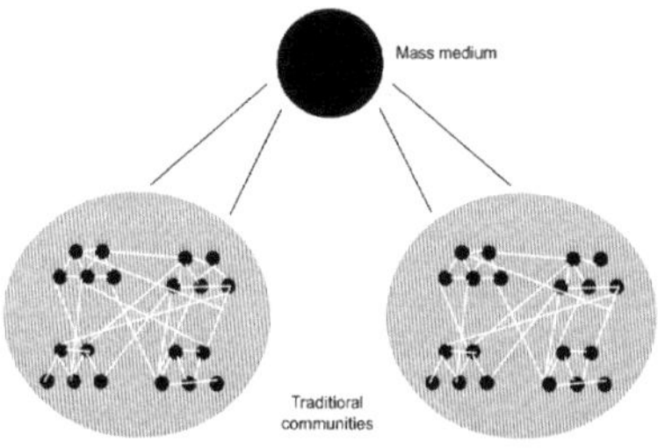

▲ 대중사회의 구조

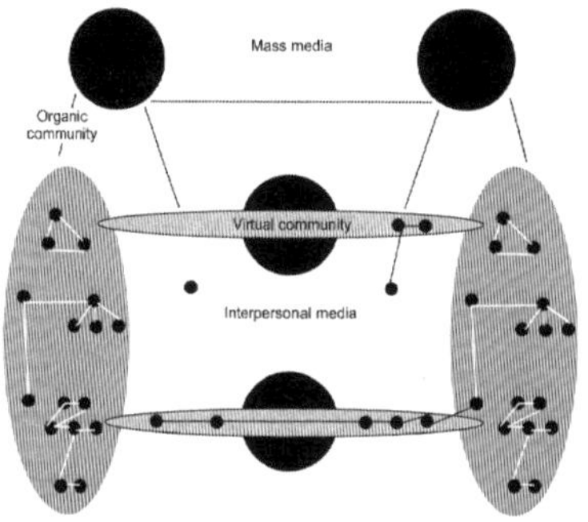

▲ 네트워크 사회의 구조

출처: Jan Van Dijk, 1999.

그런데 농경사회에서 산업사회로 진입하면서 '기계적 연대성'은 해체되었다. 그러면서도 이를 새로이 대체할 '유기적 연대성'은 여전히 형성되지 못했다. 그 결과 사람들은 사회적 유대감을 상실하게 되었는데 이렇게 유대감을 상실한 사람들로서 구성된 사회가 바로 대중사회(mass society)이다. 따라서 대중사회란 말은 보편적 개념이 아니라 어느 순간에 다가왔던, 즉 시각적 제약을 받는 역사적 개념이라고 말할 수 있다. 오늘날 대중사회란 말이 과거처럼 많이 사용되지 않는다는 점도 대중사회가 시간적으로 제약을 받고 있음을 말해준다.

하지만 대중사회에서 인간

은 유대감이 없는 모래알과 같은 존재로 전락할 수밖에 없으며, 이런 모래알과 같은 존재는 대중매체라는 가공의 기제가 보내는 의사소통 메시지에 의해 쉽게 영향을 받는다. 이런 상황이 19세기 말에서부터 20세기 초에 이르는 특정 기간에 대중매체의 영향력이 크게 발휘된 원인으로서 작용했다. 이처럼 수용자 상황이 '유대감이 있는 개인'에서 '유대감이 없는 개인'으로 바뀌어졌기에 대중매체가 나름대로의 위력을 발휘할 수 있었다는 것이 당시 사회학자들의 입장이었다. 결국 사회학자들은 의사소통 현상을 기존 사회학의 범주 내에서 이해하고자 했다.

그런데 이런 분석에는 문제점이 내재되어 있다. 그것은 대중매체의 영향력이 현재와 같은 탈대중사회에서도 여전히 큰 영향력을 발휘하고 있기 때문이다. 이런 현상을 과연 어떻게 설명할 수 있을까 하고 의문을 품은 학자들이 있었는데 이들이 오늘날 '다중의사소통학'의 기초를 만든 네 명의 창설 학자인 라스웰(H. Lasswell), 라자스펠드(P. Lazarsfeld), 레윈(K. Lewin), 호블런드(C. Hovland)이다. 그 중에서도 가장 공로가 큰 학자는 단연 라스웰이라고 말할 수 있다.

라스웰에게 이런 큰 영광이 돌아간 것은 그의 의사소통에 관한 간단명료한 정의 때문이다. 그는 의사소통을 "누가 무슨 메시지를 어떤 경로를 통해서 누구에게 어느 정도의 효과를 갖고서 전달하느냐(Who says what in which channel to whom with what effect)"로 정의했는데(H. D. Lasswell, 1948) 이것이 그 많은 의사소통 정의 중에서 오늘날까지도 가장 널리 사용되고 있는 정의이다. 그리고 그 이후 의사소통학을 연구했던 많은 학자들도 이런 이유로 해서 라스웰의 입장을 계승했다. 이들 계승자들은 초기와 후기로 나누어지는데 초기의 대중매체 영향력 연구의 흐름은 ① 사회학적 접근과 ② 심리학적 접근으로 갈라졌다. 사회학적 접근의 선구자는 라자스펠드이고, 심리학적 입장의 선구자는 레윈과 호블런드 등이 해당된다.

그런데 대중매체 영향력이 크다는 약 1백년 전의 가정은 오늘날 의사소통학에서 여전히 유효하다. 대중매체 효과 연구가 '대효과(great effect)'에서 '제한효과(limited effect)'로, 그리고 '중간효과(moderate effect)'를 거쳐서 다시 '대효과'의 분석 틀로 옮아왔다는 것도 이를 증명해주는 예다. 사실 이런 가정을 무시하거나 부인하면 의사소통학 자체의 성립이 불가능하다.[1] 게다가 의사소통학의 각론들, 예컨대 '문화의사소통', '정치의사소통', '국제의사소통', '대중문화론', '저널리즘', '언론법제론' 등은 대중매체의 사회적 영향력을 전제하지 않고서는 논의 자체가 성립할 수 없다.

이 같은 사실은 '다중의사소통학' 연구에서 오랜 시간 입장을 달리해왔던 '전통적 의사소통학'과 '비판적 의사소통학' 연구에서도 마찬가지이다. 특히 비판적 의사소통의 입장에서는 더욱 그러하다. 비판적 의사소통학은 전통적 의사소통학과 달리 대중매체의 효과가 크다는 기본 틀에서 한 번도 벗어난 일이 없기 때문이다. 그것은 비판적 의사소통학이 대중매체가 지배 이념의 확산에 기여한다는 점을 기치로 내세워왔다는 것과 깊은 관련이 있다.

2. 패러다임 전환의 필요성

오늘날 의사소통 기술의 비약적인 발전으로 우리들의 의사소통 방식은 크게 변화하고 있다. 지난 세기를 '교통통신의 세기'라고 하지만 21세기에 들어선 현 시점에서도 의사소통 기술의 혁명은 멈출 줄 모르고 발전에 발전을 거듭하고 있다. 이른바 '복합매체(multimedia)'로 총칭되는 새로운 환경은 우리들의 의사소통 방식에 큰 변화를 가져다주고 있는 것이 사실이다. 사실 20세기가 시작되었을 때 인류가 접할 수 있었던 대중매체는

---

1) 대중매체 효과순환도는 방법론상의 효과론이지 엄밀한 의미에서 실제를 반영하는 효과론은 아니다. 예를 들어 사회학적 접근에서는 라자스펠드의 '정보의 2단계 흐름 이론(two steps flow of information)'을 통해서 대중매체 효과가 제한적이었다고 말하지만 오늘날 대중매체 존재양식을 볼 때 이 같은 설명은 받아들이기 곤란하다. 또 심리학적 접근으로서는 '선택적 인식(selective perception)'이나 '인지부조화이론(cognitive dissonance theory)'을 통해서 대중매체 효과가 제한적이었다고 말하지만 오늘날 수용자 존재양식으로 볼 때 이 같은 설명도 납득하기 힘들다.

매우 제한적이었다. '전송수단(means of communication)'으로서의 매체는 인쇄(publishing)뿐이었고, '표현수단(means of expression)'으로서 매체는 신문, 잡지, 책뿐이었다. 그리고 20세기 초반이 되어서 비로소 방송(broadcasting)이라는 새로운 전송수단이 등장함으로써 표현수단은 라디오, 텔레비전으로 확대되었다.

그런데 1980년대부터 시작된 새로운 매체 기술의 본격적인 등장은 인류가 접할 수 있는 매체의 양과 질에서 엄청난 변화를 초래했다. 예를 들어 인쇄와 방송이라는 '구 매체(old media)' 시절에는 전송수단과 표현수단의 상호교차가 불가능했기에 책과 신문은 '인쇄'라는 전송수단을 통해서, 라디오와 텔레비전은 '방송'이라는 전송수단을 통해야만 그 메시지 전달이 가능했다. 그렇지만 케이블과 인터넷의 등장은 이런 전송수단과 표현수단의 폐쇄적 구분을 무너뜨리고 있다. 특히 인터넷에 기반한 통신망은 신문, 잡지, 라디오, 텔레비전이라는 다양한 표현수단을 하나로 연결해주었다. 즉 출판과 방송으로서 구분되었던 전송수단은 인터넷이라는 하나의 전송수단으로 통합되었고, 이렇게 통합된 전송수단은 대부분의 표현수단과 연결되었다. 따라서 구 매체 시절에 있었던 전송수단과 표현수단의 독점적이고 폐쇄적인 관계는 무너지고 있다.

그런데 의사소통 기술에서 이런 중요한 사태 진전은 우리들의 의사소통 방식에서도 엄청난 변화를 예고하고 있다. 20세기 들어서면서 막 소개된 의사소통 기술은 우리들의 의사소통 방식을 어떻게 하면 메시지를 동시에 많은 사람에게 전달 할 수 있을지, 즉 '대중화(massification)' 쪽으로 그 지평을 넓혔다면, 20세기 말부터 등장한 새로운 의사소통 기술은 우리들의 의사소통 방식을 '대중화' 쪽보다는 '분중화(分衆化)', 또는 '점중화(點衆化)' 쪽으로 몰아가고 있기 때문이다. 게다가 의사소통 기능조차도 시간적, 공간적으로 확대하는 쪽으로 그 범위를 넓혀가고 있다. 예를 들어 컴퓨터와 의사소통 기술의 결합은 공간적으로는 원거리에 떨어진 사람과의 연결을 면대면(面對面, face-to-face) 대화의 형태로 바꾸고 있으며, 시간적으로는 언제든지 접근 가능한 실시간대(real time)로 바꾸고 있다.

그렇다면 대중매체의 영향력이 크다는 가정하에서 성립된 의사소통학의 효과 패러다임이 여전히 유효할 것인지, 또는 새로운 시대에서 다중의사소통 현상은 의사소통학의 지배적 연구 대상으로 여전히 남을 수 있을 것인지에 대해 의문이 제기되는 것은 당연하다고 할 수 있다. 그것은 효과 패러다임이 대중매체 기술의 등장과 밀접한 관련을 맺어왔는데 오늘날 새롭게 전개되는 의사소통 기술은 대중매체 기술의 확장이 아니라 의사소통의 원초적 기능, 즉 시간 및 공간적 확장으로 이루어지고 있기 때문이다. 따라서 '대중매체'로 대표되는 의사소통 기술이 '다중의사소통학'을 탄생시킨 것처럼 '복합매체'로 대표되는 의사소통 기술은 새로운 패러다임하의 의사소통 연구의 필요성을 제시하고 있다.

그동안 의사소통에 관한 본격적인 연구는 섀넌(C. Shannon)과 위너(N. Wiener)를 양 축으로 하는 '정보이론(information theory)'에서부터 출발했다고 해도 과언이 아니다. 이들은 의사소통 현상에 대해 서로 보완적이면서도 대립적인 입장을 취했는데 섀넌은 일방적 의사소통, 혹은 '선형적(線型的) 틀(linear model)'에 기초했던 반면 위너의 입장은 '인공두뇌 틀(cybernetics model)'에 기초했다고 말할 수 있다. 선형적 틀이란 불가피하게 방향성을 지닐 수밖에 없다. 이런 선형적 틀의 방향성은 의도성이라는 문제와 맞물려서 '의도한 효과'가 산출되는 쪽으로 이해된다. 따라서 섀넌은 의사소통 방식을 메시지가 송신자로부터 수신자에게로 전달되는 과정으로 설명했다. 반면 위너는 의사소통을 시간의 진행에 따라 끊임없이 스스로 수정되는 과정으로 설명하고, 이 과정에서 정보의 상호교류(feedback)를 강조했다. 지난 반세기 이상 의사소통 현상은 이 두 개의 의사소통 틀 중에서 주로 섀넌의 틀을 통해서 설명되었던 것이 사실이다.

그런데 섀넌의 틀은 라스웰의 유명한 의사소통 정의, 즉 "누가 무슨 메시지를 어떤 경로를 통해서 누구에게 어느 정도의 효과를 갖고 전달하느냐(Who says what in which channel to whom with what effect)"와 그 맥을 같이 한다. 결국 라스웰과 섀넌의 영향을 받은 버로(D. Berlo)의 이른바 'S-M-C-R(source-message-channel-receiver)' 틀은 의사소통, 특히 다중의사소통 현상을 설명하는 고전적 틀로서 널리 사용되었다. 그 결과 다중의사소통은 '한 사람이 다른 사람에게 영향을 미치는 일방적 행위'로서 일반화되었으며, 지금까지의 의사소통 이론도 소수의 메시지 생산자와 다수의 메시지 소비자라는 새넌류의 의사소통 틀이 유일하게 가능토록 했다.

그러나 컴퓨터를 이용한 상호작용적 매체가 새롭게 등장하면서 새넌류의 선형적 틀은 큰 도전을 받고 있다. 선형적 틀은 우리들의 의사소통 활동을 주체들간에 정보가 교환되는 것으로 보지 않고, 어느 한쪽에서 다른 쪽으로 정보가 전달되는 과정으로 보아왔기 때문이다. 그런데 컴퓨터와 매개·결합·융합된 의사소통 양식이 작동하는 인터넷 공간 등에서는 선형적 틀이 더 이상 기능할 수 없게 되었다. 따라서 선형적 틀은 대중매체의 효과를 분석하는 데는 유용한 틀로서 활용되었는지 모르지만 상호작용적 의사소통을 설명하는 데는 한계를 지닌다. 따라서 우리는 새로운 의사소통 환경에 적합한 새로운 연구 패러다임이 등장해야 할 시점에 와 있다.

3. 매체 기술의 변화

오늘날 의사소통 기술은 비약적으로 발전하고 있다. 일설에 의하면 전 세계적으로 발명 특허를 받은 기술의 약 90% 정도가 의사소통 관련 기술이고, 그 중의 절반이 매체 기술이라고 한다. 따라서 오늘날 의사소통 현상을 분석하는 데 있어서 엄청난 발전을 거듭하고 있는 신 매체 기술의 존재를 전제하지 않고서는 그 분석의 정당성을 얻기 힘들다고 본다. 그런데 신 매체는 구 매체와 비교할 때 상대적인 개념이다. 예를 들어 신문, 잡지와 같은 매체들이 주류를 이루었던 인쇄매체 시대에서 전파로 정보를 전달하는 라디오는 분명 신 매체였지만 라디오가 대중매체로 보편화되고 나서는 텔레비전에게 신 매체의 자리를 내준 것이 사실이다. 케이블과 인터넷이 등장한 지금에 와서 다시 텔레비전과 라디오는 구 매체로 밀려나고 있다.

그런데 1980년대 신 매체가 의사소통 기술에서 중심적인 화두로 등장하면서 개념을 둘러싼 혼란이 초래되었다. 즉 신 매체가 몇 개의 특정 매체를 지칭하자 매체 발전에 따른 매체의 완성형인 것처럼 인식되기에 이르렀다. 이런 결과는 그동안 신 매체에 관한 논의가 신 매체라는 용어에 대한 충분한 설명이나 이해 없이 새롭게 개발된 특정 매체를 소개하는 데 집착했기 때문이다. 따라서 이제는 신 매체에 관한 논의는 새로운 국면을 맞이해야 한다. 즉 단순한 신 매체 소개 정도에서 벗어나 신 매체의 개념에 관한 올바른 이해가 필요하다.

우선 구 매체의 상대적인 개념인 신 매체가 1980년대에 들어서면서 의사소통 기술 분야에서 특별히 활발하게 논의된 연유와, 1980년대에 신 매체로 규정된 특정 매체들을 여전히 신 매체로 취급해야 하는지의 문제부터 살펴보자. 물론 지금까지는 이런 문제들에 대한 논의가 거의 이루어지지 않았다. 사실 미국이나 일본, 그리고 유럽과 같은 선진국에서는 신 매체(new media)라는 용어를 더는 사용하지 않는다. 현재 우리가 신 매체라고 부르는 매체들은 복합매체(multi media)라는 개념으로서 정리된 지 이미 오래이기 때문이다.

그런데 복합매체는 우리들의 의사소통 방식과 관련할 때 ① 정보형식의 통합을 통한 오관(五官)의 동시 사용, ② 컴퓨터와 의사소통의 결합을 통한 두뇌와 감각기관의 결합, ③ 연결망(network) 의사소통을 통해서 상호작용성에 도달하는 의사소통 매체라고 정의할 수 있다. 따라서 의사소통 방식이 오관의 동시 사용, 두뇌와 감각기관의 통합, 상호작용성이 특징이라고 할 때 복합매체는 의사소통(human communication)을 가능토록 하는 매체이고, 그리고 의사소통을 시간적으로 또는 공간적으로 확대한 매체라고 말할 수 있다.

1) 컴퓨터와 의사소통 기술의 결합: 두뇌와 감각기관의 연결

감각기관과 두뇌의 결합은 의사소통 방식에서 필수적이다. 사실 우리

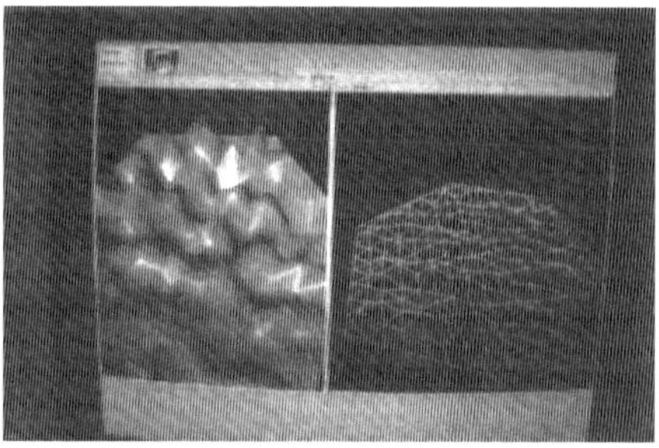
컴퓨터를 이용한 3차원 그래픽

들의 의사소통은 오관만으로 이루어지는 것이 아니라 감각기관과 두뇌의 결합에 의해서 이루어진다. 즉 감각기관이 외부로부터 신호를 받아서 이를 즉시 두뇌에 전달하면 두뇌는 이 신호를 해독하고(decode), 또 부호화해서(encode) 관련 메시지를 외부로 보내는 것이 의사소통의 원래 방식이다. 따라서 의사소통에서 오관은 외부로부터 메시지를 받아들이는 인식(perception) 기능만을 수행할 뿐이다. 인식된 신호를 해독하고, 또 새로운 신호를 상대방에게 부호화하는 기능이 필요한데 이것을 인간의 두뇌가 담당하고 있다. 따라서 인간은 감각기관과 두뇌가 함께 결합되어서 의사소통을 하고 있는 셈이다.

그런데 지금까지 의사소통 기술에서 강조되었던 것은 메시지를 수용하고, 표현하는 기술이었지 메시지를 해독하고, 부호화하는 기술은 아니었다. 즉 책, 신문, 라디오, 텔레비전처럼 메시지를 전달하는 표현매체는 인류의 긴 역사를 통해서 꾸준히 발전되었지만 본격적인 메시지 해독·부호화의 기술은 오늘날 컴퓨터의 등장으로 비로소 가능해졌다. 또 표현매체 기술과 해독·부호화 기술은 독립적으로 발전해오다가 컴퓨터와 의사소통 기술의 연결(computer & communication, compunication)이 이루어짐으로써 감각기관과 두뇌의 접합이 기술적으로 가능해졌다.

이처럼 최근에 이루어지고 있는 의사소통 기술이 목표로 하는 것은 기존의 다중의사소통 기능의 확장이라기보다는 의사소통의 원형을 시·공간적으로 확장하는 일이다. 즉 시간 확장의 역할은 복합매체 내지는 컴퓨터가, 공간 확장의 역할은 인터넷이나 위성방송이 각기 담당하고 있다. 그렇지만 의사소통에서 공간적 확장이 제대로 이루어지려면 무엇보다 두뇌 기능의 확대가 필요하다. 인간의 두뇌가 아무리 뛰어나더라도 기억용량이나 연산 능력 등에 한계가 있기 때문이다.

이런 한계를 극복하게 된 것은 의사소통 기술과 컴퓨터의 결합을 통해서이다. 즉 의사소통 기술이 감각기관의 역할을 수행하게 되면 컴퓨터는 두뇌기능을 수행하는 것이다. 우리들의 의사소통 방식이 감각기관과 두뇌의 결합을 통해 이루어지고 있기에 의사소통 기술 발전에서 의사소통 기술(주로 통신을 의미함)과 컴퓨터의 결합은 지극히 자연스런 현상이라고 말할 수 있다. 이 때문에 커뮤니케이션과 컴퓨터의 합성어인 컴퓨니케이션(compunication)이, 또는 두 개의 약자인 'C & C'가 한때 시대의 상징어로서 자리잡기도 했다.

2) 정보형식의 통합: 오관의 동시 사용

복합매체란 용어가 처음 출현했을 때 주로 컴퓨터나 통신 전문가들 사이에서 사용되는 전문용어로서만 여겨졌다. 그렇지만 1980년대 말부터 그 사용이 본격화되면서 이제는 사회 각 분야에서 사용되는 보편적인 용어로서 자리잡고 있다. 그런데 대부분의 경우 복합매체의 의미를 정확하게 정의하지 않고 사용함으로써 개념상의 혼란이 자주 발생하고 있다. 이는 '복합(multi)'이라는 단어가 의미하듯이 여러 매체가 디지털과 같은 의사소통 기술의 발전으로 융합된 결과로서, 관련 매체에 따라 이에 대한 이해의 관점이 다르고, 게다가 계속되는 기술 발전으로 아직 최종 완결이 되지 않은 진행형적 현상이기 때문이다. 따라서 지금까지 복합매체에 대한 정의는 관련 전문가마다 다르고, 또 관련 전문가라 할지라도 입장에 따라 다르다. 즉 '정보표현'을 강조하느냐, '정보입출력'을 강조하느냐에 따라 복합매체에 대한 정의가 얼마든지 달라질 수 있다.

'정보표현'을 강조하는 경우 문자, 음성, 데이터, 도형, 정지화, 동화상 등의 정보표현 형태가 디지털로 통합, 저장되어서 이용자에게 전달되는 것을 의미한다. 즉 아날로그 메시지들이 디지털로 전환되면서 문자, 음성, 화상으로 이루어졌던 각각의 메시지들이 디지털 메시지 하나로 결합되어서 정보를 저장, 유통할 수 있다는 의미이다. '정보입출력'을 강조하는 경우 지금까지 의사소통 양식에 따라 구별하던 단말기들이 하나로 통합되는 것을 의미한다. 즉 과거에 문자는 신문이나 잡지를 통해서, 방송은 라디오나 텔레비전을 통해서, 음성은 전화를 통해서 각각 서비스를 제공함으로써 의사소통 양식에 따라 송수신하는 단말기가 구별되었으나 앞으로는 복합매체라는 하나의 통합된 매체를 통해서 정보가 입출력된다.

이 같은 복합매체에 대한 개념 정의에서 알 수 있듯이 복합매체는 '복합적 의사소통(multi communication)'을 가능케 하는 매체라는 사실이다. 그리고 '복합적 의사소통'이란 오관을 동시에 사용하는 의사소통을 의미하는데 결국 의사소통이 바로 '복합적 의사소통'의 원형에 해당한다. 따라서 복합매체란 결국 의사소통 기능의 확장을 가능케 하는 수단이라고 말할 수 있다.

그런데 인쇄기 발명 이후 최근까지 다중의사소통을 하는 대가로서 인간은 오관을 동시에 사용하는 의사소통을 희생할 수밖에 없었다. 즉 감각기관 중 하나만으로 다중의사소통이 가능했는데, 즉 책과 신문은 눈으로, 라디오는 귀로 다중의사소통을 하게 된 것이다. 이는 사실상 의사소통의 원형과는 거리가 멀다. 그렇지만 정보의 디지털화가 오관을 동시에 사용하는 의사소통으로 우리를 인도하고 있어서 의사소통의 길이 열리고 있다. 과거에는 문자나 음향, 영상, 데이터는 각기 상이한 신호방식을 취함으로써 단일매체를 통한 통합적 전달이 불가능했지만 이제는 신호방식이 상이한 정보를 '0'과 '1'이라는 이진수로 구성된 단일 디지털 신호로 통합됨으로써 다양한 정보형식의 전달이 가능하게 되었다.

3) 연결망에 입각한 의사소통: 상호작용성

전파매체와 인쇄매체가 주축이 된 다중의사소통은 기술적 한계로 인해 송신자가 수신자에게 일방적으로 메시지를 전달하는 수준이었다. 이 같은 제약에서 복합매체의 등장은 지금까지 대중매체에 의해 주도되었던 일방적인 의사소통 환경을 극복하고, 상호작용적 의사소통을 가능케 한다. 인터넷, 쌍방향 케이블 텔레비전, 전자사서함과 전자게시판, 원격화상회의 등이 대표적인 예다.

상호작용적 의사소통은 일차적으로는 매체이용자들이 매체가 일방적으로 전달하는 정보만을 얻는 것이 아니라 자신이 원하는 정보를 선별적으로 접할 수 있다는 선택성을 제공할 수 있다. 그렇지만 궁극적으로 매체이용자와 이용자 상호간, 혹은 매체이용자와 매체체제 간에 즉각적인 상호교류를 가능케 한다. 이런 상호작용성은 단순히 1 대 1의 의사소통뿐 아니라 다수의 사람들이 동시에 쌍방향 의사소통(mulitipoint-to-multipoint)을 할 수 있는 복합적(다중적) 상호작용(multiple interaction)까지도 포함한다. 따라서 복합적 상호작용하에서 이루어지는 의사소통 방식은 송신자와 수신자의 구분을 사실상 무의미하게 만든다. 복합적 상호작용하에서는 상호작용이 실시간적으로 이루어지고 있어서 송신자이면서 동시에 수신자가 되는 송·수신 혼융의 상황이 전개될 수 있다. 따라서 컴퓨터와 매개·결합·융합된 의사소통 방식은 의사소통의 연결망을 신속히 만들고 있다.

그런데 복합매체가 일반화되기 위해서는 방대한 양의 디지털 정보를 고속으로 전송해줄 수 있는 전송망이 필수적이다. 하지만 자료, 문자, 음성뿐만 아니라 동영상 정보를 실시간으로 전송하기 위해서는 기존의 무선전파나 동축 케이블, 전화 케이블만으로는 전송용량에 한계가 있다. 이 때문에 광케이블, 종합전송통신망과 같은 고속전송망을 기반으로 하는 '초고속정보통신망'의 구축이 광범위하게 진행되었다. 그리고 고용량의 초고속정보통신망은 기존의 전화선과 케이블 텔레비전망, 기업의 지역통신망 등과 상호연결됨으로써 가정과, 기업, 정부기관을 하나의 의사소통망으로 연결했다.

따라서 의사소통의 문제는 이제 단순히 발신자와 수신자, 생산자와 소비자, 지배자와 피지배자의 문제로 나타나지는 않는다. 탈중심화된 의사소통망은 발신자를 수신자로, 생산자를 소비자로, 지배자를 피지배자로 만들며, 이렇게 함으로써 과거 의사소통을 지배했던 이해의 논리를 뒤엎는다. 그러면서도 새로운 의사소통 기술에 의해서 급속히 확산되고 있는 새로운 담론체계는 과거의 대중매체 효과론의 논리에 의해 제한 받고 있는 것도 사실이다.

4. 새로운 의사소통 패러다임

의사소통 매체는 오늘날 인간 및 사회분석에서 핵심적인 위치를 차지하고 있다. 그럼에도 현대사회의 주요 사상가들은 언어와 의사소통보다는 행위(노동)와 구조(관료제)와 같이 비의사소통적인 것을 강조해온 것이 사실이다. 마르크스(K. Mark)와 베버(M. Weber)가 이런 식으로 사고하는 데 있어서 최초라고 말할 수 있다. 마르크스는 계급투쟁을 통한 이성적 인간의 해방을 이론화했으며, 베버는 변하지 않는 사회조직에서 도구적 합리성이 고착화되는 것을 유감스럽게 생각했다. 이 때문에 이들은 사회 내에서 의사소통의 중요성을 제대로 인식하지 못했다(M. Poster, 1998: 95).

마르크스는 사회적 차원의 노동 분화과정에서 생겨나는 소외현상에 대해 언급했는데 그는 노동을 인간과 자연 사이를 매개하는 것으로서 자아실현(self-fulfillment)의 수단으로 파악했다. 즉 노동을 하나의 인격체를 구성하는 중요한 근거로 삼았던 것이다. 이 과정에서 노동이 분화과정을 통해 효율성 위주로 바뀌면서 인간은 자신의 노동으로부터 소외된다고 보았다. 그것은 노동이 더 이상 자아실현의 수단이 아니라 먹고살기 위한 수단인 일(work)로 바뀌었기 때문이다. 이처럼 노동관은 마르크스의 사상을 펼치는 데 있어서 핵심적 사항이다.

그러나 인간을 규명하는 데 있어서 노동보다 더 중요한 것은 의사소통이다. 의사소통이야말로 인간의 자기실현에서 가장 핵심적인 역할을 담당할 수 있다. 이런 생각은 오늘날뿐만 아니라 과거에도 일관되게 인정되었던 바이다. 중세 인문학에서 수사학을 그토록 강조했던 것도, 또 아리스토텔레스가 수사학을 통해 '로고스(logos)', '파토스(pathos)', '에토스(ethos)'

를 강조했던 것도 의사소통이 인간의 '격(格)'을 형성하는 데 얼마나 중요한지를 말해주는 대목이다. 우리가 학교나 가정에서 '교육받은 사람(educated person)'으로 다시 태어나는 데 있어서도 가장 중요한 역할을 하는 것이 결국 의사소통을 통해서이다.

따라서 인간이 의사소통으로부터 소외되는 것은 노동으로부터 소외되는 것 못지 않게, 아니 그보다 훨씬 중요한 일에 해당한다. 올바른 의사소통 방식이야말로 인간의 자아실현에서 노동보다 그 중요성이 훨씬 더하다. 이렇게 보면 마르크스 철학은 산업자본주의 사회에 일시적으로 다가왔던 문제에 대해 어쩌면 예민하게 반응했던 결과로서 나타났던 철학이 아닌 듯 싶다. 산업사회를 떠나서 전 인류의 역사를 통해서 보편적인 관심사로 자리잡은 것은 분명 의사소통을 통한 자아실현일 것이다.

이 때문인지 19세기 철학의 화두가 '이성'이었다면 20세기는 '언어'라고 주장하는 사람이 점차 많아지고 있다. 이는 세계에 대한 인식이나 그 실천에서 항상 언어보다 먼저 강조되었던 이성이 그동안 부차적으로 취급되었던 언어에게 그 자리를 내주었기 때문이다. 또 이것은 근대철학의 중심적 줄기였던 이성도 결국 언어에 의해 구성되었다는 선언이기도 하다. 대륙의 현상학이나 뒤이은 실존주의, 비판이론, 구조주의 등 20세기를 후끈 달군 철학사조들의 대부분도 언어와 상징체계 등을 강조했음은 널리 알려진 사실이다. 물론 철학 사조마다, 또 학자마다 언어에 대한 규정이나 관점의 차이는 있긴 하지만 말이다.

그런데 하버마스(J. Habermas)와 보드리야르(J. Boudrillard)는 서로 다른 방식이긴 하지만 언어와 의사소통 문제를 비판이론에 종속시키거나 통합시키면서 나름대로 독창적인 의사소통 이론을 발전시킨 대표적인 철학자이다. 하버마스의 경우 "의식철학의 패러다임은 완전히 고갈되었다"고 선언하면서 그 대안으로 의사소통, 또는 상호이해의 패러다임을 주창했다(J. Habermas, 1987: 296).

이에 따라 하버마스는 자신의 이론을 일상의 평등주의적 공간인 '생활세계'에 비판을 위치시키는 상징적 상호작용이론으로 발전시켰다. 그는

'의사소통'이 모든 발화상태들에 내재하는 '보편타당성 요청'을 전제로 한다고 보고, 이런 '의사소통'은 민주적 공간을 만들어내는 데 존재론적 보루 역할을 한다고 이해했다. 또 글쓰기, 활자인쇄, 전자매체와 같은 의미 있는 의사소통 수단의 발전에서 보듯이 매체는 이런 가능성을 제한하는 것이 아니라 그것을 확장시킨다고 보았다(J. Habermas, 1987: 184).

한편 보드리야르는 하버마스에 비해 훨씬 진보적인 의사소통 이론을 제시했다. 그는 매체가 일상의 한복판에서, 즉 이성과 비이성의 계몽주의적 대립을 벗어나는 지점에서 새로운 문화를 만듦으로써 근대사회 및 근대적 주체의 개념을 해체시키고 있다고 주장했다. 그에 따르면 매체는 재현의 논리, 자유·결정론의 이항대립, 그리고 무엇보다 자유로운 주체라는 개념에서 실재와 진리, 모든 역사적·정치적 진리를 불안정하게 만드는 마법의 도구라는 개념으로 바뀌고 있다. 따라서 사람들이 매체에 중독되는 것, 매체 없이 살 수 없는 것은 의사소통, 문화, 정보 등에 대한 욕망 때문이 아니라 진리와 허위의 전도, 매체의 작용으로 야기된 의미 파괴의 결과라는 것이다(M. Foster, 1988: 217).

두 사람의 의사소통에 대한 이런 분석은 매체가 여전히 일방향적으로 이해되는 상황에서 전개된 것이다. 따라서 오늘날 우리들의 삶에서 급속히 팽창하는 인터넷과 같이 쌍방향적이며, 탈중심화된 신 매체, 즉 주체 구성의 기제를 재구축할 수 있는 기회를 새롭게 제공하는 신 매체의 존재를 염두에 둔다면, 하버마스와 보드리야르의 의사소통에 대한 관심은 더욱 설득력을 얻는다. 인간의 의사소통 역사가 곧 매체 발전의 역사라고 규정할 때 새로운 매체의 갑작스런 부상은 인간의 사고나 행동방식에 중요한 영향력을 미칠 것임에 분명하기 때문이다.

사실 산업사회는 인간중심적 사고가 극도로 확장된 사회이다. 이로 인해 삶의 편리와 복지라는 명분하에서 인간은 철저히 자연을 경제의 대상으로 삼고, 노동도 이에 예속시켰다. 또 산업사회에서 생산수단의 원천은 노동이고, 기계는 노동의 효율성을 높이기 위해서 발명된 것이며, 의사소통도 이런 목적을 위해서 고안되었다. 그렇지만 지식 및 정보사회에서 생산수단은 이미 노동에서 의사소통으로 바뀌고, 기계의 역할은 매체가 대신하고 있다. 이 같은 상황하에서 기존의 사회분석과, 또 의사소통론은 더 이상 유효하지 않다.

1) 선형적 명료성에서 총체적 즉각성으로

근대사회(modern society)가 이성적이고, 자율적이며, 중심화 되고, 안정된 개인을 길러냈다면 오늘날 탈근대사회(postmodern society)는 근대적 주체와는 전혀 다른, 심지어 그것에 대립되는 정체성들을 길러내고 있다. 그런데 이런 변화는 상당 부분 인간의 의사소통 행위 내지는 매체 이용 행태로부터 기인하고 있다. 예를 들어 근대사회의 시각적 공간은 획일적이고, 연속적이며 분절된 음성언어의 부산물에 지나지 않는데 이는 사람들이 특정 시대에 갖는 공간적 감각이 자연적인 것이 아니라 특정 매체, 즉 인쇄매체의 등장으로 인해 생겨난 기술적 산물이기 때문이다.

따라서 우리가 근대성(modernism)이라고 부르는 선형적 심리구조와 가치체계는 자연발생적이기보다는 음성언어를 사용해서 읽고 쓰는 과정에서 생겨난 지각관습의 산물로서 파악될 수 있다. 게다가 인쇄매체는 '배타적(exclusive)' 매체이므로 사람들을 조각내고, 사회의 계층화, 일의 분업화 및 전문화와 같은 '외파적(explosive)' 효과를 가져온다. 또 인쇄매체는 시각을 중요시하는 매체이기에 인간을 소리, 신체적 접촉, 즉각적 반응 등에서 멀어지게 하고, 결과적으로 이는 인간을 내성적이고, 이성적이며, 개인적으로 변화시킨다.

그런데 오늘날 지배적 매체로 자리잡고 있는 전자매체는 인쇄매체와는 정반대로 작용하고 있다. 전자매체는 '수용적(inclusive)' 매체로서 이성적이고, 조각난 사람들을 퇴행시키고, 단편적인 것을 한군데로 통합시킴으로써 인간을 재부족화시키는 '내파적(implosive)' 또는 '내부확산적' 효과를 일으키고 있다. 특히 텔레비전으로 대표되는 전자매체는 오감을 사용하는 방법과 사건에 반응하는 전체 방법을 근본적으로 변화시켜서 결과적으로 인간의 전체 삶, 그리고 전체 사회를 변화시키고 있다. 맥루한에 따르면 텔레비전은 잊혀진 옛날의 청각·촉각 문화를 되살려내고, 세계를 누구나 서로 관련 맺도록 하는 '지구촌(global village)'으로 만드는 데 주역을 담당한다.

우리는 그동안 출판문화에서 출판의 선형성으로 말미암아 연속적, 또는 연쇄적으로 사물을 파악하는 데 익숙했다. 그렇지만 전자매체 시대에서는 전기가 지니는 순간적인 속도로 인해 연속적, 또는 연쇄적으로는 사물을 도저히 파악할 수 없다. 따라서 우리의 인식은 세분화되고 전문화된 부분에서 전 분야를 주목해야 한다. 그리고 우리는 전기가 지닌 속도감으로 인해 중심에서 주변을 향한 완만한 확산이 아니라 순간적인 내파를 경험해야 할 것이다.

그 결과 중심·주변적 구조를 지닌 우리들의 세분화되고 전문적인 문명들의 부분들은 하나의 유기적 전체로 순간적으로 재편성된다. 구체적으로 출판문화 시대의 '선형적 명료성'은 과거 인쇄매체의 등장으로 소멸되었던 '총체적 즉각성(feeling of all-at-onceness)'으로 대체되며, 이 같은 대체는 이성적이기보다는 감성적이고, 시각적이기보다는 촉각적이고, 파편적이기보다는 통합적인 성격을 지닌 인쇄문화 이전의 인간형을 부활시키는 데 중요한 역할을 담당한다.

2) 주체와 객체의 융합: 상호작용 공간

오늘날 전자우편과 전자게시판에는 이야기들이 넘쳐흐르고 있다. 이는 사람들이 자신들과 한번도 만난 적이 없으며, 아마도 만나지 않을 사람들과의 서사들을 연관시키는 것을 즐기고 있어서이다. 물론 이런 서사들은 때때로 사람들의 삶에서 직접 생성되는 것처럼 보이지만 대부분이 꾸며낸 것이다. 이런 서사들의 엄청난 폭발은 기존의 매체 기술과는 전혀 다른 기술에 의존하고 있다. 그것은 값싸고, 누구나 쉽게 변형할 수 있으며, 쉽게 이용할 수 있고, 메시지의 교환속도가 빠른 새로운 매체 기술이다.

그런데 그 기술은 수많은 수신자라는 기존 매체 틀의 특징을 탈중심화된 의사소통 틀과 결합시키고 있다.

이처럼 서사의 새로운 잠재력이 확장되면서 동시에 음성과 음성, 그리고 영상이 텍스트와 합쳐지고 있다. 게다가 텍스트, 이미지, 음성을 동시에 전송할 수 있는 웹도 탄생했다. 웹의 등장과 함께 사진과 음성 자료를 텍스트 속에 함께 포함시킬 수 있을 뿐 아니라 하이퍼텍스트의 연결을 텍스트 형식으로 표현할 수 있다. 따라서 같은 방식으로 웹과 관련된 다른 기술들에서도 탈중심화가 신속히 이루어지고 있다.

오늘날 전자매체의 등장으로 생겨난 새로운 의사소통 양식에서 주체 형태를 문제삼고 있는 것도 이 때문이다. 즉 주체가 객관세계와 맺고 있는 관계, 그러한 세계에 대한 주체의 관점, 그 세계에서 주체의 위치 등이 새로운 의사소통 양식이 해결해야 할 과제이다. 따라서 서사의 위치 문제는 오늘날 의사소통 토론의 중심에 서 있다고 말할 수 있다. 맥루한은 바로 이 점을 '지구촌'이라는 개념으로 일찍이 간파했다. 맥루한의 매체와 현대문명에 대한 통찰력과 이론적 근간은 '지구촌'이라고 불리는 공명공간 내지는 음향적 공간이다.

그런데 오늘날 공명공간은 컴퓨터 등과 같은 매체를 통해 의사소통하기 위해서 들어가는 공간, 즉 '사이버 공간'으로 변화하고 있다. 사이버 공간은 우리가 일상적으로 경험하는 물리적 공간과는 분명히 다르다. 전자 시대에 사는 오늘날 인간은 물리적인 한계에 존재하는 과거의 인간과는 다르게, 자신의 전자대리인을 통해서 무한한 공간 속에서 동시에 존재할 수 있음을 경험한다. 따라서 기존의 공간 개념은 하나의 통합된 장으로 바뀐다. 이렇게 볼 때 맥루한의 지구촌 개념은 단순히 '세계가 한 지붕 밑에'라는 인간 상호작용의 외형적 변화의 의미라기보다는 그 속에서 살아가는 인간 경험의 질적 변화를 말해준다.

따라서 전자 시대를 살아가는 현대인은 어느 특정 시각에 어느 한 장소에 있는 것이 아니라 동시에 여러 곳에 부재하면서 현존한다. 기존의 물리적 관점에서 보면 결코 존재할 수 없지만 가상현실이라는 관점에서 보면 인간은 개별적 존재를 넘어 편재할 수 있다. 즉 전자적 의사소통이 만들어내는 엄청난 거리와 시간적인 즉각성의 결합은 발화자와 수용자를 떼어놓기도 하고, 그들을 서로에게 데려가기도 한다. 그리고 이 같은 상황은 기존에 당연시되었던 주체와 객체의 경계 구분도 모호하게 만든다.

예컨대 오늘날 의사소통 기술은 소수가 다수에게 정보를 전달하는 전통적인 의사소통 개념을 붕괴시키고 있다. 즉 다중의사소통 시대에서는 소수의 메시지 생산자와 다수의 메시지 소비자라는 틀이 지배했지만, 오늘날 전자매체를 통해서 이루어지는 의사소통은 메시지 생산자와 메시지 소비자의 경계도 허물음으로써 다수에 의한 의사소통을 지배적 의사소통으로 만들고 있다. 물론 사이버 공간에서는 어떤 화자가 다른 사람보다 더 많은 영향력을 발휘할 수 있다. 그렇지만 사이버 공간 뒤에 있는 가장 기본적인 생각은 다수가 다수에게 이야기를 할 수 있다는 사실이다. 따라서 사이버 공간의 이야기들은 더욱 개성을 띠고, 상호작용적이고, 개인주의적이 된다.

그런데 전자적 의사소통 기술은 더욱 의미심장하게 이런 가능성을 크게 확장시키고 있다. 전자매체 기술에 의해서 발현되는 문화는 근대성을 뛰어넘는 사회형태의 문제, 그러니까 탈근대사회의 가능성 문제를 제기한다. 따라서 전자문화는 주체 구성의 과정에서 언어의 역할에 초점을 맞추는 이론들, 읽는 사람과 쓰는 사람을 비평가와 저자라는 안정된 지점에서 바라보는 관점을 해체하는 이론가들, 즉 탈구조주의자들을 만들어낼 수 있다.

사실 인쇄가 주체에 대한 이해를 매개할 때 언어는 재현적인 것으로, 즉 대상을 지시하기 위해서 사유자를 환기시키는 기호의 자의적 체계로 이해되었다. 그렇지만 전자매체가 주체에 대한 이해의 한 요소가 될 때는 언어란 수행적이고 수사학적인 것으로서, 즉 주체에 대한 능동적인 형상화와 자리잡기로 이해될 수 있다. 이러한 의사소통 체제가 널리 퍼져가면 주체는 단지 부분적으로 안정되며, 시·공간의 다양한 지점들에서 반복적으로 재구성되며, 자기동일적이지 않고, 항상 부분적으로 타자에게 이해된다. 맥루한은 이런 의사소통 현상을 '재부족화(retribalization)'로 나아가는 것이라고 생각했는데 이는 과거 원시 부족사회로의 회귀를 의미한다.

맥루한의 재부족화 개념은 리오타르(J. Lyotard)의 사상에서도 찾을 수 있다. 리오타르는 현대적 사회는 과학적 서사에서 그 정당성을 끌어온다고 주장하면서 부족사회, 또는 전 근대적 사회의 비과학적 서사구조를 다음과 같이 요약했다. 첫째, 기존사회 제도에 대한 정당성을 부여하는 이야기들, 둘째, 서로 다른 많은 언어형태들을 포함하는 이야기들, 셋째, 서사의 한 부분이면서 동시에 이전에 서사를 들었던 발신자와 또 다른 발신자가 될 가능성이 있는 청자들에 의해 전수된 이야기들, 넷째, 이야기가 반복될 때마다 그것을 이상한 방식으로 동시 작용시킴으로써 과거와 현재를 단축하는 비선형적 시간성을 구축하는 이야기들, 그리고 가장 중요한 다섯째, 모든 사람들에게 서술자의 권한을 주는 이야기들로서 구성된다고 주장했다(Jean-Francois Lyotard, 1984: 115).

리오타르는 오늘날 의사소통 시대의 작은 서사는 제한된 방식이긴 하지만 현대 이전 사회의 언어유희를 재기능화하고 있다고 주장했다. 즉 부족신화와 마찬가지로 작은 서사는 차이를 유효화하는 방식을 통해서 언어유희의 이질성을 보여주고 있다. 즉 근대적 서사와 달리 오늘날의 작은 서사들은 창조적 역할을 강조하며, 또 알려지지 않은 것과 예상하지 못한 것들이 나타나는 것을 모두 긍정적으로 수용하고 있다.

오늘날 이런 탈근대적 서사의 예로서 인터넷 기술을 들 수 있다. 우리가 지금까지 보아왔던 것처럼 인터넷은 전체화하는 제스처 없이 이야기와 지방 서사들의 증식을 북돋우며, 발신자와 수신자를 대칭관계로 설정한다. 따라서 이런 이야기와 그것의 수행은 근대 이전의 서사와 마찬가지로 공동체의 사회적 연대를 강화한다. 이는 인쇄 기술에서 볼 수 없었던 현상으로 상호작용에 입각한 의사소통의 결과라고 말할 수 있다.

3) 실재와 비실재의 구분소멸: 가상현실

맥루한이 '매체는 메시지이다'고 주장했을 때 이것은 또 다른 의미를 지닌다. 그것은 매체를 밖으로부터 보는 '메타 시각(metaperspective)'으로서 이 시각은 매체 자체를 조감하며, 매체가 전달하는 메시지와는 별도로 매체 자체가 지닌 메시지를 파악하는 시각이다. 이처럼 맥루한은 의사소통의 메시지를 나르는 매체 자체가 일으키는 또 다른 층의 메시지를 보았다. 언어에도 메타 언어가 있듯이 매체 자체에도 그 자체의 메시지가 있다는 것이다. 이는 맥루한이 매체 기술을 하나의 언어로 파악했기 때문에 가능했다(M. McLuhan, 1964: 12).

그런데 언어가 그것의 문법을 갖고서 인간의 지각작용에 간섭하듯이 매체 기술도 어떤 문법에 의해서 기술 사용자의 지각작용에 효과를 일으킨다. 이는 매체 기술이 의미의 중립적 전달자라기보다는 그 자체가 인간의 의식과 사고를 형성하는 중요한 의미생성의 한 부분이라는 사실 때문이다. 따라서 매체 기술은 인간 정신의 구체적 표현이며, 그 자체가 의미분석의 핵심적 텍스트로서 자리잡는다.

예를 들어 우리가 근대적이라고 부르는 선형적 심리구조와 가치체계는 자연발생적이기보다는 음성언어를 통해서 읽고 쓰는 과정에서 생겨난 지각 관습의 산물이다. 음성언어는 사실상 무의미한 추상체로서 이것의 발명과 함께 시각은 다른 감각들로부터 분리되었고, 이는 '시각적 공간(visual space)'이 형성되기 시작했음을 의미한다. 그리고 '시각적 공간'은 인쇄문화의 등장에 따라 더욱 극단적 형태인 '선형적 공간(linear space)'으로 바뀌었고, 이 '선형적 공간'은 분절성, 질서 등과 같은 개념에 의존했다.

그런데 맥루한은 전자매체로 인해서 창조된 현실에서 겪게 될 지각변화로서 '공명공간'을 예견했다. 공명공간은 경계의 소멸, 총체적 즉각성 등에 기초하는데 이 같은 공간에서의 인식 유형은 문자에 의해서 형성된 인식 유형과는 전혀 다르다. 이는 우리가 특정한 시대에 갖는 공간적 감각은 자연적인 것이 아니라 특정 매체의 등장으로 인한 기술적인 산물이기 때문이다. 이런 맥루한의 메타 시각은 기의에 대한 기표의 우위를 내세우고 있는 기호학자들의 주장과 흡사하다.

기호학자 바르트(R. Barthes)에 따르면 이 시대를 기표(signifier)만이 존재하는 시대로 보았다. 그만큼 기의(signified)보다는 기표가 활개치고 있는 것이다. 따라서 매체와 메시지의 관계도 기표와 기의의 관계와 흡사하다. 즉 매체가 메시지를 담는 그릇이라면 기표도 기의를 담는 그릇에 해당한다. 이 경우 효용성과 예술성, 실용적인 형식과 미적 행위 양식의 구분은 무너질 수밖에 없다. 오늘날 상품은 효용성보다는 미적 요소에 의해서 더 많이 지배되는데 이는 이해와 행위의 관점에서가 아니라 취향의 관점에서 이해되어야 하는 것을 의미한다. 좀더 구체적으로 말하면 개별 의사소통 매체는 정보전달이나 설득, 통치 등과 같은 실질적 목적 달성의 잠재력과 관련해서가 아니라 새로운 방식으로 미적인 경험의 욕구를 자극할 수 있는 가능성으로 이해되어야 한다(J. W. Carey, 1981: 167).

이처럼 의사소통 기술 변화에 따른 다양한 경험 표현양식의 존재 가능성과 그에 따른 새로운 미학적 방향의 제시는 대중매체 시대에서 영역 해체와 융합, 그리고 이미지 상품의 소비로 대변되는 탈근대적 양태와 맞물려 있다. 이는 탈근대 상품의 전체적인 가치가 '효용가치'가 아니라 '교환가치'에 의해서 결정된다는 보드리야르의 지적과도 일맥상통한다. 보드리야르는 소비사회로 규정되는 현대사회에서 문화상품은 상징적 기호와 이미지에 의해서 가치가 결정된다고 주장했다.

따라서 소비자가 소비하는 것은 상품이라기보다는 매체에 의해서 생산된 상징적 기호와 이미지이다. 게다가 텔레비전에 의해 주도되는 대중문화는 진리를 정의하고 파악하는 주체 능력을 해체하는 또 다른 경험 층위를 도입함으로써 이를 개인 사이의 상징교환으로 대체한다. 기호들을 객관세계에 있는 지시체들과 분리시키고, 그것들을 스크린 표면 위의 과잉현실적인 것으로 재조직화하는 새로운 의미화 양식을 도입함으로써 근대의 표상체계를 무력화시킨다(M. Foster, 1997: 127).

이 같은 상황 전개는 근대성 이론이 지지하는 본질적인 고착된 지점, 근거, 토대 등을 체계적으로 제거하는 전자매체의 등장으로 더욱 촉진되었다. 전자매체는 기표와 기의의 고리들을 통해서 작동하는데 이 같은 의사소통을 통해서 실재(reality)에 입각한 과거의 언어 패러다임이 붕괴되고 있다. 따라서 언어는 이젠 현실을 재현하지 않으며, 주체의 도구적 합리성을 강화시키는 중립적인 도구도 되지 못한다. 즉 언어는 현실 자체가 되기도 하고, 또 어떤 경우에는 현실을 좀더 잘 구성하기도 한다.

이런 현상을 보드리야르는 탈근대적 의사소통의 조건을 설명하기 위해 도입했던 '과잉현실(hyperreality)', '가상현실(virtual reality)'[2) 등으로 개념화했다. 과잉현실이란 현실보다 더 현실적인 이미지의 현실이라면 가상현실이란 존재하지 않는 인공현실이다. 이들은 매체 기술이 기술 자체를 넘어 '한계 없는 가상성(limitless virtuality)'이 되었기 때문에 발생할 수 있다.

과거의 인쇄 방식에 입각한 의사소통 기술은 나란히 놓여 있는 눈들에 정보를 처리하는 방식을 알려주었다. 그렇지만 가상현실은 인쇄매체 방식은 물론이고, 텔레비전과 같은 입체경 방식에서도 한 걸음 더 나아가고 있다. 컴퓨터가 만들어내는 빛의 유형들을 직접 눈에 전달하기 위해 대상에 반사되는 빛의 체계, 즉 새로운 공생차원에서 기계를 신체에 통합시켜온 지각과정에서 일어날 수 있는 변이 양상들을 무시한다. 따라서 탈근대주의자들이 주장하는 것처럼 감각을 인간 신체에서 진짜 현실을 만들어내는 것으로 받아들이기 시작할 때 가상현실은 인간 감각기관의 고정성과 자연스러움을 의문시하는 인간·기계라는 새로운 조합물을 만들어낼 것이다.

이처럼 인터넷과 가상현실은 새로운 상호작용의 가능성을 열어준다. 즉 '가상' 공동체와 '실재' 공동체는 교차 병행되면서 서로를 반영하고 있다. 따라서 '실재' 공동체와 가짜 공동체를 대립시키는 것은 공동체의 연대 또는 결합양식의 차이를 특화하는 데 부적합하며, 오히려 공동체 형태가 역사적으로 구축된 모습을 모호하게 만든다. 이러한 대립짓기는 다양

---

2) 그런데 시뮬라크라는 실제로 존재하지 않는 대상을 존재하는 것처럼 만들어놓은 것을 지칭한다. 이는 재현이나 모방과는 기본적으로 다르다. 재현과 모방은 실체의 존재를 가정하지만 시뮬라크라는 실체와 실체를 모사한 이미지를 구분하는 이분법적 사고를 거부한다. 그것은 원본이 없는 이미지이며, 그 자체가 현실을 대체하는데 텔레비전에서의 광고는 시뮬라크라, 꾸며낸 이야기, 상상적인 것과 함께 작용하는 것이 대표적인 예다. 보드리야르에 따르면 하이퍼리얼한 것에서 시뮬라크라로 가는 길은 새로운 방향이라기보다는 일종의 심화이다.

한 형태의 공동체들에 널리 퍼져 있는 정체성의 형태에 대한 문제 제기를 방해할 뿐이다.

5. 맺는 말

의사소통학은 다른 어떤 인문사회 과학에 비해서 기술 발전과 밀접한 관련을 맺는다. 매체 기술이 지금처럼 발달하지 않았더라면 의사소통학, 특히 다중의사소통학의 성립은 불가능했을 것이다. 사실 인쇄에 입각한 의사소통 기술이 의사소통학의 토대를 마련했다면 방송에 입각한 의사소통 기술은 의사소통학의 발전을 가져왔으며, 현재의 새로운 매체 기술은 의사소통학의 새로운 전환을 모색하고 있다.

그런데 매체발달사를 살펴보면 매체 기술은 인간을 새롭게 구성할 뿐 아니라 인간에 의해서 새롭게 수용되기도 한다. 일반적으로 전통적 의사소통학은 전자의 입장을 강조하면서 매체 효과론을 구성해왔다. 탄환이론, 피하주사식 틀, 정보의 2단계 흐름, 의제설정기능 이론, 문화계발효과이론 등이 그것이다. 이 점은 비판적 의사소통학에서도 예외가 아니다. 매체에 대한 본격적인 비판을 처음으로 시도했던 프랑크푸르트 학파의 경우 텔레비전에 대한 반응은 독립적이고 반성적인 자유로운 주체의 행위가 아니라 무의식적이고 대량화된 주체의 행위로서 현대 대중문화의 '반복성(cumulation)', '동일성(consonance)', '편재성(ubiquity)' 등이 자동화된 반응들을 만들어내며, 개인적인 저항력을 약화시킨다고 주장했다.

물론 전통적 의사소통학과 비판적 의사소통학 사이에는 기본적인 입장의 차이가 있다. 비판적 의사소통학은 매체가 생산하는 대중문화에 대해서 비판적으로 전망하는 데 비해 전통적 의사소통 연구는 이런 비판을 유보하고, 매체의 실용가능성에 분석의 초점을 맞추어왔다. 어쨌든 비판적 의사소통학이든 전통적 의사소통학이든 간에 매체의 사회적 영향력이 매우 크다는 가정에서 벗어난 일이 없었다는 점에서 이들 연구 전통은 결국 라스웰식 효과 패러다임을 따르고 있다.

그런데 라스웰식 효과 패러다임은 오늘날 지배적 현상, 즉 인간이 매체 기술을 새롭게 수용한다는 현상을 설명하기 힘들다. 오늘날 의사소통 매체는 재현 메시지를 전달할 뿐 아니라 개인적이든 집단적이든 간에 언설의 새로운 조립품을 만들어내고 있다. 이것은 개인, 사회, 기계라는 범주를 상호중첩이 될 수 있는 방식으로 재기능화하는 것을 의미한다. '매체는 메시지이다'는 맥루한의 유명한 언설이 가능한 것도 이 때문이라고 본다.

맥루한은 특정 매체로 인해서 발생하는 감각균형의 재조정으로 초래되는 의식 변화에 대해 집중적으로 분석했다. 맥루한에 따르면 새로운 매체가 발생시키는 개인적·사회적 결과들은 매체의 새로운 감각비율 규모에서 비롯된다. 즉 매체는 인간이 사용할 수 있는 특정 감각의 상대적 의존도를 확대하거나, 또는 감소시킴으로써 세상을 인식하는 방식에 영향을 미친다. 따라서 매체는 결국 인간 행위의 규모와 형식에 꼴을 주고, 그것을 제어할 수 있다.

구체적으로 맥루한은 이를 '온(hot) 매체'와 '냉(cool) 매체'의 개념으로 설명했는데 '온' 매체란 높은 정세도(精細度, definition)를 지니기 때문에 의사소통 수용자가 메시지를 재구성하는 데 투입하는 상상력의 정도가 떨어지는 반면 '냉' 매체는 정세도가 낮기 때문에 메시지를 재구성할 수 있는 여유가 많아져서 수용자의 상상력을 자극한다. 따라서 인간은 '온' 매체에 비해서 '냉' 매체와 같은 기술을 새롭게 수용할 수 있는 여지가 많아질 수밖에 없다. 그리고 맥루한은 대표적인 '냉' 매체로서 텔레비전을 꼽았다. 그것은 텔레비전이 과거 원시 시대의 인간이 행했던 청·촉각적 의사소통 공간을 다시 만들어내며, 음성언어와 인쇄술이 만들어놓은 조각난 인간을 전인으로 복귀시키고 있기 때문이다. 따라서 맥루한은 텔레비전의 등장을 의사소통의 재부족화라는 표현을 사용함으로써 매우 낙관적으로 전망했다.

그러나 맥루한의 이와 같은 낙관적 예언은 오늘날 점차 사실과 다르게 나타나고 있다. 즉 인쇄술은 교양인을 만들었지만 텔레비전은 교양인을 더욱 탈교양화하고 있다. 또 맥루한은 읽기문화가 인간을 조각냈다고 주장하지만 텔레비전은 인간을 더욱 파편화시키고 있다. 더욱이 사이버 공간하에서 맥루한이 말한 전인의 모습은 어디에도 보이지 않는다. 어쩌면 텔레비전은 오늘날 우리들의 담론을 조작하고 있을 뿐 아니라 인간 체험을 더욱 표피화, 진부화시키고 있다.

이는 맥루한 매체론의 한계를 보여주는 대목이다. 즉 맥루한은 인간이 매체 기술을 새롭게 수용한다는 입장을 취함으로써 라스웰식의 효과 패러다임을 극복한 것은 사실이지만 오늘날 새로운 매체 기술이 언설의 새로운 조립품을 만들어내고 있다는 점을 설명하지 못했다. 이는 맥루한이 문화적 정체성의 근본적인 변화를 주도하고 있는 복합매체의 출현을 예견치 못한 결과이다. 예를 들어 맥루한은 '지구촌'을 원칙적으로 기술상의 가능성으로 언급했지만 오늘날 '지구촌' 개념은 인터넷 등을 통해서 현실화되었다. 따라서 인터넷과 같은 원거리 의사소통은 새로운 담론구조를 잉태한다.

오늘날 전화, 라디오, 영화, 텔레비전, 컴퓨터를 비롯해서 그 모든 것의 통합체인 복합매체가 개체성의 새로운 구성체를 퍼뜨리기 위해 언어, 소리, 이미지들을 재구성하고 있다. 이것은 실재에 입각한 언어 패러다임을 무너뜨리고, 시뮬라르크, 꾸며낸 이야기, 상징적인 것들에 의해서 대체되고 있다. 따라서 복합매체로 형성된 담론구조가 상징적 소통의 구조와 그 토대를 이루는 조건을 바꾸어놓고 있다.

왜 이런 현상들이 오늘날 지구촌을 지배하고 있는가. 이는 역설적으로 '매체는 메시지이다'라는 맥루한의 인식에서부터 찾을 수 있다. '매체는 메시지이다'는 아포리즘은 매체가 매개하는 인간 인식의 대상이 갖는 의미가 자의적이라는 점을 시사하고 있다. 이는 매체 성격에 따라 메시지 의미가 달라진다는 맥루한식 해석의 범위를 훨씬 넘어선다. 즉 매체는 오늘날 주체가 배제된 모조(simulation)의 세계를 만들고, 수용자를 배제하는 방식으로 정보과잉을 초래하고 있다. 이 모조적 현실은 지시 대상도, 근거도, 원천도 갖고 있지 않으면서 재현의 논리 바깥에서 작용하고 있다.

오늘날 우리의 현실을 돌아보면 오히려 '기술 파시즘'에 대한 우려가 증폭되고 있다. '우리는 모조상황에 들어가기 위해 역사를 탈출했다'는 보드리야르의 주장도 이와 비슷한 맥락에 있다. 전자매체가 일상화된 사회에서는 맥루한의 주장처럼 메시지만 소멸되는 것이 아니라 매체와 실재가 같이 함몰될 수 있다. 즉 매체가 어떤 사회적 의미도 담아내지 못하고, 메시지와 함께 함몰 내지 소멸될 수 있다는 것이다. 따라서 매체가 만들어낸 과잉현실, 또는 가상현실에서 모든 의사소통 메시지물의 의미가 용해되는데 이 경우 비의사소통체계까지 생겨날 수 있다. 이는 사람들이 과잉정보와 의미의 범람으로 말미암아 발생하는 극단적 무관심과 침묵에 존재하는 무반응의 구조화에 기여할 뿐이다.

이런 상황적 인식하에서 보드리야르는 탈구조주의에 입각한 언어적 방향으로 분석의 전환을 시도했다. 즉 다른 탈구조주의자들과 마찬가지로 보드리야르는 언어적 방향 전환을 통해서 현대적 주체에 대해 특권을 부여하지 않고, 주체가 사회적 공간에서 새롭게 구성되는 것으로서 취급했다. 이는 주체가 해체되지 않으면서 탈중심화되거나 다층화될 수 있는 길로 인도하는 것인데 이것이 의사소통학 연구에서 새로운 패러다임의 등장을 말해주는 대목이다. 그리고 이것은 우리들의 일상생활에서 이미 체득되고, 또 자연스럽게 실천되고 있는 의사소통 행위와 밀접한 관련을 맺는 것이다.

참고문헌

Carey, James W. 1981, "McLuhan and Mumford: The Roots of Modern Media Analysis," *Journal of Communication*, Vol.31, No.3, Summer.

Habermas, J. 1987a, *The Theory of Communicative Action*, Vol.2, *Lifeworld and System: A Critique of Functionalist Reason*, trans. T. McCarthy, Cambridge: Polity Press; Boston: Beacon Press.

_____ . 1987b, *The Structural Transformation of the Public Sphere*, trans., Frederick

Lawrence, Cambridge: Polity Press; Cambridge, MA: MIT Press.

Lasswell, H. D. 1948, "The Structure and Function of Communication in Society," in Lyman Bryson(ed.), *The Communiation of Ideas*, New York: Harper & Bros, also reprinted in W. Schramm. 1960, *Mass Communications*, Urbana: University of Illinois Press.

Lyotard, Jean-Francois. 1984, *The Postmodern Condition: A Report on Knowledge*, trans., Geoff Bennington & Brian Massumi, Minneapolis: University of Minnesota Press.

McLuhan, M. 1964, *Understanding Media: The Extension of Man*, New York: McGraw-Hill.

Poster, M. 1988, *Jean Baudrillard: Selected Writings*, Cambridge: Polity Press; Stanford University Press.

_____. 1995, *Second Media Age*, 이미옥·김준기 역, 1998, 『제2미디어 시대』, 민음사.

_____. 1997, "버추얼 보드리야르, 또는 맥루한의 달성되지 못한 유산," 『현대사상』 봄(창간호), 민음사.

Shannon, C. and W. Weaver. 1949, *The Mathematical Theory of Communication*, Urbana: University of Illinois Press.

제2장

정보이론과 의미이론 ―기호학 관점에서―

1. 우리는 어떤 의사소통을 하는가

우리는 지금 과거와 비교할 때 어떤 의사소통을 하고 있을까? 구체적으로 백 년 전에 살았던 사람들과 같은 방식으로 의사소통 하고 있을까? 아니면 천 년 전에 살았던 사람들과 같은 방식으로 의사소통을 하고 있을까? 만약 당시의 사람들이 지금과 같은 방식으로 의사소통하지 않았더라면 그 당시 의사소통은 과연 어떠했을까? 그리고 과거의 의사소통 방식과 비교할 때 지금의 의사소통 방식이 더 바람직한 것일까? 언어와 문자도 세월이 흐르면서 변화하는데 우리는 이런 의사소통 방식의 변화에 대해 너무나 둔감하게 반응하고 있는 것은 아닐까? 어쩌면 이런 문제는 의사소통 연구에서 가장 중요한 사안인데 지금의 의사소통 방식이 모든 것인 줄 알고 우리는 여기에만 집착하고 있는 것은 아닐까?

그런데 분명한 것은 바로 백 년 전에 살았던 사람들과 비교하더라도 우리는 그 때와는 상당히 다른 방식으로 의사소통하고 있다는 사실이다. 물론 그것은 의사소통 전공자가 아닌 사람들의 눈에는 하찮은 차이로 보일는지 모르겠지만 의사소통 전공자가 보기에는 엄청나게 큰 차이이다.

◀ 맥루한(M. McLuhan)

한번 따져보자. 백 년 전에 텔레비전이 있었는가? 백 년 전에 컴퓨터가 있었는가? 백 년 전에 인터넷이 있었는가? 백 년 전에 휴대전화가 있었는가? 오늘날에 아주 보편화된 이런 의사소통 수단조차도 백 년 전에는 그 조짐조차 감지할 수 없었다. 그만큼 오늘날 의사소통 수단은 백 년 전과 비교할 때 비교가 안 될 정도로 엄청나게 발전해왔다.

그런데 의사소통 수단의 변화는 그 자체 변화에서만 그치는 것이 아니라 우리들의 의식과 행동에 엄청난 변화를 초래했다. 이 때문에 오늘날까지도 매체연구자로서 가장 훌륭한 평가를 받고 있는 맥루한조차도 '매체는 메시지이다'라는 극단적 표현을 거리낌 없이 사용한 것이다. 소리와 몸짓에서 언어와 문자가, 언어와 문자에서 인쇄매체와 같은 대중매체가, 인쇄매체에서 영상매체가 출현할 때마다 우리들의 의식과 행동에는 상상할 수 없는 변화가 있어온 것이 사실이다. 그 때문에 맥루한의 한때 스승이었던 이니스(H. Innis)도 그것이 인류문화에서 가장 중요한 역사라고 규정하지 않았는가.

예를 들어 오늘날 대표적 인쇄매체인 책과 대표적 영상매체인 텔레비전의 경우를 비교해보자. 우리가 이들 매체로부터 지식과 정보를 수용할 때 분명히 다른 방식으로 하고 있다. 책은 시각에 의존해서, 텔레비전은 시각과 청각에 동시에 의존해서 정보를 수용한다. 물론 수용감각이 단수냐 복수냐 하는 문제도 우리들의 의식 변화에서 중요한 요소에 해당한다. 이런 변화에 맥루한의 통찰력은 크게 빛났으며, 이 내용은 이 책 4장에서 자세히 소개될 예정이다. 그렇지만 더 큰 변화는 시각을 통해서 전달받는 정보의 수용형식에서 비롯된다.

먼저 책이 담고 있는 정보는 실타래의 실이 풀어져 나오는 것처럼 우리들의 시각에 '선형적(線型的, linear)'으로 수용된다. 그런데 선형적 방식은 앞의 내용을 이해해야만 현재 내용을 이해할 수 있는 '인과관계(sequential)'로서 구성된다. 이런 선형적 인과관계(linear-sequential) 방식은 치밀한 논리와 엄격한 문법을 전제로 하기에 메시지의 '명료성'을 생명으로 한다. 즉 메시지 구성은 객관적이고, 정확해야 하지만 이 때문에 그 메시지에 대한 해석은 전달자의 의도에서 크게 벗어날 수 없다. 따라서 발화자와 수용자의 관계는 자연스럽게 상하적(또는 권위적)으로 구성된다. 책에서 메시지가 저자에게서 독자로 일방적으로 흐른다는 것이 단적인 예다.

반면 영상매체가 의존하는 '모자이크적' 방식에서는 선형적 방식에서 요구되는 그런 치밀한 논리와 엄격한 문법을 필요치 않는다. 우리들의 눈이 움직이는 대로 시선을 옮겨서 시각을 통해 들어오는 정보를 짜맞추면 보고자 하는 전체 상이 자연스럽게 그려진다. 그렇지만 모자이크적 방식이 만들어낸 전체 상은 사람들에게 똑같이 그려지는 것이 아니라 사람에 따라 다르게 그려질 수 있다. 그것은 모자이크적 메시지가 선형적 메시지와 달리 여유 있게 구성되기 때문이다. 메시지가 이렇게 구성되므로 메시지 수용자들은 그것을 얼마든지 다르게 해석할 수 있다. 따라서 수용자가 메시지 구성에 참여할 수 있는 가능성, 즉 일방적이 아니라 쌍방적 의사소통이 이루어질 가능성이 그만큼 크다.

매체 수용방식에 따라 생겨난 이런 차이는 어쩌면 빙산의 일각에 불과할지 모른다. 이런 차이보다 훨씬 심도 있고 의미 있는 차이는 지금까지도 만들어지고 있기 때문이다. 물론 그 중에서는 우리가 의식하는 부분도 있지만 의식하지 못하는 부분도 있다. 그렇지만 이런 차이들은 의식하든 의식하지 않든 간에 어쩌면 우리들이 오랫동안 간과해왔던 매체 수용방식에서 중요성을 새삼 강조한다. 특히 오늘날 디지털 기술의 급속한 발전과 보급으로 의사소통에서 근본적 변화가 생겨나고 있는 상황에서 특히 그러하다. 이런 차이는 이전의 어떤 차이보다 심도 있고, 의미가 있어서 의사소통의 기본 틀을 다시 짜야 할지 모를 정도이다.

그런데 매체 수용이 가져다주는 차이가 너무나 큰 나머지 이것에만 몰두해 의사소통의 기본 목적에 소홀히 하는 것은 아닐까? 그 기본 목적 중에 으뜸가는 것이 의사소통의 물리적 한계를 어떻게 극복할 수 있는지이다. 이는 제한된 시간과 공간에서 어떻게 하면 정보를 가능한 빨리, 또 많이 보낼 수 있는냐 하는 문제와 직결된다. 사실 인류 최초의 '과학적' 의사소통 수단인 언어와 문자도, 또 본격적인 대중매체로 자리잡은 책과 텔레비전도, 그리고 컴퓨터와 결합해서 새로운 차원의 의사소통 장을 열어가는 인터넷도 이런 목적에서는 동일하다. 지금까지 의사소통 기술은 이런 목적에 이바지하기 위해 발명되었지만 아이러니컬하게 이 목적에 충실하면 할수록 이 목표에 가깝게 가는 것이 아니라 더욱 멀어지고 있다.

따라서 오늘날 의사소통은 전달수단인 매체에서 더욱 혼미를 거듭하고 있다. 의미에 대한 설명이 길어질수록 이해가 어려워지고, 상황에 대한 설명이 구체적일수록 진실된 상황을 파악하기 힘들고, 실체에 대한 접근이 정확하게 이루어질수록 실체에 대한 파악이 복잡해진다. 이런 상황들을 가리켜 보드리야르(J. Baudriilard)와 같은 철학자는 '오늘날 세상에는 기표만이 난무한다'는 식으로 비유했다. 이는 사람들이 의미, 상황, 실체를 파악하거나 이해하기 위해 온갖 기표들을 동원하지만 이런 기표들이 동원될수록 이것들에 대한 참된 해석과는 멀어짐을 강조하는 말이다. 바로 그 기표들이 언어, 문자, 책, 텔레비전과 같은 오늘날을 대표하는 매체들이다.

이런 관점에서 매체가 발전함에 따라 의사소통이 어떻게 변화해왔는지를 이 책의 첫번째 주제로 선정했다. 이 주제는 제3장과 제4장에서 구체적으로 다루어질 예정이지만 이런 변화를 서술하기에 앞서 이런 변화에도 불구하고 변화하지 않는, 어쩌면 영원히 변화할 수 없는 의사소통의 본질에 대해 논의할 수 있다면 이 작업은 분명 이 책의 완성도를 더욱 높이는 작업일 것이다. 이런 관점에서 이 장에서는 의사소통의 본질, 즉 본래적 목표에 대해서 우선 언급하고자 한다.

2. 의사소통 정의: 전달이냐, 공유냐

'의사소통'이라는 말이 정식으로 사용된 것은 우리가 생각하는 것보다 그 시기가 그리 오래지 않다. 정확한 시기는 알려지지 않고 있으나 1940년대 미국에서 처음 사용된 것으로 추정된다. 물론 이전에 이 말이 전혀 사용되지 않은 것은 아니지만 1930년대 중반까지만 하더라도 이 말은 전신, 전화 등의 통신, 즉 공학적 의사소통 현상을 지칭하는 것으로 통용되었다(차배근, 1976: 68). 이 때문에 유명한 철학자이며 사회비평가인 버크(K. Burke)가 1935년에 'Treatise on Communication'이라는 이름으로 책을 출판하려고 했을 때 이 책이 전화나 통신 관련 책으로 오인될 수 있다는 출판사의 우려로 책명을 바꾸기까지 한 일이 있다. 그 바뀐 책명이 유명한 *Permanence and Change*이다.

그런데 오늘날 '의사소통'이라는 말만큼 우리 생활에서 흔히 쓰이는 말도 없다. 학교에서 수업을 가르치고 배우는 선생님과 학생들의 행위, 물건을 팔기 위해 상대방을 설득하는 판매원의 행위, 선거에서 이기기 위해 유권자에게 지지를 호소하는 행위, 사랑이라는 감정을 교류하고 확인하려는 연인들의 행위, 협상 테이블에 앉은 외교관의 행위, 교회나 절에서 목사와 스님의 설교를 들으며 신도들이 부지런히 기도하는 행위 등이 모두 '의사소통' 행위이기 때문이다. 따라서 우리는 자신이 아닌 다른 사람이나 심지어 자신과의 대화를 지칭해서 쉽게 의사소통이라고 이름붙이는 경향이 있다.

커뮤니케이션은 우리말로 '의사소통'이라고 번역된다. '소통'으로 번역한 데서 알 수 있듯이 커뮤니케이션은 분명 '소통'과 가까운 개념이다. 문제는 무엇이 소통되느냐 하는 것인데 이 때 과연 '의사'가 소통될 수 있느냐 하는 문제이다. 왜냐하면 '의사'는 발화자와 수용자에게 같은 의미로 해석되는 객관적 내용이 아니라 둘 사이에서 얼마든지 달리 해석될 수 있는 주관적 내용이기 때문이다. 따라서 '기표'로서 '의사'는 소통될지 모르지만 '기의'나 '의미'로서 '의사'는 소통될 수 없다. 즉 소통되는 것은 기표일 따름이지 결코 기의나 의미가 아니다(김경용, 1998: 21).

이는 발화자와 수신자 사이에 의사전달이 완벽하게 이루어질 수 없다는 것을 말해준다. 사실 의사소통 과정에서 메시지의 의미는 서로 다른 수용자에게서 얼마든지 다르게 전달될 수 있다. 예를 들어 백두산은 우리에게는 민족 정기를 일깨우는 소중한 존재이지만 중국인이나 일본인에게는 기껏해야 멋있는 산으로 밖에 해석되지 않는다. 우리에게 된장국은 어머니의 정겹고 따뜻한 품을 연상케 하지만 미국인에게는 냄새나는 고약한 음식에 불과하다. 우리 주위에는 이런 예들이 얼마든지 있다. 이처럼 하나의 기표는 의사소통 주체의 경험과 문화적 맥락에 따라 얼마든지 다르게 해석될 수 있는 다의적 성격을 지닌다.

따라서 '의사소통이 무엇인가?'라는 물음에서 핵심적 사항은 '의사소통'에서 '의사'의 개념을 기표로 축소해서 볼 것인지 아니면 기의까지 포함하는 포괄적 개념으로 볼 것인가 하는 문제이다. 만약 기의까지 포함하는 포괄적 개념으로 파악하면 의사소통학의 연구 대상은 크게 넓어진다. 그리고 이 문제는 의사소통 정의에서 오랜 숙제이기도 한 문제, 즉 의사소통을 '전달(transmission)' 행위로 볼 것인지, 또는 '공유(sharing)' 행위로 볼 것인지 하는 것과 직접적 관련이 있다.

이와 관련해서 피스크(J. Fiske)가 시도한 의사소통학 연구에서 '과정학파(the process school)'와 '기호학파(the semiotics school)'의 분류(J. Fiske 1982: 2)는 우리에게 시사하는 바가 크다. 먼저 과정학파의 입장은 의사소통을 메시지 전달(transmission of messages)로 파악하는 것으로서 이런 연구는 송신자와 수용자가 어떤 방법으로 송·수신을 하는지, 송신자가 의사소통 매체와 채널을 어떻게 이용하는지에 초점을 맞춘다. 따라서 의사소통이 얼마나 정확하고 효과적으로 이루어지는지, 즉 의도하는 바에 따라 어느 정도의 효과를 거두는지에 대해 관심을 두면서 의사소통을 행동과 태도에 영향을 주는 일종의 과정(process)으로 이해한다.

반면 기호학파의 입장은 의사소통을 의미생산 및 교환(production of exchange of meanings)으로 파악하는 경우로서 이런 입장에서의 연구는 메시지가 의미를 생산하기 위해 인간 및 사회환경과 어떤 상호작용을 하고 있는지에 중점을 둔다. 즉 문화와 사회구성체 내에서의 메시지, 즉 텍스트(text)의 역할에 초점을 맞춰 의사소통 연구를 텍스트와 문화연구로 인식한다. 이처럼 의사소통 연구는 메시지를 어떤 식으로 파악할 것인지를 중심으로 서로 상반된 경향을 보여왔다(J. Fiske, 1982: 2-4).

그렇다면 메시지를 파악하는 관점은 어떻게 다를까? 앞의 논의를 종합하면 메시지를 '전달'로 파악하는 관점과 '공유'로 파악하는 관점 차이를 비교할 수 있다. 의사소통을 '전달'로 파악하는 과정학파적 입장에서 의사소통이란 사람들의 행동이나 태도를 의도한 바대로 통제하기 위해 메시지를 빠르게, 멀리 전달하고 확산시키는 일이다. 이때 메시지의 성격은 기표라는 사실이 중요하다. 따라서 전달로서의 의사소통은 기표의 전달과정으로서, 같은 의미작용이 송신자와 수신자 사이에서 일어날 것을 미리 기대하는 송신자 중심의 메시지 조작행위이다.

이런 전달 개념의 의사소통은 조직화된 산업사회에서 주로 이루어지는 의사소통이다. 산업사회는 생산의 효율성을 위해 사회적 차원에서 이루어지는 노동분화의 결과로 형성된 사회이다. 그런데 분화된 노동을 재통합해야만 효율적인 생산이라는 목표에 도달할 수 있다. 바로 분화된 노동을 재통합하는 기제가 바로 의사소통이다. 따라서 산업사회에서는 분화된 조직 기능을 재통합하는 기능이 필요한데 이 경우 의사소통이 조직간 정보전달의 역할을 수행함으로써 이 목표에 도달할 수 있다. 만약 의사소통이 전달 이상의 기능을 수행한다면, 즉 의미생산 및 공유의 기능을 수행한다면 구성원 사이의 오리엔테이션은 잘못된 방향으로 갈 수 있다.

근대사회학의 토대를 만든 베버(M. Weber)는 산업사회의 이념적 기반으로서 합리성을 가정했고, 조직에서 관료제가 이런 합리성을 구현할 수 있는 장치로서 파악했다. 그리고 이런 관료제가 제대로 기능하기 위해서는

<표 1> 메시지의 특성에 따른 의사소통의 정의

관점 / 메시지 분류	전달	공유
의사소통 내용	메시지(Message)	텍스트(Text)
의사소통 대상	기표	기의
목적	의도된 통제	의미의 생산과 재생산
송신자와 수신자의 관계	일방적	쌍방적
연구내용	송신자의 의도	송신자와 수신자의 의미작용
연구영역	과정학파, 효과연구	기호학파, 의미연구

효율적 의사소통을 필요로 한다고 보았다. 그렇지만 베버가 가정한 효율적인 의사소통이란 전달 기능에 국한된다. 오늘날 가장 체계적인 조직이라고 할 수 있는 군대에서 이루어지는 의사소통의 경우를 살펴보자. 만약 군대에서 이루어지는 의사소통이 의미생산 및 공유에 초점을 맞춘다면 군대 조직의 효율성은 현저히 떨어질 것이다. 예를 들어 상관이 전투중에 '돌격 앞으로' 하고 명령했는데 부하가 이 말에 대해 어떤 의미를 부여하려고 한다면 전투는 수행될 수 없다.

한편, 의사소통을 '공유'로서 파악하는 기호학적 입장에서는 의사소통을 기표와 기의의 전달로서 파악한다. 이 입장에서 중요한 것은 송신자와 수신자의 의미작용(signification)이다. 의미작용이란 기표에 기의를 더하거나 빼는 작용인데 메시지를 보내는 송신자 입장에서는 의미를 생산하는 작업인 반면 메시지를 받는 수용자 입장에서는 의미를 재생산하는 작업이다. 이 경우 송신자의 의미작용이 수신자의 의미작용과 같거나 다를 수 있기에 의미는 완벽하게 전달될 수 없다. 또 이런 이유로 인해서 양쪽의 의미창출 과정은 서로 독립적일 수밖에 없다. 즉 송신자와 수신자를 연결하는 것은 전달된 기표일 뿐이고, 전달된 기표는 수신자에게 의미를 재생산할 수 있는 기회를 제공할 뿐이다. 결국 의미는 전달이나 소통되는 것이 아니라 의미 재생산에 의해 공유될 따름이다. 이상의 논의를 정리하면 <표 1>과 같다 (김경용, 1998: 22).

그런데 오늘날 의사소통 연구에서 그 중심 방향은 '과정학파'에서 '기호학파'로 기울어지고 있다. 이는 의사소통의 목적이 의도된 통제를 목표로 하지 않고, 의미의 생산과 재생산에 초점을 맞춘 결과이다. 그만큼 송신자와 수신자의 관계가 일방적이 아니라 쌍방적이고, 수직적이 아니라 수평적이기 때문이다. 따라서 의사소통 과정에서 전달되는 대상은 기표인 '메시지'가 아니라 기의인 '텍스트'이다. 오늘날 '내용분석'보다는 '텍스트 분석'이 더 많이 사용되는 것도, 또 '효과연구'가 아니라 '의미연구'로 진행되는 것도 이런 이유에서이다.

의사소통 연구에서 이런 큰 방향 전환은 여러 가지 이유에 의해 설명될 수 있다. 예를 들어 오늘날 사회가 산업사회에서 지식정보사회로 발전하고 있다든지, 또 학력 등의 향상으로 피동적인 수용자에서 능동적인 수용자로 바뀐다든지, 개인의 자아의식이 그 어느 시기보다 높다든지 하는 이유들이다. 그렇지만 의사소통 연구에서 제시되어야 할 내용들은 이런 일반적인 이유들이 아니라 좀더 특별한 이유, 즉 의사소통과 직접적으로 관련된 이유들이어야 할 것이다. 이런 관점에서 볼 때 우리는 매체상황의 변화, 즉 매체 기술의 비약적인 발전으로 발생하는 현상들에 주목해야 한다.

오늘날 매체 기술은 일방향적 의사소통에서 쌍방향적 의사소통을 가능케 하는 방향으로 급속히 이동하고 있다. 대표적인 예가 인터넷이다. 우리는 인터넷을 통해 세상 어느 곳에 있는 사람들과 당장이라도 쌍방향적 의사소통을 할 수 있다. 이런 의사소통 양식의 변화는 과거 매체, 즉 책, 신문, 라디오, 심지어 텔레비전에서도 볼 수 없는 현상이다. 이런 매체들은 하나의 정보원이 다수의 사람들을 상대로 정보를 일방적으로 전달하는 대중매체였기에 원초적으로 쌍방향적 의사소통이 봉쇄당했다고 말할 수 있다.

그렇다면 매체의 의사소통 양식이 변화하는 상황에서 그것이 전달하는 내용물도 바뀌어야 하지 않을까? 만약 쌍방향적 의사소통이 가능한 매체에 일방향적 의사소통이 이루어지는 내용물이 여전히 채워진다면, 그것은 매체 기술의 잠재적 가치를 훼손시키는 일이기도 하지만 의사소통의 본질도 무시하는 처사이다. 이를 두고 맥루한은 '뒷거울(후사경) 보기(watching back mirror)'로 명명한 바 있다. 즉 발전된 매체에서 새로운 방식으로 메시지가 구성되는 것이 아니라 여전히 옛 방식으로 메시지가 구성된다는 것이다. 이런 상황에서 아이러니컬하게도 의사소통의 '전달적' 측면을 강조하기 위해 출현했던 섀넌(C. E.Shannon)과 위버(W. Weaver)의 '정보이론(information theory)'이 '전달적' 측면이 아니라 '공유적' 측면을 강조하는 의사소통 입장에서 새로운 조명을 받고 있다.

3. 왜 정보이론인가?

정보는 의사소통을 위한 재료에 해당한다. 사실 모든 의사소통에서는 그것이 소통되는 내용물이 필요한데 이때 내용물을 정보라고 말할 수 있다. 이처럼 정보문제는 의사소통의 중요한 문제인데 이것이 본격적으로 연구된 것은 인문적 접근이 아니라 수학적이고 공학적인 접근에서부터였다. MIT 대학의 위너(N. Wiener)가 자동통제를 위한 기계장치(cybernetics)에서 잡음(noise)의 개념을 비롯한 기본 아이디어를 제공하면서 정보문제에 대해 관심을 갖게 되었는데 그 후 섀넌과 위버가 전신 시스템에서 신호전송과 관련된 니퀴스트(Nyquist)와 하트리(Hartley)의 이론에 기초해서 '정보이론(Information Theory)'을 확립했다. 이처럼 정보이론이 수학적이고 공학적인 성격을 띠게 된 것은 실증적이고 과학적인 방법론에 대한 신뢰가 팽배했던 당시의 시대적 분위기를 반영하고 있다.

따라서 섀넌과 위버의 정보이론에서 사용된 정보 개념은 의사소통학에서 일반적으로 정의하는 것과는 다르다. 이들의 연구는 의사소통 전달회로인 전화나 라디오가 감당할 수 있는 신호(signal)의 전달 용량을 증가시키기 위한 목적에서 나온 것이었기에 전달되는 신호가 어떤 메시지를 운반하고, 또 그것이 무엇을 뜻하는지와는 무관하다. 따라서 여기서 말하는 정보 개념은 '무슨 메시지를 말하는지와 관련되기보다는 무엇을 말할 수

<그림 1> 섀넌과 위버의 의사소통 모형

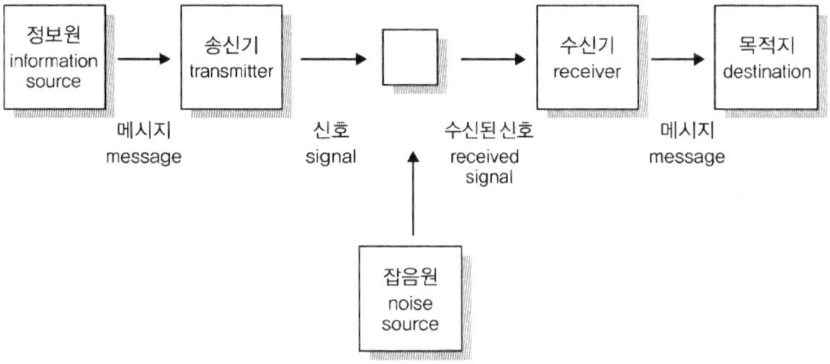

출처: C. E. Shannon & W. Weaver., 1949: 34.

있는지와 관계가 있다'에 초점이 맞추어져 있다. 이런 사실들은 섀넌과 위버가 제시한 정보와 정보량의 유통모형에서도 잘 드러난다.

<그림 1>에서 정보원(information source), 혹은 송신자는 그가 선택한 일련의 메시지 중에서 원하는 메시지를 '선택'한다. 이 때 얼마만큼의 메시지를 선택하는냐의 문제는 정보량과 관련된다. 송신기는 이 메시지를 소리의 형태인 음파나 빛의 형태인 광파, 전기의 형태인 전파, 몸짓 등 의미를 전달하기 위한 모든 물질적 형태의 수단인 신호로 바꾸어 의사소통 회로를 통해 수신자에게 보낸다. 많은 경우 메시지를 부호화(encoding)하여 전송하므로 이런 경우 부호기(encoder)로서 전화의 경우 송화기를 들 수 있다.

수신자(receiver)는 정보원과 반대로 최종적으로 메시지를 받는 사람, 혹은 기계장치이다. 수신자는 정보원 혹은 송신자의 메시지를 수신기를 통해 수용하는데 이 때 수신기를 통해 흘러나오는 메시지가 얼마나 '예측가능성'의 수준에 따라 수신자의 메시지에 대한 이해는 달라진다. 예측가능성은 정보량, 즉 송신자의 정보 선택 가능성과 밀접한 관련을 맺는데 이 때 중요한 역할을 담당하는 것이 수신기(decoder)이다. 수신기는 전송기의 반대로 전송된 신호를 메시지로 바꾸어 목적지로 넘겨주는 것으로서 전화에서 수화기에 해당한다.

채널(channel)은 신호를 송신기에서 수신기로 전송하는 매개체이다. 전화선이 대표적인 예이고, 무선전파의 경우 공기를 들 수 있다. 보통 메시지를 전송하는 도중 채널에서 잡음 등으로 첨가된 신호는 송신된 신호와 같지 않다. 잡음은 정보원에 의해 전송되지 않았으나 수신자에게 수신된 모든 신호들, 또는 의도된 신호가 의도된 대로 해독될 수 없도록 하는 모든 방해 요인들을 포함한다. 이때 잡음은 기술적인 차원과 의미론적인 차원이 모두 포함되는데 전화기 잡음이나 신호 왜곡, 텔레비전의 흔들림, 컴퓨터의 바이러스 등이 기술적 차원에 속한다면 언어나 이미지의 전달을 왜곡하는 여러 가지 맥락이나 상황, 혹은 메시지 자체를 생산하고 해석하는 과정에서 발생하는 문제들은 의미론적 차원에서 이해할 수 있다.

따라서 정보이론이 기술적·공학적 수준에서 출발했지만 지금에 와서는 의사소통이론, 특히 기호학 연구에서 통사론(syntatics)에서, 의미론(semantics)에서, 또 화용론(pragmatics) 분야에서 상응해서 논의된다(박정순, 1995: 47). 통사론은 '기호가 다른 기호와 갖는 형식의 관계에 대한 연구'이고, 의미론은 '기호가 그것의 지칭 대상과 갖는 관계의 연구'이고, 화용론은 '기호가 그것의 사용자와 맺는 관계에 대한 연구'이다. 물론 이 세 가지 수준은 서로 독립적으로 단절된 것이 아니라 상호연관되어 있다. 이처럼 섀넌과 위버의 정보이론은 오늘날 기술적 수준뿐 아니라 의미론적 수준까지 확장되고 있다(W. Weaver, 1966: 15-24; C. E. Shannon & W. Weaver, 1949; J. Fiske, 2001: 30-31 재인용).

먼저 기술적 수준에서는 정보 개념을 '신호(signals)'와 이것의 정확한 전달을 위한 문제에 초점이 맞춰진다. 즉 송신자로부터 수신자에 이르는 과정에서 얼마나 신호가 정확하게 전달되는지에 관한 것이 기술적 수준에서의 연구목적이다. 따라서 기술적 단계에서는 정보의 메시지가 중요한 것이 아니라 그것의 정확성과 관련된 문제가 중요하다. 사실 정보전달의 정확성은 그것이 기술적인 문제라 하더라도 모든 의사소통 형태에서도 관심을 가져야 할 부분이기도 하다.

그리고 정보이론에서는 의사소통의 '의미'를 얼마나 정확하게 전달, 혹은 운반했는지의 문제도 다룬다. 여기서는 기술적 단계에서 볼 수 없었던 의미 문제가 포함되는데 결국 이 연구에서 의미의 정확성을 어떻게 높이는가가 관심사이다. 따라서 송신자가 의도했던 의미와 수신자가 수용하는 의미가 얼마나 일치하는지에 연구 초점이 맞추어진다. 섀넌과 위버는 부호화(encoding, 코드짜기) 과정을 향상시키면 의미론적 정확성을 기할 수 있다고 예상했는데 의미라는 것이 반드시 메시지에 한정되지 않다는 것을 감안하면 이 이론의 한계가 노출된다. 왜냐하면 메시지 의미는 그것의 약호방식뿐 아니라 그것이 소통되는 사회적인 차원의 문제(맥락)들에 의해 결정되기 때문이다(박정순, 1995: 45-46).[3)]

따라서 이 단계는 전 단계인 기술적 수준보다 더 이해하기 어려운 단계로서 파악된다. 의미는 그것이 어떻게 표현되고 받아들이는지에 따라 다의적인 성격이 강하기 때문이다. 즉 의사소통이나 다중의사소통 상황에서 정보를 전달하는 송신자는 그가 속해 있는 사회적 맥락이나 조건, 혹은 매체적인 속성에 따라 다양한 의미를 생산할 수 있는 조건들을 형성한다. 수신자의 입장에서는 이를 해독하고 이해하는 데 자신이 속한 인구통계학적 속성이나 계층적 성향, 문화적 수준에 따라 상이한 입장을 취할 수 있기 때문이다. 이로 인해 의미의 차원에서 정보의 과잉화 현상, 혹은 불확실성은 극대화된다.

섀넌과 위버는 송신자 중심의 정보전달 과정을 설명함으로써 초기 의사소통 연구에 지대한 영향을 미쳤다. 이들 연구는 공학적이고 수학적인 접근으로 의사소통의 전달 과정과 명확한 메시지 전달에 대한 획기적 아이디어를 제시했다는 점에서 의사소통 이론 발전에 큰 기여를 한 것이 사

---

3) 사회적 맥락은 담론연구(discourse study)에서 비롯된다. 담론연구는 의사소통 주체들이 단일한 상황에서 메시지를 주고받는 것이 아니며, 또 동일하게 경험하고 있는 균질적인 집합체 개념이 아니라고 가정한다. 사회 자체가 이미 그것의 하위구성 집단들 사이에 분화, 갈등, 역동 등 여러 가지 변수가 작용하는 복잡한 구조를 지니고 있기에 메시지의 의미도 그러한 관계를 반영한다. 따라서 담론이론은 의사소통의 수단인 언어 혹은 메시지가 개인의 것도 아니고, 그렇다고 사회의 중립적 의사소통 수단도 아닌 삶 가운데 존재하는 인간사회의 구조적 관계를 담지한다. 물론 이런 문제는 언어 혹은 의사소통의 메시지가 투영되는 현실 사회의 계급, 계층, 집단들 사이의 갈등과 이데올로기를 제대로 인식하는 데 도움을 준다(주경복, 1995: 18).

실이다. 그렇지만 이들 연구가 의미론적인 차원에서 재해석 될 때 그것은 하나의 중요한 관점을 새롭게 제시한다. 이들의 '정보' 개념과 '정보량', '엔트로피(entropy)'와 '리던던시(redundancy)'의 개념은 기존의 효과연구가 메시지와 그것의 의미를 어떻게 바라보고 있는지에 대한 하나의 시각을 제시하며, 의미론적 차원에서 어떤 한계를 가지는지에 대한 인식을 확장시키기 때문이다. 따라서 오늘날 정보이론에 대한 또 다른 시각이 요청되고 있다.

4. 엔트로피와 리던던시

섀넌과 위버의 의사소통 모형이 오늘날 의사소통과 관련해 중요하게 평가받는 것은 두 가지 이유에서이다. 하나는 정보원 및 잡음원에서부터 유래하는 '엔트로피'와 '리던던시'의 문제이고, 다른 하나는 메시지와 신호 사이의 전환에 해당하는 '부호화(코드짜기)'와 '해독화(코드읽기)'의 문제이다. 이 절에서 엔트로피와 리던던시의 문제를 먼저 살펴보자. 엔트로피는 에너지와 물질 간의 근본적 관계인 열역학 개념으로부터 유래한다.[4] 열역학 제2법칙에 따르면 모든 물체를 그대로 방치하면 질서가 잡힌 '작은' 엔트로피 상태에서 무질서한 '큰' 엔트로피 상태로 자연발생적으로 옮겨가는데, 섀넌과 위버는 이런 열역학 제2법칙을 활용해서 정보를 하나의 엔트로피로서 파악했다.

---

4) '엔트로피' 법칙은 19세기에 대두하기 시작한 열역학 이론에서 유래하는 것으로, 카르노(Carnot)의 연구를 바탕으로 크라우지우스(Crauzius)가 완성한 개념이다. 열역학 이론의 기본 법칙은 우주의 에너지가 항상 일정하다는 에너지 보존법칙이고, 우주의 엔트로피가 증가한다는 열역학 제2법칙이다. 이 중 열역학 제2법칙이 바로 엔트로피 법칙이다(I. Asimov., 1970: 9; 문계석, 1996: 121-136). 엔트로피는 더는 일로 바꿀 수 없는, 사용 불가능한 에너지에 대한 척도이다. 즉 자연적인 사물들이 변화되어 새로운 것들로 산출되거나 좀더 나은 가치 질서로 창조될 때 에너지가 사용되어 엔트로피가 양산된다는 것이다.

섀넌과 위버는 의사소통 과정에서 정보원은 그가 선택할 수 있는 일련의 다양한 메시지 중에서 원하는 메시지를 골라 '선택'하는데 이 때 얼마만큼의 메시지를 선택하는지에 따라 정보량이 결정된다고 보았다. 따라서 정보란 모든 메시지들(또는 기호들)의 집합에서부터 하나의 메시지(기호)를 선택할 때 부여되는 '선택의 자유(freedom of choice)', 또는 '선택의 확률(probability of choice)'과 직접적인 관련이 있다. 즉 선택 대상이 되는 메시지들(기호들)의 수가 많을수록 '선택의 자유' 내지 '선택의 확률'이 커지지만 이와 비례해서 어느 메시지가 선택될 것인지의 불확실성도 증가한다. 반면 선택 대상이 되는 메시지나 기호들의 수가 적을수록 '선택의 자유'는 작아지지만 어느 메시지가 선택될 것인지에 대한 확실성은 증가한다.

바다에서 고기 잡는 어부의 상황과 이를 비교해보자. 예를 들어 어부(송신자)가 태평양처럼 넓은 바다에서 물고기(정보)를 잡으면 여러 종류의 물고기 가운데(선택의 자유가 많은 데서) 잡을 수 있지만, 우리나라 동해처럼 좁은 바다에서 물고기(정보)를 잡으면 몇 안 되는 물고기 종류 가운데(선택의 자유가 적은 데서) 잡게 된다. 따라서 (어떤 물고기를) 선택할 수 있는 자유가 많다는 것은 총 정보량(바다의 넓이)이 크다는 것을 의미하고, 나아가 이런 총 정보량이 크다는 것(바다가 넓다는 것)은 어떤 정보(물고기)를 선택할지 모르는 불확실성이 증가한다는 것을 의미한다.

그런데 섀넌과 위버는 이 불확실한 정보의 크기를 엔트로피로서 측정했다. 즉 정보의 크기가 커지면 정보 선택의 자유가 많아지는데 이 경우 엔트로피는 증가하고, 리던던시는 낮아진다. 반면 정보 크기가 작아지면 정보 선택의 자유가 작아지는데 이 경우 엔트로피는 감소하고 리던던시는 높아진다. 이처럼 정보원이 어떤 메시지를 선택할 것인지의 문제는 정보의 불확실성, 즉 엔트로피로서 표현된다. 그리고 엔트로피의 양은 메시지가 전달됨으로써 얻은 정보에 의해서 감소되는데 이 경우 리던던시는 증가한다.

그런데 정보이론에서는 엔트로피가 높고 리던던시가 낮은 상태를 이상적인 의사소통이라고 파악한다. 왜냐하면 제한된 시간과 제한된 공간에서 얼마만큼 빨리, 그리고 정확하게 메시지를 상대방에게 보낼 수 있는지가 섀논과 위버의 주요 관심사였기 때문이다. 당시의 낙후된 전화기술에 비추어 볼 때 이것은 어쩌면 당연한 일이기도 하다. 예를 들어 과거에는 전화요금이 현재에 비해 훨씬 비싼데도 통화품질이 낙후되어서, 즉 송신자의 메시지가 잡음원 등으로 인해 상대방에게 제대로 전달되지 않아서 송신자는 수화기에다 대고 같은 내용의 메시지를 되풀이해야 하는 경우가 종종 생긴다.

이런 상황에서 메시지를 되풀이하는 기술적 한계를 극복하는 일이 송신자가 수신자에게 보내는 메시지의 정보량을 높이는 일이다. 여기서 정보량이란 우리가 일반적으로 생각하는 정보량과 다른데 바로 앞에서 설명했듯이 정보 선택의 가능성과 관련된 정보량이다. 예를 든 태평양과 동해 바다의 비교에서 태평양이 동해 바다에 비해 훨씬 정보량이 많은 것이 사실이다. 그것은 같은 1톤의 물을 무작위로 길어서 그 안에 어떤 물고기(정보)가 있느냐를 예측할 때 동해보다 태평양의 1톤 물에서 그것을 예측하는 일이 힘들다. 그렇지만 태평양 1톤 물에는 훨씬 다양한 물고기들이 모여 있다. 통화품질이 낙후된 상황에서 가장 경제적인 의사소통은 태평양의 물처럼 많은 물고기, 즉 많은 정보량이 함유된 의사소통이다.

예를 들어 지방에 사는 부모님이 '오후 4시에 서울역에 도착하니 마중 바란다'는 내용의 메시지를 서울에 사는 자식에게 전하고 싶은데, 전화요금이 너무 비싸 10자로 줄여서 말해야 하면 '4시 역 도착 마중 바람'이라는 식으로 메시지를 줄여서 작성해야 할 것이다. 이 상태가 엔트로피가 가장 높은 상태이다. 그런데 엔트로피가 높을수록(글의 자수를 줄일수록) 다양한 해석이 가능하다. 먼저 '4시'의 경우 오전 4시와 오후 4시의 해석 가능성이 있다. 또 '역 도착'인 경우 서울역, 용산역, 영등포역 중 어느 역인지 모를 가능성이 있다. 또 주체를 생략했기에 부모, 친구, 친척 중 누구를 마중해야 할지 모른다.

이렇게 정보선택의 가능성이 많은 상태가 정보이론에서 말하는 엔트로피가 높은 상태로서 의사소통에서 다양한 해석의 길이 열린다. 물론 이렇게 되면 정확한 의사소통이 이루어지지 않는다. 따라서 이런 다양한 해석을 차단하기 위해서 선택 가능성(엔트로피)을 줄이고, 정확성(리던던시)을 높여야 하는데 그것이 전화통화에서는 자수를 늘리는 길이다. 즉 '4시'로 할 것을 '오후 4시'로 한다든지, '역 도착'을 '서울역 도착'이라고 한다든지 하는 등의 방식이다. 지금처럼 전화가 보편화되면서 값도 싸지고, 품질도 향상된 상황에서는 5～6자를 더 넣어도 상관이 없지만 섀논과 위버가 정보이론을 창안할 당시인 1940년대만 하더라도 이런 경제적, 기술적인 문제가 의사소통에서 중요한 문제였다.

그런데 이런 문제가 비단 전화기술이 낙후된 1940년대 상황에만 적용될 것인가? 만약 그렇다면 섀논과 위버의 정보이론을 앞으로 언급할 필요가 없다. 그렇지만 정보이론이 시간이 흐를수록 더욱 주목을 받는 것은 무슨 이유에서일까? 이것은 일종의 아이러니가 아닌가? 의사소통 기술이 궁극적으로 목표로 하는 것이 '보다 빨리', '보다 멀리', '보다 정확하게'와 같이 의사소통의 기능적 한계를 극복하는 일이다. 그런데 오늘날 의사소통 기술의 발전으로 말미암아 이런 기능적 장애가 해결된 상황에서 의사소통의 주요 문제가 또 다시 엔트로피와 리던던시와 같은 기본적 문제로 환원되고 있다는 사실은 쉽게 이해되지 않는 대목이다.

그러나 의사소통에서 기능적 문제는 영원히 해결할 수 없는 문제이기도 하다. 기술이란 인간 기능의 확장에 해당하고, 또 이런 기능적 확장을 위해 인간은 지난 수세기에 걸쳐 엄청난 진보를 이루어온 것이 사실이다. 그렇지만 이런 기능적 문제 해결을 위해 노력할수록 그것이 처음에는 해결되는 것처럼 보였지만 시간이 흐르면서 또 다른 문제를 만난다. 이로 인해 인간은 영원히 기술적 진보의 굴레에서 벗어나지 못하는 존재로 전락할 수밖에 없다. 적어도 의사소통에서는 그러하다. 그것은 의사소통에서 본질적인 문제를 간과한 채 기능적 문제 해결에만 매달린 탓일까?

그런데 의사소통의 기능적 문제를 해결하기 위해 출발했던 섀논과 위버의 정보이론은 결국 의사소통의 본질적 문제마저 건드리고 있다. '보다 정확하게', '보다 객관적으로'라는 취지에서 시작했던 정보이론이 이 문제 해결을 위해 기여해왔던 것이 사실이지만 새로운 문제, 즉 '보다 의미 있는' 의사소통이라는 가장 인간적인 문제 해결을 위해 또다시 주목의 대상이 되고 있다. 그것은 엔트로피와 리던던시에 대한 새로운 조명이 비추어짐으로써 가능해졌는데 이로 말미암아 섀논과 위버의 정보이론은 기능론적 관점과 반대되는 의미론적 관점에서 새로운 조명을 받고 있다.

5. 엔트로피 양 계산: $2^n=K$

정보이론의 출발이 기계론적, 즉 공학적 차원에서 시작되었음을 감안하면 정보전달 과정에서 중요한 것은 정보의 객관성 내지는 명료성이다. 공학적 차원에서 이루어지는 의사소통이 일반적으로 정확성을 생명으로 한다는 점을 감안하면 정보전달의 이런 측면을 충분히 이해할 수 있다. 엔트로피와 리던던시와 같은 정보이론의 주요 개념들도 결국 정보의 명료성을 추구하기 위해 사용된 개념들이다. 그리고 이것들은 정보이론이 가정하는 이진법적 정보량의 개념에서 더욱 분명히 드러나고 있다.

따라서 정보이론에서 정보량을 정확히 측정하는 것은 정보 선택의 가능성과 관련해서 중요한 문제이기도 하다. 이를 위해 정보이론에서는 '비트(bit)'라는 개념을 채용했는데 '비트'란 이진법(binary digit)의 약어(bi-t)로서 달리 표현해서 '예(yes)' 또는 '아니오(no)'의 선택 횟수를 의미한다. 따라서 정보량은 주어진 선택 조건이 몇 차례의 이진법적 선택을 하는냐에 달려 있다. 예를 들어 '예'와 '아니오'로 구성된 스무고개식 놀이에서 정답을 일찍 맞출수록 맞출 대상의 정보량이 적어지는 반면 마지막에 가서 맞출수록 맞출 대상의 정보량이 많아진다고 말할 수 있다.

누군가 'S대 신문방송학과 학생 홍길동'을 알아내는 스무고개 놀이를 한다고 가정하자. 처음에는 '학생입니까, 아닙니까?'로 질문을 시작해서 만약 학생이라면 그 다음 단계로 이동해서 'S대 학생입니까, 아닙니까?' 식으로 질문할 것이다. 따라서 이런 시행착오를 최대한 줄이는 길은 <그림 2>

<그림 2> 엔트로피와 리던던시의 예

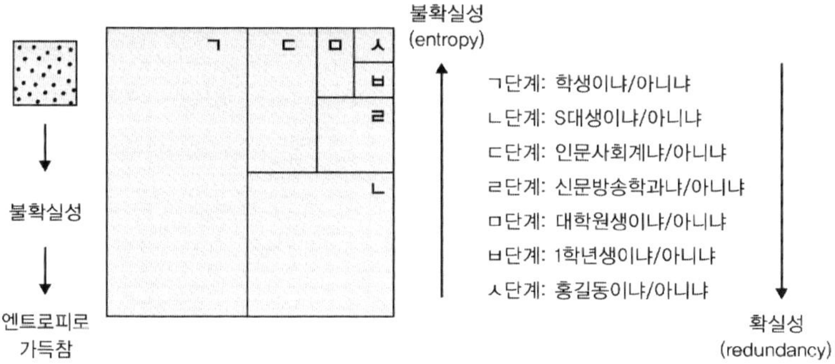

에서 보는 것처럼 'ㄱ'에서 'ㅅ'단계로 가장 빨리 갈 수 있는 길, 즉 엔트로피를 효과적으로 줄이고, 리던던시를 최대한 확보하는 길이다.

이처럼 'ㄱ'에서 'ㅅ' 단계가 적을수록 스무고개에서 누구인지를 빨리 맞추는 길이다. 따라서 홍길동이 누구인지 맞추기 어려운 것은 'ㄱ'에서 'ㅅ' 단계가 많아진다는 것을 의미한다. 이를 $2^n=K$로 표시하면 n이 증가해서인데 이 경우 총 정보량에 해당하는 K가 증가한다. K가 증가한다는 것은 홍길동에 대한 총 정보량, 즉 엔트로피가 높기 때문이다. 이처럼 정보이론에서 정보량은 메시지를 이진수로 코딩할 때 필요한 평균 자릿수로 계산된다. 따라서 정보이론에서 말하는 정보는 메시지를 이진수로 코딩한 상태를 말하며 정보량은 코드(code)의 평균 길이에 해당한다.

그런데 정보량을 늘리기 위해서는 메시지가 중복되어 전달되어서는 안 된다. 물론 이런 이유 때문에 메시지 중복이 결코 무용한 것은 아니다. 메시지 중복을 통해서 우리는 메시지 내용을 확실히 전달받을 수 있기 때문이다. 그렇지만 이런 의사소통의 확실성 때문에 메시지의 중복을 한없이 허용한다면 같은 내용을 되풀이하게 됨으로써 의미들의 '의미 있는' 전달은 불가능해진다. 따라서 리던던시는 정보의 객관성과 정확성을 추구하기 위한 필요조건은 될 수 있어도 충분조건은 될 수 없다.

반대로 리던던시가 없는 상황, 즉 엔트로피만 의존해서 의사소통을 하는 것도 결코 쉬운 일이 아니다. 엔트로피 위주의 의사소통이 이루어지면 송신자와 발신자 사이에 의미 공유가 제대로 이루어지지 않기 때문에 의사소통 그 자체가 성립할 수 없다. 송신자가 의도했던 내용이 수신자에게서 이해되지 않기 때문이다. 한때 성철 스님의 유명한 법어였던 "산은 산이요, 물은 물이다"가 단적인 예다. 성철 스님의 이 법어가 지금까지 인구에 회자되고 있는 것은 이 말이 갖고 있는 높은 엔트로피성 때문이다. 사실 노장철학이나 불교철학에서는 기표(언어와 문자 같은)의 사용을 엄격히 제한하는데 이럴 경우 자연히 엔트로피 위주의 의사소통이 될 수밖에 없다.

그런데 우리들의 일상생활에서 이런 엔트로피 위주의 의사소통이 전개될 가능성은 드물다. 왜냐하면 어느 정도의 의미 중복은 의사소통 과정에서 이루어지는 것으로서 ① 메시지의 구조적 문제, ② 잡음 제거를 위한 노력, ③ 수신자 문제들이 의미 중복을 어쩔 수 없이 허용하고 있기 때문이다.

먼저 우리가 메시지를 구성할 때 그것의 구조적 문제, 배경이 되는 관습, 경험 등에 기초해서 작성하는데 이것들은 정보의 객관성과 정확성을 높이고, 나아가 의사소통의 기능적 오류를 점검할 수 있다. 사실 메시지의 대부분은 기호로 이루어지기 때문에 의사소통에서 기호체계의 통제와 관습의 공유는 필연적이다. 예를 들어 기호를 선택해서 메시지를 구성하는 경우 메시지의 잉여정보가 절반이라는 것도 메시지의 절반 정도가 생략되어도 메시지 내용을 이해하는 데 지장이 없다는 것을 의미한다. 이는 메시지를 구성하기 위해 필요한 글자와 단어의 절반은 선택 자유의 결과이지만 나머지 절반은 언어의 구조적 특성에 의해 통제를 받아서이다. 이런 언어 통제는 주로 문법이나 구문과 같은 언어 내적인 법칙에 의해 지배된다.

따라서 메시지 중복은 송신자의 자유로운 선택에서도 유래하지만 해당 기호의 사용을 지배하는 통제적 법칙에 의해 사전에 결정될 수 있다. 문장에서 철자나 문법이 잘못된 것을 금방 알아차릴 수 있는 것은 언어라는 기호체계가 갖고 있는 중복성 때문이다. 즉 철자법, 문법, 조리 있는 말의 구성 등은 우리가 언어를 사용할 때 그것의 약호, 문맥, 메시지의 유형에 대한 경험에서 나온 것으로서 이것이 언어선택의 자유를 제한하는 요소이다. 결국 언어사용상의 관습과 사용법에 대한 우리의 경험에 의해 언어, 즉 정보의 선택 가능성(확률)이 결정된다.

게다가 이런 언어체계의 통제는 사회·문화적인 면까지 확대될 수 있다. 사회체계의 관행은 언어의 문법적 체계처럼 사회체계의 범위 내에 있는 사람들에게 구속력을 발휘하거나 선입견을 제기한다. 이는 메시지 형태뿐 아니라 메시지 내용 그 자체도 중복성의 원인으로 작용할 수 있기 때문이다. 사실 오늘날처럼 메시지가 통념화와 대중화의 길을 걷고 있는 상황에서 메시지 내용의 중복성은 충분히 예견될 수 있다. 즉 오늘날 사람들이 의사소통 메시지를 수용할 때 사회통념이라든지 고정관념 같은 것들에 크게 의존하는데 이런 것들이 메시지의 예측 가능성을 충분히 높이는 요인으로 작용한다.

피스크(J. Fiske)에 따르면 대중성이 있고, 쉽게 접근할 수 있는 예술작품일수록 그 메시지와 형태에서 중복성이 높다. 이에 반해 고급예술의 경우 그 내용이나 형태가 중복성을 갖기보다는 난해한 불확실성을 갖는다. 물론 메시지 내용과 형태 두 측면에서 모두 불확실성을 갖는다고 말할 수 없는 고급예술이 존재하는 것은 사실이다. 그렇지만 이런 것들은 이미 대중화된 고급예술의 경우이다. 대중가요에 이용되는 고전음악, 카드나 달력에 게재된 인상파 화가들의 작품이 이러한 예다. 즉 이미 대중화된 고급 예술은 중복성이 누적된 결과 정보의 엔트로피가 줄어든 경우이다.

따라서 메시지의 중복성은 그것이 갖고 있는 메시지의 내용과 형식에 따라 의사소통 참여자들의 대중성, 통속성, 일반성, 사회적 통념성, 관행성의 공유 정도에 따라 도출된다. 이런 것들에 바탕을 둔 메시지는 그렇지 않은 메시지에 비해 예측이 쉽게 가능하다는 점에서 중복성을 지닌다. 중복성의 이런 측면은 의사소통의 전달적 기능보다는 의사소통에 참여하는 구성원들이 구축하는 사회적 관계라는 의사소통의 공유적 기능에서 비롯된다. 따라서 메시지의 관습화된 대중성, 통속성, 일반성, 사회적 통념성, 관행성은 높은 예측 가능성을 갖는 대표적인 공유적 기능이다(J. Fiske, 1992: 14).

둘째, 의미중복은 잡음이 심한 채널의 결함을 극복해준다. 송신자는 메시지를 전달하는 과정에서 방해 요소, 즉 잡음을 만날 수 있는데 이 잡음으로 말미암아 전달기호와 수신기호 사이에 의미 차이가 발생한다. 따라서 잡음원을 어떻게 극복할 수 있는냐의 문제는 매우 중요하다. 사실 송신자는 발생할 수 있는 잡음에 대비해서 전달에 꼭 필요한 정보량보다 더 많은 정보량을 전달한다. 왜냐하면 잡음이 발생하면 송신자는 메시지를 반복해야 하기 때문이다.

그러나 메시지를 중복해서 전달하는 경우 전달상의 신뢰도(credibility)는 떨어진다. 그뿐 아니라 의미가 중복된 언어기호는 전달자가 필요할 때 임의적으로 덧붙인 것이기 때문에 다른 언어기호들에 비해 정보 함유량이 떨어진다. 가령 일정 정도의 지적 수준을 지닌 사람들이 모여서 토론하는 경우 송신자는 수신자가 모두 알 것이라는 전제하에서 그 전제가 되는 특정 메시지를 언급하지 않으면 메시지를 제대로 이해할 수 없다. 이런 식의 의사소통은 높은 엔트로피 상태를 유지할 수 있지만 수신자로부터 결코 신뢰받을 수 없다. 반대로 수신자가 이미 알고 있는 상황인데도 송신자가 동일한 메시지를 반복할 경우 상대방이 얻는 정보 함유량, 즉 엔트로피는 떨어진다.

셋째, 메시지의 중복성은 수신자 문제와 관련된다. 수신자가 메시지를 이해하지 못해서, 또 잘못 알아들어서 좀더 알기 쉬운 말로 표현할 때 이 역시 메시지 중복에 해당한다. 마찬가지로 서로 다른 성격을 지닌 사람들을 상대로 의사소통 할 때 메시지의 중복성은 높아질 수밖에 없다. 왜냐하면 서로 전제가 다르기 때문에 오리엔테이션을 해야 할 필요가 생겨나는데 이 오리엔테이션 과정에서 정보의 중복은 필연적으로 나타날 수밖에 없다. 반면 소수의 전문 집단을 상대로 의사소통 할 때는 전제가 같기 때문에 굳이 메시지를 중복할 필요가 없다.

이처럼 엔트로피와 리던던시 문제는 송신자뿐 아니라 수신자에게도 적용된다. 송신자 입장에서는 정보량은 '정보선택의 가능성'에 따라 결정되지만 수신자 입장에서는 정보원이 수신자에 대해 '사전에 갖고 있는 지식'과 관련이 있다. 예를 들어 송신자가 수신자에 대해 갖고 있는 사전 지식이 적으면 수신자에게 전달할 수 있는 정보량도 줄어드는데 이 경우 송신자에 대한 수신자의 예측가능성이 커지면서 수신자가 메시지 의미를 해석하는 데 큰 부담을 갖지 않는다. 이와 반대로 송신자가 수신자에 대해 갖고 있는 사전 지식이 많으면 수신자에게 전달할 수 있는 정보량은 늘어나는데, 이 경우 송신자에 대한 수신자의 예측가능성이 적어지면서 수신자가 메시지 의미를 해석하는 데 큰 부담이 따른다.

따라서 메시지를 구성할 때 특정한 메시지를 구성하는 약호와 상황은 메시지 종류에 대한 우리의 경험, 즉 그것의 사용 경험과 사용 관계에 의해 결정된다. 즉 송신자는 메시지의 사용 관례와 그 경험으로부터 메시지를 생산하고, 수신자 역시 관습적 해독을 한다. 이처럼 메시지는 관습에 의해 만들어지고 전달되는데 이런 특징이 메시지의 중복성을 기술적 차원뿐 아니라 의미론적 차원으로까지 확장시키는 근거로서 작용한다.

물론 메시지의 중복성에서 기술적 차원과 의미론적 차원이 서로 분리된 것이 아니라 연결을 지니고 있다. 왜냐하면 정보이론이 의미론적 차원까지 확대될 수 있는 것은 바로 기술적 차원의 문제, 즉 엔트로피와 리던던시의 문제에서 비롯되고 있기 때문이다. 즉 정보이론의 기술적 차원이 정보이론을 의미론적 차원으로까지 확장시키는데 이는 메시지의 엔트로피가 높을수록 메시지의 의미가 풍부해짐으로써 생겨난 필연이기 때문이다. 이런 관점에서 엔트로피가 높아지면 의미론적 연구가 왜 병행되어야 하는지에 대해 설명하고자 한다.

6. 정보이론의 의미론적 해석

정보이론에서 정보는 불확실성을 만들어내지만 의미를 중복되게 함으로써 불확실성을 줄여갈 수 있다. 이 때 의미를 중복되게 하기 위해서 사용하는 방법이 디지털 정보 분할방식인 이진법이다. 정보의 이진법적 구성은 각각의 정보를 상호배제적이고 독립적으로 만든다. 즉 하나의 정보가 만들어낸 의미는 다른 곳의 정보에는 전혀 포함되지 않는다. 따라서 정보전달 과정에서 잡음을 완전히 제거하기 위해서는 여타의 정보와 전혀 연루되지 않는 배타적인 정보가 필요하다.

그런데 이런 극단적인 정보관이 정보이론을 의미론적 차원으로 확대할 수 있는 여지를 만들어낸다. 예를 들어 이진법적 정보체계는 오히려 '의미 차이' 문제를 논의할 수 있는 중요한 근거에 해당하는데 이 문제는 언어학, 또는 기호학이 제시하는 언어적 통찰들과 유사점을 형성한다. 특히 정보의 '예측'과 '선택'이라는 개념은 의사소통을 이해하는 데 중요한 용어이다. 따라서 정보이론은 애초에 만들어졌던 목적인 원활한 전화통화 수준을 넘어서 일상적 의사소통에 적용되어지면서 많은 의미를 던져주고 있다(강태완·김선남, 2001: 36).

기술적인 차원에서 예측과 선택 문제는 정보량 문제와 직결된다. 즉 정보예측은 선택할 수 있는 경우의 수인 정보량에 따라 결정된다. 즉 정보량이 많으면 송신자가 정보를 선택할 수 있는 범위가 높아짐으로써 수신자의 정보예측 가능성은 떨어진다. 반대로 정보량이 적으면 송신자가 정보를 선택할 수 있는 범위가 떨어짐으로써 수신자의 정보예측 가능성은 높아진다. 결국 기술적 차원에서 정보량은 송신자의 정보선택 확률과 수신자의 정보예측 가능성에 영향을 미치는데 이것이 엔트로피와 리던던시의 관계로서 설명된다.

그런데 의미론적 차원에서 정보선택과 예측 가능성은 단순한 정보량의 문제를 넘어선다. 의사소통을 '전달'과 '의미공유'의 관점으로 구분할 때 의사소통에서 '의사전달'은 있을 수 있으나 그것이 뜻하고자 하는 '의미전달'이나 '공유'는 이루어질 수 없다. 즉 기표는 공유될 수 있지만 그것의 기의는 공유될 수 없다. 이것은 의사소통 참여자들이 언어나 상징기호, 그리고 매체를 매개로 부호화와 해독화의 과정을 거쳐야 하며, 이렇게 해서

<표 2> 기술적 차원과 의미론적 차원의 정보와 정보량

차원 / 유목	기술적 차원	의미론적 차원
정보와 정보량	기표	▪ 메시지에 대한 사전지식 ▪ 메시지의 구조와 통제 ▪ 메시지에 대한 관습, 경험
송신자	선택 가능성	
수신자	예측 가능성	

만들어진 메시지는 그것 자체에 대한 이해는 물론이고, 그것을 둘러싼 사회 및 문화라는 맥락 변수가 그 안에 작용하고 있기 때문이다.

물론 부호화와 해독화 과정에는 일정한 규칙과 관습, 경험, 구조적인 통제가 존재하고 있어서 서로 의사를 전달하는 데 큰 문제가 없다. 그렇지만 바로 이런 문제들이 의사소통에서 엔트로피를 증가시킬 가능성이 있다. 왜냐하면 메시지에 대한 서로 다른 이해와 사전 지식, 경험, 문화의 차이 등은 동일한 메시지를 선택하고 예측하는 데 큰 영향을 미치기 때문이다. 이런 문제들은 정보이론의 관점에서는 정보가 기표를 의미할 뿐이어서, 이 상태에서는 정보이론이 기의 문제를 검토할 수 없는 한계를 지닌다.

사실 정보이론에서의 정보는 기표 역할을 수행하는 것이지 기의 역할을 수행하는 것은 아니다. 이 때문에 의미론적 차원에서 정보 선택 가능성과 예측 가능성은 단순한 정보량의 문제가 아니라 정보 개념의 문제이다. 결국 의미론적 차원에서 논의되는 정보와 정보량의 개념은 그것의 질적이고 의미론적인 측면을 전제해야 한다. 이런 것들은 <표 2>와 같이 함축적으로 표현될 수 있다.

표에서 보는 바와 같이 그동안 정보이론은 기술적 차원, 즉 기표의 수준에서 논의되었으며, 이로 인해 정보이론이 의사소통의 차원에서 논의될 때도 전달되는 정보의 정확성과 전달되는 양에만 집중되었다. 이 때문에 정보이론에 직접적인 영향을 받은 의사소통 효과이론의 대부분도 송신자가 보낸 정보가 수신자에게 얼마나 정확하게 전달되었는지, 혹은 얼마나 효과적으로 전달할 것인지에 대해서 관심을 가졌다. 그러나 효과이론에서 기대한 바와 같이 송신자의 정보는 수신자에게 그대로 전달되지 않으며, 대중매체의 효과가 크지 않다는 소효과이론이 대두되면서 대중매체 효과 이론은 큰 한계에 직면하였다.

결국 이 같은 한계는 의사소통에서 다루어지는 정보의 개념이 단순히 기표로서 이해되는 것이 아니라 기의, 즉 송신자와 수신자의 정보전달 맥락 차원이 부가되어야 한다는 의미론적 이해를 요구한다. 즉 송·수신자가 정보에 대해 갖고 있는 사전지식이나 구조적 통제, 사회·문화적 관습은 송신자가 'A'라고 전달하고 싶다고 해서 수신자가 'A'를 액면 그대로 받아들일 수 없는 근본적인 원인이 된다. 송신자는 자신이 갖고 있는 사전지식을 사용하고 문법적인 통제를 이용하여 자신의 사회·문화적 맥락에서 'A'를 말했지만 수신자 역시 자신의 사전지식이나 기초적인 맥락으로 인해 'A'를 'B'로 받아들일 수 있는 가능성이 얼마든지 존재한다.

그런데 송신자는 정보를 명료하게 전달해야 한다는 강박감으로 인해 엔트로피를 줄이려고 애를 쓴다. 즉 정보량을 줄이고 정확성을 높여야 하는데 이때 송신자는 수신자가 이해하기 쉬운 기표를 생산해야 한다는 상황에 직면한다. 이 때 사용되는 기표는 수신자의 이해를 높일 수 있는 자세한 정보인데 그 정보는 상호배제적인 특성의 정보이기도 하다. 그리고 이것을 이항대립쌍으로 지속적으로 대응시켜 불필요한 정보를 제거할 때 비로소 수신자에게 분명하게 제시된다. 그렇지만 제시되는 이항대립의 기표들은 수신자가 정확히 이해할 때까지 제시되어야 하는데 이로 말미암아 기표의 과잉화 현상이 불가피해진다. 이처럼 정보이론에서 논의된 정보 개념을 단순히 기표 차원에서 해석하면 리던던시가 끊임없이 증가하고, 이는 결국 정보의 엔트로피 감소로 이어진다.

예를 들어 우리들의 일상 대화에서 '승용차'로 표현해도 의사소통이 얼마든지 가능한 것을 정확하고 분명하게 표현한다는 일념에서 '자동변속기가 달린 2004년형 흰색 소나타'로 표현한다고 하자. 이 표현은 엔트로피를 크게 줄이고, 리던던시를 많이 높여 다른 해석의 가능성을 없앤다는 점에서 정확하고 분명한 표현임에 틀림없다. 그렇지만 이런 식의 표현은 판매원에게 사고자 하는 자동차를 명료하게 밝힐 때나 필요한 표현이지 우리들이 일상생활에서 사용하는 일반적 표현은 아니다.

이를 구체적으로 설명하기 위해서 '승용차'를 중심으로 한 '추상의 사닥다리'를 만들어보자. '승용차'를 중심으로 한 단계 위는 '자동차'에 해당하는데 '자동차'는 '승용차'에 비해 엔트로피가 높고 리던던시가 낮다. 왜냐하면 '자동차'에는 '승용차'도 있지만 '버스', '화물차', '스포츠카', '미니밴'도 있기 때문이다. 또 '승용차'를 중심으로 한 단계 아래쪽으로 내려가면 '중형 승용차'쯤 해당하는데 '중형 승용차'는 '승용차'에 비해 엔트로피가 낮고 리던던시가 높다. 왜냐하면 '중형 승용차'는 '승용차' 중에서 배기량 2,000cc급 승용차이기 때문이다. 이런 식으로 추상의 사닥다리를 만들면 다음과 같다.

	10 교통수단
	9 육상교통수단
언어적 수준	8 자동차(동력운송수단)
	7 승용차
	6 중형 승용차
	5 소나타
	4 흰색 소나타
	3 자동변속기가 달린 흰색 소나타
비언어적 수준	2 자동변속기가 달린 2004년 형 흰색 소나타
	1 학교 주차장에 있는 자동변속기가 달린 2004년형 흰색 소나타
	0 부식된 학교 주차장에 자동변속기가 달린 2004년형 흰색 소나타

그런데 지금까지 우리가 지향했던 의사소통은 엔트로피를 높이기보다는 리던던시를 높이는 방향으로 진행해왔다. 최소한 근대 이후 서양에서 진행된 의사소통 방식은 그러하다. 서양의 근대적 사유가 이성에 바탕을 둔 합리성을 최고의 가치로 삼아왔기에 의사소통 방식에서도 객관성과

정확성이 생명처럼 인식되었다. 즉 추상의 사닥다리에서 보면 위로 올라갈수록(10번 쪽으로 진행할수록) 객관성과 정확성이 결여되고, 아래로 내려갈수록(0번 쪽으로 진행할수록) 객관성과 정확성이 생겨나는데 근대적 사유는 의사소통을 아래쪽으로 끌어내리는 것을 이상으로 생각했다.[5)]

이를 기호학적으로 표현하면 기의에 기표를 정확히 대입하려는 신념, 즉 '기의=기표'라는 신념이 강하게 작용한 결과인 것이다. 즉 표현하고자 하는 대상이나 사물을 보다 정확하고 분명하게 표현해야 한다는 생각에만 집착한 결과이다. 결국 기의=기표를 달성하기 위해서는 대상이나 사물을 구체적으로 표현할 수 있는 단어, 즉 기표를 무한정으로 만들어 낼 수밖에 없다. 예를 들어 오래 전의 인류는 '사람'이면 될 것을 '남자'와 '여자'로 구분하고, 또 '남자'면 될 것을 '젊은 남자'와 '늙은 남자'로 구분하고, '젊은 남자'면 될 것을 '돈 많은 젊은 남자'와 '돈 없는 젊은 남자'로 구분했다. 이를 이행대립의 표현하면 <그림 3>과 같다.

그런데 이런 식으로 이항대립적 분할을 계속하면 그 끝은 결국 '0'과 '1의 조합으로 귀결될 수밖에 없다. 오늘날 컴퓨터 언어가 '0'과 '1'로 구성되는 것도 '기표=기의'라는 공식에 의해 설명될 수 있다. 즉 이질적이고 배타적인 정보들 조합의 끝은 '0'과 '1'로 환원되는 것이 디지털 논리이다. 따라서 디지털 논리는 '0'과 '1'의 조합을 통해 대상이나 사물에 대한 정보를 명확하게 알려준다.[6)]

예를 들어 의사소통 과정에서 송신자는 이진법적 분할을 통해 수많은 선택 조건들, 즉 경우의 수를 접하는데 이 때 선택 조건들은 상호배제적이고 독립적이다. 수신자도 이런 정보를 접하면 다른 정보와 혼동할 필요

---

5) 정신병을 현대병이라고 할 때 정신병 중의 하나가 의사소통 문제로 말미암아 생겨난다. 이는 대상을 정확성과 객관성에 너무 집착한 나머지 의사소통을 하지 못하는 데서 비롯되는 것이다. 이런 입장에서 의사소통을 연구한 학자가 의미론의 토대를 세운 Wendell Johnson이다.

6) 예를 들어 고양이(CAT)이라는 단어는 001100000110000010010101과 같이 이진수를 통해 양적으로 제시된다.

<그림 3> 사람에 관한 이항대립

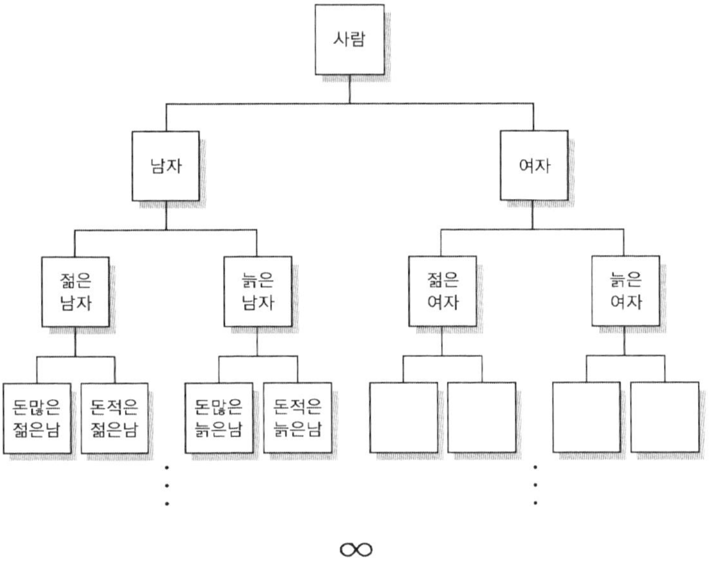

가 없으며, 뒤이어 제시될 정보의 '답'에 대해서도 쉽게 예측이 가능하다. 결국 송신자와 수신자 모두는 상호배타적이고 이항대립적으로 분할되는 정보의 성격으로 인해 의사소통을 효과적으로 운용할 수 있다. 그리고 이런 상호배타적이고 이항대립적인 것에 바탕을 둔 의사소통은 불필요한 기표들의 과잉을 초래한다.

정보의 이진법적 분할이 심화될수록 엔트로피는 감소하고, 리던던시가 증가한다. 예를 들어 '사람'하면 그 안에는 '남자/여자', '흑인/백인', '부자/빈자', '청년/장년' 등 모든 가능성의 사람들을 생각할 수 있어서 엔트로피가 높은 상태이다. 그렇지만 '남자'에서 '젊은 남자'로, 그리고 '젊은 남자'에서 '부유한 젊은 남자'로 내려갈수록 의미가 분명해짐으로써 엔트로피는 떨어진다. 이처럼 정보 간의 배타성을 극대화할수록 엔트로피는 낮아지고 리던던시는 높아지는 반면, 정보가 상호배타적이지 않고 중첩될수록 엔트로피는 증가하고 리던던시는 감소한다.

그런데 의미론적 차원에서 정보의 선택과 예측 가능성의 문제는 정보가 공유되기 위한 전제 조건으로 작용함으로써 엔트로피와 리던던시에 대한 새로운 이해를 요구한다. 기존의 정보이론에서는 엔트로피와 리던던시를 상대적인 개념으로 파악하여 어느 한 쪽의 양을 줄이거나 늘릴 경우, 다른 한 쪽의 양이 늘거나 줄어드는 반비례의 관계로서 이해되었다. 이것은 정보량이 기술적인 개념인 기표 전달로 사용되었을 때를 전제로 한다. 즉 송신자가 잡음을 제거하기 위한 개념으로 정보량이 사용된 경우에 한해서이다.

그러나 의미론적 차원에서는 엔트로피와 리던던시는 결코 반비례의 관계가 아니다. 의미론적 차원에서는 메시지가 단순한 기표를 넘어서 기의의 전달, 혹은 공유로 이해되기 때문에 기의를 이해시키기 위해 기표만을 반복적으로 생산하는 것은 의미가 없다. 이런 경우 기표만을 과잉 생산하는 결과를 낳는다. 가령 '대한민국'이라는 기호의 예를 들어보자. '대한민국'이라는 기호는 기표의 차원에서 송신자와 수신자의 일치된 합의인 '동북아시아 중앙에 위치한 반도국'이나 'ㄷ, ㅐ, ㅎ, ㅏ, ㄴ, ㅁ, ㅣ, ㄴ, ㄱ, ㅜ, ㄱ'이라는 청각적 영상의 이미지에서 동일한 합일을 볼 수 있다.

그런데 잡음에 의해서 '대한민'으로 들릴 수도 있고, '한민국'으로 들리는 경우 이를 반복해야만 수신자가 처음의 잡음요소로 인해 생긴 엔트로피를 줄이고, '대한민국'이라는 기표를 얻을 수 있다. 또 그것이 정신적 개념인 기의 차원에서 제시되더라도 이 때의 기의가 기술적이고 기능적인 개념적 차원에서 제시된다면 대한민국이라는 의미는 '동북아시아 중앙에 위치한 반도국'[7]에 해당한다. 어린아이들에서 이것은 학습과정을 통해 얻어지는데 이 때 학습과정에서 이루어지는 반복과 주입은 자연스럽게 리던던시 기능을 담당한다. 즉 학습이 반복될수록 아이들이 가졌던 불확실한 (여전히 엔트로피가 높은) 대한민국의 의미를 점점 정확히 인식하게 된다.

---

7) 이러한 문제는 R. Barthes가 논의했던 1차적 기호의 의미화 현상이다. 물론 2차적 의미화 현상으로 올라가면 기표는 당연히 의미론적으로 해석되어야 한다. 결국 기술적인 차원에서의 메시지는 기표의 1차적인 의미화 과정만이 문제가 되는 것이며, 따라서 그것의 개념은 일원적이고 고정적이다.

그런데 의미론적 차원에서 '대한민국'이라는 기의를 검토하면 문제가 한층 복잡해진다. 대한민국에 대해 각 나라 사람들이 갖는 경험이나 상황, 그가 처하고 있는 사회·문화적인 맥락, 그것을 부호화하고 해독화하는 과정에서 생겨날 수 있는 여타의 문제들은 대한민국이이라는 기표를 다양하게 해석할 수 있는 여지를 남겨 놓는다. 실제로 필자가 2003년도에 세계 13개국 사람들을 상대로 진행한 한국의 국가 이미지를 조사한 결과 이와 같은 양상을 보였다. 우리보다 못사는 나라, 즉 동남아시아나 중남미 국가 사람들에겐 대한한국은 급속한 경제발전으로 '선망과 부러움의 대상'이지만 우리보다 잘사는 나라, 즉 미국이나 유럽 사람들에게는 어려운 여건에서도 경제발전에 성공한 '대견스러운 대상'으로 생각한다.

이런 식의 의미론적 발상은 동일한 경험이나 맥락을 공유하지 않고서는 좀처럼 이해하기 힘든 높은 엔트로피 상황을 만든다. 설사 동일한 경험이나 맥락을 소유하더라도 그것이 높은 리던던시 상황으로 이끌어서 우리에게 완벽한 의미의 의사소통을 가능토록 하는 것은 아니다. 이 때문에 리던던시를 높이는 경우 엔트로피가 감소된다는 기술적 차원에서의 반비례 관계는 의미론적 차원에서 꼭 성립되는 것은 아니다. 그리고 이런 한계는 기표만을 반복적으로 재생산한다고 해서 해결되는 것은 더욱 아니다. 이 경우 무의미한 기표의 과잉생산만이 유도될 뿐이다.

결국 기의가 공유되지 않는 상황도 정보의 불확실성, 즉 엔트로피를 높이는 요인으로 작용한다. 기술적 차원에서의 불확실성은 의미중복을 통해 감소될 수 있지만 의미론적인 차원에서는 이런 식의 의미중복을 하는 경우 불확실성은 줄어들지 않고, 기표의 반복만을 불러일으킨다. 결국 의사소통 과정에서 정보함유량과 신뢰도를 떨어뜨리는 결과만을 초래하고, 이런 과정은 반복적이면서 순환적인 모형을 그리는데 이를 표현하면 <그림 4>와 같다.

이처럼 기술적 차원에서는 정보의 불확실성과 의미중복은 반비례의 관계로서 의미를 중복시킬수록 불확실성이 감소하는 선형적인 형태를 띤다. 이에 반해 의미론적 차원에서는 반대 현상이 일어난다. 즉 정보가 반복될

<그림 4> 엔트로피와 리던던시의 선형적 과정(기술적 차원)

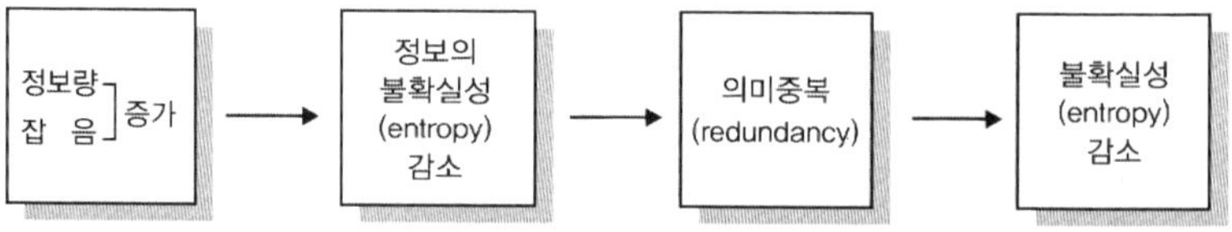

수록 오히려 기표를 다량으로 생산하는 결과를 초래하며, 의미가 공유되지 않는 상황에서 지속적인 기표의 생산은 결국 정보량만 증가시키는 결과를 가져와 다시 정보가 불확실한 상황으로 순환되는 모형을 그린다.

정보이론에서 정보전달이란 수용자들에게 정보를 반복하거나 잡음을 제거하는 의미중복(리던던시) 과정을 통해 수용자의 불확실성(엔트로피)을 최대한 감소시키는 방향으로 전개된다. 따라서 이들의 기본 가정은 정보를 반복할수록 수용자의 불확실성이 제거된다는 식이다. 이런 식의 설명은 정보 개념을 기표 차원에서 논의했기에 가능할 수 있다. 그렇지만 의미론적 차원에서 엔트로피와 리던던시의 관계는 이런 식으로 간단히 설명할 수 없다.

만약 정보 개념을 기의 차원, 즉 의미론적 차원에서 해석하면 엔트로피와 리던던시 관계는 결코 반비례하지 않는다. 다시 말하면, 정보 개념이 기의 차원으로 해석되면 송신자와 수신자의 의미화 과정에 공유되는 그 무엇이 있어야 하며, 이런 공유는 사회적 맥락에서 변형될 수 있는 소지가 있다. 이런 이유로 인해 두 사람 사이에서 기의는 완벽하게 소통된다는 가정은 애초부터 성립할 수 없다. 따라서 송신자는 자신이 생각하는 기의를 정확하게 전달하기 위해서 메시지의 의미중복 작업을 끊임없이 펼칠 것이다. 그럼에도 수신자는 이에 대해 정확히 이해할 수 없는 근본적인 한계를 가진다. 그것은 메시지가 소통되는 것이 아니라 공유되기 때문이다.

결국 우리가 의사소통한다는 것은 무엇이고, 이것을 통해 우리가 추구하고자 하는 것은 무엇인가에 대해 다시 한번 생각해봐야 할 것이다. 우리가 태어나서 죽을 때까지 남들과 의사소통을 하고 싶어하지만 그것은

<그림 5> 엔트로피와 리던던시의 순환과정(의미론적 차원)

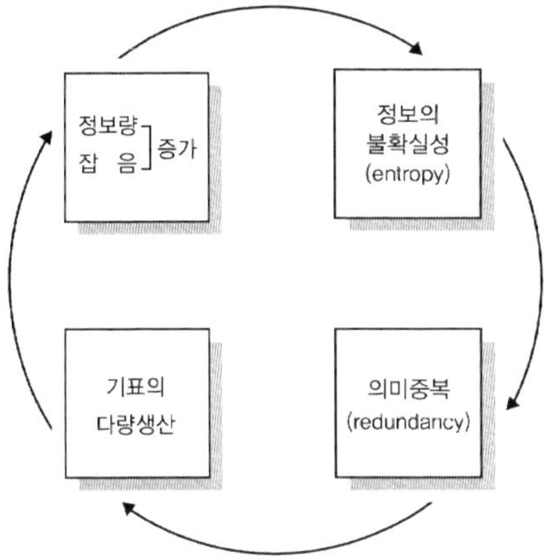

요원하고, 이 때문에 의미 없는 기표의 양산은 어찌 보면 당연한 귀결일지 모른다. 그리고 '원래 의미가 있었는가'라는 니체(F. Nietsche)의 허무주의적 질문에 이르게 되면, 다시 한번 의사소통한다는 것에 대해 재고해야 할 상황에 처한다.

7. 맺는 말

근대 이후의 의사소통은 불확실성에서 확실성으로, 즉 엔트로피를 줄이고 리던던시를 높이는 명료한 의사소통을 위해 노력했다. 그리고 이 목적을 위해서 새로운 매체를 끊임없이 발명해온 것이 사실이다. 그런데 새로운 매체의 등장에도 불구하고 엔트로피가 줄어들기는커녕 새로운 엔트로피가 계속해서 생겨나고 있다. 인쇄매체 발명 이후 이런 경향이 크게 줄어드는 듯싶었지만 곧 이어 등장한 영상매체는 의사소통을 또 다시 엔트로피한 상황을 만들고 있다. 그렇다면 '엔트로피와 리던던시의 관계에서 어떻게 하는 것이 바람직한 의사소통일까?' 하는 의문이 생겨난다.

지금까지 서양의 근대적 사유가 추구했던 방식으로 불확실성을 끊임없이 줄이는 것이 과연 타당할까? 서양의 근대적 사유는 이것이 타당하다고 생각하여 불확실성을 끊임없이 줄인 나머지 '0'과 '1'로 환원되는 디지털 문명을 만들어냈다. 그런데 메시지의 의미가 '0'과 '1'로 환원되면서부터 불확실성이 줄어든 것이 아니라 오히려 엄청난 속도로 증가하고 있다.

그렇다면 의사소통에서 명료성이란 영원히 도달할 수 없는 것으로 인식하고 불확실한 상태에서 의사소통을 계속해야 할 것인가? 만약 이것이 좀더 타당하다면 새로운 의사소통 패러다임이 요청되어야 할 것이다. 그리고 그것은 풍부한 엔트로피 상황하에서의 의사소통에 익숙한 동양적 의사소통관이 이에 대한 대답이 될 수 있다. 물론 지금으로서는 어느 쪽이 올바른 의사소통관인지 파악하기 힘들다. 서양의 의사소통관을 붙들고 있는 사고방식이 오늘날 가장 보편화된 근대문명을 만든 것이 사실이다. 이 때문에 우리는 인류역사에서 가장 물질적인 혜택을 입는 등 생활의 엄청난 변화를 가져왔다. 그 중의 대표적인 변화가 의사소통 매체의 발명을 통해 이루어진 변화들이다.

그렇지만 오늘날 인류는 이런 변화에도 불구하고 의사소통에서 매우 허전해 하고 있다. 특히 새로운 매체가 발명되면서부터 의사소통에서 왜곡현상은 줄어들지 않고, 오히려 더욱 증가하고 있는 편이다. 또 의사소통으로부터 소외감을 더 많이 느끼고 있다. 왜 그러할까? 그것은 새로운 매체 발명이 의사소통에서 불확실성을 줄일 것이라는 기대가 사라지고 있기 때문이다. 그런 기대를 할수록 불확실성은 줄어드는 것이 아니라 오히려 늘어나고 있기 때문이다. 이런 상황에서 어쩌면 의사소통 수단으로 매체의 한계를 인식하고 불확실성에서 의사소통을 추구했던 동양의 의사소통관이 하나의 돌파구가 되지 않을까?

이 책은 이런 관점에서 동양적 의사소통관이 왜 하나의 돌파구로서 타당한지의 여부를 밝히기 위해 의사소통의 발전, 즉 매체혁명으로 귀결되는 내용을 원시시대부터 지금까지 포괄적으로 제시하고, 그것이 인류의 의사소통에 어떤 영향을 미쳐왔는지를 밝히고자 한다. 그리고 이런 의사소통을 설명하는 이론들(주로 서양의사소통 이론)을 소개하면서, 동시에 그 한계를 논하고자 한다. 그런 다음 동양적 의사소통 사상으로 옮겨가면서 이것이 왜 오늘날 더 많은 설득력을 갖는지에 대해 설명하고자 한다.

따라서 이 책의 구성은 다음과 같이 전개된다. 제1장 "매체 효과 패러다임을 넘어서"는 이 책의 문제제기에 해당하고, 제2장 "정보이론과 의미이론"은 이런 문제제기를 해결하기 위한 하나의 방법론을 제시하는 장에 해당한다. 그리고 제3장 "의사소통의 역사"와 제4장 "구텐베르크 은하계를 넘어서"는 매체 발전에 따른 의사소통 변화에 대한 소개에 해당하고, 제5장 "나는 소비한다. 고로 존재한다"와 제6장 "과잉현실·가상현실의 도래"는 매체 도입에 따른 의사소통의 부작용과 모순에 대한 설명이다. 그리고 제7장 "새로운 매체 수사학"은 이런 부작용 해결을 위한 가능성, 즉 동양적 의사소통관이 왜 소개되어야 하는지에 대한 근거를 제시한다. 마지막으로 제8장 "동양의 의사소통 미학"이 그 근거에 대한 일반적 대답이라면 제9장 "藝 – 불가·도가의 의사소통관"과 제10장 "禮 – 유가의 의사소통관"은 그것의 구체적 대답에 해당한다. 즉 이 책의 제목인 예(藝)와 예(禮)가 이 마지막 장들에서 구체적 대답의 실마리로 등장한다.

참고문헌

김경용. 1998, 『기호학이란 무엇인가』, 민음사.

박정순. 1995, 『대중매체의 기호학』, 나남.

조종혁. 2001, 「기표문화와 의미의 위기」, 한국커뮤니케이션학회, ≪커뮤니케이션학 연구≫ 제9호.

차배근. 1976, 「커뮤니케이션 개념에 대한 제정의와 관점: 실제 조사결과를 중심으로」, 한국언론학회, ≪한국언론학보≫ 제9호.

Fiske, J. 1982, *Introduction to Communication Studies*, 강태완·김선남 역, 2001, 『커뮤니케이션이란 무엇인가』, 커뮤니케이션북스.

_____. 1987, *Reading Television*, London: Methew.

McLuhan, M. 1967, *The Medium is the Message: An Inventory of Effects*, New York:

BanthamBooks.
McLuhan, M. & E. McLuhan. 1988, *Laws of Media: The New Science*, Toronto: University of Toronto.
Shannon, C. E & W. Weaver. 1949, *The Mathematical Theory of Communication*, Urbana: University of Illinois Press.
Weaver, W. 1966, "The Mathematics of Communication," in Alfred G. Smith, *Communication and Culture*, New York: Holt, Rinehart and Winston.

제3장

의사소통의 역사 — 불확실성에서 명료성으로

1. 인간: 생각하는 갈대

파스칼은 "인간은 천사도 짐승도 아닌 생각하는 갈대"라고 말했다. 이 말은 인간을 보잘것없는 존재로 표현한 것 같지만 보잘것없다는 것을 의식한다는 점에서 오히려 위대하다는 것을 반어법적으로 말해준다. 즉, 인간은 갈대처럼 약한 존재이지만 사유할 수 있는 능력, 즉 이성을 갖고 있다는 점에서 의미 있는 존재임에 분명하다. 그렇다면 어떻게 해서 이성이 인간의 고유한 특성으로 자리잡았을까, 그리고 인간이 동물로부터 구분되기 시작하면서부터 과연 이성이라든지, 또는 사유 능력이라든지하는 것이 오늘날의 인간처럼 존재했는지에 대한 의문이 생겨난다.

그런데 원시 시대 인간의 대뇌 형태나 구조를 살펴보면 인간이 동물과 매우 흡사했다는 것을 알 수 있다. 원시인간의 머리를 살펴보면 앞 부분이 뒤로 쑥 들어가 있어서 전형적인 동물의 머리 형상을 하고 있기 때문이다. 이런 사실에 비추어 볼 때 '원시 시대의 인간은 오늘날의 우리들처럼 논리적인 사고를 하는 것이 불가능하지 않았을까'하고 추측할 수 있다. 따라서 인간의 사유 능력이나 이성도 원시 시대 인류에서부터 존재했던 것이 아니라 오랜 세월을 두고 성장하고 진화해왔다고 말할 수 있다. 즉 이성이나 사유 능력도 일종의 진화론적 과정을 통해 형성된 것이다. 레포포트(A. Rapoport)는 이를 다음과 같이 증명했다.

> 모든 동물들은 특정한 생활방식으로 환경에 적응해왔다. 인간 이외의 동물들에게 적응이란 전적으로 진화 과정과 자연선택 과정을 통해 형성된 신체구조와 생리학과 연관된 문제이다. 육식동물은 자신의 약탈생활에 적절한 이빨과 발톱을 갖고 있으며, 초식동물은 섬유질을 소화시킬 수 있기 때문에 풀을 먹고 살 수 있다. 물고기는 유선형으로 되어 있으며, 새들은 매우 가벼운 뼈와 강한 날개 근육을 갖고 있어서 날 수가 있다(A. Rapoport, 1973: 23-30).

그러나 인간은 이런 하등동물들과 달리 생존을 위해 필수적으로 지녀야 할 능력들이 결여된 채 태어났다. 사실 인간은 대부분의 동물들이 할 수 있는 것들 중에서 매우 적은 것만을 할 수 있을 뿐이다. 이는 다른 동물과 비교할 때 인간이 뛰어나게 잘 할 수 있는 것은 아무것도 없다는 말이다. 예를 들어 인간은 뛸 수 있지만 사슴이나 치타만큼 빠르지 않고, 높은 곳에 올라갈 수 있지만 원숭이나 다람쥐만큼 잘 기어오르지 못하고, 수영도 하지만 물개처럼 잘하지 못한다. 또 인간은 고기를 먹지만 치아가 호랑이 이빨만큼 고기를 먹는 데 적합하지 않고, 발톱은 다른 동물들이 발톱을 사용하는 용도와 비교할 때 실질적으로 쓸모가 없으며, 피부는 털이 없이 매끈해서 열대지방에서만 벌거벗은 채로 생활할 수 있다.

이처럼 인간은 생존을 위한 수단에서 다른 동물보다 뛰어난 재능이 없이 태어났지만 진화 과정에서 다른 동물들에 비해 뛰어난 부분을 발전시켜왔다. 이 과정에서 손이 결정적인 역할을 했다. 원래 인간은 숲에서 살았고, 그리고 나무 위에서 주로 생활했다. 따라서 나뭇가지로 옮겨 다니면서 열매를 따고, 외부의 적을 피해 달아나면서 몸의 방향을 바꾸기 위해 앞발을 교묘하게 사용하는 데 익숙했다. 나아가 다섯 개의 손가락은 나무 가지를 붙잡고, 매달리고, 열매를 따거나 주워서 입으로 가져가거나, 또는 물건을 교환하는 활동과정 등이 다른 동물보다 훨씬 특화되었다.

물론 이 정도로 인간과 원숭이를 구분할 수는 없다. 원숭이도 자유롭게 손과 손가락을 쓰기 때문이다. 하지만 인간의 손과 손가락은 원숭이의 것과 많은 점에서 다르다. 왜냐하면 인간은 손과 손가락을 일종의 도구로 확장해서 사용했기 때문이다. 인간은 나무토막이나 돌이나 기타의 것을 손의 확장으로서 사용하는 데 익숙하다. 예를 들어 손으로 직접 때리거나 두드리기보다는 나무토막이나 돌을 활용해서 하는 것이 훨씬 많은 작업을 할 수 있음을 알고 실천했다. 그리고 그런 도구를 자연에서만 '찾은' 것이 아니라, 여기에 좀더 적당한 것으로 '만드는' 경험을 보탰다. 몽둥이를 적당한 길이로 부러뜨리거나, 접어 구부리는 작업, 돌을 적당한 크기로 쪼개는 일 등이 그것이다.

원래 인간은 도구를 만들고, 이를 이용해 무엇을 만드는 동물이다. 이런 관점에서 보면 인간의 손은 '도구를 만드는' 손으로, 그리고 눈과 귀는 '자연을 관찰하는' 눈과 귀로 변화한 것은 아주 자연스런 현상이다. 그 결과 눈과 귀는 자연물을 관찰하는 데 사용되는 감성 지각을 발전시켰다. 여기에 손이 가담함으로써 감성 지각은 좀더 정확해졌으며, 이것에서부터 인간의 지적 기능이 성장하기 시작했다. 나아가 신경계통의 구조와 기능이 활발하게 사용되면서 더욱 세밀하게 분화되었고, 마침내 무한히 복잡한 신경계통의 연락 및 통합기관으로서 대뇌가 비상하게 발달되었다.

따라서 『성경』의 「신약전서」 요한복음 제1장 제1절의 "태초에 말씀이 있었느니라"는 '태초에 행위가 있었느니라'로 바뀌어져야 할 것이다. 그것은 인간이 인간다워진 것은 『성경』에서 언급하고 있는 말, 즉 로고스에 앞서서 도구를 만드는 행위(손의 사용)와 그 도구를 사용해서 생활에 필요한 물건을 만드는 행위(대뇌의 발전)에서 시작되었고, 이 두 행위의 결합으로 결국 인간이 말을 만들어냈기 때문이다. 따라서 행위가 우선이고, 말이 그 후에 따라왔다. 그리고 말이 나오기 훨씬 전에 이미 말이 매개되지 않는 의사소통 행위도 존재했었기에 당연히 행위가 말에 우선한다고 말할 수 있다.

따라서 언어적 의사소통뿐만 아니라 비언어적(non-verbal) 의사소통도

▲ 침팬지

의사소통에 포함된다. 아주 단순한 메시지의 의사전달인 경우 몸짓, 표정, 소리 등의 방법이 주로 사용되는데 이것은 비언어적 의사소통의 영역을 구성한다. 그런데 복잡한 변수가 개입된 상황을 설명해야 할 필요가 있는 경우에는 비언어적 의사소통 수단들은 한계를 갖는다. 결국 복잡한 내용의 전달을 가능케 하는 수단이 필요하게 되는데 말이 이 역할을 담당했다. 사람들은 말을 통해서 비로소 원시적인 형태의 의사소통으로부터 해방될 수 있었다.

말은 인간의 자유로운 성대 모사에서부터 비롯되는데 인간이 성대로 모사할 수 있는 소리표현은 대략 40여 개라고 한다. 바로 이것들이 각 공동체들에 의해서 언어기호로 인식됨으로써 말이 나오게 되었다. 즉 40개의 소리를 합성해서 거의 무한한 말을 만들었으며, 다양한 조합을 통해 이전에는 사용하지 않았던 새로운 의미를 연결해 사용했다. 이런 인간의 언어적 의사소통은 의사소통의 범주를 엄청나게 확대시켰다. 인간의 소리를 선택해 기호적으로 재현하여 음소체계의 상징으로 자음과 모음으로 이루어진 표기인 알파벳까지 낳았다. 이처럼 인간은 언어와 문자라는 배경을 바탕으로 동물들의 의사소통의 한계를 훨씬 뛰어 넘었다.

따라서 인류 역사에서 가장 위대한 발명품은 언어라고 단언해도 좋을 것이다. 만약 누군가 불을 든다면 그것은 아직도 산업사회의 논리에서 헤매고 있다는 증거이다. 탈산업사회, 탈자본주의사회, 지식사회, 정보사회 등 그것의 이름이 무엇이든 간에 미래지향적인 입장에서 본다면 '언어'가 인류의 가장 위대한 발명품이다. 사실 인간은 언어를 통해 자신의 생각을 자유롭게 표현할 수 있었는데 이것이 인간을 여타의 생명체와 다르게 만든 결정적인 요인에 해당한다.

말이란 일종의 약속된 기호이다. 따라서 인간의 머릿속 생각을 말로 만들려면 '해독화(decoding)'와 '부호화(encoding)'의 과정이 필요하다. 이 과정에서 인간은 생각을 해야만 한다. 해독화와 부호화가 그냥 이루어지는 것이 아니기 때문이다. 생각을 해야만 의미를 말로 구성할 수 있고, 또 말을 통해 그 의미를 깨달을 수 있다. 그런데 생각을 하면 할수록 인간의 지능은 발달한다. 결국 인간은 말을 통해 자신의 지능을 현재와 같이 발달시킬 수 있는 계기를 만들었다. 따라서 지능이 낮았던 원시 시대의 유인원도 말이라는 매체를 통해 두뇌를 폭발적으로 발달시켰다. 그 결과 인간은 다른 포유류와는 판이하게 달라진 것이다. 따라서 말은 인간 기능의 확장, 또는 연장으로 이는 인간을 수정하는 데 결정적인 역할을 했다.

2. 언어와 문자의 등장

인간의 의사소통의 역사를 유심히 살펴보면 하나의 일관된 흐름을 발견할 수 있다. 의사소통 발전에서 획기적인 전환점이 있을 때마다 새로운 매체가 출현했다는 점이다. 사실 인간은 손짓과 몸짓, 그리고 표정이라는 신체에 입각한 매체에서부터 기초적인 의사소통을 시작했지만 그 후 청각에 의존하는 매체인 음성언어를 만듦으로써 더욱 발전된 형태의 의사소통으로 옮아갈 수 있었다. 또 '신의 선물'이라고 부르는 문자를 창안해 의사소통 발전에서 획기적인 전기를 만들었다. 이렇게 볼 때 의사소통은 새로운 매체의 등장으로 그 발전이 가능했다고 말할 수 있다.

게다가 인류의 위대한 발명품은 우연인지 모르지만 모두 매체와 관련이 있다. 문자라는 매체, 인쇄기라는 매체, 그리고 오늘날 전자매체가 바로 그것이다. 따라서 매체에서 중요한 기술의 변화—문자의 발명, 구텐베르크의 인쇄기 발명, 마르코니의 전신 발명—를 기점으로 인간의 역사를 구분하면 ① 문자이전 시대, ② 문자 시대, ③ 구텐베르크, 혹은 개인주의 시대, ④ 현재의 전기·전자 시대로 크게 네 시대로 나눌 수 있다. 이 같은 시대 구분을 통해 의사소통 기술은 구어형식에서 문자형식으로, 그리고 인쇄형식을 거쳐 전자형식으로 변천해왔다. 이것이 바로 맥루한이 구분한 의사소통의 역사이다.

인류가 처음 이 지구상에 존재했을 때 인간은 다른 동물과 마찬가지로 매체를 매개하지 않은 의사소통을 했다. 해와 달, 산과 바다, 살과 뼈, 야수와 들꽃에 파묻혀 살면서 손짓과 몸짓, 그리고 표정 등을 사용하는 그야말로 원초적인 상태의 의사소통만을 했다. 그런데 이들이 어느 날 우연히 발견한 것은 '이항개념쌍(binary opposite)'들로 된 대상들이다. 남자와 여자, 땅과 바다, 해와 달, 삶과 죽음, 낮과 밤 같은 것들을 보았는데 여기서 '예'와 '아니오'의 최초의 의사소통 몸짓을 만들었다.

이처럼 '예'와 '아니오'로 물꼬를 틀면서 인간은 대상에 대해 이름을 붙이는 일부터 시작해서 차원을 달리하는 의사소통으로 옮아갔다. 그리고 다른 사람들과 함께 노동을 할 필요성을 깨닫기 시작하면서 의사소통을 더욱 발전시켰다. 사실 인간이 도구를 만들거나 도구를 사용해서 노동을 하는 경우 혼자서 하는 경우가 드물다. 대부분의 경우 사회적 노동의 성격을 띤다. 지금도 원시 시대 유적으로 짐승들의 뼈가 많이 발견되고 있는데 그 중에는 1톤 이상 나가는 거대한 뼈나, 사람 한 명은 넉넉히 들어앉을 수 있는 엄청난 크기의 머리뼈, 활처럼 휘어진 긴 앞니, 몸에서 떨어져 나간 다리 등이 있다. 이런 고고학적 사실은 언어발생의 기원을 찾는 중요한 단서를 제공한다. 즉 원시 시대의 인류는 군락생활을 하면서 공동작업을 할 필요가 발생했는데 이런 공동작업을 위해서 무엇인가 전달하고 전달받을 필요, 즉 의사소통을 할 필요가 생긴 것이다.

상상컨대 처음에는 몸짓언어를 주로 사용했을 것이다. 검지로 특정 부위를 가르치고, 손바닥을 세로로 펴서 위에서 아래로 내리치는 몸짓으로 '여기를 잘라라'는 식으로 말했을 것이다. 이러한 몸짓언어는 인간이 사용하는 도구가 많지 않고, 또 경험도 풍부하지 않았을 때여서 의사소통을 하는 데 큰 불편함이 없었다. 이 때까지 몸짓은 의사소통의 주요 수단이었고, 음성은 보조수단에 불과했다. 그렇지만 인간의 노동이 복잡해짐에 따라 이런 몸짓언어 중심의 의사소통은 곧 한계에 부딪쳤다. 따라서 음성으로서 자신의 뜻을 전달해야 할 필요성을 비로소 느끼기 시작했는데 이 때를 기원전 3만 5천 년에서 10만 년 정도로 보고 있다. 크로마뇽인의 두개골 크기와, 턱(혀)의 신축성, 그리고 군락생활로 미루어 보아 이런 유추가 가능하다.

이 당시 음성언어는 지극히 간단해서 지금 기준으로는 언어라고 말할 수 없는 것들이다. 입만 열면 누구나 낼 수 있는 소리, 명사나 감탄사 같은 것을 한 데 모아 놓은 단지 소리에 불과했다. 지금처럼 모음과 자음이 결합되어 복잡한 음성이 사용되는 언어는 상상도 못 했을 시절이다. 그렇지만 모든 것은 사용함으로써 발달하는 것처럼 언어도 마찬가지로 발달했다. 아무리 간단한 말이라도 날마다 조금씩 사용하면 그 사회적 교환과정이 무수히 되풀이되는 동안 여러 가지 형태로 고정되어 각 사회에 특유한 말이 결정된다. 아울러 특유한 말에 조응하여 발성기관과 그 기능이 형성된다. 그 결과 청각기관과 함께 혀와 목구멍의 활동이 언어사용을 감당할 수 있을 만큼 발달했다.

그 후 음성언어는 더욱 복잡 다양하게 변화해서 우리들의 사상이나 감정을 세세하게 표현할 수 있게 되었으며, 또한 이 같은 언어의 발전은 우리들의 사상이나 감정을 또다시 발전시켰다. 인간을 '생각하는 갈대'로 비유한 것도 결국 언어를 사용할 수 있었기 때문이라고 본다. 언어가 없이는 인간은 사유할 수 없기 때문이다. 이 말은 역으로 언어의 발전이 사유의 발전을 촉진한다는 의미를 가지며, 또 사유의 발전이 언어의 발전을 촉진시킨다는 의미를 갖는다.

그러나 언어는 의사소통에서 한계를 지니고 있다. 즉 언어는 인간의 사회적 의사소통의 범위를 넓혀 특정한 시기에 공간을 확대하는 역할을 할 수 있지만 특정한 시기에서 다른 특정한 시기로 시간을 연장시키는 역할을 수행하는 데는 그다지 도움이 되지 못한다. 이는 구전(口傳)이라는 의사소통 전달 방식이 시간이 흐르는 과정에서 여러 가지로 변모하며, 잘못 전달될 가능성이 크기 때문이다. 이를 극복하기 위해서 인류는 그림이나 조형물로 대표되는 이미지의 표현과 글, 즉 문자를 통해서 자신의 욕구나 이해를 드러내기 시작했다. 그리고 이를 통해서 역사적 시간의 연장을 자연스럽게 시도했다. 즉 구두언어가 중심이 된 공간적 의사소통에서 이미지와 문자가 중심이 된 시간적 의사소통으로 변화했다.

사실 인간은 문자를 발명하기 이미 오래 전에 이미지로 표현했다. 기록상으로는 문자를 발명한 때로부터 약 4만 년 전으로 거슬러 올라간다. BC 4만 5천 년경으로 추정되는 헝가리 티타에서 출토된 매머드 이빨에 새겨진 네안데르탈인의 유물과, BC 3만 년경으로 추정되는 독일 포겔헤르트에서 출토된 메머드 상아로 만든 말 모양의 조각인 크로마뇽인의 유물이 그것이다.[8] 마샥(A. Marshark)은 헝가리 티타에서 발견된 네안데르탈인의 유물과 독일 포겔헤르트에서 발견된 크롱마뇽인의 유물을 살펴본 결과를 다음과 같이 서술하고 있다.

> 만약 이것이 도구였다면 사용된 부분이 많이 마모되었어야 했다. 그러나 실제로 이것은 '의도적'으로 조각되고 그려진 상징물로서 비실용적인 의식에 사용되었으며, 장기간 보존된 것으로 추정할 수 있다. 그러나 그것이 어떤 목적으로 어떻게 사용되었는지는 알 수가 없다. …… 매머드의 상아로 만든 2.5인치의 아름다운 말 조각은 기원전 약 3만 년경의 것으로 현존하는 가장 오래 된 동물 조각이다. 귀, 코, 입, 갈기 등이 세밀하게 새겨진 이 조각은 (사람들에 의해서) 지속적으로 만져져 많이 닳아 있었다. 사용되는 과정에서 어느 때인가 말의 옆구리에 새로운 각도의 절단면이 생겼으며, 또한 화살이 새겨졌다. 이는 분명히 특수한 살생의식을 나타내주는 것이다 (A. Marshark, 1996: 18-19).

8) 이 시기는 인류학자들과 고고학자들이 공히 인류라고 인정하는 '호모사피엔스'가 출현하고나서 오래지 않은 후기 빙하기이다. 그리고 음성언어가 성립된 후 약 3만 5천 년 후인 시점이다.

여기서 중요한 것은 네안데르탈인이나 크로마뇽인이 인위적으로, 또는 의도적으로 이미지를 창조했다는 사실이다. 따라서 조형물이 아름답거나 유용하다는 점이 아니라 이미 이들도 이미지의 표현을 통해서 의사소통을 하기 시작했다는 점이 우리들의 관심을 끈다. 그리고 이것에 뒤이어 제작된 각종 동물 벽화와 각종 유물들은 네안데르탈인과 크로마뇽인의 유물 이미지보다 훨씬 분명한 의미를 담고 있을 뿐 아니라 그 기호들이 갈수록 추상화되었다. 예를 들어 BC 2만 8천 년경의 것으로 추정되는 프랑스 블랑샤의 크로마뇽인 바위동굴 집에서 발견된 유물이다. 이 유물은 흑과 백이 뚜렷한 달의 변화를 표시한 것으로 추정되는 그림으로서 백은 낮, 흑은 밤을 의미하며 그림 모양은 달의 변화를 표시하기 위해 사용되었음을 추정할 수 있다.

이처럼 초기 인류가 시간이 경과하면서 보여준 각종 이미지의 표현은 주기적이고 지속적인 문화적 과정, 의식, 그리고 반복적인 신화나 설화의 의미를 많이 포함하고 있다. 그리고 이들에 의해서 만들어진 기호는 문화적으로 중요한 사건의 시간적 경과를 기록해놓았는데 이는 자신들의 생각이나 이해를 후대에 전달하기 위한 것이다. 게다가 이것들은 자신들의 표현욕구를 충족시키는 예술적 활동의 맹아를 보였는데 이는 지금까지 보존되어온 암벽이나 동굴에 그려져 있는 그림, 돌, 뼈, 뿔로 만든 작품을 통해 팬터마임, 무용, 원시적 음악도 이미 이 시대에 만들어졌음을 알 수 있다.

여기서 주목해야 할 점은 예술활동은 동물과의 차별성으로 이는 인류사에서 가장 중요한 진보라고 말할 수 있다. 왜냐하면 이런 예술적 표현은 인간이 환경에 적응하는 과정에서 인식이 제대로 분화되지 않은 초기 단계에 자신들의 의식세계를 뭉뚱그려 표현하고 있기는 하지만, 의식의 발전과 사회관계의 변화 정도에 따라 예술은 건축, 회화, 조각, 음악, 무용, 문학 등으로 발전했기 때문이다. 그리고 더욱 중요한 사실은 이런 이미지의 사용이 글, 즉 문자의 사용과 직접적으로 연결되었다는 점이다.

인류는 이런 이미지를 표현함으로써 좀더 구체적이고 풍부한 추상적 사유 능력을 수만 년에 걸쳐서 발전시켰다.[9] 또 이미지 표현의 결과로 인해서 인류는 이미지적 표현에 대한 불편함과 많은 한계를 느끼면서 문자의 필요성을 절감하기 시작했는데 결국 이런 이미지 표현이 문자의 발생을 촉진시켰다. 이런 문자의 등장이 공간지향적(space-oriented) 의사소통이 주류를 형성하고 있었던 상황을 시간지향적(time-oriented) 의사소통의 상황으로 옮겨놓는 데 결정적인 역할을 했다.

이제 인류는 아주 현실적 목적을 위해서 더디고 복잡한 과정을 거쳐 문자를 만들기 시작했다. 물론 문자는 인간이 찾아낸 최초의 의사소통 수단도, 유일한 의사소통 수단도 아니지만 인류의 역사를 획기적으로 변화시켰다. BC 2세기경 중국에서 만들어진 『회남자(淮南子)』 「본경」편에는 이런 이야기가 있다. "창힐이 문자를 만듦으로 인해 하늘이 곡식을 비같이 뿌리고 귀신이 밤에 울었다(蒼詰作書而天雨粟, 鬼夜哭)." 이는 문자란 신이 인간 세계를 통치하는 비밀을 간직한 것인데 사람이 이를 기록할 수 있음으로써 인간이 하늘, 땅과 직접 소통할 수 있게 되었기 때문에 하늘과 귀신이 그토록 놀랐다는 이야기이다.

그런데 초기 문자는 두 가지 형태를 지니고 있다. 하나는 자신의 기억을 돕기 위해서 나무에 일정한 흔적을 남기는 형태로서 알타미라 동굴벽화나 페니키아인의 숫자가 여기에 속한다. 다른 하나는 사물의 모습을 비슷하게 그린 것으로서 이집트의 상형문자가 이에 속한다. 상형문자는 한자와 같이 사물의 모양을 추상화한 표의문자(ideogram)와 알파벳이나 한글처럼 말소리를 일정한 모양으로 나타낸 표음문자(phonogram)로 구분된다.

세계 최초의 문자로 평가받는 것은 BC 5천 년경 중국 은(殷)나라에서 사용되었던 것으로 추정되는 갑골문자이다. 갑골문자는 말 그대로 거북의 등 껍질이나 동물의 뼈 위에 표시한 문자이다. 그렇지만 유럽의 학자들은 BC 3천 5백 년경 메소포타미아 부근의 수메르 지역에서 사용된 점토판에

---

9) 이미지의 표현인 매머드 이빨에 새겨진 네안데르탈인의 유물이 나타난 시기가 BC 4만 5천 년경이고 중국의 은나라 갑골문자가 나타난 시기가 BC 5천 년경이다.

새겨진 설형문자를 최초 문자로 꼽는다. 수메르인은 셈을 하고, 그에 따른 목록을 만들기 위해서 문자를 필요로 했다. 사실 수메르 지역에서 발견된 점토판 위의 문자들을 분석하면 여러 건의 계약서, 판매실적, 토지양도증, 명부, 상품목록, 사원이나 도시국가의 회계장부 등이 존재했음을 알 수 있다. 이는 당시 수메르 도시국가들의 일상생활에서 상거래가 활발했으며, 사원에서 회계장부가 많이 출토되는 것으로 보아 사원이 상거래의 중심지인 동시에 왕이 거주했음을 말해준다.

이들 점토판에서 보여주는 내용에 따르면 왕이 자본가, 지주, 그리고 은행의 역할까지 수행했다. 그 결과 왕의 소유가 늘어나면서 자원이 축적되고, 나아가 기능의 분화가 일어났다. 사원의 관리사무소가 영속적인 회사로 세속화된 예이다. 이런 상황을 놓고 전반적으로 추론할 때 왕의 입장에서는 수입과 지출이 늘어나고, 이에 따라 회계가 복잡해짐으로써 본인이나 주위 사람들, 그리고 인수인계자들이 이해할 수 있도록 기록할 필요성이 생겨났다. 그래서 이런 생활에서 산수의 연장으로서 문자가 만들어졌음을 알 수 있다.

그 후 이집트에서는 BC 3천 년경 상형문자를 사용했는데 이들은 자신들의 문자인 히에로글리프－신성하다(hieros)와 조각하다(gluphein)는 그리스어의 합성어－를 신이 내린 선물이라 믿었고, 자신들의 과거, 현재, 그리고 미래를 히에로글리프를 통해서 돌과 진흙 그리고 파피루스에 기록했다. 이집트인들은 실제로 자신의 문자를 귀를 기울여야 하는 '신의 말씀'으로 표기했다. 이집트 상형문자는 대체로 대

▲ 이집트 상형문자

상이나 사물을 나타내는 전형적인 그림문자, 같거나 다른 소리를 표기하는 표음문자, 문맥 속에서 한 기호의 지칭 대상을 지적해주는 한정부호 세 가지로 구성되어 있었기 때문에 구어를 완전하게 기록할 수 있었을 뿐만 아니라 구체적인 대상과 추상적인 개념도 적절하게 표현할 수 있었다. 이집트인들은 문자를 마법의 힘이 있는 것으로 보았기 때문에 이를 갖고서 신전이나 피라미드 등을 장식했다. 지금도 곳곳에 남아 있는 상형문자를 보면 문자라기보다는 아름다운 예술 작품처럼 보인다.

또 한자는 BC 1천 8백 년경 중국 상(商)나라 시대의 거북 등껍질이나 청동제 그릇에서 발견되고 있는데 이것도 전형적인 상형문자로 지금까지 별다른 모양의 변화 없이 사용되고 있다. 다만 돌, 뼈, 금속과 같은 필서의 재료와 대나무 펜, 붓과 같은 필기도구의 변화에 따라 여러 가지 서체가 발전해왔다. 또 한자의 문자기호도 대상의 그림, 상징적인 그림, 상징적 복합어, 흔들기 혹은 회전하기, 소리를 나타내는 기호, 음이 같은 것의 차용 등 여섯 가지로 형성 원리에 따라 발전해왔다. 이러한 한자의 가장 큰 특징으로 우리는, 수만 개에 이르는 문자의 수, 순전히 미학적인 측면에서 발전한 서체의 장식적 기능과 서도(書道)의 발전, 문장의 단어순서에 의한 독특한 문장 구성방식 등을 들 수 있다.

또 바빌로니아와 아시리아 지역에서 발견된 충적 점토는 벽돌을 만드는 것뿐 아니라 필기장을 만드는 중요한 재료로 사용되었다. 필기를 제대로 하기 위해서는 고운 점토를 잘 반죽하여 도기나 판을 만들었는데 이것이 점토판으로 현대의 종이와 같은 필기장이나 공책이 이에 해당한다. 이때 필기구는 날카로운 갈대였고, 직선으로 상형문자를 그리면 점토판이 바스러지는 경향이 있어서 갈대 펜을 판에 수직으로 세우거나 혹은 비스듬히 눌러서 써야 했다. 그런데 이 필기구의 날카로운 면을 점토판 위에 대고 깊이 누르면 상형문자가 나타나는데 만일 가볍게 누르고 쓰면 하나의 기호를 표기하는 데도 여러 번 손이 가야 하는 불편함이 있었다. 이런 덧그리기의 노력을 절감하기 위해서 획수를 줄여야 할 필요성이 생겨났다. 이 때문에 상형문자가 점차 자취를 감추면서 대신 도식화된 형식의 문자가 등장하게 된 것이다(A. Marshark, 1996: 43-48).

바로 이 도식화된 문자가 인류 초기의 표기형태인 그림에서 글자로 넘어가는 중요한 이정표를 만들었다. 즉, 상형문자에서 기호로의 변화, 구체적인 그림에서 추상적인 문자로의 변화를 촉진시킴으로써 진정한 의미에서의 문자가 비로소 등장했다. 이 때부터 문자는 더욱 정교해지고 간결해졌으며, 철저히 표준화와 규격화가 진행되었고, 또한 완전한 추상적 기호로 발전했다. 이런 과정을 거쳐서 발생한 문자는 이후 인류 사회에 엄청난 영향력을 발휘했다. 이전에 손의 사용이나 그림 등의 이미지적 표현의 사용과는 비교되지 않을 만큼 인류사는 문자의 출현 이후 급격히 변화했다.

3. 표음문자 알파벳의 등장

일반적으로 문자가 존재하려면 어떤 집단의 생각이나 느낌을 정확하게 재현할 수 있는 공식적 기호나 상징체계가 있어야 한다. 게다가 이 체계는 상당수 구성원들의 합의를 필요로 한다. 그리고 그 합의는 그냥 이루어지는 것이 아니라 사람들이 현실에서 문자의 필요성을 절실히 느껴야만 생겨날 수 있다. 물론 이런 조건들이 하루아침에 만들어질 수 있는 것은 아니다. 이것이 문자의 탄생을 아주 서서히, 그리고 복잡하게 만들게 한 이유이기도 한데 인간이 음성언어로 말하기 시작하면서부터 문자가 발생하는 데 수십만 년이 걸렸던 것도 이 때문이다. 이처럼 오랜 시간이 걸린 것은 문자 발생을 위해서 최소한의 사회적 조건이 필요하다는 것을 말해준다.

원래 고대인들은 우선 역사적 사건이나 전해 내려오는 이야기, 혹은 계약을 기록하기 위한 수단으로 문자를 쓰기 시작했다. 그리고 이 문자는 점차 구어를 기록하기 위한 체계로서 발전했다. 물론 문자가 궁극적으로 의사소통 수단으로 정착하게 된 것은 그보다 훨씬 후의 일이다. 인류가 발전시킨 문자 중에서 주목할 만한 것으로 회화문자, 설형문자, 이집트 상형문자, 한자(표의문자), 복잡하게 발전해온 표음 알파벳 등을 들 수 있다. 회화문자는 그림과 상형문자의 과도기적 문자로 그 기호는 상호결합으로 어떤 사고의 과정을 알려줄 뿐이다. 이에 반해 상형문자는 적어도 각 기호의 추상화, 성문화, 관용화의 수준이 이미 높은 단계에 이름으로써 특정 언어의 한 단어와 대응하는 의미를 갖는다.

그런데 문자를 인간, 땅, 하늘을 포함하는 모든 대상과의 절대적이고 상대적인 소통수단이라는 관점에서 볼 때 이집트 상형문자 이후의 문자 역사는 퇴행의 역사라고 말할 수 있다. 왜냐하면 이집트 문자는 하나의 기호에 생각, 이미지, 소리를 모두 담아내고, 또 가장 자연스럽게 대상을 표상했다는 점에서 완벽한 소통의 문자매체였지만, 의사소통의 효율성이라는 측면에서 그 후의 표음문자와 비교해보면 턱없이 효율성이 떨어지기 때문이다.

사실 이집트의 상형문자, 바빌로니아의 설형문자, 중국 한자의 공통된 특색은 이들 문자의 각 글자가 단어가 되기도 하고 음절이 되기도 한다는 점이다. 따라서 이들 문자를 읽기 위해서 많은 수의 글자를 숙지해야만 한다. 예컨대 한자는 상나라 때 이미 2,500자에 달했고, 수메르의 필경사가 암기해야 했던 설형문자의 수도 600여 개에 달했다. 이에 반해 기원전 5세기 무렵 그리스에서 등장한 알파벳은 24자의 적은 숫자로 의사소통은 충분히 가능했다. 이는 알파벳이 어의(語義)상 아무 의미도 갖지 않는 글자가 어의상 아무 의미도 나타내지 않는 소리와 대응해 만들어진 대표적인 상징언어이기 때문이다. 따라서 언어학자들은 표음 알파벳 체제를 문자 역사에 있어 가장 중요한 혁명으로 취급한다.

그런데 상징이란 어떤 것을 표상하기 위하여 나타내는 정보, 즉 문자, 단어, 대상, 또는 행동을 의미한다. 이는 사상이나 개념에 대한 연상과 상기를 의미하는 표상의 개념과 문자, 단어, 대상, 행동을 의미하는 구체적인 사물이나 감각적인 말로 바꾸어 나타내는 일, 또는 그 사물이나 말을 결합한 의미를 나타낸다. 인간은 상징과 그 상징들의 의미를, 그리고 그것에 대한 사람들의 반응을 고안해낼 수 있다. 인간은 이런 약속된 언어

▲ 교통표지판들

로 상징을 사용함으로써, 정보는 하나 또는 그 이상의 의사소통 양식으로 부호화되고, 이것은 한 장소에서 다른 장소로 전달된다. 입말, 그리고 기타 음성으로 부호화된 언어들은 청각양식을 이용한다. 글, 또는 빛을 사용하는 영상언어들은 시각양식을 사용한다.

상징(symbol)에 반대되는 개념은 약호(signal)이다. 약호란 인과관계를 지닌 자연적인 것을 의미한다. 예를 들어 '연기가 난다'는 것은 불을 의미하고, '날씨가 춥다'면 겨울을 의미한다. 이에 반해 상징은 사람들의 약속에 의해서 결정되는 것으로써 주로 학습에 의해서 이루어진다. 예를 들어 문자, 언어, 모스 부호, 그래프의 곡선, 지폐, 주판, 전기회로도, 아날로그 계산기용 테이프 등이 이에 해당된다. 약호가 자연적이고 물리적인 것에 반해 상징은 인공적이고 자의적이다. 따라서 동물은 자신들의 의사소통에서 약호밖에 사용할 수 없지만 인간은 약호는 물론이고, 상징까지 자유자재로 사용할 수 있다. 이 점이 의사소통을 동물들의 그것과 구분하는 절대적인 기준이다.

그런데 상징과 약호를 구분하는 가장 중요한 요소는 부호화와 해독화의 차이이다. 약호의 경우 부호화와 해독화의 과정은 단순하다. 앞에서 언급한 사례에서와 같이 '연기가 난다'고 하면 사람들은 곧 불이 났다고 쉽게 유추할 수 있다. 이는 해독화의 단순함을 말해준다. 반대로 불이 났다는 것을 알리기 위해서는 연기를 보여주면 가능하다. 이는 부호화의 단순함을 말해준다. 이에 반해 상징의 경우 부호화와 해독화의 과정은 복잡하다. 만약 '대학'이라는 의미를 부호화하려면 '10년 이상 일정과정을 이수한 사람이 공부하는 곳으로서……' 하고 상당히 길게 이어질 것이다. 반대로 '10년 이상 일정과정을 이수한 사람이 공부하는 곳으로서……'를 해독화하려면 '대학'이라는 단어가 쉽게 나타나지 않을 것이다. 이는 상징의 경우 해독화와 부호화가 쉽지 않음을 말해준다.

그런데 인간의 두뇌는 복잡한 부호화와 해독화의 과정에 의해 발달되었다. 즉 약호보다는 상징을 사용함으로써 인간이 인간답게 되었다. 사실 초기의 인류는 사회관계에서 서로의 표정, 몸짓, 또는 울음소리 등의 의미를 파악하면서 상호작용을 했다. 이 같은 상호작용이 오랜 시간을 두고 반복되면서 어떤 표정이나 동작, 또는 소리는 무엇을 나타내는 상징으로 변화했고, 이 상징을 통해서 서로의 생각을 주고받으면서 의미를 공유했다. 그리고 이 의미공유를 가능토록 한 상징이 일정한 유형으로 체계화되면서 상징언어가 나타났다.

따라서 '생각하는 갈대'라는 말도 인간이 사실 상징언어를 사용할 수 있었기 때문에 가능한 표현이다. 사실 상징언어 없이는 인간은 제대로 사유할 수 없다. 이 말은 역으로 상징언어의 발전이 사유의 발전을 촉진하고, 또 사유의 발전이 상징언어의 발전을 촉진한다는 의미이다. 그 후 상징언어는 더욱 복잡 다양하게 변화해서 우리들의 사상이나 감정을 세세히 표현할 수 있게 되었으며, 또한 이 같은 상징언어의 발전은 우리들의 사상이나 감정을 또다시 발전시켰다.

그런데 사유는 발전할수록 추상화된다. 추상적 사유가 가능하기 위해서는 추상적 개념이 형성되어야 한다. 이 경우 처음에는 하나의 사물에 대한 명칭과 같은 것이지만, 그 고유명사로부터 보통명사로 발전할 때 사람은 자연스럽게 보편적 추상 개념으로 사물을 생각하게 된다. 정의, 평화, 자유 등의 추상 개념은 불의, 전쟁, 억압 등의 추상 개념 없이는 생각할 수 없지만 이 모든 추상적 개념은 말이 없었다면 아예 생각조차 할 수 없었을 것이다. 즉 추상적 영역에서까지 명료화가 가능해진다. 이렇게 함으로써 인간의 두뇌는 본격적으로 발달할 수 있었다.

그런데 의사소통에서 명료화가 진행될수록 의사소통의 감각적 요소는 사라진다. 이것은 문자의 사용과 밀접한 관련이 있는데 문자가 주요 의사소통 수단이 되면서 의사소통은 감성보다는 이성으로 편향되게 발전되었다. 이 때문에 청각은 감성, 시각은 이성이라는 등식이 무너지고 말았다.

물론 문자가 발명되고 일반화되던 초기에도 감성적 의사소통의 형태가 주류의 의사소통 형태였지만 문자의 본격적인 사용이 이루어지면서 의사소통은 이성적으로 기울게 되었다.

그런데 완성된 표음문자로 알파벳을 쓰는 서구인의 경우에 이런 경향이 더욱 두드러지게 나타난다. 이들이 반응 없이 행위하고, 관여 없이 행동하는 것에 익숙한 것도 이 때문이다. 그 결과 서구인은 오랫동안 상상적, 정서적, 감각적 생활과의 분리를 불가피하게 경험했는데 서양에 인쇄술이 소개되면서 이런 경향은 더욱 심화되었다. 서양에서도 필경사가 글을 옮겨 적어야 했던 중세에는 문자에도 다양한 인간적 체취가 배어 있었다. 그렇지만 인쇄술이 등장하면서 그나마 잔존하고 있었던 인간적 체취는 더 이상 찾아볼 수 없게 되었다.

사실 상형문자나 중국의 한자, 아라비아어, 중세의 필사본의 문자를 보면 그 자체로도 대단히 아름답고, 신비로운 고유의 주술성을 갖고 있다. 이것은 장식미와는 또 다른 것이다. 화선지에 내공을 담아 쓴 서예작품이나 중세의 필사본경을 보면 문자가 단순히 정보를 전달하는 '그릇'이 아니라 그 자체가 감성적, 심미적 에너지를 담고 있음을 느끼게 된다. 문자의 이런 속성은 인쇄술의 눈부신 발전으로 눈 녹듯이 사라졌다. 따라서 종이 보급 이후 인류 역사는 문자의 역사가 아니라 타이포그라피(활자의 모양이나 크기, 활자들 사이의 균형과 배열을 다루는 기술)와 인쇄·출판의 역사라고 말할 수 있다. 문자의 미적 요소가 기계적으로 대량 복제되는 것으로 대체되었기 때문이다.

흔히 생각하듯이 알파벳은 형식상 어떤 의미와도 관계가 없는 것 같지만 그것은 아무런 의미 없이 정착된 것은 결코 아니다. 프랑스의 문호 빅토르 위고는 모든 글자는 기호로 시작하고 모든 기호는 이미지로 시작한다고 보고, 알파벳에서도 그 이미지의 흔적들을 찾아내고자 했다. 예컨대 A는 두 친구가 만나서 반갑게 악수하는 모습이고, D는 등이며 D가 겹친 B는 곱사등이고, M은 산이고, O는 태양이며, U는 항아리, V는 꽃병, X는 칼싸움, Z는 번개이자 신을 의미한다는 식이다. 이렇게 무의미해 보이는 알파벳에도 인간과 삶, 사회, 가치, 운명과 같은 이미지들이 들어 있다. 다만 알파벳이 속이 비면서 떠돌게 된 것은 오로지 모든 것을 표준화시킨 인쇄술 발명 때문이다.

기호학자 에코(U. Echo)가 중세 수도원의 원장과 필경사가 벌이는 활극 『장미의 이름』에서 최후로 남긴 메시지는 “태초에 장미의 이름은 없고, 장미가 있었으나 이제는 장미의 이름만 있고 장미가 없다”인데 이는 표음문자라도 나름대로의 의미를 지녔던 알파벳이 그 의미를 상실한 운명을 빗대어 말한 것이 아닐까?

4. 문자적 의사소통의 영향

인류는 문자를 만들면서 의사소통에서 마치 양자역학적인 도약을 했다. 과거 의사소통에서 음성언어에 의존했던 상황과는 그 양과 질에서 큰 변화를 가져다주었기 때문이다. 물론 의사소통 발달사 측면에서 볼 때 문자 시대는 구어 시대와 이미지를 중심으로 한 단순기호 시대를 계승했다고 말할 수 있다. 그렇지만 문자는 정보의 저장과 전달이라는 측면에서 말과 이미지와는 근본적으로 다른 혁명적 매체에 해당한다.

그림의 경우 단순한 표현은 물론이고, 관념이나 사상까지 표현할 수 있지만 그렇다고 해서 문자의 그것과 비교할 수 없다. 왜냐하면 문자는 의도가 있는 이야기를 전달하지만 그림은 현상에 대한 단순 진술에 불과하기 때문이다. 따라서 문자의 출현은 교육과 직결된다. 이는 곧 학교를 만들고, 지식인을 배출하며, 교육과정을 지배하고 있는 권력의 권위를 신장시켰음을 의미한다. 이 때문에 문자는 민족적 갈등의 원천으로 작용했는데 글자를 갖지 못한 민족은 글자를 갖고 있는 민족의 문화적 역량에 의해 지배당하고, 또 어떤 경우에는 영원히 그 자취를 감추기도 했다. 그리고 종속 당하지 않더라도 글자를 갖지 못한 민족은 높은 문화적 성취를 이루어낼 수 없다. 이런 의미에서 글자는 미개로부터 문명으로의 지렛대로 작용한 셈이다.

어쨌든 문자가 등장하기 전의 음성언어 시대에서 귀는 의사소통의 지배 감각이었다. 이 때문에 사람들은 부족의 세계, 곧 열정과 신비와 공동참여라는 이른바 청각적 공간에서 살았다. 이들에게 기본적인 의사소통 매체는 언술(speech)이었고, 언술과 귀의 연합이 부족사회로 하여금 구어문화를 이룩할 수 있도록 만들었다. 그리고 구어문화에는 말을 못 하는 사람이 없기 때문에 부족은 모두 비슷한 지식을 향유하는 인간들로 구성되었다. 따라서 구어문화에서는 개인주의나 전문화라는 것이 거의 존재하지 않았다. 이처럼 언술에만 의존하던 구어문화 시대에는 청각이 지배적 감각이었지만 여전히 감각들간에 균형은 이루어졌다.

그런데 문자가 생겨나면서 귀는 의사소통의 지배적 역할을 눈에게 내주고, 감각의 축은 비교적 중립적이고 객관적인 눈의 세계로 옮아갔다. 이는 문자독해 능력이 인간에게 귀 대신에 눈을 뜨게 만들었기 때문이다. 즉 문자가 읽고 쓰는 능력을 요구하는 매체이기에 오관 중에서 눈을 가장 중요한 위치에 올려놓았다. 따라서 시각과 청각의 분리가 자연스럽게 이루어지고, 나아가 청각보다는 시각이 중심적 의사소통 수단으로 등장하면서 의사소통에서 감각의 균형이 깨졌다.

더욱이 문자는 진실의 보장이란 측면에서 의사소통에 대해 더욱 견고한 토대를 마련해주었다. 즉 '흐린 연필이 확실한 기억보다 더 정확하다'는 면에서 문자는 과거를 현재화하고 현재를 미래화할 수 있다. 사람들은 눈에 보이는 것에는 종종 속지만 언어로 듣거나 문자로 확인할 수 있는 것은 보장받을 수 있기 때문이다. 이처럼 문자란 눈의 연장으로 인류가 최초로 의도를 갖고 구성한 이야기를 시간과 공간을 초월해서 저장하고 전달할 수 있는 수단이다. 따라서 문자란 종이 위에 잉크로 남기는 '냉동과정(freezing process)'에 비유하는데 이는 진실과 거짓이 요지부동한 것으로 함께 내포될 수 있음을 의미한다.

인류가 문자를 사용하면서부터 살아가는 모습도 많이 변했다. 즉 더는 얼굴과 얼굴을 직접 마주하는 사람들끼리만 살 수 없도록 만들었는데 이는 마주보고 현존하는 사람들 사이의 상호행동이라는 공간적 제한을 넘어서는 것을 의미한다. 따라서 인간은 자신의 지식이나 정보를 현장에 부재 하는 사람들을 위해서도 남길 수 있게 되었다. 사실 시간적으로나 공간적으로 멀리 떨어져 있는 사람에게도 의사를 전달할 필요를 느끼게 만들고, 이런 필요가 말을 기록으로 남기는 것, 즉 문자를 창조하도록 만들었다. 그렇지만 시각적 인식을 중요시하는 매체인 문자는 인간을 소리, 신체적 접촉, 즉각적 반응 등으로부터 멀어지게 만듦으로써 내성적이고, 이성적이며, 개인적인 인간을 만들어냈다. 이는 문자가 사회적 의사소통 수단으로 등장했지만 동시에 인간으로 하여금 고독하게 혼자 있도록 만들었다는 것을 의미한다.

게다가 문자로 씌어진 글은 글줄을 따라 내용을 이해하기 때문에 음성언어의 문화 공간에서 이루어지는 동시적(synchronic)이고, 통시적인(diachronic) 사유보다는 순차적(sequential)이고, 선형적(linear) 사고를 요구한다. 그 결과 사람들은 논리적 사고를 선호하며, 분류와 범주화에 익숙하게 되었다. 이에 따라 지식도 보편적이기보다는 국지화와 전문화의 길로 나아나고, 사회의 기능도 분업화로 치달았다. 따라서 사회계층이 생겨나고, 국가주의가 생겨났는데 이는 어쩌면 당연한 귀결일지 모른다. 이처럼 문자의 등장은 구어중심의 부족사회가 국가로 발전하는 결정적 계기를 만들었다.

이를 두고 맥루한은 "무의미한 추상체인 문자의 발명과 함께 시각은 다른 감각들로부터 분리되었고, 이는 시각적 공간이 형성되기 시작했음을 의미한다"고 지적했다. 이 때 '시각적 공간(visual space)'은 '음향적 공간(acoustic space)'과 대비되는 개념이다. 음향적 공간에서의 인식 패턴은 '경계의 소멸', '총체적 즉각성' 등에 기초한다. 반면 문자와 함께 등장한 선형적 공간에서는 '분절성', '질서' 등과 같은 개념에 의존한다. 따라서 선형적인 심리구조와 가치체계는 자연발생적이라기보다는 문자를 사용하여 읽고 쓰는 과정에서 생겨난 지각 관습의 산물이다. 즉 '시각적 공간은 획일적이고, 연속적이며, 분절된 문자의 부산물'에 지나지 않는다. 따라서 우리가 특정 시대에 갖는 공간적 감각은 자연적인 것이 아니라 특정 매체의 등장으로 인한 기술적인 결과물이다.

문자란 아무런 의미가 없는 글자들을 역시 아무런 의미가 없는 소리들에 결합시킨 조합에 불과하다. 즉 문자는 소리와 시각의 분리를 가져온 하나의 상징일 뿐이다. 이 때문에 구어적 부족문화의 다양성과 복합성은 문자라는 단순한 시각적 형태로서 전환되었는데 이런 전환이 문자 시대의 사람들을 다른 사람들과 대화하기보다는 글을 읽는 데 익숙하게 만들었고, 결국 이것이 부족사회가 와해하는 탈부족화 현상으로까지 이어졌다. 결국 사람들은 서로 떨어져 나가면서 소외되었고, 그리고 정서적이고 감각적인 생활은 점차 사라졌다. 또 글을 읽으면서 지식이 증가하고, 이와 비례해서 이성도 자라났으며, 그 결과 문명이 뿌리를 내렸다.

그런데 문자의 출현은 의사소통을 '불확실성(uncertainty)'에서 '확실성(certainty)'으로 이끄는 데 기여했다. 우리가 의사소통을 할 때 손짓과 몸짓보다는 음성언어를 통해서, 그리고 음성언어보다는 문자를 통해서 할 때 의미가 상대방에게 좀더 확실히 전달될 수 있다. 마찬가지로 상대방도 자신의 의사를 발전된 매체를 통해서 할 때 확실히 전달할 수 있다. 따라서 의사소통 발신자의 메시지가 수용자에게 정확하게 전달되었다. 반면 수용자가 이를 재구성할 수 있는 가능성은 없어진 것이다. 한마디로 말하면 '상상'의 의사소통 영역에서 '명료'의 의사소통 영역으로 발전되어왔다.

이런 의사소통의 전개는 '엔트로피'와 '리던던시'의 관계로 파악할 수 있다. 즉 손짓과 몸짓 같은 신체언어 단계에서는 인간은 엔트로피 지향의 의사소통을 했다. 즉 불확실한 표현이지만 의사소통 상대방에게는 수많은 해석의 가능성을 열어주는 의사소통을 했던 것이다. 이 때문에 의사소통 발신자는 이해하지 못하는 상대방을 위해 가끔씩 같은 제스처를 되풀이하는 수고도 해야 했지만 그보다 상대방에게 제스처의 더욱 풍부한 해석의 가능성을 남겨두었다. 그렇지만 문자의 발명을 통해 의사소통은 좀더 명료한 방향으로 나아갔다. 문자란 손짓, 몸짓, 얼굴 표정과 달리 의사소통 과정에서 다소 복잡한 부호화와 해독화의 과정을 수반하지만 상대방이 그 의미를 달리 해석할 수 있는 여지는 상대적으로 적어진다. 이는 엔트로피가 줄어들고, 리던던시가 높아지는 의사소통이 이루어지기 때문이다.

왜 이 같은 현상이 벌어졌을까? 그것은 문자는 약속된 기호라는 점에서 비롯된다. 즉 자신의 메시지를 기호를 통해 부호화하려면 약속된 형식을 따라야 한다. 문법과 단어 정의가 대표적인 약속된 형식이다. 그리고 그 약속된 형식을 따르려면 우리의 두뇌에서 이루어지는 부호화와 해독화의 과정을 반드시 거쳐야 한다. 이제부터 의사소통 과정은 오관이라는 감각기관뿐 아니라 두뇌의 중요성을 강조할 수밖에 없다. 왜냐하면 정확한 부호화와 해독화를 이루기 위해서는 두뇌의 사용을 점차 늘려야 하기 때문이다. 그 결과 인간의 두뇌는 자연적으로 발전하게 되고, 이것이 인간으로 하여금 동물과의 차별화를 이루게 한 것이다.

더욱이 문자의 등장 이후 의사소통이 선형화하는 과정에서 인간은 두뇌의 사용을 더욱 촉진할 수밖에 없다. 왜냐하면 선형적 메시지는 인과관계로 구성되기 때문이다. 즉 현재의 문장을 이해하려면 반드시 앞의 문장을 이해해야 하기 때문이다. 이것은 소설이나 텔레비전 드라마를 중간에서부터 읽거나 보면 좀처럼 이해되지 않는 것과 마찬가지의 이치이다. 따라서 인과관계 논리로 구성된 선형적 메시지의 해독화와 부호화를 위해서는 컴퓨터의 중앙집적회로(CPU)가 기능하는 것처럼 자신의 두뇌를 더욱 부지런히 굴려야 한다.

5. 구텐베르크 은하계로의 진입

구텐베르크가 인쇄술을 발명하면서부터 모든 것이 갑자기 변화되었다. 구어문화는 급속히 몰락하고, 문자문화가 폭발적으로 연장·팽창되었다. 문자 시대의 시각 지배적인 의사소통이 그야말로 시각 일변도의 의사소통으로 치닫게 되었다. 이에 따라 의사소통에서 감각상의 엄청난 불균형이 이루어짐으로써 의사소통은 왜곡의 길로 들어섰다. 물론 이것의 대가는 만만치 않다. 의사소통을 좀더 정확하고 확실하게 이끌어 불확실성을 철저히 배제하고 나섰다는 대가이다. 그것은 분명 이성 작용으로 말미암은 것이다. 따라서 신비와 열정의 청각 시대는 막을 내리고, 그 대신 모든 것을 눈으로 확인해야 하는 과학적 사고가 그 자리를 채웠다. 이 때문에 인쇄술의 사회적 영향력은 부족적 세계에 떨어진 수소폭탄이나 다름없는 큰 충격과 같았다고까지 말하고 있다.

사실 구어문화시대의 인간은 의사소통에서 오관을 골고루 균형 있게 사용하는 '온전한 전인(the whole man)'인 데 반해 인쇄문화 시대 인간은 시각으로 편향된 조각난 인간이다. 이 조각난 인간은 회화적 시각공간에서조차 선형적, 순차적, 일률적 단위들로 재해석되고, 재배열된 이성의 지시에 따라 산다. 이런 삶의 방식은 매사를 정확히 측정해야 한다는 열정으로 가득 찬 문예부흥 시대의 사람들을 사로잡았다. 이 때문에 데카르트와 뉴턴과 같은 인과관계에 입각한 세상의 이해, 원근법에 따른 그림의 구성, 이야기체적 연대기로 구성된 문학의 글쓰기, 그리고 사고에서는 '내관(內觀, introjection)'이라는 심리적 양태들이 나타났다. 이런 분석적 태도는 두뇌와 심장을, 권력과 도덕을, 예술과 과학을, 시와 음악을, 사고와 행동을 분열시키는 결과를 빚었다.

이처럼 인쇄술은 인간으로 하여금 심리적 파편화를 일으켰다. 그렇지만 동시에 사회적 구심점을 만든 것도 사실이다. 인쇄술의 도입은 그 비용을 충당하기 위해 많이 팔려야 했고, 그 결과 언어를 표준화시키게 되었다. 문예부흥기에 대량으로 생산된 책들과 인쇄물들이 퍼져감에 따라 인쇄기는 지방어들을 통합시켜 하나의 국어, 즉 모국어로 승격시킴으로써 결국 민족주의(nationalism)를 탄생시켰다. 즉 모국어는 사람들을 획일적으로 결속시키는 역할을 했으며, 모국어를 중심으로 동질화되면서 민족주의가 싹텄다.

또 언어가 표준화되면서 읽기가 쉬워졌다. 따라서 청각적인 의미의 실마리를 찾기 위해 그것을 소리내어 읽어야 할 필요가 없어졌다. 즉 듣기의 역할이 없어진 셈이다. 읽기가 묵독을 의미하게 되면서 보는 것과 듣는 것은 완전히 분리되었다. 이는 문자 고유의 '마술성'을 제거하는 일이다. 즉 지식의 통로에서 말하기와 듣기가 배제되고 보기만이 침묵 속에 남게 되었다. 침묵 속에 홀로 마주하는 인쇄된 책에서 접하는 세계는 이전의 화술(oral eloquence)에 관련된 감각과 그 음악적이고 모사적 차원이 배제된 추상적이고 논리적인 산문이 지배적인 세계가 되었다. 옹(W. Ong)에 의하면 이것이 새로운 종류의 내적 발화(inner speech)와 새로운 고립(solitude)의 수단을 가져왔다. 이것의 심리학적 짝은 초기 근대성의 개인주의이다(McLuhan, 1962: 158).

또 책을 읽는다는 것은 인간으로 하여금 시점에 대한 강조와 혼자 읽기라는 상황을 만들어냄으로써 인간은 책을 통해서 처음으로 혼자서 읽고 생각하게 되었으며, 그 결과가 개인주의로 이어졌다. 개인주의란 개인적 창의력과 자기표현이라는 이데올로기를 갖기 때문에 정치적으로는 각자의 관점을 만들었다. 또 인쇄술은 분석적, 순차적, 단계적 공정을 통해 무한정의 반복으로서 이루어지는데 이는 결국 기계화의 원리로서 온갖 기계화의 청사진 역할을 했다. 이것이 경제적으로는 조립라인과 산업사회의 탄생을 가능케 했다. 따라서 맥루한이 꺼리는 자본주의, 세속주의, 산업주의, 민족주의, 전문화 및 사회주의는 모두 '구텐베르크 은하계'의 소산이다(M. McLuhan, 1962: 218).

게다가 서적의 보급으로 지식의 독점이 붕괴됐고, 정보공유의 범위가 확장되었는데 이는 곧 문화 빅뱅으로 연결되었다. 프랑스의 주지주의 시인 발레리(P. Valery)는 서구문화의 특성은 유클리드 기하학에 있는데 이 유클리드 기하학은 구텐베르크의 금속활자 발명으로 대량으로 인쇄되어 새로운 풍조를 만들어냄으로써 과학혁명, 산업혁명을 거쳐 오늘날 정보통신혁명에 이르는 거름이 되었다고 주장했다. 이를 근거로 서구 문명은 합리적 기술사회를 건설하는 데는 성공했지만 자연의 약탈과 파괴, 언어에 의한 실체의 대치, 인간 소외라는 역설적 결과를 낳았다. 그 결과 부족공동체의 해체가 가속화되었다. 국가와 같은 거대 조직이 형성되는 것도 이와 무관하지 않다. 그리고 문자의 등장은 구어중심의 부족사회가 국가로 발전하는 중요한 계기를 만들었다. 사실 문자 시대에 문자 해독자는 주술적 권위를 갖는 신의 사자로 인정되어 권력을 독점할 수 있었지만 인쇄술의 보급으로 이것이 불가능하게 되었다. 이 때문에 역사학자 부르크하르트는 "모든 혁명이 지상(地上)에서 먼저 일어났다"고 갈파하기도 했다.

그러나 인쇄술 발전에 따른 더 근본적 변화는 언어와 언어행위, 발신자와 수신자의 일체성을 붕괴시켜 궁극적으로 중력이 작용하는 물리적 세계와 무중력 상태의 상징세계의 분리를 가속화했다는 점이다. 이는 의사소통의 세계와 정보교환의 세계가 분리됐다는 것을 의미한다. 그리고 텔레비전, 컴퓨터와 같은 전자·디지털 매체의 발전은 물리적 세계와 상징 세계의 분리를 완성하고 있다. 이처럼 의사소통에서도 감성적 소통의 미학보다는 이성적 효율성과 분리된 주체 간의 메시지 교환이라는 기능적 측면만이 중요시됨으로써 매체 기술을 급속하게 발전시키는 결과를 빚었다.

이처럼 구텐베르크의 인쇄술은 그것이 긍정적이든 부정적이든 간에 인류에게 미친 영향은 적지 않다. 그렇지만 이런 영향력은 모두 '대량적' 의사소통을 하는 대가로 얻어진 것이다. 인쇄술이 발명되기 이전에는 '대량적' 의사소통이란 개념은 인류에게 존재하지 않았다. 면대면(face-to-face) 의사소통만이 존재했다. 따라서 구텐베르크 인쇄술은 그것이 인간 의식에 미친 영향이 무엇이든 간에 의사소통을 공간적으로 크게 확대하고 또 엄격한 선형성, 언어의 표준화, 관점, 지식의 확장, 발신자와 수신자의 분리 등을 통해 의사소통의 확실성으로 이끌었다.

참고문헌

김 균. 1997, 「마셜 맥루한의 커뮤니케이션 사상」, ≪현대사상≫ 봄호, 민음사.
김정탁. 1998, 『미디어와 인간』, 커뮤니케이션북스.

Burke, J. 1985, *The Day the Universe Changed*, London: Little, Brown and Company.

Marshark, A. 1996, *Human Nature*, 채백 편역, 1978, 『세계 언론사』, 민음사.

McLuhan, M. 1962, *The Getenberg Galaxy: The Making of Typographic Man*, Toronto: University of Toronto Press.

Rapoport, A. 1973, "Man, The Symbol User," Lee Thayer(ed.) in *Communication: Ethical and Moral Issues*, New York: Gordon & Breach, 정근원 역, 1994, 『인간의 행동과 커뮤니케이션』, 민문사.

제4장 구텐베르크 은하계를 넘어서

1. 맥루한의 은하계

인간은 자신의 의사소통을 위해 동물과 다른 어떤 특별한 행동을 보여왔다. 그 특별한 행동이란 조물주가 인간에게 베푼 감각기관만으로 의사소통을 한 것이 아니라 감각기관의 연장에 해당하는 매체를 만들어내고 이것으로써 의사소통을 해왔다는 사실이다. 이렇게 함으로써 인간은 자신에게 내재해 있던 동물성으로부터 벗어날 수 있었다. 그리고 인간에 의해 사용되어지거나 만들어진 매체도 수 없이 많았을 뿐 아니라 이런 새로운 매체가 만들어질 때마다 인류사의 중요한 이정표가 형성되었기에 매체 발전의 역사가 곧 인류발전의 역사라고 해도 과언이 아니다.

먼저 말을 만듦으로써 인간은 언어에 입각한 의사소통을 하기 시작했다. 이는 인류가 처음으로 사회공동체를 일으키도록 하는 데 결정적인 역할을 했다. 그렇지만 인간은 언어에 입각한 의사소통에 만족하지 않고, 문자라는 새로운 매체를 만듦으로써 문자에 입각한 의사소통 단계로 옮아갔다. 문자는 자료에서부터 정보를, 정보에서부터 지식을, 지식에서부터 지혜를 얻어내는 이성적 추상화를 가능케함으로써 자료-정보-지식-지혜의 서열체제를 성립시켰다. 이런 지식의 서열체제가 확립됨에 따라 인간은 우주와 인류의 기원에서 비롯된 문화를 여러 모양으로 기술할 수 있었다.

또 문자에 입각한 의사소통은 전통을 일으키고, 전승시키는 언어체제이기에 점증적으로 총 집결되는 지식체계의 정상에서 인간 이성을 빛나게 만들었다. 그것은 좀더 높은 지혜를 찾아가는 길이기도 했는데 이것이 인간에게 제2의 바벨탑이었는지도 모른다. 그리고 구텐베르크 인쇄술은 인간을 그 바벨탑의 정상에 우뚝 서도록 만들었다. 그런데 제2의 새로운 바벨탑은 전혀 예기치 못한 동기에 의해서, 어쩌면 매우 우스꽝스러운 동기에 의해 서서히 붕괴되고 있다.

이것은 오늘날 전자방식에 입각한 의사소통의 등장으로 말미암은 것인데 전자방식에 입각한 의사소통은 지식 위에 정보의 우위를 허용하는 새로운 논리를 지니고 있다. 기술(technology)을 영문자로서 분리하면 그것은 '기공학적 논리(techno-logic)'라는 사실을 의미한다. 그런데 전자기술의 기공학적 논리는 지식의 축적을 훼방하며, 오직 정보의 급속한 팽창만을 일삼는다. 이런 기공학적 논리를 잉태한 기술은 '발전'이란 이름하에 온 사회를 정보의 홍수 속으로 빠뜨리고 있다. 그러면서 전자기술은 우리를 전혀 다른 세상으로 인도하고 있는데 그것은 원시인이 행했던 의사소통 세계로의 복귀인 것이다.

맥루한은 매체 발전이 인간에게 어떤 의미를 지니는지에 대해 본격적으로 논의했던 첫번째 인물에 해당한다. 이 때문에 현대매체학에서 볼 때 그는 매체학의 창시자라고 말할 수 있다. 그런데 안타까운 사실은 그의 이런 업적을 이을 만한 후학들이 오늘날의 매체학에 해당하는 신문방송학 전공자들에게서 나타나지 않고 있다는 점이다. 그는 매체가 인간과 사회, 그리고 문화와 맺고 있는 관계에 대해 설명했는데 그는 이것을 자신의 독특한 매체론으로 포장했다. 맥루한의 매체론은 기술에 따른 인간감각의 변화라는 측면과, 이로 인해 이루어지는 사회변화라는 두 측면이 매체론의 요체에 해당한다.

예를 들어 원시 시대 인간은 언어와 도구와 같은 매체를 발명하면서 지능이 낮았던 자신의 두뇌를 폭발적으로 발전시켰고, 그 결과 인간은 다른 포유류와 판이하게 다른 모습을 띠게 되었다. 이처럼 맥루한은 의사소통 매체의 수용이 인간에 미치는 영향에 대해 일찍이 간파했다. 그뿐 아니라 매체는 우리의 사고와 행동 유형, 그리고 세계를 인식하는 방법을 바꾸었다고 파악했다. 이것은 매체가 사람의 오감 사이의 균형을 변화시키고 어느 하나의 감각을 으뜸으로 만들면서 정보에 대한 사람의 감각과 사고와 행동을 바꿔놓은 결과이기도 하다. 인간은 오관을 동시에 사용하는 의사소통을 하지만 오관 중 하나가 확대되거나, 또는 손상을 입으면 감각기관 사이의 균형이 깨지면서 새로운 감각배분의 원칙이 발생한다. 시각장애자가 어느날 개안수술을 받아서 시각을 회복하는 경우 그가 세상을 인식하는 방법이 달라지는 것과 마찬가지인 것이다.

그런데 인간감각의 외부확장으로서 기능하는 매체는 인간의 감각비율간 균형을 깨뜨리는 경우가 많다. 인쇄기와 같은 대중매체는 의사소통을 시각 하나에 의존토록 함으로써 감각의 균형을 깨뜨렸다. 또 텔레비전은 시각이나 청각 하나에 의존하는 단일감각에 입각한 의사소통 방식에 종지부를 찍음으로써 세상에 대한 인간의 인식을 엄청나게 바꿔놓았다. 이처럼 새로운 매체가 등장할 때마다 인간에게 새로운 환경이 만들어지고, 이로 말미암아 공간관계도 새롭게 형성된다. 즉 새로운 매체가 새로운 감각간 균형을 낳고, 새로운 감각균형은 새로운 환경을 낳는다(M. McLuhan, 1962: 281-282).

사실 사람들은 오래 전부터 의사소통의 메시지에만 정신을 팔아왔는데 이 기간에 매체는 인간과 사회에 대해 엄청난 영향을 미쳐왔다. 즉 매체가 실어 나르는 메시지만 강조하고, 정작 매체에는 관심을 쏟지 않았기에 새로운 매체가 인류에게 영향을 미친다는 사실을 지각하지 못했을 뿐 아니라 새로운 매체가 일으키는 혁명적 변화에도 효과적으로 대처할 준비가 되어 있지 못했다. 그런데 메시지는 다양할 수 있지만 그것들은 인간관계에 틀을 만들어낼 수 없다. 오히려 메시지는 매체 자체의 본성을 이해하는 데 방해가 될 수 있다. 그럼에도 연구자들은 메시지 측면에만 관심을 쏟으면서 매체를 통해서 반영된 메시지에 사람들이 어떻게 반응하는지에 대해서는 별반 관심을 두지 않았다(E. McLuhan & F. Zingrone, 1995: 247).

오늘날 매체는 의미의 중립적 전달자이라기보다는 그 자체가 인간의 의식, 그리고 사고를 형성하는 중요한 의미생성 과정의 한 부분으로서 작용하고 있다. 따라서 인간이 의사소통을 위해 어떤 매체를 선택하느냐에 따라 그 의미가 얼마든지 달라질 수 있다. 예를 들어 같은 메시지라 할지라도 인쇄매체를 통해 전달될 때와 텔레비전을 통해 전달될 때 그 의미는 메시지 수용자에게 다르게 받아들여질 수 있다. 이는 매체가 인간 정신의 구체적 표현이며, 그 자체가 의미 분석의 핵심적인 텍스트가 되는 것을 의미하기 때문이다. 따라서 매체는 인간 기능의 확장이라도 매체 자체로서 기능하지 않고, 인간과 사회와의 관계에서 기능할 수밖에 없다. 매체가 자신의 언어와 문법을 지니고 있다는 맥루한의 주장은 매체가 의사소통 과정에서 단순한 중립자가 아니라는 사실을 암시해주는 대목이다.

맥루한의 이런 주장은 구텐베르크의 인쇄술 발명으로부터 가장 크게 영향을 받았다. 맥루한은 오늘날 인류에게 가장 큰 영향력을 행사한 발명품으로 구텐베르크의 인쇄술을 들었다. 이는 구텐베르크의 인쇄술이 의사소통 방식에서 변화는 물론이고, 인간의 행동, 의식, 사상 등 인간의 모든 정신적 영역에까지 큰 영향력을 발휘했기 때문이다. 맥루한은 인쇄술의 이런 엄청난 영향력을 상징적으로 표현하기 위해 '구텐베르크 은하계(Gutenberg Galaxy)'라는 표현까지 썼다. 즉 인쇄술이 하나의 은하계를 이루었다는 말이다. 사실 근·현대라는 은하계는 구텐베르크의 인쇄술로부터 기인하는 바가 크다. 이런 구텐베르크 은하계에서 근대인간의 모습이 결정되었는데 그것은 인쇄술이 우리에게 가져다준 의사소통 양식의 변화에서 비롯된 것이다.

2. 매체는 메시지이다(the medium is the message)

맥루한의 사상은 한마디로 '매체는 메시지이다'는 표현으로 압축될 수 있다. 이 말은 그가 만든 말로 그의 사상을 가장 함축적으로 표현해주는 말이다. 사실 기술(technology)은 인간 기능의 확장으로 정의할 수 있다. 자동차는 다리 기능의 확장, 컴퓨터는 인간두뇌 기능의 확장, 의복은 피부의 확장이다. 그리고 매체 기술은 인간의 기능 중에서 감각기관의 확장이다. 신문은 시각의 확장, 라디오는 청각의 확장, 텔레비전은 시청각의 확장이다. 이처럼 기술은 인간 기능의 확장을 위해 발전했다. 따라서 인간 기능의 확장에 이바지하지 못하는 기술은 이미 기술로서 기능을 상실한 셈이다.

그런데 맥루한은 특정 기술의 메시지는 그것이 우리들의 일상생활에 도입되는 규모나 속도나 패턴의 변화라고 파악했다. 이는 기술이 인간행위의 규모와 형식에 꼴을 주고, 제어하기 때문이다. 이를 오늘날 방식으로 표현하면 모든 기술은 새로운 인간 환경을 점진적이지만 총체적으로 만들어낸다는 것이다. 즉 기술이 일으킨 개인적, 또는 사회적 결과들은 새로운 기술을 도입하는 새로운 규모에서 비롯된다.

예를 들어 어떤 매체나 기술이라도 그 메시지가 인간과 관계하면 그것에 의해 척도가 바뀌거나 진도가 달라지거나, 또 기준이 달라진다. 일반적으로 철도는 달리는 일, 수송하는 일, 또는 차륜 선도를 인간사회에 끌어들인 것쯤으로만 생각한다. 그렇지만 철도가 인간 사회에 들어오면 전혀 새로운 종류의 도시나 일과 레저를 낳고, 나아가 종래 인간의 기능을 촉진하고, 또 규모를 확대하기까지 한다. 이것은 철도가 통과하는 것이 열대지역이든 한냉지역이든 상관이 없으며, 또 철도라는 매체가 운반하는 것과 그 메시지가 무엇이든 간에 관계가 없다.

이처럼 기술 그 자체는 결코 인간관계에 틈을 만들어낼 수 없다. 이런 사실은 매체 기술에서도 그대로 적용된다. 매체 기술에서도 매체가 실어 나르는 메시지가 무엇이든 간에 그것은 전혀 중요치 않다. 좀더 본질적인 문제는 매체가 인간의 감각형태를 변화시키는 방식인 것이다. 예를 들어 신문은 그 지면이 모자이크적이고, 불연속적이므로 그것을 수용하는 독자도 기사의 메시지에 관계없이 모자이크적이고 불연속적 방식으로 그 메시지를 이해한다. 따라서 사고형식이나 태도도 독립적으로 변할 수밖에 없다. 여기서 매체가 갖는 특성은 그 메시지와 관계없이 독립적으로 작용한다는 '매체결정론(media determinism)'이 자연스럽게 등장한다(E. McLuhan & F. Zingrone, 1995: 239).

따라서 매체 기술의 영향력은 메시지에서 제시되는 의견이나 개념의 수준에서 생겨나는 것이 아니라 감각비율, 또는 지각유형을 꾸준히, 그리고 아무런 저항 없이 변화시키는 데서 비롯된다(M. McLuhan, 1964: 18). 이것이 맥루한의 매체 효과론의 공식인데 이는 『매체는 마사지이다』에서 다음과 같이 설명되고 있다.

> 모든 매체는 우리를 철저히 주무른다. …… 매체는 마사지와 같다. …… 모든 매체는 인간의 어떤 기능－심리적, 또는 육체적 기능－의 연장이다. …… 차의 바퀴는 발의 연장이며, 책은 눈의 연장이며, 의복은 피부의 연장이며, 전기는 중추신경의 연장인 셈이다. …… 그런데 매체는 우리들의 환경을 바꿈으로써 지각작용에서 독특한 비율을 만들어낸다. 어떤 감각기관의 연장인 매체는 우리가 사고하고, 행동하고, 지각하는 방식을 변화시킨다. 이런 비율이 변화되면 사람도 변화하기 마련이다(M. McLuhan, 1967: 26-41).

맥루한에 따르면 인간은 새로운 매체가 출현할 때마다 그 매체 기술을 새롭게 수용해왔다. 이 때문에 의사소통 매체는 재현 메시지를 전달할 뿐 아니라 개인적이든 집단적이든 간에 새로운 언설의 조립품을 만들어냈다. 이는 맥루한이 매체 기술을 하나의 언어로서 파악했다는 것을 의미한다. 즉 언어가 그것의 문법을 갖고서 인간의 지각작용에 간섭하듯이 매체 기술도 어떤 문법에 의해 매체 기술 사용자의 지각작용에 효과를 일으킨다는 것이다. 마치 문학에서 메시지보다는 메시지가 소통되는 방식을 강조하는 것처럼 형식(매체)과 메시지의 관계를 중요한 문제로 삼은 것이다.

예를 들어 원시 시대 인간은 언어라는 기능적 매체를 만듦으로써 낮았던 자신의 지능을 크게 발전시켰다. 그 결과 인간은 다른 포유류와 판이하게 다른 모습으로 거듭 태어날 수 있었다. 그뿐만이 아니라 매체는 인간의 사고와 행동 유형, 그리고 세계를 인식하는 방법까지도 바꾸었다. 이것은 매체가 사람의 오감 사이의 균형을 변화시키고 어느 하나의 감각을 으뜸으로 만들면서 정보에 대한 사람의 감각과 사고와 행동을 바꾼 결과이다. 즉 새로운 매체가 새로운 감각균형을 낳고 또 새로운 감각균형은 새로운 환경을 낳으며, 이로서 인간은 자신을 둘러싸고 있는 공간관계도 새롭게 인식했던 것이다.

사실 언어와 문자는 오늘날 전자매체와 마찬가지로 중요한 매체 기술에 해당한다. 이런 언어와 문자와 같은 매체 기술은 마치 하나의 상징과 같아 우리들의 옷과 같은 역할을 수행한다. 즉 체험이 언어라는 옷을 입으면서 사람들의 의식은 언어라는 옷으로 나타날 수밖에 없다. 따라서 체험이 어떤 상징을 입고서 사람들의 담론에 등장하는지에 따라 다른 사람들에 의해 이해되는 의미가 달라진다. 이는 의사소통 방식, 즉 의사소통의 매체 기술이 우리의 지각작용과 의미생산 작용에 심각하게 간섭한다는 것을 말해준다. 이 때문에 우리가 무엇을 이해하기 전에 매체 기술의 형식이 우리로 하여금 어떤 방식으로 이해할 것을 조작해낼 수도 있다.

이런 점에서 매체 기술은 우리의 지각에 직접 작용하는 일차적 언어이다. 그리고 우리의 지식이란 매체 기술이 일차적으로 조작한 것에 대한 이차적 경험에 지나지 않는다. 따라서 의사소통의 다른 형식들을 채용할 때마다 우리가 이해하는 세계상은 얼마든지 달라질 수 있다. 맥루한은 이런 식으로 매체 기술을 하나의 언어로 파악함으로써 '매체는 메시지이다'는 선언을 가능케 했다. 언어가 그것의 문법을 갖고서 인간의 지각작용에 간섭하듯이 매체 기술도 어떤 문법에 의해서 매체 기술 사용자의 지각작용에 영향력을 발휘한다고 파악했다.

그런데 '매체는 메시지이다'는 맥루한의 경구는 또 다른 의미를 지닌다. 그것은 매체를 어떤 의사소통의 메시지, 통로, 또는 용기로 보는 전통적 시각 이상의 것으로서 밖에서부터 매체를 바라보는 메타 시각(meta-perspective)이다. 메타 시각이란 매체 자체를 조감하며, 매체가 전달하는 메시지와는 별도로 매체 자체가 지닌 메시지를 파악하는 시각이다. 맥루한은 어떤 매체이건 그것의 메시지가 우리로 하여금 그 매체의 특성에 대해 눈이 멀도록 하는 것은 너무나 전형적인 현상이다. 따라서 맥루한은 의사소통에서 메시지를 나르는 매체 자체가 일으키는 또 다른 층의 메시지를 보았다. 언어에도 메타 언어가 있듯이 매체 자체에도 그 자체의 메시지가 있다는 것이다.

물론 맥루한은 매체와 메시지의 관계를 결코 이분법적으로 파악하지는 않았다. 맥루한은 매체와 메시지의 동일성, 즉 매체와 메시지는 분리될 수 없다고 가정했다. 그에 따르면 메시지이란 '도둑이 개의 마음을 혼란시키기 위해 던져주는 고깃덩어리'에 불과하다고 보았다. 매체는 근본적으로 인간의 연장이기 때문에 육신과 정신을 분리할 수 없듯이 매체와 메시지도 분리해서 생각할 수 없다고 파악했다. 그렇지만 맥루한에게 매체와 메시지의 불가분론은 메시지가 기본적으로 매체에 종속된다는 입장이다. 이 때문에 '매체는 메시지'이라는 경구마저 나오게 된 것이다.

맥루한의 이런 주장은 기의(signified)에 대한 기표(signifer)의 우위를 내세우는 기호학자들의 주장과 흡사하다. 기호학자 바르트에 따르면 이 시대를 기표만이 존재하는 시대로 보았다. 그만큼 기의보다는 기표가 활개친다는 말이다. 그런데 매체와 메시지의 관계도 기표와 기의의 관계와 흡사하다. 즉 매체가 메시지를 담는 그릇이라면 기표도 기의를 담는 그릇이다. 보드리야르도 매체가 매개하는 것은 메시지가 아니라 바로 매체가 구현하는 형식적 코드라고 지적한 바 있다.

이에 대해 커리(J. Carey)는 맥루한이 언어가 지각작용과 지각메시지를 결정한다는 '사피어 워프의 가설(Sapir-Whorf hypothesis)'을 좀더 창의적으로 모든 의사소통 형식에 적용하려 했다고 파악했다. 그뿐 아니라 매체가 자신의 언어와 문법을 갖고 있는 분석 대상이라는 맥루한의 인식은 매체 메시지의 영향력 및 효과를 중심으로 전개되어온 기존의 의사소통 연구에 새로운 '매체해석학'의 가능성을 여는 방법론적 혜안을 제공한다고 주장했다.

그러나 '매체는 메시지이다'는 문구는 맥루한이 자신은 설명하는 것이 아니라 탐구하는(I don't explain－I explore) 것이라고 한 자신을 옹호하는 말에서 알 수 있듯이 우리에게 한 가지만을 제시하지 않고 여러 해석의 가능성을 제시하고 있다. 이렇게 함으로써 대부분의 해석들이 주장하는 매체결정론적 의미만을 우리에게 단순히 제시하는 것은 아니다. 따라서 '매체는 메시지이다'라는 맥루한의 주장은 의사소통에서 메시지라는 측면에 관심을 두면서도, 사람들이 매체를 통해 전달된 메시지에 어떤 식으로 반응하는지를 연구한 일반적 연구자의 경향과 배치되는 매체결정론적 입장에 서 있다.

3. 의사소통 방식의 변화: 감각간 균형

구텐베르크 은하계의 의사소통 방식은 두 가지 특징이 있다. 하나는 의사소통의 감각기관 수와 관련된 것이고, 다른 하나는 인식방법과 관련된 것이다. 먼저 감각기관 수와 관련해서 우리들의 의사소통은 오관 중 둘 이상의 감각기관을 사용하는 복수감각 의사소통에서 하나만의 감각기관을 사용하는 단일감각 의사소통으로 변한다는 점을 들 수 있다. 또 인식방식과 관련해서는 모자이크적 인식방법에서 선형적 인식방법으로 바뀐다는 점을 들 수 있다.

맥루한은 우리들의 의사소통을 설명하는 데 있어서 감각간 균형에 대해 상당한 관심을 기울였다. 사실 매체이론가로서 맥루한 사상의 중심을 이루는 것도 인간의 감각체계에 관한 것이다. 맥루한에 따르면 인간이 갖고 있는 시각, 청각 그리고 후각과 같은 오감의 감각 전체가 상호의존 관계를 가짐으로써 하나의 체계를 구성하며, 나아가 각 감각들은 균형상태를 이루고 있다. 이 균형상태에서 시각은 청각이 지배적으로 상대적 균형을 이루고 있으며, 나머지 촉각, 후각, 미각이 보조적인 차원에서 균형을 이루는데 맥루한은 이를 가리켜 '감각배합의 비율(sense ratio)'이라고 불렀다.

따라서 맥루한에게 이상적 의사소통이란 인간의 모든 감각이 총동원되어서 대상을 종합적으로 감각하는 가운데 이루어지는 의사소통을 의미한다. 이 때문에 맥루한은 선사시대의 조상들을 가리켜 오감이 조화로운 균형을 이루었던 '고결한 원시인(noble primitives)'으로 표현했다. 고결한 원시인은 시각, 청각, 촉각, 후각, 미각을 통해서 세상을 똑같이 인식했다. 그러던 어느날 인간이 언어를 만듦으로써 의사소통은 청각중심으로 바뀌었고, 또 문자가 등장하면서 시각중심으로 바뀌었다. 또 인쇄술이 소개되면서 시각중심의 의사소통은 더욱 고착화되었다.

이처럼 인간에게 새로운 매체가 등장할 때마다 지배적 감각은 물론이고, 또 감각간의 균형마저 바뀌었다. 그리고 감각간의 균형이 바뀌면서 인간의 의식도 마찬가지로 바뀌었다. 따라서 맥루한에게 매체는 단순한 의사소통 도구가 아니라 우리들의 감각을 외부로 끌어낸 인간 능력의 확장이었다. 그에 따르면 말은 귀의 확장, 글은 눈의 확장, 책과 신문은 눈의 확장, 라디오는 귀의 확장, 텔레비전은 눈과 귀의 확장이었다. 물론 맥루한에서 매체의 개념은 이보다 훨씬 확장되었다. 자동차의 바퀴는 발의 확장이며, 의복은 피부의 확장이고, 전자회로는 중추신경 체계의 확장으로 보았다. 어쨌든 우리들의 의사소통에서 지배적인 매체가 무엇이든 간에 인간 감각의 확장으로 작용하는 매체는 우리의 사고와 행동유형 다시 말해 우리가 세계를 인식하는 방법을 변화시켰다.

따라서 저마다의 감각기관의 확장 내지 연장으로서 작용하는 매체는 사람들의 오감간 균형을 변화시키면서 어느 하나의 감각을 으뜸으로 만들었고, 정보에 대한 사람의 감각과 사고와 행동을 바꾸어놓았다. 그 결과 새로운 환경이 생겨나고 공간관계도 새롭게 인식되기에 이르렀다. 즉 새로운 매체는 새로운 감각균형을 낳고, 새로운 감각균형은 새로운 환경을 낳았다. 따라서 인간 감각의 확장인 매체는 우리의 사고와 행동유형, 즉 우리가 세계를 인식하는 방법을 변환시켰다. 이 같은 매체에 대한 이해를 바탕으로 맥루한은 "인쇄술적 인간의 형성"이라는 부제가 붙은 『구텐베르크 은하계』에서 바로 의사소통 매체의 변화에 따른 문화의 변천을 서술했다.

그에 따르면 인류 역사는 의사소통 관점에서 크게 세 시기로 구분된다. 첫번째 시대는 문자 이전의 시대 혹은 부족적인 시대이며, 두번째 시대는 구텐베르크 시대 혹은 개인주의의 시대이고, 세번째 시대는 현재의 전기·전자의 시대 또는 재부족화 시대이다. 맥루한은 각 시대는 그 때마다 입수되는 정보의 형태에 따라 형성된다고 말했는데 이를 다음과 같이 정리할 수 있다.

문자 이전 시대: 음성언어에만 의존하던 구두 의사소통 시대
문자사용 시대: 음소문자(알파벳)와 표음문자(한자)를 언어와 함께 사용하던 시대
활자 시대: 인쇄기 발명에 따라 개인주의가 발달한 선형적 문맥 시대
전자매체 시대: 전보로부터 시작된 전자매체가 주요 의사소통으로 등장한 신부족 시대

또 맥루한은 이러한 의사소통 수단의 발달이 인간의 감각비율을 변하게 함으로써 우리들의 의사소통 방식의 본질을 <표 3>과 같이 바꾸었다고 주장했다.

<표 3> 의사소통 방식의 변화

시대구분	의사소통의 문법	의사소통의 특성	감각비율	집단특성
문자 이전 시대	구어형식	복수감각형	균형적	부족화
문자사용 시대		시각단일형	다소 균형적	
활자 시대	인쇄형식	시각단일형	불균형적	탈부족화
전자매체 시대	전자형식	복수감각형	다소 균형적	재부족화

인간이 말에만 의존하던 구두 의사소통 시대에는 소리에 의한 청각을, 제스처에는 시각을 각각 활용함으로써 감각의 균형을 이루었다. 이처럼 구어문화 시대의 인간은 의사소통에서 오관을 골고루 균형 있게 사용하는 '온전한 전인(the whole man)'이었다. 이에 비해 인간이 알파벳이나 한

▲ 구텐베르크

자를 사용하던 수서(手書) 시대에서는 글자를 읽는 것에 의해 감각이 시각으로 단일화됨으로써 감각의 균형이 깨어지기 시작했다. 그렇지만 이 시기만 해도 구어적 전통이 강했기 때문에 인간이 의사소통을 하는데 감각의 균형을 어느 정도 유지할 수 있었다.

그러나 이처럼 구텐베르크가 인쇄술을 발명하자 구어문화는 급속히 몰락하고, 문자문화가 폭발적으로 연장·팽창되었다. 맥루한의 표현을 빌면 음성언어가 부족 위에 떨어진 재래식 폭탄이라면 인쇄술은 수소폭탄과 같다고 주장했다. 무엇보다 인쇄기 발명은 감각의 균형을 전면적으로 파괴시켰다. 따라서 인쇄문화 시대의 인간은 시각에만 편향된 조각난 인간이다. 이 조각난 인간은 회화적 시각 공간에서조차도 선형적, 순차적, 일률적 단위들로 재해석되고, 재배열된 이성의 지시에 따라서 살아야 한다. 즉 인쇄술 시대에서 인간은 메시지를 감각적으로보다는 논리적으로 받아들이는 경향이 강하게 되었는데 이는 인쇄물에 담긴 메시지가 모두 '선형적 인과관계(linear-sequential)'로 이루어졌기 때문이다.

그리고 인쇄 기술이 인간의 감각구조에 끼친 영향은 시각화된 인쇄물을 통해 얻을 수 있는 지식의 성격으로도 나타났다. 지식의 메시지가 문제가 아니라 어떤 사고과정을 정당한 것으로 여기고, 어떤 지식의 형태를 합당한 지식으로 받아들이느냐가 그 영향의 핵심인 것이다. 그것은 근대 과학의 지식이라고 우리가 받아들이고 있는 것으로서, 맥루한에 의하면 이는 합리적인 지식이 아니라 시각화된, 혹은 시각적인 지식이다. 각각의 특질을 지닌 사물들을 유한의 음소, 원소, 혹은 변인으로 환원시키고, 순차적이고 인과적인 형태로 조합시켜 선형적으로 제시하는 것이 근대적 지식의 성격이다.

또 근대적 지식은 구체적이고 정확한 것을 요구하는데 경험 가능한 것, 볼 수 있는 것, 즉 측정 가능한 것만을 지식의 대상으로 여긴다. 이에 반해 눈으로 볼 수 있도록 제시될 수 없는 것, 즉 특정한 변인으로 환원될 수 없는 것, 다시 말해 측정될 수 없지만 중요한 현실적 부분 혹은 관계들은 지식의 대상에서 제외되거나 환원될 수 있는 형태로서 왜곡된다.

게다가 사물이나 세계를 일관된 선형적인 방식으로 보기 위해서는 또한 일정한 시점을 유지해야 했다. 그런데 시점이란 인쇄술 이후 발전된 글쓰기 방식으로서 인쇄술 이전 시대, 즉 중세 시대까지는 한 작품에 일관된 시점이 있어야 한다는 생각이 없었다. 사물과 인간의 여러 측면과 국면들이 동시적으로 존재하며, 그 국면들이 자유롭게 옮겨 다니는 것이 이 시대 작품의 성격이었다. 서로 다른 성격들의 동시적인 공존, 하나의 균질적인 단위로 환원되지 않는 이질적인 것들의 배열이 인쇄술 이전의 삶과 지식의 형태였고, 이것이 맥루한이 추구했던 지식의 형태였다. 순차적인 절차에 따라 얻어지는 하나의 전망으로서의 지식이 아니라, 있는 그대로의 복잡한 전체를 모든 감각을 통한 하나의 이미지로 포착해내는 지식을 맥루한은 시각적이 아닌 합리적인 지식으로 보았고, 이것이 그가 은유(metaphor)와 수사(rhetoric), 전자매체의 동시성, 청각·촉각적 공간을 강조한 이유이기도 했다.

따라서 텔레비전의 등장은 맥루한에게 단비와 같은 역할을 했다. 그것은 텔레비전 등장이 시각단일형과 선

▲ 구텐베르크 인쇄기 복원도

형적 인과관계로서 왜곡된 의사소통을 복원시킬 것이라는 희망으로 파악했기 때문이다.[10] 사실 전자매체의 등장, 특히 텔레비전의 등장은 의사소통에서 파괴된 감각의 균형을 복원시키는 데 결정적인 역할을 했다. 무엇보다 인간이 텔레비전을 시청하기 위해서는 시각 및 청각을 함께 사용해야 하기 때문에 시각으로, 또는 청각으로 단일화되었던 이전의 인쇄매체와 라디오에 비교할 때 텔레비전의 등장은 우리들의 의사소통에서 '재부족화'를 가능케 했던 것이다.

맥루한에 따르면 텔레비전은 인간의 오관 중에서 대표적인 감각기관인 시각과 청각을 모두 사용한다는 점에서 시각 또는 청각 하나에만 의존하는 다른 매체에 비해서 훨씬 '쿨'하다고 보았다. 또 영화는 극장에 들어서면 관객이 선택의 여지가 없지만, 텔레비전은 채널을 돌려서 프로그램을 선택할 수 있기 때문에 부분적이지만 쌍방향 의사소통이 이루어진다는 점에서 영화에 비해 '쿨'하다고 보았다. 이것이 바로 맥루한의 유명한 '온(hot)·냉(cool)' 매체론이다. 말하자면 텔레비전은 맥루한이 주장하는 인간의 원초적 의사소통에 가장 가깝게 있는 매체이다. 따라서 복수감각에 의존하는 매체가 의사소통의 재부족화를 이루는 매체라고 말할 수 있다.

4. 의사소통 방식의 변화: 선형성과 모자이크성

구텐베르크의 인쇄술이 미친 영향은 시각단일형으로 의사소통을 제한시킨 것 말고도 또 있다. 그것은 사람들로 하여금 선형적이며 연속적이고 연관적인 방식으로 사물을 지각하도록 만든 것이다. 이렇게 함으로써 본격적인 '구텐베르크 은하계'라는 새로운 환경이 생겨났는데 구텐베르크 은하계에서 인간은 전혀 다른 형식의 의사소통으로 진입했다. 즉 구텐베

10) 맥루한은 텔레비전을 인류 '최고'의 발명품이라고 극찬한 반면 인쇄기는 인류 '최악'의 발명품으로 혹평했다.

르크 은하계는 선형적 의사소통으로 인간을 유도한 대가로 그동안 시각에 의해 익숙해 있었던 모자이크식 의사소통을 포기하도록 했다.

모자이크적 의사소통이란 감각기관으로 통해 들어온 실체의 부분들을 짜깁기함으로써 실체를 이해하는 의사소통 방법이다. 예를 들어 우리의 시각은 360° 모든 방향으로부터 정보를 습득하지 못하고, 기껏해야 120° 정도가 실체 확인을 위해 가능한 각도이다. 따라서 360° 모든 방향의 모습을 머릿속에 인지시키려면 120°씩 최소한 세 번 확장함으로써 가능하다. 즉 120° 범위에서 인지된 외부의 모습을 엮음으로써 전체의 상을 그리는데 이것이 모자이크적 의사소통 행위이다. 물론 모자이크적 의사소통은 방향성에만 국한된 것은 아니다. 같은 방향이라도 시각의 시선을 어디에 강조하느냐에 따라 모자이크적 의사소통의 형태는 얼마든지 달라질 수 있다.

이에 반해 청각을 통한 의사소통은 반 모자이크적이다. 우리가 청각을 통해 의사소통을 할 때 청각메시지는 누에고치 실처럼 선형적 형태로 구성된다. 즉 청각에 입각한 의사소통은 시각에 입각한 의사소통처럼 메시지가 한꺼번에 제시됨으로써 그 의미를 단번에 이해하는 것이 아니라 실타래의 실처럼 끊임없이 제공되는 메시지를 꾸준히 연결시킴으로써 그 의미를 서서히 이해할 수 있다. 따라서 선형적 메시지는 시간의 흐름과 함께 정보를 이해하게 되는 '순차적인(sequential)' 성격을 지닌다. 순차적인 메시지는 기본적으로 인과적으로 구성된다. 즉 현재의 메시지를 이해하려면 반드시 이전의 메시지를 이해해야만 가능하다.

그런데 모자이크적 의사소통과 선형적 의사소통 중에서 인간이 어떤 식의 의사소통을 강조하느냐에 따라 인간의 모습도 근본적으로 바뀔 수 있다. 모자이크적 의사소통은 그 메시지를 이해하는 데 있어서 두뇌활동을 크게 필요로 하지 않는 반면 선형적 의사소통은 그 반대이다. 예를 들어 선형적 메시지는 인과관계로 구성되어 있어서 메시지 기호를 이해하려면 부호화와 해독화라는 강력한 이성적 활동이 요구되는 반면 모자이크적 의사소통은 눈에 보이는 대로 메시지를 해석해도 좋기 때문에 부호화와 해독화라는 과정이 필요 없거나, 혹시 있더라도 두뇌 활동이 크게 요구되지 않는다. 따라서 모자이크적 의사소통은 감각적이기 때문에 이성적 활동보다는 감성적 접근이 요구된다. 즉 가슴으로 느껴야 한다고나 할까.

이처럼 시각과 청각이 고유하게 규정하는 의사소통 양태를 볼 때 인간에 대한 신의 세심한 배려에 고개가 절로 숙여질 수밖에 없다. 시각과 청각이 서로 같은 차원에서 의사소통을 행한다면 인간은 많은 불편을 느낄 것이다. 예를 들어 모자이크적으로 적합한 메시지를 청각에 호소하려면 인간은 기호 작성과 해독을 위해 엄청난 대가를 지불해야 할 것이다. 반대로 선형적으로 적합한 메시지를 시각에 호소하더라도 마찬가지의 비싼 대가를 지불해야 할 것이다. 따라서 시각장애자나 청각장애자의 불편함은 단순히 감각기관의 마비 때문만은 아니고, 모자이크적 의사소통이나, 또는 선형적 의사소통을 자유자재로 할 수 없다는 데서 비롯되는 것이다.

그런데 구텐베르크 인쇄기는 신이 내려준 시각과 청각의 오묘한 의사소통의 조화를 한꺼번에 뭉개버렸다. 즉 시각적 의사소통마저도 선형화함으로써 의사소통 전체를 선형화로 기울도록 만들었다. 예를 들어 책은 그 메시지가 선형적으로 구성되어서 사람들이 눈을 좌우로 움직이어야만 그 메시지를 이해할 수 있다. 게다가 책에 씌어진 문자의 선형성은 소리의 선형성보다 더욱 극단적이다. 책은 제한된 지면에 많은 메시지를 실어야 하기 때문이기도 하지만 책을 통한 의사소통은 소리를 통한 의사소통처럼 피드백이 존재하지 않기에 완전한 형태의 메시지를 한번에 제시해야 하기 때문이다. 이것이 책의 선형성을 더욱 엄격하게 만들게 한 요인에 해당한다.

이처럼 인쇄술은 시각마저도 선형성에 입각해 있도록 만듦으로써 선형성에 입각한 의사소통을 지배적인 의사소통 수단으로 바꾸어놓았다. 따라서 오늘날 의사소통 방식에서 모자이크적 성격이 크게 줄어들고, 선형적 성격만이 강조되고 있는 실정이다. 이는 감성적 의사소통보다는 이성적 의사소통이 활개를 치고, 인간의 모습에서도 감성적 모습보다는 이성적 모습이 강조되는 쪽으로 움직일 수밖에 없는 이유이기도 하다. "나는 생각한다. 고로 존재한다"는 데카르트의 선언이 근대 문명의 출발점으로 볼 수 있는데 이것은 근대 인간의 선형적 의사소통 방식이 '생각하는 인간'으로 거듭나도록 한 것에서부터 기원하고 있음을 유념해야 할 것이다.

그런데 오늘날 지배적 매체로 새롭게 자리잡고 있는 전자매체는 인쇄매체와 정반대로 작용하고 있다. 전자매체는 '수용적(inclusive)' 매체로서 이성적이고 조각난 사람들을 퇴행시키고, 단편적인 것을 한군데로 통합시킴으로써 인간을 재부족화시키는 '내파적' 또는 '내부 확산적(implosive)' 효과를 일으킨다. 특히 텔레비전으로 대표되는 전자매체는 오감을 사용하는 방법과 사건에 반응하는 전체 방법을 근본적으로 변화시켜 결과적으로 인간의 전체 삶, 그리고 전체 사회를 변화시킨다.

사실 전자매체 시대에서는 전기가 지니는 순간적인 속도로 인해 연속적, 또는 연쇄적으로 사물을 파악할 수 없다. 따라서 우리의 인식은 세분화되고 전문화된 부분에서 전 분야를 주목하게 된다. 또 전기가 지닌 속도감으로 인해서 중심에서 주변을 향한 완만한 확산이 아니라 순간적인 '내파(introjection)'가 이루어진다. 그 결과 중심·주변적 구조를 지닌 우리의 세분화되고 전문적인 문명의 부분들은 하나의 유기적인 전체로 순간 재편성된다.

따라서 출판문화 시대의 '선형적 명료성'은 과거 인쇄매체의 등장으로 소멸되었던 '총체적 즉각성(feeling of all-at-onceness)'으로 대체되고 있으며, 이 같은 대체는 이성적이기보다는 감성적이고, 시각적이기보다는 촉각적이고, 파편적이기보다는 통합적인 성격을 지닌 인쇄문화 이전의 인간형을 부활시키는 데 중요한 역할을 담당하고 있다. 즉 인쇄술-선형적 사고-이성문화의 고리가 전자매체에 의해 붕괴의 조짐을 맞이하고 있다.

그러나 이성문화의 붕괴는 매체 기술의 변화에서만 기인하는 것은 아니다. 이성문화 자체의 반발에서도 구텐베르크 시대가 소멸하고 있음이 예측되고 있다. 전 세계적으로 언어의 시대가 가고 있음이 하나의 예다. 또 오늘날 랩 음악문화가 유행하는 것도 비슷한 맥락에서 이해할 수 있다. 랩 음악은 언어가 머리로 들어가지 않은 채 입에서 중얼거림을 통해 이루어지는데 이것도 선형적 문맥을 통해서 이루어지는 사고과정을 생략하려는 시도로서 이해할 수 있다. 물론 언어란 인간의 문화자원 중에서 가장 고귀한 것이지만 그럼에도 의사소통에서 이처럼 반 언어적 행태가 유행하고 있다는 것은 선형적 의사소통에 대한 반발의 뿌리가 그만큼 깊다는 것을 의미한다고 말할 수 있다.

이처럼 오늘날 출판뿐 아니라 의사소통의 모든 분야에서 선형성에 대한 반발이 시작되었다. 즉 매체 기술의 비약적인 발전으로 말미암아 근대를 지배했던 이성주의가 서서히 무너지고 있는 것이다. 그리고 인쇄술이 이성주의를 형성하는 데 핵심적 역할을 수행했다면 신 매체 기술은 이성주의를 해체하는 데 앞장서고 있다. 그렇다면 지난 1천 년의 시대정신을 대변했던 구텐베르크 은하계는 이제 조용히 작별을 고해야 할 때가 오지 않았나.

구텐베르크 시대는 모든 면에서 밖으로의 폭발(explosion)이 이루어진 데 반해 전기·전자 시대는 안으로의 폭발(implosion)이 이루어지고 있다. 그것은 전기·전자 회로가 세계를 순식간에 연결하고 단편적인 것을 한군데로 통합시킬 수 있기 때문이다. 따라서 종전의 선형적이고, 시각적인 속결방식은 절단되고, 청각적이고 촉각적인 감각생활이 또다시 나타났다. 결국 통신위성을 비롯해서 고속의 각종 통신매체는 시각과 공간을 말살하고, 모든 것이 한꺼번에 생겨나는 환경을 만들고 있다. 이 때문에 세계는 '지구촌'으로 되어서 누구나 서로 관련을 맺는 상태에 놓이게 되었다.

5. 감성적 의사소통 방식의 회복

인쇄술이 등장한 이래 책과 신문이 보급되었고, 그 한참 후에는 라디오가 등장했다. 이들의 공통점은 정보를 대량으로 전달할 수 있는 '대중(mass)'매체라는 사실이지만 그보다 더 중요한 것은 단일 감각에 의존해서 정보를 전달한다는 점이다. 어쩌면 정보를 대량으로 전달하기 위해 단일

감각을 이용할 수밖에 없었다는 것이 좀더 정확한 표현일 것이다. 그 이후 매체 기술이 발달하면서 복수감각을 이용해서 정보를 대량으로 전달하는 매체가 속속 등장하고 있기 때문이다. 즉 과거의 매체 기술상 복수감각으로 정보를 대량으로 전달할 수 있는 방법은 없었던 것이다.

그런데 이런 기술상의 한계는 인간에게 적용될 때 이런 한계를 훨씬 뛰어 넘는 일이 되고 있다. 그것은 의사소통 방식에서 엄청난 파장을 일으켰기 때문이다. 즉 인간이 지금까지 해오던 의사소통 방식을 바꿀 뿐 아니라 우리들의 의식형성에도 엄청난 영향을 미쳤기 때문이다. 즉 인간이 복수감각 매체를 이용했을 때는 감성과 이성 간에 조화를 이루는 의사소통이 가능할 수 있었다면 단일감각 매체를 이용했을 때는 이성에 입각한 의사소통 방식으로 급속히 이동할 수밖에 없다.

이렇게 이성에 의존하는 의사소통 방식은 이제까지 인간이 일찍이 경험하지 못한 낯선 방향으로 몰고 갔으며, 결국 이것은 우리들의 사고방식에서 중요한 영향력을 행사했다. 물론 '문명(civilization)'이라는 측면에서 비약적인 발전을 이룩한 측면도 있지만 이런 문명사의 발전은 많은 문제점을 파생시킨 것도 사실이다. 즉 이성적 사고가 지니고 있는 여러 가지 문제점이 바로 이런 의사소통 방식에서부터 비롯되었다고 해도 과언이 아니다. 이성적 의사소통을 가능하게 했던 인쇄매체를 통해 형성된 역기능적 효과를 살펴보아도 이런 문제점들은 충분히 예견된다.

첫째, 인쇄매체는 인간을 탈개성화시켜서 규격화된 인간으로 개조시키는 데 중요한 일조를 담당했다. 이것은 오로지 차갑고, 비인간적이며, 오로지 사실에만 가치를 부여하는 의사소통 방식의 결과인 셈이다. 예를 들어 책이나 신문에서 행해지는 각 페이지마다의 띠 두르기는 정확하게 반복되는 시각적인 선에 해당한다. 한치의 오차도 허용하지 않을 뿐 아니라, 또 조금의 휘어짐도 허락하지 않는다. 심지어 인쇄는 특정한 단어가 전체의 글에서 어디에 들어가야 하는지를 결정하고, 또 모든 페이지에서 그 단어의 위치와 단어 상호간의 공간적 관계까지 통제할 수 있다. 이런 시각적 선그리기나 출판공간에서의 각종 통제는 우리들을 탈개성화시키면서 결국 규격화된 인간을 만들어냈다.

둘째, 인쇄매체는 이기주의 성향을 양산하는 데 결정적인 기여를 했다. 일반적으로 공동체에서는 구성원들이 상대방과의 의사소통을 통해서 사회를 인식하고, 사회발전을 도모하게 되는데 활자를 통해 만들어진 책을 통해 독서에만 매달리면서 인간은 개인적인 차원에서만 이루어지는 의사소통에 집착하게 되었다. 그 결과 이기주의적 관행을 양산시켰다. 사실 비판과 반비판이 이루어짐으로써 구성원들의 장단점이 계속적으로 극복되고, 주변이 존재함으로써 자신이 존재함을 인식할 수 있는데 개인적 의사소통 차원에서는 이런 기회들이 좀처럼 발견될 수 없다. 이는 활자를 통해 책을 만든 저자와 이를 읽는 독자가 시·공간적으로 상당히 떨어져 있기 때문인 탓도 있다.

셋째, 인쇄매체는 인간 스스로를 자본주의적 상품으로 전락시키는 데 기여했다. 활자는 인간 상호 간에 적극적 교환을 통해 실현되는 열린 소리의 공간으로부터 소리를 빼앗으면서 시각적 활자의 추적만을 가치 있는 의사소통 방식으로 인식토록 만들었다. 그 결과 인간은 이 활자추적의 결과물을 자신의 지식 쌓기와 기억을 통한 지식관리에 이용함으로써 자신의 내부에 있는 의식적이거나 무의식적인 자원을 사물화하기에 이르렀다. 그 결과 지식이 생산방식에, 또는 경영방식 등에 적용됨으로써 '지식은 힘이다'는 경구마저 만들어내기도 했다. 이는 의식적 자원마저 하나의 상품으로 전환시키면서 스스로가 상품이 될 수밖에 없는 비인격화 과정에 돌입했음을 의미한다.

넷째, 인쇄매체는 인간을 완벽주의에 빠지도록 하는 데 중요한 기여를 했다. 이는 활자와 개인이 만나는 지점에서부터 시작되는데 인간은 활자를 접하면서 다양한 상상을 할 수 없게 되었다. 그리고 텍스트의 메시지를 더욱 실감나게 이해하기 위해서 자신의 경험과 지식을 총동원해서 자신의 머릿속에 하나의 상(象)을 그려내야 하는데 활자 정보에 맞는 상을 그리기 위해서는 사물을 잘게 쪼개어 분석하는 식의 사고가 요구된다. 이로 말미암아 우리들의 사고는 자연적으로 분석적이 될 수밖에 없다. 이런

<표 4> 이성적 의사소통의 특징

구두매체의 시대	쓰기와 인쇄매체의 시대
감성적 의사소통	이성적 의사소통
청각문화	시각문화
곡선문화	직선문화
접촉문화	분리문화
경험문화	상징, 추상문화

분석적인 사고는 논리적이고 일관된 사고를 절대선으로 인정토록 유도했으며, 그 결과 우리들에게 완벽주의를 요구했다. 이는 오로지 활자의 물리적 완전성에서부터 비롯되었다. 사실 라디오의 잘 짜여진 대본을 읽는 것도 말하는 사람의 일관성에서부터 비롯된 것이라고 말할 수 있다. 따라서 실수도 하고 양보하는 그런 인간적 모습은 오늘날에서는 오히려 우유부단하고 무능한 것으로 평가받고 있다.

따라서 이성에만 의존하는 의사소통 방식을 극복하려면 감성적 의사소통 방식의 회복이 전제되어야 한다. 여기서 회복이라는 표현을 사용한 것은 이성적 의사소통의 치명적인 약점들을 해소시키면서 과거의 감성적 의사소통의 특징을 부분적으로 복원시킨다는 측면이 작용하고 있어서이다. 특히 복수감각의 사용은 한동안 인류의 뇌리에서 비껴 있었던 인간성 회복을 위한 감성적 의사소통의 복원이라는 중요한 변화를 추동시킨다. 이런 관점에서 인류의 전반기를 장식한 감성적 의사소통과 15세기 중엽부터 지금까지를 지배해온 이성적 의사소통의 특징은 <표 4>와 같이 정리될 수 있다.

감성적 의사소통 시대에서 개인의 정체성은 중요하지도 않고, 또 필요하지도 않다. 개인의 가치는 원의 한 점에 불과하기 때문이다. 여기서 원의 개념은 '동그랗게 둘러앉아 토의하는' 문화를 의미하는데 이것은 사람과 사람이 직접 만나서 서로의 얼굴을 마주하며, 상대방의 제스처를 바라보고, 억양의 높낮이, 말의 속도 등을 망라하여 관찰하면서 이야기하는 것을 의미한다. 또 이들의 현실 구축은 상징의 공유에 기초하기보다는 경험의 공유에 기초한다. 예를 들어 사냥한 동물의 고기와 피를 함께 뜯고 같이 나누어 마시는 식이다. 이런 직접적인 접촉과 경험은 농사일에서 전반적으로 나타나는데 오랜 기간 농사는 인류의 가장 핵심적인 산업이었음을 상기할 때 이들의 사회성은 이성적 의사소통에 기반해 있기보다는 경험의 공유에 기초한 감성적 의사소통에 의존했다고 말할 수 있다.

그러나 쓰기와 인쇄술의 시대에서 인류는 원의 장벽으로부터 이탈해서 개인 자신의 모습에 눈을 돌리게 되었다. 즉 사고의 패턴이 밖에서 안으로, 전체에서 부분으로 변형된다. 인간은 원을 이루는 단순한 한 점의 개념이 아닌 독립된 개인으로서 자신의 내면세계를 추구할 수 있게 되었다. 그 결과 개인의 정체성, 즉 '나는 누구인가' 하는 문제가 대두되면서부터 개인 스스로가 독립된 원을 형성하게 되었다. 이러한 '독립된 원의 문화'는 직선적 문화로 직결되고, 이것은 청각문화에서 시각문화로, 접촉의 문화에서 분리의 문화로, 구체적인 경험의 문화에서 상징적·추상적 문화로의 전환을 의미하게 되었다.

또 쓰기와 인쇄술이 안내하는 시각문화는 인간의 상징 능력과 추상 능력을 전제로 하는 논리의 문화를 꽃피웠다. 선형적인 인과관계에 입각한 사고체계가 발달하면서 사람들은 점차 논리적이고 추상적인, 그리고 무엇보다도 개인적인 동물로서 변화해갔다. 물론 원의 문화가 갖고 있는 경험의 공유는 지식의 공유까지도 포함되는데 직선 문화가 보편화되면서 개인적인 동물로서의 인간을 가장 극명하게 드러낸 예가 저작권이라는 개념이다. 개인적 소유욕이 저작권의 이름으로 구체화된 것인데 원의 문화에서는 지식이나 아이디어가 공유의 개념이었기 때문에 상상조차 할 수 없다. 그렇지만 개인의 정체성이 중요해지고, 직선적 인과관계가 강조되면서 지식이나 아이디어의 소유권 주장은 오히려 당연한 것이 되고 있다.

그러나 이런 직선적 문화, 또는 분리의 문화는 다시 원의 문화로, 또는 접촉의 문화로 새롭게 되살아나고 있다. 이것은 의사소통 기술이 고도로 발전하면서 가능해졌다고 말할 수 있다. 예를 들어 컴퓨터를 이용한 전자방식에 입각한 의사소통상의 대화가 바로 이런 것을 가능케 하고 있다. 오늘날 컴퓨터상에서 이루어지는 의사사통 방식은 주체인 저자와 객체인 독자라는 과거의 방식을 사라지게 하고 있다. 전자 대화상에서는 모두가 주체인 저자로서 기능하고 있기 때문이다. 따라서 저자와 독자의 분리가 인쇄적 방식에 입각한 의사소통의 가장 중요한 특징 중 하나였다면 전자적 방식에 입각한 의사소통은 저자와 독자의 일체성을 이루어내고 있는 셈이다(조종혁, 1994: 112-114 요약).

이제 인간은 매체 기술의 비약적인 발달에 힘입어 자신의 생각을 문자뿐 아니라 음성과 동영상을 통해서 전달하고, 상대방은 이에 즉각적으로 반응함으로써 메시지를 전달하는 양측이 모두 저자이고 독자임이 가능해졌다. 이런 과정에서 주목해야 하는 것은 손, 눈, 그리고 귀를 함께 사용함으로써, 즉 촉각, 시각, 청각 등 복수감각을 사용함으로써 좀더 인간적인 냄새가 되살아나는 감성적 의사소통의 단초를 확보할 수 있게 되었다는 점이다. 그 결과 이성적 의사소통이 노정했던 수많은 역기능을 서서히 극복할 수 있음을 낙관할 수 있게 되었다. 이는 복수감각을 이용함으로써 균형잡힌 의사소통이 가능해졌다는 것을 의미한다. 결국 인간에게 있어서 중요한 일은 감성적, 또는 이성적 의사소통에 일방적으로 의존하는 불균형한 의사소통 형태를 지양하고, 더욱 균형잡힌 의사소통을 실현하는 일이다.

6. 그 해결책: 저자의 죽음

"나는 생각한다. 고로 존재한다." 데카르트의 이 말만큼이나 서양 근대인의 사고방식을 근본적으로 바꾸어놓은 말은 없을 것이다. 이 말은 '나는 이성적인 존재이다. 고로 인간이다'라는 것과 진배없다. 이에 따라 데카르트는 모든 인간은 이성적 능력을 지니며, 이 능력으로 세계를 이해할 수 있으며, 이 경우 인간이 세상의 주체로 존재할 수 있다고 생각했다. 어떻게 보면 인간을 구성하는 이성과 감성의 양자구도에서 이성의 손을 확실히 들어준 셈이다.

데카르트의 이 선언 이후 서양철학은 인간의 합리성을 중심으로 구성되어왔다. 인간 이성에 대한 절대적 신뢰를 바탕으로 자연과 대상을 수량적으로 인식하기 시작했다. 이성(reason)이란 말이 '계산한다(calculate)'라는 말에서 기원하기 때문에 어쩔 수 없으리라고 본다. 또 역사에서 발전과 진보를 하나의 당위로서 설정해왔다. 또 인간 이성에 대한 신뢰는 인간과 대상, 이성과 감성, 주체와 객체, 정신과 육체, 본질과 현상, 즉자와 대자, 아름다움과 추함과 같이 실체를 이항대립적으로 양분하는 식의 사유 체계를 일반화했다.

이런 이성중심의 이분법적 세계관은 언어중심의 인식론과 결합되어서 결국에는 서양사상의 근간을 이루어왔다. 이를 근거로 서구 문명은 '합리적' 기술 사회를 건설하는 데는 성공했지만 자연의 약탈과 파괴, 언어에 의한 실체의 대치, 인간 소외라는 역설적 결과를 낳았다. 의사소통에서도 감성적인 의사소통의 미학보다는 이성적 효율성과 분리된 주체간의 메시지 교환이라는 기능적 측면만이 중요시되었다. 그 결과 매체 기술만 급속하게 발전시키는 결과를 낳았다. 인쇄매체의 등장과 그것의 급속한 보급이 단적인 예다.

근대 이후 성립된 계몽주의에 입각한 의사소통 이론은 인쇄라는 매체 기술을 근대성의 사회이론에 접합시키려는 움직임에서부터 비롯되었다. 인쇄 방식에 입각한 의사소통 방식은 책에 씌어진 단어의 물질성을 통해 저자, 즉 지식인과 이론가의 권위를 조장해낸다. 이것이 이데올로기의 힘으로 작용함으로써 책을 읽는 사람을 비평가로, 책을 쓴 사람을 작가로 만들어냈다. 이는 메시지가 끊임없이 생겨났다 없어짐으로써 저자와 비평가를 구분하지 않는 구두방식의 의사소통과 비교된다. 인쇄에 입각한 이런 의사소통 방식의 특징은 정치적·종교적 예속의 연결망(network) 밖에서 홀로 읽고, 사유하는 비판적 개인이라는 이데올로기를 만들어냈다.

우리는 지금까지 다음과 같은 말을 신화로서 믿어오는 데 전혀 의심치

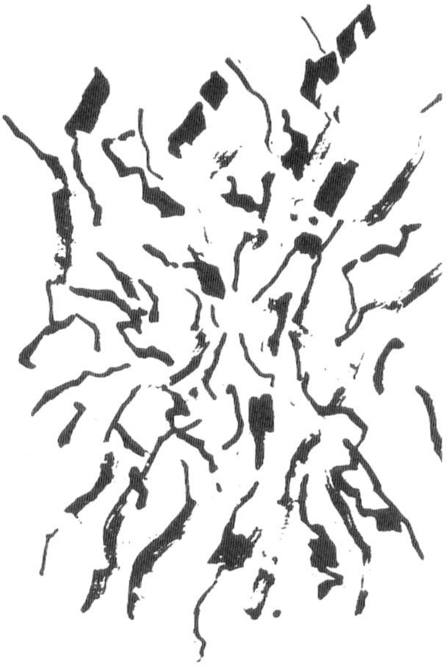

▲ 바르트의 반(反)문자

않는다. 자연은 열역학 제2법칙에 따라 일어나는 점진적 파국의 궤도 위를 움직이고 있지만 인간은 합리적 사고를 함으로써 문화를 창조하고, 스스로의 운명을 결정하는 논리중심적 질서를 확립했다는 식으로 말이다. 이 때문에 자연의 파국경향과 인류문화의 질서정립 사이에 긴장관계가 형성되고, 여기서부터 기호의 세계가 펼쳐졌다. 그런데 이런 기호의 세계에 어떤 도착 현상이 현재 일어나고 있다. 탈근대주의자(post-modernist)들의 주장에 따르면 인간의 합리성이 인간 문화에 대한 엔트로피(무질서의 정도)를 감소시켜온 것이 아니라 그 반대로 스스로의 파국을 향해 움직이는 문화를 창조해왔다는 것이다. 과연 자연과 문화는 같은 파국의 궤도를 따라 움직이고 있는 것일까? 무엇이 문화에 이런 병리 현상을 일으켰는가? 그 답은 기호의 세계를 진단함으로써 얻을 수 있다.

이 과정에서 사회를 해석하는 하나의 방법론으로 기호학을 발전시켰던 바르트는 저자의 권위, 즉 이성을 철저하게 부정했다. 이에 따라 바르트는 저자의 의도를 독자들에게 인식시키는 것이 전통적 이성주의를 바탕으로 한 선형적 사고방식이라고 규정하고, 상호텍스트란 개념을 인용하여 '저자의 죽음'을 선언했다. 이렇게 함으로써 분절적 사고방식에서부터 입체적 사고방식으로의 전환을 주창했다. 입체적 사고방식하에서 독자는 텍스트를 자유자재로 넘나들 수 있으며, 또 그 방법은 무궁무진하기도 하다. 예를 들어 앞으로 들어가든, 뒤로 들어가든, 옆으로 들어가든 온갖 방법으로 수용자들은 텍스트를 자기 처지와 구미에 맞게 이해하고, 소화할 수 있다.

이 같은 주장은 독자들이 기의에 상관없이 텍스트의 의미화 과정을 자유롭게 열고 닫을 수 있다는 의미로서 해석될 수 있다. 이를 역학관계로 이해한다면 힘이 저자에게서 독자로 옮아간 것이라고나 할까. 즉 독자들은 텍스트에서 얻을 수 있는 기쁨을 만끽할 수 있으며, 또 의미체계와 텍스트를 자유롭게 연결할 수 있고, 아울러 저자의 '의도'를 철저히 무시할 수도 있다. 바르트의 이런 주장은 선형적 사고방식에 대한 사망선고나 다름없으며, 나아가 인쇄술로 촉발된 고정된 이성 개념인 인과관에 대한 일종의 폐기처분 선언인 셈이다.

참고문헌

김 규. 1997, 「마샬 맥루한의 의사소통 사상」, ≪현대사상≫ 봄, 민음사.
김정탁. 2000, 『미디어와 인간』, 박영률출판사.
조종혁. 1994, 『의사소통과 상징조작: 현대사회의 신화』, 성균관대학교출판부.

Carey, James W. 1981, "McLuhan and Mumford: The Roots of Modern Media Analysis," *Journal of Communication*, Summer.
Dizard, Wilson, Jr. 1994, *Old Media/New Media: Mass Communications in the Information Age*, New York: Longman.
Fiske, John. 1982, *Introduction to Communication Studies*, New York: Matthew.
Gerald E. Stearn. 1967, *McLuhan: Hot & Cool*, New York: The Dial Press.
Innis, Harold A. 1950, *Empire and Communication*, Toronto: University of Toronto Press.
_____. 1951, *The Bias of Communication*, Toronto: University of Toronto Press.
McLuhan, E. & F. Zingrone(eds.). 1995, *Essential McLuhan*, New York: Basic Books.
McLuhan, Marshall. 1951, *The Mechanical Bride: Forklore of Industrial Man*, New York: Vanguard Press.
_____. 1962, *The Gutenberg Galaxy: The Making of Typographic Man*, Toronto:

University of Toronto Press.

_____. 1964, *Understanding Media: The Extension of Man*, McGraw-Hill Book Company.

_____. 1967, *The Medium is the Massage*, New York: Pantam.

_____. 1975, "At the Flip Point of Time－The Point of More Return?," *Journal of Communication*, Autumn.

제5장 나는 소비한다. 고로 존재한다

1. 우리는 기호를 소비한다

오늘날 전 세계적으로 가장 성공한 판매전략으로서 말보로(Marlboro) 담배의 판매전략을 드는 데 아무도 이의를 제기하지 않는다. 말보로 담배는 이름 없는 상표로부터 시작해서 지금은 세계에서 가장 잘 알려진 담배로서의 위상을 차지하고 있기 때문이다. 말보로 담배 광고는 잘 알려져 있듯이 광야를 질주하는 서부의 사나이가 등장하는 광고이다. 소비자는 말보로 담배 광고를 보면서, 아니 말보로 담배를 피우면 마치 자신이 서부의 사나이가 된 듯한 착각을 일으킬 수 있다. 사실 서부의 사나이란 미국인들에게 노스탤지어적 이상형이다. 이 서부의 사나이를 보면서 대부분의 미국인들은 잠시나마 정서적 일체감을 맛볼 수 있는데 이것이 찌든 도시 생활에서 샐러리맨들의 해방구, 즉 이상향 '말보로 컨트리(Marlboro Country)'로 진입하는 길이다.

그런데 말보로는 원래 여성용으로 만들어진 담배였다. 판매가 부진하자, 1954년 남성용 담배로 새로운 변신을 시도했는데 이런 변신은 오늘날에도 신화로 알려진 레오버넷(Leo Burnett)에 의해서 전개되었다. 레오버넷은

▲ 말보로 담배 광고

말보로를 남성용 담배로 변신시키기 위해 리포지셔닝 전략을 수행했다. 우선 리포지셔닝 전략은 제품의 담배포장의 색상에서 시작됐다. 포장의 색상 변화는 소비자의 주목을 끌 수 있고, 제품의 이미지를 새롭게 형성해 줄 것이라고 판단했기 때문이다. 결국 강렬한 느낌의 빨간색으로 처리한 담배포장의 색상 변화는 당시 남성들의 시선을 충분히 끌었고, 오늘날까지도 말보로의 상징이 되고 있다.

물론 그뿐만은 아니었다. 레오버넷은 말보로의 리포지셔닝 전략의 일환으로 독특한 광고제작에 주력했는데 광고를 통해 남성적인 이미지를 말보로 담배에 연결시키고자 했다. 그 결과 남성적인 이미지가 강한 '말보로 맨'을 광고 전면에 등장시켰다. '말보로 맨'은 하나같이 문신을 하고 있는 여러 계층의 남자들로 표현되었는데 그 중에서도 카우보이가 다른 계층의 모델에 비해 효과적이다. 또 '말보로 맨'의 남성적인 면을 더욱 강조하기 위해 불쏘시개서부터 말안장, 밧줄, 등불, 모자, 장갑, 구두, 지포 라이터에 이르는 실제 카우보이가 사용하는 소품들과, 말을 타거나 소를 모는 카우보이들을 등장시켰다. 결국 '말보로 맨'은 강한 남자의 상징이

되었고, 그 결과 이 광고가 시작되면서 말보로의 시장점유율은 급속히 증가했다. 1975년 미국 담배시장에서 수위를 차지했던 '윈스턴'을 누르고 마침내 선두에 올라섰다. 말보로가 리포지셔닝 전략을 수행한 지 꼭 20년 만의 일이다.

이 말보로 광고를 고전적 조건화 설득 모델(classical conditioning model)에 대입하면 조건 자극(CS: conditioning stimulus)은 '말보로 맨'이고, 조건 반응(CR: conditioning response)은 강한 남자에서부터 시작해 노스탤지어 이상형으로, 마지막으로는 답답한 현실에서부터의 해방감으로까지 말할 수 있다. 물론 중성자극(NS: neutral stimulus)은 말보로 담배이다. 이런 식의 고전적 반응을 유도했던 것은 말보로의 판매목표가 도시에 사는 월급쟁이였기 때문이다. 월급쟁이는 어느 곳에 있던지 조직으로부터의 자유와 해방을 추구하기 때문이다. 그가 시골에서 올라온 사람이라면 고향의 향수를 달래면서 이런 느낌을 더욱 받을 것이다.

어쨌든 조건 자극과, 조건 반응이 자연스럽게 연결되었던 것은 조건 자극이 기표(記表, signfier)의 역할을, 그리고 조건 반응이 기의(記意, signified)의 역할을 수행했기 때문이다. 그리고 말보로 담배에서 현재와 같은 특정

<그림 6> 고전적 조건화 모델: 말보로 담배

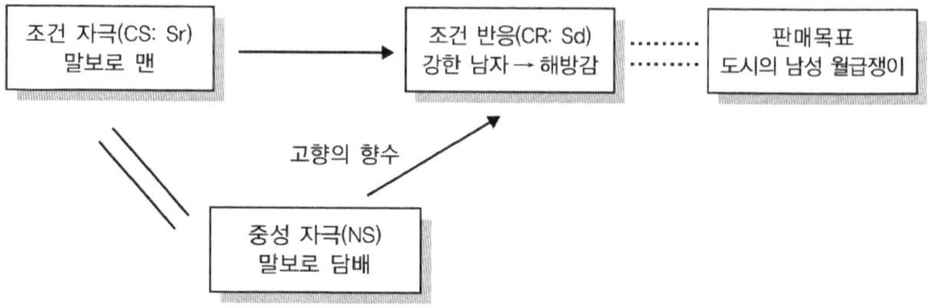

이미지가 연상될 수 있는 것은 중성자극인 말보로 담배와 조건 자극인 기표와의 고리가 제대로 작동했기 때문이다. 이를 고전적 조건화 모델에 대입하면 <그림 6>과 같다(김정탁, 1990: 25).

말보로 담배의 판매전략은 기본적으로 기표를 조작하는 방식이다. 즉 말보로 담배의 속성과 아무런 관련이 없는 강한 남자의 상징인 서부 카우보이의 이미지를 말보로 담배의 이미지로 소비자들에게 인식시키는 방식이다. 마치 말보로 담배를 피우면서 자유와 해방감을 맛볼 수 있게 하는 것처럼 말이다. 따라서 말보로 광고에서 보여지는 일관된 서부시대의 남성 이미지는 말보로라는 담배의 기표 조작을 도울 뿐이다. 따라서 소비자들은 말보로 담배를 구매하면서 단순히 담배 하나를 선택하는 것이 아니라 서부의 광야에서 활약하는 바람 같은 자유와 남성의 야성적 향기를 함께 선택한다.

오늘날 판매(marketing)에서는 이를 상표(brand)전략이라고 부른다. 또 오늘날 소비자들은 제품의 특성보다는 상표 이미지에 쉽게 현혹되고 있다. 즉 소비자들은 제품의 특성을 하나하나 따져보면서 제품을 구매하기보다는 제품의 이미지를 사려고 한다. 그것은 소비자의 마음에 있는 '기의(구매 동기)'가 제품의 속성보다는 제품의 이미지에 더욱 결부되어 있기 때문이다. 따라서 오늘날 소비자들은 제품의 본질을 구매하는 것이 아니라 상표라는 허상의 이미지를 구매한다고 말할 수 있다.

이런 판매방식은 오늘날 점점 보편화되고 있다. 몇 년 전 폭스바겐사에

▲ 폭스바겐사의 뉴비틀

서 '뉴비틀(New Beetle)'이라는 새로운 종류의 소형차를 내놓았는데 이 역시 상표에 입각한 판매방식을 도입했다. 이 차는 독특한 디자인과 원색적인 색깔로 시장에 나오자마자 큰 반향을 일으켰다. 이전에 폭스바겐사의 소형차 시리즈인 비틀(Beetle), 래빗(Rabbitt), 골프(Golf)와는 전혀 다른 모양의 튀는 소형차였기 때문이다. 왜 이렇게 튀게 만들었을까? 그것은 한마디로 소형차의 가치를 '사용가치'에서 '상징가치'로 바꾸기 위한 시도에서였다.

지금까지 소형차는 사용가치에 주로 판매전략의 중심을 두었다. 즉 싸고, 편리하고, 고장이 잘 안 난다는 것이 소형차 사용가치의 핵심이었다. 폭스바겐도 그 예외는 아니었다. 대표적인 것이 1970년대 유가가 급등하면서 사용한 폭스바겐의 "Volkswagen does it agin" 캠페인이다. 여기서 'it'는 높은 연료 효율성(mileage)을 뜻한다. 이는 폭스바겐사의 차가 작년에 이어 또 다시 최고의 연료 효율성을 자랑한다는, 즉 사용가치가 높다는 식의 판매전략이다. 이런 판매전략은 '뉴비틀'이 나오면서 완전히 바뀌었다. 새로 나온 '뉴비틀'은 독특한 디자인과 원색적인 색깔 등(기표: signifier)을 사용해서 소비자에게 호소했는데 이것은 사용가치가 아니라 상징가치로서의 판매전략에 해당한다.

이는 폭스바겐 판매전략으로서도 일대 큰 전환이지만 소형차 판매전략으로서도 엄청난 변화라고 말할 수 있다. 지금까지 소형차는 '경제적으로 사용하기 편하다'는 사용가치를, 대형차는 '당신의 신분에는 이런 고급스

<그림 7> 고전적 조건화 모델: 뉴비틀

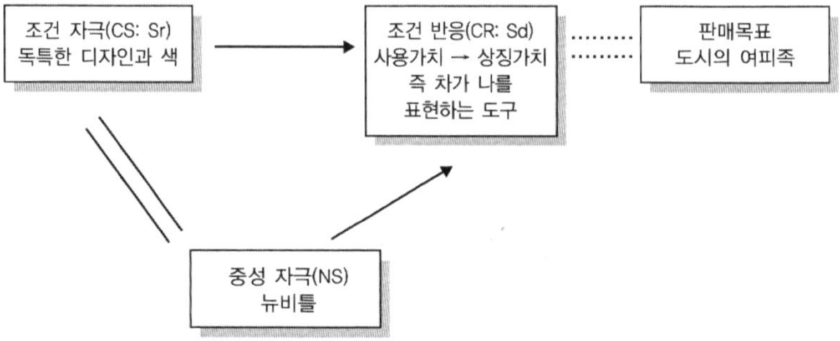

런 차가 좋다'는 식의 상징가치를 판매전략으로 주로 사용해왔다. '뉴비틀'은 어쩌면 소형차로서는 처음으로 상징가치에 소구했던 차라할 수 있다. 그럼에도 시장에서의 평판이 좋았던 것은 소형차로서도 자신을 표현하려고 하는 욕구가 존재했기 때문이다. 여피족이 그 욕구충족의 일차적 대상이 아니었을까 생각한다. 이를 고전적 조건화 설득모델에 대입하면 <그림 7>과 같다.

이런 예는 우리나라에서도 얼마든지 발견할 수 있다. "스무 살에 만난다 TTL" 광고가 대표적인 예다. 이 광고는 '뉴비틀' 광고보다 더욱 상징가치에 입각한 광고이다. 이동통신 '011'을 "스무 살에 만난다 TTL(기표)"로 표현했다. 이 광고를 처음 접했던 소비자들은 어리둥절했을 것이다. 왜냐하면 상품과 기표와의 연결이 약하기 때문이다. 따라서 사람들은 TTL에서 그 연결을 찾으려고 시도했으나 그런 시도를 하면 할수록 연결은 멀어지고, 오히려 이동통신 011의 이미지만이 소비자에게 강하게 각인될 뿐이다. 그야말로 판매전략으로서는 엄청난 성공이다.

그동안 이동통신이나 이동전화 광고 카피는 "어느 곳에서나 터진다", 또는 "한국 지형에 강하다"는 식으로 구성되었다. 이는 사용가치에 목표를 둔 광고전략으로서 자신들의 이동통신이나 이동전화를 선택하면 사용에 불편이 없다는 식이다. 물론 이동통신이나 이동전화 기술이 완벽하지 않은 초기 단계에선 이런 판매전략이 유효할 수 있다. 그렇지만 이런 기술적 문제가 사라지고, 또 거의 모든 사람들이 이동전화를 휴대하고 있는 상황에서 특정 이동통신과 이동전화의 선택은 자신을 표현하는 중요한 기호로서 변모한다. "스무 살에 만난다 TTL"이 바로 이 점을 공략했다. 즉 신규 고객인 20대에게 사용가치가 아니라 상징가치로 호소했던 것이다.

또 언젠가 '8·15'라는 콜라 이름이 화제가 된 일이 있었다. 이런 이름은 콜라를 맛의 선택이라기보다는 기호의 선택으로 두려는 판매전략에서 비롯된 것이다. 즉 콜라를 마시는 일이 단순히 탄산음료를 마시는 일이 아니라 공동체의 기호를 소비하는 일이다. 공동체의 기호를 소비한다는 것은 개인에게는 또 다른 자신의 표현인데, 이는 외제 '코카콜라'를 마시지 않고 굳이 '콜라독립 8·15'를 마시는 일이 제품과 제품이 만들어낸 이미지를 동일시하는 과정이라고 말할 수 있다. 즉 '콜라독립 8·15'가 갖고 있는 민족의식쯤에 호소했다고나 할까. 어쨌든 이것도 사회적 기호의 생산과 조작에 따른 판매방식인 셈이다.

2. 왜 기호를 소비하는가

이처럼 오늘날 사회는 기호의 생산과 조작에 의해 혼미해지면서도 동시에 이런 기호의 조작에 점점 빠져드는 것도 사실이다. 이런 것은 사람들의 소비행위에서 단적으로 드러나는데 이는 제품을 소비하는 것이 아니라 기호를 소비하는 것이라고 말할 수 있다. 사실 우리가 같은 옷이라 할지라도 이른바 '상표가 있는 옷'을 선택하는 것도 그 상표라는 기호를 통해 자신을 표현하고자 하는 욕망 때문이다. 승용차의 선택도 마찬가지이다. 승용차를 구입할 때도 편리성보다는 자신의 기호를 나타내고자 하는 전략의 일환으로 구입한다. 이는 실물을 좇지 않고 이미지라는 허상을 추구하는 것인데 사람들은 왜 이런 소비행태를 보이는 것일까?

첫째로 기술 발전을 들 수 있다. 기술을 한마디로 정의하면 인간 기능의 확장(expansion of man's function)이라고 말할 수 있다. 자동차는 다리의

▲ 애플사의 아이맥 노트북

확장, 컴퓨터는 두뇌의 확장, 사진기는 눈의 확장, 증기기관은 손과 발의 확장이다. 어디 그뿐인가. 의복은 피부의 확장, 무기는 주먹의 확장, 필기용구는 손가락의 확장이다. 이렇게 보면 인간이 발명한 모든 기술은 인간 기능과 연관되지 않은 것이 없다.

그런데 오늘날 기술은 비약적으로 발전하고 있다. 이는 기능적 측면에서 완벽에 가까운 수준에 와 있음을 의미한다. 예전에는 기능의 우위에 따라 상품의 질이 뚜렷한 차이를 보였으나 지금은 기술의 급속한 발전으로 질의 평준화가 이루어졌다. 이에 따라 다른 상품과 차별화될 수 있는 새로운 요인이 필요하게 되었는데 바로 이 필요성의 자리에 '감성'이라는 코드가 등장했다. 가령 이동전화기의 경우 얼마 전까지만 해도 통화음질이 얼마나 좋은지, 메시지를 얼마나 많이 보낼 수 있는지를 강조하는 광고가 주를 이루었으나 요즘은 "벨이 울릴 때 그녀의 드라마가 시작된다"는 등의 다분히 감성적인 광고로 소비자에게 다가오고 있다.

또 애플 컴퓨터의 아이맥(iMac)은 투명한 재질과 젤리 같은 색채를 이용하여 누드 재질의 열풍을 확산시켰는데 이 역시 같은 맥락으로 볼 수 있다. 컴퓨터가 사무기기라는 '작업' 위주의 개념에서부터 '생활' 필수품이라는 개념으로 바뀌는 시점을 놓치지 않고, 가정에 맞춘 감성 요인들을 새롭게 적용했던 것이 결정적인 성공 요인이었다. '정확한' 스위스 시계에서 '즐기는 액세서리' 시계로 변신한 스와치(Swatch)도 마찬가지이다.

이처럼 상품의 수명 주기 중에서 기능적 우위 기간이 급속히 짧아지고 감성적 차별화 주기가 길어지고 있다.

옷의 경우는 더할 나위가 없다. 오늘날 옷은 특수복을 제외하고는 기능적으로 거의 완벽하다고 말할 수 있다. 추위와 더위로부터 우리 몸을 효과적으로 보호해주기 때문이다. 이런 상황에서 사람들은 기능 이상의 것을 추구하는데 이것이 바로 상징가치로 나타나고 있다. 오늘날 대부분의 소비자는 옷을 더 이상 기능확장의 수단으로 보지 않는다. 그보다는 자신의 개성표현의 한 수단으로 옷을 구입한다. 이 때문에 상표가 있는 옷으로 자신을 치장한 사람들이 우리 주위를 활보하고 있다.

자동차의 경우도 마찬가지이다. 자동차야말로 인간 기능의 확장, 즉 다리의 확장이라는 목적에 가장 충실한 기술이다. 이런 목적에 부합하려면 적정한 속도로서 목적지까지 안전하게, 그리고 도중에 고장으로 멈추지 않고서 시간 내에 데려다 주면 그만이다. 그렇다면 그렇게 많은 종류의 차가 시장에 나올 필요가 없다. 그럼에도 불구하고 우리 주위에는 수많은 차들이 서로의 자태를 뽐내면서 거리를 질주하고 있다. 이는 소비자들의 기호가 다양해진 것도 있지만 자동차를 통해 자신을 표현하고자 하는 욕망도 그만큼 강해졌기 때문이다.

이에 일본의 한 자동차 회사는 일반적인 기계음 대신 특별한 소리가 나는 기아 변속기를 연구중이라고 한다. 예를 들어 스포츠카의 경우 젊은 남성을 주 대상으로 삼고, 그들의 감성 타입을 분석하여 이를 최대한 충족시켜줄 수 있는 소리를 제작하고자 한다는 것이다. 얼마 전까지만 해도 스포츠카를 즐겼던 사람들이 얼마나 빨리 달릴 수 있는지에 대한 합리적 기능성을 중요하게 여겼다면, 이제는 이를 넘어서 청각적 만족까지 추구하게 된 것이다. 전문가들은 이런 감성화 추세가 이미 생활 전반에서 나타나고 있으며, 앞으로는 더욱 널리 퍼질 것으로 내다보고 있다.

둘째로 새로운 기호가 우리 주위에서 계속 만들어지고 있다는 점을 들 수 있다. 오늘날에는 모든 것이 기호라고 할 정도로 우리 주위에 기호가 만개하고 있다. 사실 과거에는 기호가 매우 제한적이었다. 주로 자연적인 것에 기반했기에 별자리, 달, 토끼 정도를 기호라고 말할 수 있었을까? 그러나 현재는 기호가 대량으로 생산되고 있다. 그것도 ET 등과 같은 인공적인 기호가 대부분이다.

오늘날 우리 주위에는 이런 인공적인 기호들이 만발하고 있으며, 이것이 판매와 교묘히 연결되어 우리의 소비를 더욱 촉진시키고 있다. 영화가 한번 만들어지면 거기에 관련된 상품이 수없이 쏟아지는 것도 이런 기호 소비행위를 부추기는 전략에서 비롯된다. 따라서 의미부여를 할 수 있는 공간의 폭도 그만큼 넓어진다. 그 결과 기표만이 난무하는 세상에 우리가 살고 있는데 그 기표를 상품이라는 기의와 연결시키려고 하는 것이 오늘날 소비자들의 일반적인 소비행태이다.

이른바 캐릭터 상품이라는 것이 단적인 예라고 말할 수 있다. 같은 인형이라도 미키마우스의 얼굴을 한 인형이 어린아이들의 관심을 끈다. 그것은 어린아이가 인형을 소비하는 것이 아니라 미키마우스라는 기호를 소비하고자 하기 때문이다. 즉 미키마우스를 통해 자신의 정체성을 확립하려는 것이다. 이에 따라 상품 전반에 걸쳐서 의인화가 중요한 요인으로 작용한다. 상품에도 표정이 가미되어 인간과 상호작용을 이룬다.

로봇이라 하면 최첨단 과학을 상징하던 때가 있었으나, 이제는 어느새 한 마리의 강아지가 되어 가정으로 성큼 들어오게 되었다. 쓰다듬으면 어리광을 부리는 로봇 강아지, 밥을 주지 않으면 떼를 쓰는 다마고찌류의 게임기기, 친구처럼 이야기하는 각종 아바타, 사람들의 기분을 알아차리고 다양하게 반응하는 에어컨, 조명기기, 오디오 기기 등이 모두 사람들의 감성적 파트너인 셈이다. 산업혁명 전의 일반 도구가 사람들의 육체적 측면을 지원하였고, 현재의 컴퓨터가 지적 측면을 지원하고 있다면, 이제 상품은 사람들의 따뜻한 가슴을 지원하려고 한다.

셋째로 자본주의 사회의 새로운 소비구조를 들 수 있다. 자본주의 사회는 생산성 혁명으로 인해 사회주의와의 역사적인 대결에서 승리할 수 있었다. 이는 생산성 혁명으로부터 소비자들이 좋은 품질의 제품을 싼값으로 구매할 수 있었기 때문이다. 물론 이런 기제(mechanism)가 가능할 수 있었던 것은 대량생산과 대량소비의 탓이다. 대량생산이 제품의 가격을 낮추었고, 또 대량소비로 인해 양질의 품질을 유지할 수 있었기 때문이다. 그런데 대량생산과 대량소비의 자본주의 구조는 곧 새로운 수요를 창출할 필요성에 부딪혔다. 대량으로 생산해낸 제품의 소비처가 마땅치 않게 됨으로 인해서이다. 따라서 잉여공급분의 탈출구가 마련될 필요가 있었다.

예를 들어 커피의 경우를 살펴보자. 사실 커피 맛이란 그게 그 맛이 아닌가. 그럼에도 불구하고 오늘날 전 세계적으로 특정 브랜드가 유명해지는 것은 커피 맛보다는 그 커피를 마신다는 것을 통해 자신을 표현하고자 하는 소비자의 욕망 때문이 아닌가. 이는 판매전략의 승부처를 제품의 속성(사용가치)에서부터 제품의 상징(기호가치)으로 확대한 결과이다. 이렇게 해야만 소비자의 소비상승을 기대할 수 있지 않을까? 오늘날 판매는 이 점을 착안해서 커피 맛의 차이를 극대화하고, 또 광고가 이를 충실히 이행함으로써 새로운 수요 창출에 이바지하고 있다.

광고란 한마디로 상품의 가치를 사용가치에서 상징가치로 교환시키는 일이다. 이는 기호를 만드는 작업(광고 제작하는 것)이라고 말할 수 있는데 이는 기표를 잠재적인 소비자 주변으로 실어나르는 의사소통 방법이기도 하다. 이런 식으로 기표가 기호로부터 분리되어 추상화되면, 즉 기표가 의사소통 공간을 자유로이 부유하면 이것들은 광고주의 자의적 판단에 의해 특정한 상품에 부착된다. 이 경우 상품가치는 사용가치가 아니라 상징가치로 변질된다. 이런 식으로 해서 고도로 발전된 자본주의의 요구에 협력하는 새로운 의미구조가 만들어진다.

사실 광고에서 사용하는 기호와 그 상품 사이에는 상동성이 존재한다. 즉 광고기호라는 기표는 상징가치에 해당하고, 상품이라는 기의는 사용가치에 해당한다. 그렇지만 소비자에게 표현할 때는 그 중 하나를 선택해야 한다. 과거에는 사용가치를 전달했다면 현재는 상징가치를 전달하는 것으로 바뀌었다. 따라서 광고는 실제로 같은 것을 다르게 보이도록 하는 인위적 돌연변이와 같은 기제이다. 자본주의 경제의 꽃이라고 하는 광고는 제품간 차이를 무한히 변조(modulation)시키는 역할을 수행한다. 그리고 그

변조는 오늘날 대중매체에 의해 엄청나게 증폭되고 있다.

예를 들어 같은 재료를 쓴 진통제라도 여러 가지 다른 이름을 붙여 서로 다른 상품인 것처럼 만들어 판다. 이렇게 보면 담배도, 옷도 마찬가지이다. 심지어 자동차조차도 종류는 많지만 큰 기능에서 보면 별반 차이가 없다. 아마 우리 주위에 널려 있는 모든 상품이 그러할 것이다. 따라서 모든 상품에서 차이란 그저 피상적인 차이일 뿐이다. 광고는 이 피상적 차이를 만들기 위해 많은 돈을 투자하며, 소비자들은 이 피상적 차이에 주목해서 구매를 결정한다. 따라서 차이의 변조가 극성해짐으로써 의미의 동일성보다는 조작에 더 신경을 쓰는 것이 오늘날 사회의 특징인 것이다.

오늘날 광고는 교환의 도구적 합리성을 불필요한 소비에 대한 욕망이라는 인간의 사치스런 본성으로 바꾸어 결국 소비자의 합리성을 토대로부터 허물고 있다. 이 때문에 광고는 판매를 촉진하고, 시장점유율을 지키기 위해서 무엇이든지를 다하려든다. 예를 들어 자동차는 사회적 신분을 가리키며, 복사기는 하느님의 일을 대신하고, 비행기 여행은 오르가즘적 경험을 느끼게 하며, 겨드랑이 방취제는 엄청난 열망을 가득 채운다는 식이다. 이런 상황에서 여성의 육체는 평가절하되며 건전한 가치들은 더럽혀지고, 어린아이는 탐욕의 제물로 화할 수 있다.

그렇지만 사람들의 소비행태를 역사학적 관점에서 연구한 한 학자는 소비의 역사가 놀이(play), 일(work), 예술(art)의 주기로 변해간다고 주장한다. 즉 상품이 출시되면 처음에는 단지 소유하는 데서 즐거움을 느끼다가, 다음에는 상품의 기능을 활용한 작업수행을 즐기며, 마지막으로 그들 개개인의 감성에 따라 예술적 소비행태를 보인다는 것이다. 이제 우리는 고단한 일로서의 소비를 끝내고 창조적 예술가로서의 소비를 즐기는 시대로 들어선 듯 하다.

3. 보드리야르의 소비사회론

현대의 이성사회는 "나는 생각한다. 고로 존재한다"는 데카르트의 명제로부터 시작한다. 그런데 오늘날 이 명제는 '나는 소비한다. 고로 존재한다'로 바뀌어져야만 할 것 같다. 그만큼 오늘날 소비자가 소비하는 것은 상품이 아니라 상징적 기호이기 때문이다. 즉 상품이라는 상징적 기호를 통해 사람들은 자신을 애써 표현하려고 하기 때문이다. 이처럼 오늘날 사회는 기호의 교란이 더욱 극에 달하고 있지만 사람들은 기표의 교란에 의해 혼미해지면서도 동시에 그것에 점점 더 미혹되고 있는 것도 사실이다. 바로 이런 중심에 프랑스의 유명한 철학자 보드리야르(J. Baudrillard)가 있다.

보드리야르는 1970년대 초반과 중반의 다양한 저서들에서 생산적 사회(생산에 따라 조직된 사회)와 상징적 사회(근본적으로 선물주기, 축제, 종교의식 등과 같은 상징적 교환에 따라 조직된 사회) 간에는 역사적으로 근본적 구분이 있음을 전제했다. 따라서 그는 생산의 우월을 가정하는 마르크스주의 역사철학을, 나아가 마르크스주의에서 말하는 사회주의적 개념을 거부했다. 왜냐하면 보드리야르가 파악하기에 마르크스주의는 자본주의의 생산우위론과 근본적으로 단절하지 못하며, 나아가 다른 논리, 가치, 생활행위를 가진 전혀 다른 종류의 사회를 제시하기보다는 단지 효율적이고, 적합한 생산조직만을 제시하고 있기 때문이다(S. Best & D. Kellner, 1991: 115).

사실 오늘날 사람들은 노동의 필요성에 의해 통제되지만 상징적 차이를 교환하려는 욕구에 의해서도 엄격히 통제된다. 이는 한 개인이 타인과 관계를 맺을 때마다 어디서 어떻게 일하는가보다는 그들이 연출하고 소비하는 기호들과 의미들로부터 정체성을 부여받기 때문이다. 따라서 상품소비는 개인의 정체성 확립과 밀접한 관련을 맺는다. 즉 어떤 상품을 소비하느냐에 따라 그 상품이 개인에게 위신을 부여하고, 사회적 지위와 권력을 나타내줄 수 있다. 이 때문에 보드리야르는 사용가치와 교환가치를

▲ 보드리야르와 마르크스

구분한 데 더해 기호가치의 분석을 덧붙일 것을 제안한다.

보드리야르에 따르면 기호와 상품은 자본주의의 탄생 과정에서부터 동시에 나타난다. 따라서 '기호의 정치경제학 비판'이 '일반 정치경제학 비판'보다 근원적인 비판이라는 것이 그의 판단이다. 이처럼 생산물보다 그것의 의미를 소비하게 되면 사회이론의 중심은 마땅히 상품생산이 아니라 상징교환으로 대체되어야 한다는 것이다. 이렇게 되면 상품가치는 노동과정보다는 의사소통 구조에서 더욱 능동적으로 전개될 것이다.

보드리야르는 마르크스의 『일반 정치경제학 비판』을 빗대어 쓴 『기호의 정치경제학 비판(*For a Critique of the Political Economy of the Sign*, 1972, 영역은 1981)』에서 새로운 소비사회의 등장을 예견하면서 마르크스주의적 관점에서 소비사회를 분석했다. 그에 따르면 고도로 발전된 자본주의는 그 위기의 근원지를 생산에서 소비로 바꾸었다. 사실 오늘날 자본주의가 처한 위기는 자동차를 어떻게 생산하느냐보다는 그것을 어떻게 소비하느냐에 달려 있다. 따라서 오늘날 자본주의에 대한 분석은 가치와 효용성이라는 '경제적 범주'로부터 기호와 기표라는 '언어적 범주'로의 변신을 시도할 필요가 있다.

이는 고도로 발전된 자본주의의 새로운 의미구조의 출현을 의미한다. 소비사회에서는 상품생산이 사용가치가 아니라 새로운 기호구조와 언어기제를 통해 이루어지는데 이는 상품소비의 논리가 기호소비를 통해 소비자의 욕구를 충족시키기 때문이다. 예를 들어 소비자가 특정 상품을 선호하는 것은 품질이 좋아서이기도 하지만 그 상품이 지닌 의미를 소비함으로써 만족을 이루고자 하는 이유 때문이다. 따라서 보드리야르는 상품생산에 구조화된 코드를 밝히고, 이 새로운 의미구조를 기호학적으로 분석하는 일이 오늘날 자본주의 사회를 올바로 파악하는 길이라고 보았다.

사실 상품이란 공장의 조립라인에서 막 나온 '기성의 기호'라면 상표(brand)는 그것의 '의미를 대신하는 기호'이다. 이것은 상품이 도구로서가 아니라 기호로서 조작되는 것을 의미한다. 마찬가지로 사물들 전체도 상품처럼 소비와 교환의 대상으로서 이해될 수 있다. 이렇게 보면 소비 대상으로서 사물의 의미는 그 사물의 저변에 깔려 있는 가치, 즉 사용가치에 근거하는 것이 아니라 소비의 논리에 편입될 때 얻게 되는 상징가치에 의거하게 된다. 따라서 오늘날 사물의 '진리'는 무엇에 쓰인다는 데 있는 것이 아니라 그것이 의미작용을 한다는 데 있다.

보드리야르는 『사물의 체계』와 『소비사회: 그 신화와 구조』에서 이런 상황들에 대해 구체적으로 설명했다. 먼저 『사물의 체계』에서 보드리야르는 '새로운 기술질서', '새로운 환경', '일상생활의 새로운 장', '새로운 도덕', '새로운 형태의 과잉현실 문명(하이퍼 문명, hypercivilization)'이라고 특징지어진 새로운 사회의 질서를 언급하고 있는데, 여기서 주체가 일상생활을 구성하는 사물, 또 주체가 기호의 체계와 어떤 방식으로 관련되며, 이를 어떻게 이용하며, 지배하는지를 서술했다. 사실 이것은 그의 소비사회에 대한 분석 작업에서 시작에 해당한다고 말할 수 있다.

또 『소비사회』에서는 소비사회로 조직화된 사물의 체계를 연구했다. 이를 위해 보드리야르는 마르크스의 사용가치(대상의 유용성)와 교환가치(화폐가치, 판매가치)의 구분에 더해서 기호가치(상징가치)의 구분을 보탠다. 물론 마르크스는 사용가치를 교환가치와 다르게 이상적인 것으로 옹호하지만 이에 대해 보드라야르는 마르크스가 사용가치 자체는 교환가치 체계에 있어 하나의 구성물이라는 것을 깨닫지 못했기 때문이라고 주장한다. 그것은 교환가치 체계가 개인을 자본주의 사회질서로 통합하려는 욕구와 대상의 합리화된 체계를 생산해내고 있기 때문이다. 따라서 마르크스의 '급진적' 이론도 보드리야르가 보기에는 단순히 정치경제학의 논리를 재생산하고 있을 뿐이다(S. Best & D. Kellner, 1991: 114).

먼저 보드리야르는 사용가치는 교환가치의 알리바이로 이용될 뿐이라고 주장하면서 사용가치와 교환가치의 대립이 부당하다고 본다. 왜냐하면 교환가치란 교환의 역사적 체계 외부에 있는 자연적이고, 소외되지 않은 인간의 욕구로부터 기원하는 비역사적인 것이라는 식으로 매우 포괄적으로 가정하기 때문이다. 따라서 보드리야르의 기획에 따르면 욕구가 사실이든 현실이든, 노동이 자유롭든 소외되지 않았든 그것은 전혀 문제되지 않는다. 그러한 개념들은 생산논리에 고정되어 있기 때문이다. 보드리야르가 지지하는 진짜 혁명적 대안은 상징적 교환이다. 그리고 그것은 모든 효용성의 명령을 버리고 놀이와 축제라는 디오니소스적인 활동에 몰두하는 것이다(S. Best & D. Kellner, 1991: 115).

보드리야르는 왜 이런 혁명적 대안을 제시했을까? 그는 이런 대안을 자본주의 사회에서 이루어진 교환가치의 3단계 발전과정을 설명하면서 다음과 같이 제시한다. 먼저 자본주의 이전 단계에서는 생산은 생산자가 사용하기 위해 이루어졌으며 단지 잉여분만이 교환된다. 그리고 고전적 자본주의 단계에서는 산업에서 만들어낸 모든 생산물이 교환된다. 그런데 자본주의가 성숙한 현 단계에서는 산업생산물뿐 아니라 모든 것(선, 사랑, 지식, 의식)이 교환을 위해 시장에 나오고 있다. 이는 산업생산물의 교환에서 의미의 사회적 교환으로 바뀌는 것이다. 그 결과 토대가 생산양식의 이차 결과물인 상부구조에 반영되고 있는 실정이다.

이처럼 자본주의적 원리가 생산영역을 넘어 다른 분야로 확산되는 것에 대해 마르크스는 타락 내지 금전만능주의로 비하했다. 이에 대해 보드리야르는 마르크스가 자본주의 완숙기인 마지막 단계의 중요성을 간과하고 있다는 식으로 비판한다. 그에 따르면 마지막 단계에서 일어나는 사회적 교환은 코드, 또는 기호를 통해 형성되는 지배의 새로운 유형이므로 그것은 기존의 생산 개념으로는 도저히 이해할 수 없다. 이는 마르크스가 비생산적인 논리로 상품을 감싸안는 '의미의 사회적 교환'의 힘을 경시한 결과인 것이다. 이처럼 의사소통 일반 원리인 기호의 출현으로 마르크스주의는 보드리야르에 의해 비판이론으로서 부적절한 판정을 받는다.

만약 마르크스주의식으로 상품가치가 노동에서 나오고, 상품소비가 욕구 때문이라고 정의한다면 보드리야르는 제2차세계대전 이후 전개된 급격한 소비증가를 설명할 수 없다고 주장한다. 노동자들이 그 가치가 의심스러운 상품들을 구입하기 위해 자신의 인생을 노동으로서 탕진할 수 있을까 하는 의문을 던지면서 말이다. 이에 대해 마르크스는 인간의 욕구는 고정된 것이 아니라 생산양식과 더불어 변화한다는 식으로 대응했지만, 만약 이런 주장이 옳다면 오히려 이것은 자본주의 체제가 생산과 소비의 무한한 회전이 성공적으로 이루어졌음을 반증해주는 예다.

따라서 사회이론의 중심은 상품생산이 아니라 상징교환으로 대체되어야 한다는 것이 보드리야르의 확고한 입장이다. 소비의 사회적 논리는 상품과 서비스의 사용가치에 대한 사적 전유의 논리, 즉 만족의 논리가 아니라 사회적 기표의 생산과 조작의 논리이기 때문이다. 이처럼 사람들이 생산물보다 생산물이 지니는 의미를 소비하고 있다면 사회이론의 중심은 마땅히 상품생산이 아니라 상징교환으로 대체되어야 할 것이다. 이 경우 상품가치는 노동 과정보다는 의사소통 구조에서 좀더 극적으로 전개될 것이다. 따라서 소비의 코드는 '자본의 논리'가 아니라 '기호의 논리'에 의해서 해독될 수 있다.

이렇게 보면 마르크스의 거대담론인 정치경제학 이론은 '실천'을 노동으로, '사회'를 생산으로 압축시키고, 또 교환가치라는 자유주의적 개념을 비판하기 위해서 사용가치를 도입했다는 식으로 요약할 수 있다. 따라서 마르크스는 상품의 물질성을 강조했다면 보드리야르는 기호의 관념성을 강조했다고 말할 수 있다. 결국 마르크스와 보드리야르가 갈라진 지점은 '생산의 논리' 대 '교환의 논리', 그리고 '상품의 물질성' 대 '기호의 관념성'이 아닌가 생각한다.

『생산의 거울』에서 보드리야르는 비판적 전략과 연결되는 다섯 가지 분리된 연구, 즉 '노동의 개념', '마르크스주의와 인류학과 자연의 지배', '역사적 유물론과 원시사회', '원시적 봉건양식에 대하여', '마르크스주의 정치경제학 체계'를 통해 그의 대안적 이론과 정치학을 제시했다. 다섯 가지 연구에서 보드리야르의 전반적 논증은 마르크스주의 범주들이 부르주아 정치경제학과 자본주의적 양식에 너무나 깊숙이 연계되어 있어서 마르크스주의는 자본주의 이외의 다른 생산양식을 적절히 설명해낼 수 없다는 것이다. 즉 역사발전 단계에서 마르크스주의 이론이나, 또는 생산의 우위에 입각한 경제가 원시사회, 고대사회, 봉건사회와 같은 비자본주의 사회를 결코 설명할 수 없다.

그는 이런 사회들조차도 마르크스주의의 엄격한 도식에 맞춰 넣는 것은 환원적 사고라고 본다. 그뿐 아니라 생산과 노동을 중시했던 마르크스 시대와는 다르게 보드리야르는 우리 사회에서 소비가 우위성을 차지하는 것을 간파하고, 노동과 생산의 개념을 해체한다. 그는 마르크스에 의해서 생산제일주의라는 개념이 만들어진 것을 꼬집으면서 마르크스의 생산제일주의적 논리가 결국 환원론으로 빠질 수밖에 없는 것으로 파악한다. 왜냐하면 마르크스의 이런 논리는 모든 것을 노동과 생산양식으로 환원시키고 있기에 여러 사회 및 경제 현상들을 설명할 수 없기 때문이다.

이처럼 보드리야르는 마르크스주의 이론이 태어났던 정치경제학 문맥에서 마르크스의 논리를 송두리째 제거하려고 시도한다. 그것은 마르크스주의 이론이 정치경제학에 너무나 깊숙이 묻혀 있어서 생산의 지상명령을 면한 새로운 사회를 만드는 데 사용될 수 없기 때문이다. 따라서 그는 마르크스주의 이론 자체가 전체적인 사회적 실천을 규명할 수 없는 결함을 갖고 있기 때문에 이 이론의 근저에 있는 생산의 거울, 즉 노동자에 의한 지배, 생산수단의 사회화와 같은 것들을 깨뜨려야 한다고 주장한다.

결국 보드리야르는 생산제일주의 사회의 지배형태와 근본적으로 다른 우리 사회의 실천형태를 모색하고자 했다. 그 결과 보드리야르는 인종이나 성차별의 코드를 전복시킴으로써 정치경제학의 코드에서 조작하는 사회주의자들이 말하는 것보다 더 급진적인 사고에 자신의 문화혁명적 기획들을 연출하고자 한다. 구체적으로 보드리야르는 흑인, 여성, 동성연애자와 같은 주변집단들의 반항에 자신의 저항 이상을 반영하였는데 이는 인종적·성적 차이의 코드 파괴로 나타난다.

따라서 정치경제학의 코드에서 움직이는 사회주의자들보다 더 급진적이고 파괴적이다. 이 점에서 보드리야르는 차이와 주변의 정치학을 주장한다. 이것에 의하여 주변집단들은 사회의 지배적 가치와 욕구를 넘어선 그리고 이에 반대하는 자신들의 가치와 요구를 주장한다. 따라서 이 집단들은 현대사회의 코드와 논리에서 움직이는 집단들보다 더 급진적인 것처럼 보인다. 이런 연결에서 보드리야르는 차별과 한계의 정치학을 주장한다.

이러한 차별과 한계의 차이의 정치학은 푸코, 료타르, 들뢰즈, 가타리 그 외에도 당대 프랑스 사상가들이 주장하는 욕망의 정치학, 즉 미시정치학과 연결되고 있다. 미시정치학은 일상생활의 실천에 초점을 두고 있으며, 사회적 억압과 지배로부터 개인들을 해방시킬 수 있는 삶의 양식, 담론, 육체, 성욕, 의사소통 등의 혁명을 포함하게 된다. 이처럼 보드리야르의 정치학은 전통적인 마르크스주의보다 더 급진적이고, 혁명적이라고 일컫는 극좌의 정치 개념으로 순환한다. 이는 1968년 5월의 혁명에서 깊은 영향을 받은 결과이다. 여기서 그는 노동자 계급에 입각한 정치학과 단호하게 결별하고, 혁명적 정치학을 위한 대안적 전망을 모색한다(S. Best & D. Kellner, 1991: 116).

물론 보드리야르가 『기호의 정치경제학 비판』에서 주장한 것처럼 그가 마르크스를 '대체'한 것이 아니라 마르크스를 '개혁'한 것이라고 하지만 이미 그 곳에는 탈 마르크스주의적 비판이론의 씨앗이 잉태되고 있다. 따라서 탈현대주의자로서 그의 변신이 갑자기 이루어진 것이 아니라 이미 오래 전부터 서서히 진행된 것이다. 사실 상품이 잉여되면 '시뮬라크르'가 더욱 급속히 확산되어 차별화가 이루어진다. 왜냐하면 차별화를 통해야만 잉여물이 소비되기 때문이다. 마찬가지로 오늘날 권력도 시뮬라크르가 급속히 이루어지고 있다. 이렇게 보면 네오 마르크스주의자로서 보드리야르는 탈현대주의자로서 보드리야르와 자연스럽게 연결이 이루어진다.

그런데 보드리야르의 기호학은 소비문화와 대중문화를 날카롭게 분석했지만 그것의 정당성을 어쩔 수 없이 인정한 학문이 아닐까? 그렇다면 이는 대중문화와 소비문화를 납득할 수 없어서 그것을 거부한 프랑크푸르트학파의 엘리트주의적 염세주의와 크게 비교되는 것은 아닐까? 즉 마르크스주의자들이 상품의 기호학을 해독할 수 없어서 '이데올로기'로 변질되었던 그 지점에서 보드리야르는 역사적 유물론을 풍요롭게 하고, 또 개선하기 위해 고도로 발전된 자본주의라는 환경에 보조를 맞추면서 자본주의를 업데이트했던 것이 아닐까?

4. 광고: 새로운 의미작용의 양식

일반적으로 기호는 '물리적 형태'로서의 단어와 그 단어가 의미하는 정신적 개념으로 구성되며, 정신적 개념은 지시 대상, 즉 실재세계의 사물과 연결된다. 그리고 기호가 사람들 사이에 교환될 때 그것은 상징적 형태를 띠며, 그것의 의미는 서로 관계를 맺는 개인들 사이에서 부유한다. 따라서 단어는 '의미'를 가질 뿐 아니라 화자 사이에 공유되며, 사회적 유대를 강화하거나 위축시키는 일종의 선물처럼 교환된다. 이런 것이 보드리야르에게 언어적 유토피아, 즉 이상적 대화상황이다.

그러나 초기 자본주의 시대의 의미양식은 보드리야르가 언어적 유토피아라고 가정한 것과는 반대로 재현적 양식의 형태를 띠었다. 그 시대의 사회적 체계는 물질적 사물이라는 확실한 지시대상을 갖는 기호를 매개로 해서 '리얼리즘'의 형상에 따라 구성되었다. 그리고 기표와 기의를 연결하는 결합체는 인간 이성이었다. 그리고 재현적 기호를 가장 잘 해독하는 의사소통 행위는 쓰여진 글자를 읽는 일이었다. 씌어진 글자의 안정성과 단선성은 이성적인 주체, 또는 자부심과 통일성 있는 주체를 구성하는 계기가 되었으며, 이러한 주체는 자연과학의 담론을 최고의 이상으로 삼았던 기호들을 통해 리얼리즘 언어를 말했다.

현대사회에서도 기표와 기의의 이런 재현적 관계는 여전히 유지되고 있다. 대부분의 말은 이성의 도구이며, 그것이 환기시키는 의미나, 또는 그 의미가 지시하고 가리키는 사물과는 어떤 필연적 관계를 맺을 수밖에 없고, 그 관계도 매우 확고하다. 그것은 이성의 메타서사가 의미작용의 양식을 밑받침한 결과이기 때문이다. 이런 의미작용의 양식은 독서행위를 통해서, 인쇄글자의 선형적 흐름을 통해서 머릿속에 줄곧 기억됨으로써 각 개인들에게 반복적으로 실행된다. 따라서 큰 건물이 벽돌과 시멘트가 결합되어서 이루어지듯이 이들에게 있어서 말과 사물이 결합해서 객관적 세계를 재현한다는 것은 의심의 여지가 없다.

그런데 정보적인 의미작용의 양식, 즉 정보양식에서는 이런 사정이 많이 달라지고 있다. 이전 시대를 특징짓던 기호구성 요소의 내적 관계에서의 추상적 양식화가 촉발되고 있기 때문이다. 기호와 지시대상 사이의 핵심적 연결고리가 보드리야르의 스승이었던 르페브르(H. Lefebvre)가 '지시대상의 몰락'이라고 한 것처럼 기호의 지시 대상이 사라지고 있기 때문이다. 그것은 새로운 의미작용의 양식이 성립되었다는 것을 의미하는데 주로 대중매체에 의해 생겨나고 있다. 따라서 새로운 의미작용의 양식은 오늘날 대중매체의 중요한 특징이기도 하다. 예를 들어 신문은 재현양식으로부터 정보양식으로 바뀌고, 또 맥락화되고 단선적인 분석으로부터 객관성의 외양을 띠지만 실은 고립적이고 개별적인 자료의 몽타주로서 변화하고 있다.

그런데 새로운 의미작용의 양식이 가장 분명하게 드러나는 것은 텔레비전 광고이다. 텔레비전 광고는 이 모든 것을 바꾸고 있다고 해도 과언이 아닐 정도로 새로운 의미작용을 연출하고 있다. 우리 주위에 떠다니는 기표들은 결국 텔레비전 광고라는 거대한 의사소통을 통해 상품에 부가되고 있다. 이 경우 의미를 나타내는 언어능력은 그것의 관습적 성격 때문에 인정되는 것이 아니라 그 능력 자체가 의사소통의 주체이자 구조가 된다. 이런 구조에 힘입어 텔레비전 광고는 언어의 본원적인 능력을 복제하고 있다. 즉 언어는 다시 만들어지며, 새로운 의미를 부각시키는 광고를 통해서 새로운 관계들이 확립되고 있는 셈이다.

구체적으로 텔레비전에서 광고는 하나의 기표, 즉 구입하도록 요구되는 대상물과 어떤 관습적 관계도 갖지 않는 단어를 취하면서 그 기표를 대상물에 붙인다. 즉 광고는 새로운 언어 내지는 의사소통 현실을 구성하고 있다. 따라서 기호를 만드는 작업, 즉 광고를 제작하는 작업은 기표를 잠재적인 소비자 주변으로 실어 나르는 의사소통 방법인 셈이다. 이런 식으로 기표가 기호로부터 분리되어 추상화되면, 즉 기표가 의사소통 공간 속을 자유로이 떠다니게 된다. 그리고 이것들은 광고주의 자의적인 판단에 의해 특정한 상품에 부착된다.

따라서 오늘날 텔레비전 광고는 일상생활 어디서도 찾을 수 없는 의사소통을 행한다. 이 경우 비실재가 실재가 되기도 하며, 또는 어떤 의미도 없는 일련의 의미가 소통되기도 한다. 보드리야르는 이를 두고 의사소통의 모사(模寫: simulation)가 실재보다 더 실재적인 것으로 소통되고 있다고 파악한다. 그 결과 텔레비전 광고에서는 과잉현실(hyperreality)이 언어적으로 만들어지기도 한다. 이런 식으로 떠다니는 기표가 광고를 통해 재맥락화되면 잉여의미(사회적인 위치와 특정 연령이나 집단에서의 소속성 등)가 산출된다. 이것이 고도로 발전된 자본주의의 요구에 협력하는 새로운 의미구조가 만들어지는 과정이다.

이 같은 논의는 최근 경영학에서 주요 화두로 부각되는 상표(brand)로서 잘 표현되고 있다. 물건을 파는 것이 아니라 상표를 판다고 하면서 각 기업들은 상표가치를 유지하기 위해 엄청난 돈을 쏟아 붓고 있다. 그 결과 코카콜라나 맥도널드, 마이크로소프트와 같은 기업들의 상표가치는 수백 억 달러에 이르고 있다. 이는 상품의 사용가치만으로는 소비자의 인지구조에 변화를 초래할 만한 설득력을 지닐 수 없기 때문에 상표라는 기호를 판매하는 전략적 방안들이 이루어낸 결과이다. 이처럼 광고는 상품가치를 사용가치에서 상징가치로 변질시키는 데 크게 기여하고 있다.

오늘날 광고는 그 시대 삶의 기호라고 말할 수 있다. 즉 광고 메시지에서 그 시대정신이 반영되는 경우가 왕왕 있기 때문이다. 또 그래야만 소비자들에게 호소력을 지닐 수 있다. 특히 텔레비전 광고의 경우는 더욱 그러하다. 텔레비전 광고는 책의 낱낱의 장이나 앨범의 사진처럼 수집되고, 꾸며 맞추어질 수 있다. 책의 낱낱의 장이나 사진은 사회적 맥락에 비추어 읽힌다. 이런 상황에서 광고는 각 역사적 시기에서 사회적 집단의 욕구나 희망을 반영하며, 그 결과 일상생활의 윤곽을 그리는 것으로 보인다. 따라서 광고는 그 시대, 그 사회의 기호를 반영하는 셈이다.

예를 들어 '버지니아 슬림'이라는 여성용 담배가 "오! 귀여운 내 사랑, 당신은 먼길을 왔구려"라는 카피를 사용해왔는데 이 카피는 우아한 모델이 담배연기를 불어 날리는 초연한 모습과 더불어 1970년대 미국 사회의 모순을 해소시키는 데 일조했다. 이 광고에서 여성은 아주 연약한 어린아이의 역할을 하지만 동시에 가부장제의 해체를 이룰 수 있다는 것을 보여주려고 했다. 이처럼 '버지니아 슬림'은 광고를 통해 여성의 흡연을 페미니즘 운동과 연결시켜 당시의 사회적 긴장을 해소시키는 한편 그러한 긴장을 역으로 드러냈다. 이처럼 텔레비전 광고는 일상생활의 여러 국면을 주제화하는 사회적 기록물로 남는데 이것이 그 시대의 기호인 셈이다(R. Marchand, 1985: 101).

게다가 보드리야르는 기호교환, 또는 소비의 가장 아름다운 대상으로서 육체를 가정했다. 특히 여성의 육체는 더욱 심하다고 보았다. 예를 들어 육체를 둘러싼 위생관념 및 영양, 그리고 의료의 숭배, 젊음, 우아함, 남자다움, 여자다움 등에 대한 강박관념, 미용, 그리고 날씬해지기 위한 방법, 육체에 따라다니는 쾌락의 신화 등은 오늘날 육체가 구원의 대상이 되고 있음을 보여주는 단적인 예다. 이에 따라 현대인은 육체를 깊게 인식하기 위한 것이 아니라 물신숭배와 구경거리의 논리에 따라 육체를 다른 사물보다 더 완벽하며, 더 기능적인 사물로 새롭게 만들어내고 있다.

이처럼 자기도취적 숭배의 대상이 된 육체를 신성시하는 오랜 과정을 통해 아름다움과 에로티시즘이 오늘날의 주된 주제가 되었다. 그런데 아름다움과 에로티시즘은 불가분의 개념인데 이 두 개가 인간과 육체의 관계에 대해 새로운 윤리를 만들어내고 있다. 이것은 여성미 추구와 남성미 추구라는 대조적인 두 모델로 나누어 볼 수 있다. 아름다움은 여성에게 있어서 절대적이며, 종교적이라고 할 만큼 지상명령이 되었는데 그것은 아름다움이 자본의 한 형태이기 때문이다. 따라서 아름다움의 윤리란 육체의 모든 구체적 가치, 즉 에너지적, 행동적, 성적인 '사용가치'를 유일한

You've come a long way, baby.
VIRGINIA SLIMS
You've come a long way, baby.
VIRGINIA SLIMS
You've come a long way, baby.
VIRGINIA SLIMS
VIRGINIA SLIMS
You've come a long way, baby.
VIRGINIA SLIMS
You've come a long way, baby.
VIRGINIA SLIMS Lights
VIRGINIA SLIMS.
You've come a long way, baby.
VIRGINIA SLIMS
VIRGINIA SLIMS 120's

▲ 버지니아 슬림 담배광고

▲ 패션모델과 기호

'교환가치'로 환원하는 것이라고 정의할 수 있다. 이 교환가치는 완성된 빛나는 육체라는 이념, 욕망과 향유의 이념을 제멋대로 추상화하며, 그 결과 이들 이념의 실체를 부정하고 기호의 교환과정에서 소멸시켜버린다. 이는 아름다움이라고 하는 것이 서로 교환되는 가치·기호로서 기능하고 있기 때문이다.

그리고 아름다움과 함께 오늘날 도처에서 육체의 재발견과 소비를 결정하는 것이 성욕이다. 아름다움의 지상명령은 성욕의 개발로서의 에로티시즘을 초래한다. 여기서 충동 및 환상으로서 육체를 지배하는 것은 욕망의 개별적 구조이지만 에로틱한 육체를 지배하는 것은 교환의 사회적 기능이다. 패션 모델의 육체는 더 이상 욕망의 대상이 아니라 기능적인 사물이며, 기호의 집합체이다. 따라서 에로티시즘은 기호에 있는 것이지 결코 욕망에 존재하는 것이 아니다.

이와 관련해서 기호학자 바르트는 광고의 기호학적 위치를 역사적 분석으로 더 보태고 있다. 그에 따르면 유행은 한때 귀족에게만 전파되었는데 오늘날 이것이 누구에게나 가능해짐으로써 유행의 확장은 대량생산체계를 통한 상품의 표준화를 요구하게 된다. 이렇게 표준화된 물건이 대량으로 소비되려면 어떻게든 하나의 코드를 이루어야 하는데 이 코드에서 그것은 기호로 나타나고 있다. 그런데 오늘날 사회는 자연을 있는 그대로 읽으려고 하지 않고, 자연을 설명함으로써 오히려 기호를 자연화(naturalization)시키고 있다. 그 결과 기호가 갖고 있는 고유의 언어학적 속성을 은폐하면서 오히려 상품을 기호로 만들 수 있는 여지를 확대해놓았다(R. Barthes, 1973: 286).

따라서 오늘날 광고는 상품을 자연에 대입시키려 하기보다는 그것의 의미만을 둘러싸고 유희한다. 즉 광고는 상품이 지니고 있는 다양한 의미를 취하면서 자신의 정체성을 마음껏 발휘한다. 텔레비전 광고에서 이런 현상은 더욱 극명하게 나타난다. 텔레비전 광고의 주체인 소비자는 광고언어의 비고정적이고, 비자연적이며 근거 없는 속성을 자연스럽게 받아들인다. 소설의 허구적 진실을 인정함으로써 문명화된 주체로 자신을 인식하면서 동시에 그런 허구로부터 도피하려는 소설 독자와 비교할 때, 텔레비전 광고 소비자는 오히려 솔직하다고 말할 수 있다. 따라서 텔레비전 광고를 접하는 소비자들은 광고언어를 더욱 사회적으로 구성된 차이들의 언어라고 인식한다.

5. 광고: 산타크로스적 논리

일반적으로 광고를 거부하는 사람들, 좀더 정확히 말해서 광고효과를 거부하는 사람들은 광고효과의 특수한 논리를 이해하지 못해서이다. 광고효과의 논리란 정확히 말해 과학에서 말하는 언표와 증거의 논리는 아니다. 아마 그것의 반대쯤에 위치한 우화(寓話)와 동의(同意)의 논리에 해당한다. 사람들은 이 우화와 동의의 논리를 믿으려 하지 않으면서도 결국 이 논리에 집착하는 것이 현실이다. 왜냐하면 제품에 대한 증명만 갖고서는 아무도 설득시키지 못하기 때문이다. 오히려 소비자들은 합리적 동기에 선행하거나 합리적 동기를 넘어서는 구매를 하고서는 이를 우화와 동의의 논리로서 합리화하기 때문이다.

따라서 소비자들은 제품을 믿지 않으면서도 제품을 믿게 하려는 광고주의 광고는 믿으려 한다. 이것이 바로 산타클로스적 논리이다. 즉 어린아이들은 산타클로스의 존재에 대해 조금도 심각하게 생각하지 않으면서 자신들이 받는 선물의 크기에 따라 산타클로스를 믿거나 믿지 않게 된다. 따라서 산타클로스의 존재에 대한 믿음은 어린아이의 합리적 동기를 정당화하려는 상상적 이야기의 꾸며냄에서 비롯되었다고 말할 수 있다. 정신

◀ 산타클로스

분석학적으로 볼 때 산타클로스의 존재는 제1의 유년시절에서 욕구충족의 대상이었던 부모(정확히 말하면 어머니)와 또 부모가 자식에게 바라는 욕구충족의 소원적 관계가 제2의 유년시절에도 보존될 수 있게 해주는 기제로 작용한다고 할까(배영달, 1999).

이처럼 사실에서 순환되는 이 기적적 관계는 사실의 이상적 연장이라는 믿음으로 내면화된다. 사실이라고 믿어지지 않는 이 기이함은 결코 인위적인 것이 결코 아니다. 그것은 이 기적적인 관계를 보존하려는 양쪽이 갖고 있는 상호이해 관계에 근거를 두고 있다. 따라서 산타클로스는 이 모든 점에서 별 것이 아니다. 어린아이는 산타클로스가 별 것 아니기 때문에 단지 그를 믿으려 한다. 이 이미지와 가상을 통해서 어린아이가 성취하는 것은 꾸며낸 이야기의 공범자인 부모들이 비는 소원과 그들이 기울이는 세심한 정성이다. 선물은 이 타협을 승인하기만 할 뿐이다.

광고조작도 같은 차원이다. 제품의 효능에 관한 수사적 담론도, 심지어 정보적 담론조차도 소비자들의 판단에 결정적인 영향력을 행사하지 못한다. 개인이 광고에 대해 민감한 반응을 보이는 것은 보호와 욕구충족이라는 숨은 주제, 사람들이 신경을 써서 간청하고 설득하는 것, 그리고 자신의 욕방을 알려주는 것을 받아들이는 심급(instance: 심적 장치 하부구조의 각

영역)이 어딘가 있다는 신호와 같기 때문이다. 따라서 소비자는 어린아이가 산타클로스를 믿는 것처럼 광고를 믿는다. 그것은 소비자가 내면화된 어린아이 같은 상황에 똑같이 동의하고 행동하는 것을 막지 못해서이다. 따라서 반사조절의 논리가 아니라 매우 철저한 논리, 즉 믿음과 퇴행의 논리에 따른 광고가 효과를 얻을 수 있다.

따라서 우리는 상품에 대한 부드럽고 긴 설명—사회가 얼마만큼 당신의 취향과 당신의 욕망을 이해하고자 노력하는지 파악해보세요. 따라서 당신이 이 사회에 동화되는 것은 당연한 일입니다—으로 이루어진 광고의 서사구조를 잘 파악해야 한다. 이처럼 광고를 통한 설득은 은밀히 이루어지지만 이 담론이 암시하는 사회적 합의에 대한 동의만큼이나 상품 구매에서 어떤 강제성을 지니지 않는다. 즉 상품은 효용이며, 사회와 우리 사이의 관계이기도 하다는 식이다. 어쨌든 광고는 모성적 이미지로 구성되든, 유희의 기능으로 체계화되든 그것은 노동, 생산, 시장, 가치의 실제적인 사회적 과정 이면에 있는 욕구의 사회적 억압과 같은 과정을 목표로 삼는다(배영달, 1999).

결국 산업사회에서 노동의 분화(분업)를 통해 이미 상품이 노동에서부터 분리된 것처럼 광고는 구매 순간에 상품과 소비를 철저하게 분리하면서 이 과정을 실현한다. 즉 생산된 상품에 광고는 광범위한 모성적 이미지를 삽입하면서 상품이 더 이상 그 자체로 간주되지 않고, 무조건적으로 사물로 간주하게끔 만든다. 광고는 사물의 매우 분화된 체계가 지니는 물질적 추상화에 힘입어 동일한 개인을 생산자와 소비자로 분리한다. 동시에 광고는 그와 반대로 사물과 사물에 대한 욕망 사이의 유치한 혼동을 불러일으키고, 소비자를 마치 어린아이가 자기 어머니와 어머니에게서 받은 것과 혼동하는 그러한 단계에 이르게 하려고 애쓴다. 물론 이런 효과는 광고기호의 위상과 그 해독의 과정을 통해 강화된다.

따라서 광고란 상품에 덧붙여놓은 열기에 해당한다. 그렇지 않으면 상품은 있는 그대로의 것에 지나지 않는다. 그것은 바로 우리가 '분위기'의 동인으로 이미 인정한 현대의 특성 중 하나이다. 예를 들어 색깔에도 차갑고 따뜻한 색이 있듯이 상품에도 차갑고 따뜻한 상품이 있다. 마찬가지로 개성도 차갑고 따뜻한 것이 있는데 상품소비를 통해 개인은 나름대로의 개성화를 이룰 수 있다. 따라서 상품은 우리에게 판매되지만 광고는 우리에게 제공된다. 이렇게 함으로써 광고 활동은 부모에 의한 수동적 욕구충족의 유치한 상황이 재연되는 것과 동시에 증여와 선물이라는 예전의 의례와 다시 관계를 맺는다. 이렇게 해서 철저한 상업적 관계가 욕구충족과 증여와 선물이라는 형식을 통해 개인적 관계로 변화된다. 이처럼 우리는 상품을 통해서 상품 자체를 소비하면서 동시에 광고를 통해 그 의미를 소비하고 있다.

이런 상황에서 소비자는 광고에 나타난 주제와 말과 이미지에 의해서 소외되고 기만당하기보다는 자신들에 대해 이야기하고 자신들에게 보여주는 관심과 정성에 의해서 정복되고 있다. 리스맨(D. Riesman)을 비롯한 일군의 미국사회 비평가들은 왜 상품이 본질적인 가치에 의해 점점 더 평가되지 않고, 회사가 상품을 통해서 소비자의 삶에 대해 갖는 관심에 따라, 즉 회사가 고객에 대해 갖는 관심에 따라 평가되고 있는지를 말해왔다. 결국 이렇게 해서 개인은 사회집단 전체의 만족스럽거나(실망시키거나) 영예로운(혹은 죄의식을 갖게 하는) 끊임없는 소비를 통해 서서히 조종된다(배영달, 1999).

일반적으로 광고기호란 우리에게 사물을 말해주고 있다. 그렇지만 광고기호는 생동감 있게 사물을 설명하지 못한다. 사실 광고에서 사용되는 기호는 부재하는 세계를 말해주듯이 실제 사물도 그런 식으로 표현한다. 다시 말해 해독되기 위해서 광고기호도 존재한다고 말할 수 있다. 따라서 광고기호란 해독을 강요하는 기호일 따름이다. 만약 광고기호가 정보를 전달하는 기능을 담당한다면 거기에는 완전한 해독과 그 해독에 입각한 실천[11]만이 있을 뿐이다. 그런데 광고기호는 다른 역할을 담당하는 경우가 많다. 즉 그것은 자신이 가리키는 것이 존재하지 않다는 것을 지향하

11) 사용가치에 따른 소비를 의미한다.

는 역할이다. 이 범위에서 자동적인 해독은 만족의 특수한 체계에서 정리되지만 실재의 부재에 대한 결정, 즉 욕구불만은 끊임없이 이 체계에서 작용하고 있다.

따라서 이미지는 빈 공간을 만들어내면서 부재를 지향한다. 사실 이미지는 사물에 대한 정신력 집중을 불러일으키는 일반적 해독의 차원을 훨씬 뛰어 넘는다. 일반적 해독의 차원에서는 기표와 기의가 객관적으로 일치한다면 이미지는 처음부터 '기표=기의' 고리를 의도하지 않는다. 따라서 이미지는 자신을 드러내는 것처럼 보이면서 동시에 자신을 감추면서 사물에 대한 불확실한 생각을 낳게 한다. 그래서 이미지는 우리를 실망시키곤 하지만 따지고 보면 이미지의 기능이란 그것을 보게 하고 실망시키는 일이 아닌가.

이 때문에 광고는 매력적 만족이나 세계를 향한 실질적인 중재를 취하지 않는다. 오히려 광고효과는 미완성의 사고방식, 끝없는 융기, 사물의 오로라, 욕망의 오로라와 같은 환멸을 양산할 뿐이다. 그것은 원칙적으로 해독자에게 자신의 수동성을 수용토록 하면서 곧바로 소비자로 변화하도록 만든다. 실제로 애매모호한 이미지일수록 실재를 향한 전환을 회피하고, 끊임없는 욕구 불만에 의한 죄의식을 교묘하게 조장한다. 따라서 이미지와 이미지의 해독은 사물을 향한 최단거리가 아니라 오히려 다른 이미지를 향한 최단거리인 셈이다. 그 결과 수면 직전의 상태에서 느끼는 이미지의 오로라처럼 광고기호는 계속해서 생겨난다.

참고문헌

배영달 편저. 1998, 『보드리야르의 문화 읽기』, 백의.

Barthes, R. 1973, *Mythologies*, 정현 역, 1995, 『신화론』, 현대문학사.

Baudrillard, J. 1968, *Le systeme des objets*, 배영달 역, 1999, 『사물의 체계』, 백의.

_____. 1970, *La societe de consommation*, 이상률 역, 1991, 『소비의 사회』, 문예

출판사.

_____ . 1973, *The Mirror of Production*, 배영달 역, 1994, 『생산의 거울』, 백의.

_____ . 1976, *Lechange symbolique et la mort*, Paris: Gallimard.

_____ . 1979, *De la seduction*, 배영달 역, 1996, 『유혹에 대하여』, 백의.

_____ . 1981, *For a Critique of the political Economy of the Sign*, 이규현 역, 1992, 『기호의 정치경제학 비판』, 문학과 지성사.

Best S. & D. Kellner. 1991, *Postmodern Theory: Critical Interrogation*, 정일준 역, 1995, 『탈현대의 사회이론』, 현대미학사.

Marchand, M. 1986, *Advertising and the American Dream: Making Way Modernity.*

Poster, M. 1990, *The Mode of Information: Poststructualism and Social Context*, 김성기 역, 1994, 『뉴미디어 철학』, 민음사.

제6장

과잉현실·가상현실의 도래

1. 이항대립쌍의 파급 효과

우리의 먼 조상들은 해와 달, 산과 바다, 살과 뼈, 야수와 들꽃에 파묻혀 살면서 오랫동안 원시적인 의사소통을 해왔다. 이런 원시적 의사소통은 주로 시각에 의존하며 시각을 통해 발견한 의사소통의 단초는 이항대립쌍(binary opposite)들로 구성된 이미지들이다. 낮과 밤, 남자와 여자, 웃음과 눈물, 죄와 벌, 삶과 죽음이 그 단적인 예다. 이런 것들을 보면서 원시인은 '예'와 '아니오'라는 가장 원초적인 몸짓을 만들어냈다. 그렇지만 이들이 '예'와 '아니오'를 확실히 말하면서부터 인류의 역사는 소리내어 울기 시작했다. 즉 '경계(境界)'가 생겨난 것이다.

이제 시간이 흘러 '예'와 '아니오'만으로 자신들의 의견이나 생각을 제대로 표현할 수 없게 되었다. 그만큼 표현할 것이 많아지고, 또 다양해진 것이다. 그 결과 자신들이 접하는 대상과 이미지에 대해 이름을 짓기 시작했는데 이 때부터 언어라는 매체 기술이 등장하기 시작했고, 점차 기표화의 대상을 넓혀가면서 사람들은 언어에 입각한 의사소통을 본격적으로 할 수 있게 되었다. 이처럼 언어의 등장은 벙어리가 말문이 터진 것처럼 다음 단계의 매체 기술을 발전시키는 데 중요한 역할을 했다. 뒤이어 문자에 입각한 의사소통과 최근의 와서는 전자방식에 입각한 의사소통으로 발전하기에 이르렀다.

이처럼 원시적 상태의 언어에서 최근의 전자방식의 의사소통으로 이어지는 데는 약 10만 년이라는 긴 세월이 흘렀다. 그렇지만 뒤이어 나타난 새로운 매체 기술이 기존의 매체 기술을 소멸시키거나, 또는 대체하지 않고 서로 상보적 발전을 통해 공존의 길을 모색해왔던 것이 사실이다. 예를 들어 언어에 입각한 의사소통이 문자에 입각한 의사소통에 의해 소멸되지 않고, 또 문자에 입각한 의사소통이 전자방식에 입각한 의사소통에 의해 점령되지 않은 채 이들 매체 기술들이 사용되고 있다. 즉 오늘날까지도 이른바 구 매체와 신 매체가 함께 공존하고 있는 셈이다.

그런데 오늘날 전자방식에 입각한 의사소통의 큰 획을 담당하는 시각적 의사소통의 특이한 영향으로 말미암아 앞에 열거한 세 가지 의사소통 기술들 사이의 관계가 상보적인 것에서 상충적인 것으로 급속히 변화되고 있다. 이들 세 가지 의사소통 기술이 서로 다른 기능을 수행하고 있기 때문이다. 언어에 입각한 의사소통이 사회공동체를 일으키는 언어를 생산했다면 문자에 입각한 의사소통은 인간 이성을 개발한 특수한 언어를 생산함으로써 우리들에게 내재하던 동물성을 극복토록 만들었다. 문자에 입각한 의사소통 기술은 원자료(raw data)로부터 정보를, 정보에서부터 지식을, 지식에서부터 지혜를 얻어내는 이성적 추상화를 가능케 해주었고, 그 결과 자료-정보-지식-지혜의 서열체제를 만들었다. 이런 지식의 서열체제가 확립됨에 따라 인간은 우주와 인류의 기원에서 비롯된 문화를 여러 모양으로 기술할 수 있었다.

또 문자에 입각한 의사소통 기술은 전통을 일으키고, 전승시키는 언어체제였다. 이처럼 점증적으로 총 집산되는 지식체계의 정상에서 인간 이성은 빛났고, 그것은 좀더 높은 지혜를 찾아갈 수 있었다. 어쩌면 이것은 인간의 제2의 바벨탑처럼 보였다. 이른바 근대 이성이라고 불리는 것이 바로 그것이다. “나는 생각한다. 고로 존재한다”는 데카르트의 선언이 이성의 우월적 가치에 대한 공개적 선언이었고, 이 이성의 기획하에서 근대는 재편되었다. 뉴턴의 과학이 그러했고, 민주주의가 그러했고, 자본주의가 그러했고, 예술에서의 원근법과 대위법도 그러했다. 그런데 이성의 기획은 전혀 예기치 않은 동기에 의해서 서서히 붕괴되고 있다.

오늘날 전자방식에 입각한 의사소통 기술의 등장이 이성의 기획을 무력화시키고 있다. 전자방식에 입각한 의사소통 기술은 문자에 입각한 의사소통 기술이 문자 전통과 그 이전의 모든 문화유산을 총 집산토록 했던 것처럼 지금까지의 모든 것을 그 특유의 방식으로 재집산시키고 있다. 그 특유의 방식이란 시각화와 디지털화로 요약되는데 이것은 오늘날 지식 위에 정보의 우위를 허용하는 새로운 논리를 지니고 있다. 또 전자방식에 입각한 의사소통 기술은 이 모든 전승을 총체적으로 상품화하고 있다. 따라서 상품화와 소모가 이 시대를 지배하는 기본 인식 틀이다. 소모될 수 없는 것이면 상품화되지 않고, 상품화되지 않는 것은 이내 폐기된다고나 할까? 아이러니컬하게도 소모행위 역시 마찬가지의 폐기행위인 셈이다.

따라서 언어 및 문자 기술은 문화를 일으켰지만 시각 및 전자 기술은 문화를 폐기시키고 있다는 말까지 나오고 있다. 이것은 기술이 문화를 일으킬 수 없다고 한 엘루(J. Ellu, 1990)의 주장과 맥락을 같이 한다. 엘루의 이런 주장을 기호학의 분석 틀로 설명하면 다음과 같다. 즉 한 축은 기표가 제한되느냐 풍부하냐의 틀로서, 그리고 다른 한 축은 기의가 낮으냐, 높으냐의 틀이다. 여기서 기표란 의사소통 기술을 의미하고, 기의란 총체적 의미의 문화를 의미한다. 참고로 기표로서 의사소통 기술은 '몸짓→언어→문자→전자'로 발달되었다.

먼저 기표가 제한되어 기의 역시 풍부하지 않은 단계가 바로 원시 시대 단계이다. 원시 시대에 살았던 인간은 몸짓이나 손짓, 그림, 그리고 '예'와 '아니오' 정도로 구성된 제한된 언어로 의사소통을 했다. 이런 의사소통을 하면서도 거의 불편을 느끼지 못했던 것은 표현하고자 하는 대상, 즉 문화(기의)가 풍부하지 않았기 때문이다. 두번째 단계는 인류가 다음 단계로 움직이는 단계이다. 이 단계에서 인간은 언어와 문자처럼 과학적

<그림 8>

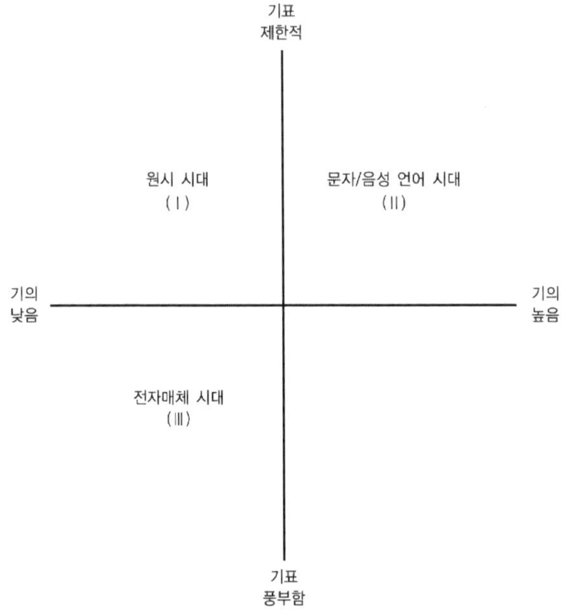

이면서도 체계적인 의사소통 수단을 개발했는데 이것은 인간이 표현하고자 하는 대상이 확대되었기 때문이다. 즉 총체적 의미로서의 문화가 크게 확장되었기 때문이다.

사실 언어 및 문자에 입각한 의사소통의 참된 위력은 사람들이 이런 도구를 통해 자연 세계와 별도로 존재하는 추상적인 관념의 세계를 만들 수 있다는 사실이다. 사람들은 이 추상세계에서 신화, 전설, 민담, 농담 같은 이야기들을 부단히 생산해왔다. 이에 따라 사람들은 가무를 즐기고, 미술품(회화, 조각, 건축, 공예품들)을 창작하면서 추상세계를 끊임없이 확장했다. 이런 추상세계에서 사람들은 온갖 은유들을 알게 모르게 즐겼다. 이런 것들의 총체를 우리는 문화라고 이해해왔다. 따라서 언어와 문자의 등장은 필요가 발명을 낳았다는 식으로 비유할 수 있을까?

그런데 언어 및 문자에 입각한 의사소통에서 전자방식에 입각한 의사소통으로 이행하는 동안 전자방식에 입각한 의사소통이 파상적으로 일으키는 우스꽝스러운 반전현상에 주목할 필요가 있다. 전자방식에 입각한 의사소통이 점점 언어 및 문자에 입각한 의사소통의 이런 전승들을 밀어내기 시작하면서 모든 것이 달라지기 시작했다. 한 문화를 일으킨 언어가 죽으면 그 문화도 죽는 것이 일반적인 관행이다. 그것은 기술에 의한 문화의 융성과 쇠퇴가 서로 다른 기술들이 인간 체험을 다른 방식으로 요리하는 데서 비롯되기 때문이다. 바로 이 단계가 바로 기표는 풍부하지만 기의가 줄어드는 세번째 단계이다. 결국 이런 과정이 계속되면 기표만이 난무하는 세상으로 바뀔 수 있다. 즉 표현하고자 하는 기의는 제한되는데 반해 표현하고자 하는 욕구가 크기 때문이다.

사실 첨단의 전자방식에 입각한 의사소통에 의해 형성된 이미지라는 언어는 문화전승의 언어가 아니다. 그것은 기능, 조작, 생산, 소모의 언어이다. 이런 언어는 사람들을 은유와 추상의 세계에 오르게 할 능력조차 없다. 사실 오늘날 사람들은 자신들의 언어습성을 너무나 직선적으로 하는 데 익숙하다. 즉 모든 것을 축지적으로 이해하려고 든다. 따라서 이들은 외시 의미의 주변에서 모든 것을 처리하려고 하기에 함축의미를 알아차릴 능력을 잃는다. 이런 식으로 언어활동을 하는 사람들은 은유를 전혀 이해하지 못한다. 따라서 사람들은 멋을 잃고 기계처럼 될 수밖에 없다. 이런 사람들에게 문화란 결코 존재할 수 없다.

이처럼 전자방식에 입각한 의사소통 기술은 오늘날을 규정하는 새로운 언어이다. 이 새로운 언어는 모든 것을 과잉현실(hyper-reality)[12]로 재해석하고, 또 과잉현실을 일관 공정에 입각해서 연속적으로 재생산하는 도구로서의 역할을 수행한다. 또 새로운 언어는 사람들에게 생산된 과잉현실의 소비를 매우 유혹적인 방법으로 학습시키는 수단으로까지 변모한다. 이런 학습방식은 결국 언어 및 문자에 입각한 의사소통이 일으켜준 공동체와 그 지식체계를 우리들의 인생과는 점차 무관하게 느끼도록 만든다.

12) 일부에서는 초현실, 또는 과현실로 번역하기도 한다. 초현실은 직역을 했다면 과현실은 의역을 한 것이다. 필자는 과잉현실이라고 번역하고자 하는데 이는 하이퍼리얼리티와 비교되는 버추얼 리얼리티(virtual reality)와 보조를 맞추기 위한 것이다.

뿐만 아니라 상업주의적으로 지향된 전자방식에 입각한 의사소통 기술은 온갖 과학적 방법을 동원해서 사람들로 하여금 별다른 노력 없이 비이성적 소모행위를 수행하도록 강요한다. 상업광고가 대표적인 예다. 사람들은 이런 상황에서 지식은커녕 정보마저 더 이상 거들떠보려 하지 않고, 과잉현실의 유혹에 내맡긴 채 인생을 쾌락 속에서 즐기려 한다. 따라서 전자방식에 입각한 의사소통은 사람들을 그저 즐겁게 만들기만 하는 것이 아니라 충실한 소비자로 전락시키고 있다. 결국 과잉현실적 공간에서 인생은 소모를 위한 삶일 따름이다. 이처럼 과잉현실을 추구하는 사람들의 의식에는 과잉현실만이 홍수처럼 범람하고 있는 셈이다.

어쩌면 전자방식에 입각한 의사소통의 기술적 언어는 인간의 감성을 조작함으로써 사람들을 이성의 감시에서 벗어나도록 만들었다. 이런 식으로 제2의 바벨탑은 붕괴되고 있다. 옛날 옛적 제1의 바벨탑을 신이 무너뜨렸다면 언어 및 문자에 의해 형성된 제2의 바벨탑은 인간에 의해 파괴되고 있는 셈이다. 그렇지만 이 바벨탑만은 유지되어야 한다고 주장한다면 그것은 오늘날의 변화에 대해 너무나 둔감한 처사가 아닐까? 아니면 새로운 전자방식에 입각한 의사소통 문화의 도래에 대해서 여전히 저항적인 입장을 취하고 있어서 일까? 소비사회에 대한 예리한 분석을 통해 현대철학의 큰 획을 형성한 보드리야르도 이런 의문을 똑같이 제기한 사람이다.

2. 과잉현실·가상현실

전자방식에 입각한 의사소통이 만들어내는 가장 큰 변화는 과잉현실[13]과 가상현실(버추얼 리얼리티, virtual reality)을 만들어내는 일이다. 보드리야르에 의해 유명해진 이 말은 오늘날 매체가 그려내는 현실을 가장 극적으

13) 사실보다 더 사실적인 새로운 매체 리얼리티를 의미한다.

로 표현하는 말이다. 쉽게 말해서 텔레비전이 과잉현실을 만든다면 컴퓨터는 가상현실을 만든다고 말할 수 있다. 이는 텔레비전이 수동적이고, 반영적인 과잉현실을 조장한다면 컴퓨터는 능동적이고, 상호작용적이며, 몰입적인 가상현실을 조장하는 것과 관련이 있다. 어떤 의미에서 보면 과잉현실에서 가상현실로 가는 것은 새로운 방향이라기보다는 일종의 심화가 아닌가 생각한다.

그런데 매체 효과를 이처럼 극명하게 표현한 말이 과연 있을까 하는 생각마저 든다. 그동안 대효과, 중간효과, 제한효과 등으로 효과의 크기에 따라 매체 효과를 규정지었는데 오늘날 매체 효과는 이런 식의 양적 구분을 훨씬 뛰어넘고 있다. 좀더 정확히 말하면 매체가 범람하는 시기에 매체 효과의 크기는 문제되지 않는다. 매체 효과가 크다는 사실을 뒤집을 만한 근거를 찾기 힘든 것이 실상이다. 오히려 이런 엄청난 위력을 지닌 매체 효과가 어떤 형태로 나타나는지가 오늘날 더 중요한 관심사이다. 이런 관점에서 볼 때 과잉현실과 가상현실은 매체의 질적인 영향력을 말해주는 가장 상징적인 개념일 것이다.

그런데 과잉현실과 가상현실은 어찌 보면 서로 비슷하지만 이 두 개념 사이에는 엄연한 차이가 존재한다. 이 차이를 명확히 하기 위해 우리는 '꾸밈성(fabrication)'과 '믿음성(believability)'이라는 두 축을 사용해 생각할 필요가 있다. 꾸밈성과 믿음성은 자신의 생각이나 주장을 상대방에게 말할 때 중요한 요소에 해당한다. 꾸밈성이 의사소통 '과정'과 연결이 된다면 믿음성은 의사소통 '결과'와 관련성을 맺기 때문이다. 이를 축으로 하면 <그림 9>과 같은 네 개의 조합이 그려진다.

우선 꾸밈성은 적지만 믿음성이 높으면 그것이 바로 현실 영역이다(Ⅰ). 우리가 '리얼리티'라고 부르는 영역이 이에 속한다. 이 영역은 의사소통에서 낮은 기술을 동원했기에 진실성이 있어 보인다. 반면 꾸밈성도 높은데 믿음성마저 높으면 이것을 과잉현실의 영역이라고 부른다(Ⅱ). 흔히들 '하이퍼리얼리티'라고 부르는데 이는 의사소통에서 높은 기술을 동원했으면서도 진실성이 있는 것처럼 보이기 때문이다. 또 꾸밈성은 많지만

<그림 9>

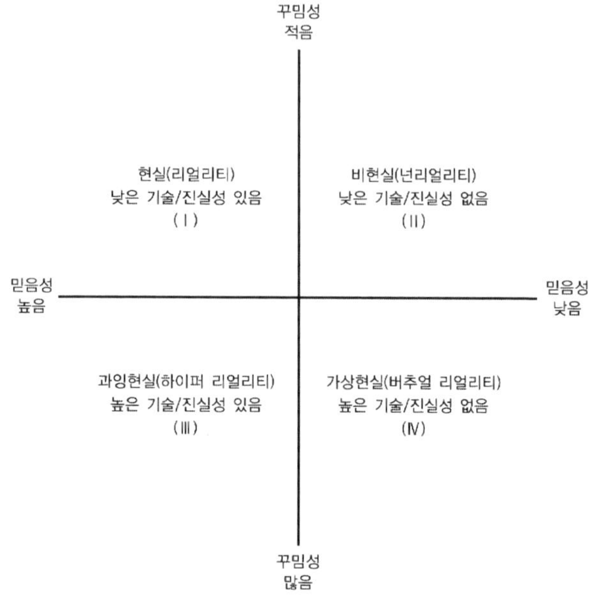

믿음성이 낮으면 그것은 가상현실의 영역이다(Ⅲ). 우리는 이를 '버추얼 리얼리티'라고 부른다. 이는 높은 의사소통 기술을 동원했기에 진실성이 없어 보이기 때문이다. 반면 꾸밈성이 적으면서도 믿음성이 낮으면 그것은 비현실의 영역이다(Ⅳ). 이는 낮은 의사소통 기술을 동원했음에도 불구하고 진실성이 없어 보이기 때문이다. 이 영역은 이론상으로만 존재하는 영역이지 결코 존재하는 영역은 아니다.

이처럼 과잉현실과 가상현실은 꾸밈성이 많다는 것을 특징으로 하고 있다. 즉 과잉현실은 텔레비전이라는 매체를 통해서, 가상현실은 컴퓨터라는 매체를 통해서 다양한 기표의 조작이 가능하다. 텔레비전의 경우 같은 대상이라 할지라도 카메라의 위치와 앵글에 따라, 또는 조명과 카메라의 속도에 따라 얼마든지 그 표현을 달리할 수 있다. 컴퓨터의 경우는 더욱 극단적으로 가능하다. 단말기의 간단한 조작에 따라 대상을 여름 색조에서 겨울 색조로 바꿀 수 있는가 하면, 2차원의 공간을 3차원의 공간으로

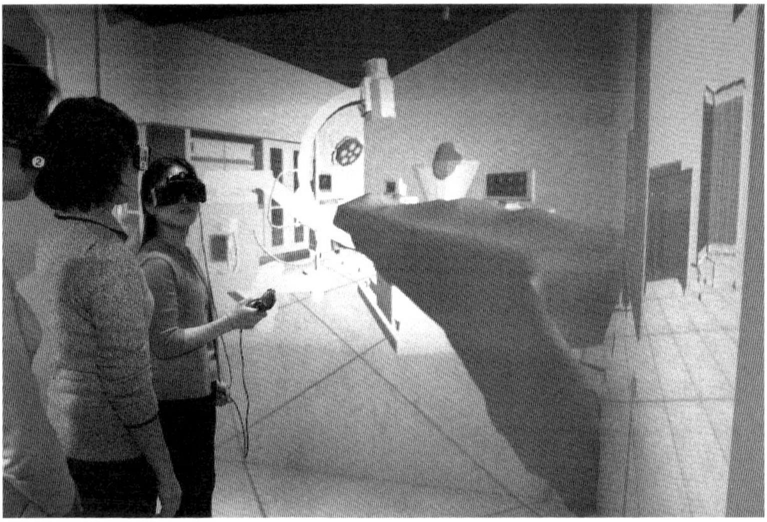

▲ 안경을 쓰고 가상현실을 체험하고 있는 사람들

바꿀 수 있다. 물론 이 경우 다른 기표를 사용했지만 표현하고자 하는 대상, 즉 기의는 하나 뿐이다.

이처럼 가상현실이란 '안경'을 통해서만 참여자에게 보이는, 그렇지만 동시에 참여자의 자극에 반응하는 컴퓨터가 만들어낸 장소이다. '안경'을 쓴 참여자는 자신을 위해 설계된 집이 아직 완성되기도 전에 집 안 여기저기를 걸어다니면서 주거감을 그대로 맛볼 수 있다. 또 컴퓨터가 만들어낸 그림이나 박물관을 관람하거나 다른 도시를 걸어다닐 수도 있다. 이때 참여자의 위치는 미리 짜여진 컴퓨터 프로그램이나 영화 시나리오에 따라 결정되는 것이 아니라 그들의 실제 행동에 따라 결정된다. 이 경우 컴퓨터는 단순한 상징처리 장치가 아니라 현실을 만들어내는 장치인 셈이다.

그런데 과잉현실과 가상현실 사이에는 중요한 차이가 있다. 그것은 믿음성의 문제이다. 과잉현실은 기본적으로 현실에 입각해서 표현된 것이기에 이를 접한 사람들은 과잉현실을 현실인 것처럼 착각할 수 있지만, 가상현실은 현실에 기반을 두지 않았기에 아무리 대상을 사실적으로 표현했다 하더라도 사람들은 쉽게 이를 믿으려 하지 않는다. 즉 과잉현실이란 현실보다 더 현실적인 이미지의 세계라면 가상현실은 존재하지 않는 허구의 세계이다. 그렇지만 사람들은 허구의 세계인 가상현실마저도 이를 현실로서 인정하려는 경향을 보인다. 그것은 컴퓨터 기술이 발전한 탓도 있지만 컴퓨터가 만들어낸 가상현실이 현실보다 훨씬 환상적이기에 이런 환상을 현실로 받아들이려고 하는 경향 때문이다.

물론 과잉현실은 매체에만 존재하는 것은 결코 아니다. 우리들이 접하는 자연에서도 얼마든지 존재한다. 예를 들어 초자연적인 힘과 같은 것이 단적인 예다. 초자연적 힘은 우리로 하여금 자연의 것을 믿을 수 없도록 만드는데 이것이 일반적인 자연의 현실(리얼리티)은 아니다. 또 문화에서도 과잉현실을 얼마든지 찾을 수 있다. 문화의 과잉현실적 요소는 미술작품, 공상과학 소설과 영화 등에서 이미 많이 나타나고 있다. 작품의 전개 내용이 다소 극적이어야만 사람들이 호기심을 갖고서 문화현상을 접하게 되는데 이것 역시 과잉문화 현실이라고 말할 수 있다.[14)]

어디 그 뿐인가. 우리의 일상생활에서도 과잉현실적 요소가 자주 나타난다. 상대방에게 말을 건널 때 상대방의 관심을 끌기 위해 사실보다 더 과장하거나, 또는 불필요한 부분을 제거한 압축된 이야기 방식도 일종의 과잉현실에 입각한 의사소통 방식이다. 또 이야기를 지루하게 하지 않기 위해서 재미있는 부분만 인용하는 경우가 있는데 이 역시 일종의 과잉현실에 입각한 의사소통 방식이다. 이렇게 보면 우리는 의도하든 의도하지 않든 간에 과잉현실적 요소를 가미해서 의사소통하는 것에 매우 익숙해 있다.

그런데 보드리야르가 문제삼는 것은 매체, 특히 텔레비전이 만들어내

---

14) 최근 소설가 박범신은 소설과 시를 동시에 발표하면서 소설은 이성적인 작업이라면 시는 이성을 뛰어넘는 작업이라고 말했다. 예를 들어 소설의 형식만 보더라도 기승전결이라는 형식을 갖는데 이 역시 자연적인 반응의 결과라기보다는 이성에 의해 치밀하게 구성된 작업이다. 이에 반해 시는 우리들의 감정이 꾸밈없이 반영된 작업이라고 정의했다.

는 과잉현실이다. 이것은 보드리야르가 아니더라도 매체학을 전공으로 하는 우리들이 마땅히 관심을 가져야 하는 대목이다. 사실 텔레비전을 통한 매체경험이란 것은 일종의 영상적 체험이다. 더욱이 새로운 언어로서의 텔레비전은 실재성을 변형시켜 과잉현실을 생산함으로써 진짜와 가짜의 구분을 묘연하게 만든다. 따라서 텔레비전에서 보는 과잉현실들은 우리들에게 과잉현실적 체험을 하도록 한다. 즉 텔레비전이 우리에게 투영하는 과잉현실은 전체주의 사회에서는 정치적 이데올로기에 의해서, 자본주의 사회에서는 소비주의 이데올로기에 의해서 부호화되어 만들어진 산물이라고 말할 수 있다.

그리고 이데올로기의 문제를 굳이 언급하지 않아도 뉴스도 어쩌면 항상 과잉현실적 요소를 지니고 있다. 만약 뉴스가 현실을 객관적으로 재현한다면 사람들은 외면할 것이다. 그것은 한마디로 재미가 없어서이다. 개가 사람을 물면 뉴스가 안되지만 사람이 개를 물면 뉴스가 된다는 이야기가 이를 상징적으로 표현해준다. 우리 주위에서 개가 사람을 무는 경우가 훨씬 많은데도 사람들이 개를 무는 경우만을 언론이 보도하기에 사람들은 후자가 좀더 현실을 객관적으로 반영하는 것이라고 믿는다. 실제로 텔레비전 시청에서 범죄 프로그램에 많이 노출된 어린아이가 그렇지 않은 어린아이에 비해 실제 범죄율이 높다고 추정하는 것도 텔레비전이 만들어낸 과잉현실의 결과이다.

이처럼 우리 주위에서 일어나는 사건들을 구경거리, 즉 기호로 변형시킨다면 이는 매체내용에 관한 조작이 아니라 소비가능한 기호가 된 현실의 형식에 관한 변화이다. 이 기호에서는 광고, 스포츠, 전쟁 등이 혼합되어 존재할 수 있다. 모든 것이 이 기호체계에서 획일화되며 이 체계는 또 다른 현실을 정리한다. 우리가 체험하는 것은 (비참함이 아니라) 비참함의 기호, 폭력의 기호 등이다. 따라서 대중은 매체의 스크린이 되고, 나아가 매체의 의사소통망에 흡수된다. 어쩌면 우리는 매체의 그물망을 위한 스크린일는지 모른다. 그 결과 대중은 끊임없이 기호를 욕망하고, 기호의 놀이를 우상화한다. 이처럼 재현을 통한 비판마저 봉쇄당하고, 사회적인 것이 소멸된 상황에서 사람들은 무기력하게 기호놀이에 열중하는 존재로 전락한다.

또 컴퓨터가 만들어내는 가상현실에서도 과잉현실에서 나타나는 문제점이 똑같이 나타난다. 정확히 말하면 과잉현실에서는 과잉현실적 요소가 부분적으로 나타난다면 가상현실에서는 그 자체가 과잉현실적 요소를 지닌다고 말할 수 있다. 예를 들어 가상현실에서 움직임은 참 현실에서의 움직임과 상당한 차이가 있다. 가상현실 안에서는 지구상의 물질적인 제약, 즉 중력과 같은 제약이 없기 때문에 마음대로 날아다닐 수도 있고 벽을 통과할 수도 있다. 이것은 우리의 눈높이를 통해서 보는 현실보다 눈높이의 변화에 따라 다양하게 전개되는 과잉현실이 좀더 매력적이기 때문이다. 따라서 가상현실조차도 과잉현실적 요소를 지닐수록 사람들의 관심을 끌 수밖에 없다.

그런데 가상현실 안에서의 인간은 참 현실세계의 인간과는 다른 존재이다. 무엇보다 참 현실세계 속의 인간은 물리적 존재이며, 자신의 정체성을 참 현실세계에서의 위치, 직업, 성, 역할 등에 따라 인정받을 수 있다. 반면 가상현실의 인간은 물리적인 것과 정신적인 것이 분리된 존재로 나타난다. 따라서 가상현실에서 인간은 자유로운 생각과 역할 선택이 가능하고, 심지어 '가상적 정체성(cyber-identity)'까지 형성할 수 있다. 이처럼 가상현실은 참 현실세계의 갖가지 제도와 규범, 도덕이나 가치 등으로부터 이탈할 수 있는 공간이다. 이런 변화는 "사실 같은 이미지가 창백한 현실을 압도하고 있다(a vivid image came to overshadow a pale reality)"는 부어스틴(D. Boorstin)의 주장을 더욱 설득력 있도록 만든다.

물론 가상현실이 현실세계와 완전히 동떨어져 있거나, 또는 현실세계를 벗어나 완전히 독립적으로 존재하는 것은 결코 아니다. 한 개인이 참 현실세계에서 느끼는 사회적 불합리성과 모순, 그리고 소외감으로부터 벗어나고자 하는 노력은 대부분 가상현실 안에서 이루어진다. 따라서 가상현실은 현실세계의 연속선상에 있다. 그렇다면 가상현실은 사람들에게 새로운 지식과 문화, 그리고 의사소통 공간을 마련해주고, 자신의 욕망과 관심에 따라 다양한 가상공동체에 참여할 수 있는 조건들을 구축하고 있지만 동시에 사람들로 하여금 가상현실에 더욱 의존토록 한다.

그런데 어떤 대상에 의존한다는 것은 일종의 소외의 확장 과정이다. 그것은 소외된 인간의 경우 어떤 외부대상에 의존하고 집착하는 경험을 많이 보이기 때문이다. 물론 그 대상은 물질적인 것이나 문화적인 것, 또는 정신적인 것 모두가 될 수 있으며, 그 극단은 '대상 의존과 집착'이 특징인 '페티쉬적(fetish)' 심리구조와 연결된다. 산업사회에서 페티쉬적 대상이 돈, 상품, 대중문화였다면 오늘날 지식정보사회 사회에서 페티쉬적 대상은 이 모든 것을 다 포함하고 있다. 그러면서도 동시에 또 다른 새로운 세계를 담고 있는 가상현실까지 포함될 수 있다.

가상현실은 분절된 시·공간을 통합시키면서, 또 모든 것을 포함하는 무한공간에 해당한다. 동시에 가상현실은 부가가치를 생산하는 노동공간으로서, 다양한 층의 문화를 경험할 수 있는 문화공간으로서, 쌍방향이나 다방향적 의사소통을 가능케 하는 공간으로서, 새로운 사람을 만날 수 있는 만남의 장으로서, 자신의 욕망과 관심에 따라 특정 공동체에 참여할 수 있는 참여공간으로서 제각각 기능 할 수 있다. 이 때문에 사람들은 가상현실에 더욱 의존하고 집착할 가능성이 높아진다. 그렇지만 현실에서의 박탈과 배제와 소외가 가상현실에 의해 해결될 것처럼 보이지만 오히려 더욱 확장될 수밖에 없다. 이것이 가상현실의 이중성이다.

물론 과잉현실과 가상현실에 대한 긍정적인 입장도 만만치 않다. 텔레비전과 컴퓨터에 의해 이루어지는 매체 기술의 급속한 변화는 다양한 표현양식이 존재할 수 있다는 가능성과 이에 따른 새로운 미학적 방향이 제시되고 있기 때문이다. 이는 객관세계에 있는 대상과 이를 지시하는 기호들을 분리시키고, 나아가 영상화면에 대상을 과잉적으로 재조직화하는 새로운 의미화 양식을 도입함으로써 가능하다. 즉 단어들과 이미지들을 그 이전에 존재하는 '진짜' 세계가 아니라 객체 그 자체로서, 또 그 안에 의미가 깃들여 있는 실체로서 기능하게 한다는 것이다.

3. 내파: 내포의 돌연변이

우리의 정신세계는 언제나 언어나 기호 같은 상징체들에 의해 모습을 갖춘다. 또 우리들의 정신세계도 상징체들을 통해 밖으로 표현된다. 이처럼 정신세계에 형태를 주고, 이것을 외부로 표출시켜주는 상징체는 내포라는 과정을 통해 얻어진다. 즉 내포는 '저 밖의 실재성'을 언어의 차원으로 변환시키기 위해 필요한 수속 과정이다. 또한 내포는 인간의 어떤 체험을 관념으로 고정시키고, 그것을 사람들이 서로 이해할 수 있는 상징체로 대치시키는 과정이다. 이러한 내포는 일종의 기술적 과정으로서 기술(언어, 문자, 영상) 속에서 재현된다. 여기서 상징체들이란 바로 의사소통상에서의 기술(technology)이다.

의미론(Semantics) 연구의 창시자인 코집스키(A. Korzybski)는 내포의 이런 과정을 '냉동과정(freezing)' 혹은 '시간구속 과정(time-binding)'이라고 표현했다. 실재성이나 그것에서 얻어지는 체험이 언어적 부호나 기호에 내포되면 그것은 더 이상 시간의 구속을 받지 않음으로서 매우 안정된 의사소통 수단이 되기 때문이다. 코집스키는 이런 내포의 과정을 '추상화(abstraction)'라는 개념으로 발전시켰다. 추상화된 것들이 상징체에 저장되고, 한 문화권 내의 사람들이 배우게 되면 그들의 의식에 서로 공유되어 의사소통 과정을 통해 새로운 의견이나 사상으로 발전된다.

그런데 이런 내포에 돌연변이가 생겨났다. 이것이 바로 내파(內波, implosion)이다. 내파란 내포의 내부 질서가 교란되거나 붕괴될 때 일어난다. 즉 특정의 개념에 대한 내포적 의미가 교란되거나 붕괴되어서 그것의 의미가 불분명해질 때 다른 개념의 의미가 침투해 들어올 가능성이 높아지는데 이럴 때 내파가 생겨난다. 특히 내포에 쓰인 기술의 불안정성이나 혹은 기술조작을 가하는 외부 세력, 예를 들어 소비자본주의 이데올로기, 또는 대중민주주의적 상황에서 이런 현상은 더욱 가속화될 수 있다.

그런데 내파를 일으키는 대표적인 매체 기술이 바로 텔레비전이다. 사실 텔레비전이란, 저 밖의 사건들이 실제상황으로부터 격리된 후 3차원적 실체들이 2차원으로 변환되어 조그마한 스크린 위에 현재 시각으로 투사되는 응축된 공간이다. 그리고 텔레비전 시청자들은 이런 응축된 공간을 통해서 실재를 연상한다. 물론 표면적으로는 아무런 이상이 없는 것처럼 보인다. 그렇지만 텔레비전이 자연의 모든 실재성을 매체로 내파시키는 엄청난 일을 저지르고 있는 것이다.

보드리야르는 맥루한의 내파 개념을 응용하여 탈근대(post modern) 세계에서 이미지나 모사와 현실 간의 경계가 어떻게 내파되는지를 설명했다. 우선 맥루한은 매체를 '온(hot)'과 '냉(cool)'으로 구분하고, '온' 매체는 정세도가 높은 정보를 많이 나르기 때문에 매체 사용자의 개입을 조금 밖에 허용하지 않지만 냉 매체는 정세도가 낮은 정보를 주로 나르기 때문에 매체 사용자의 개입을 많이 허용한다고 주장했다.[15] 그런데 텔레비전은 '냉' 매체이기 때문에 시청자의 상당한 개입(참여)을 허용하므로 우리들의 인생이 텔레비전으로 용해되는 상황을 얼마든지 낳을 수 있다는 것이다. 보드리야르는 이를 두고 텔레비전과 인생이 서로 내파를 일으킨다고 주장했다. 즉 실제의 인생과 텔레비전 속 인생이 서로 교차되고 있는 셈이다.

사실 오늘날 사람들은 매체를 통해서 자신의 상상력을 외화시켜서 다른 사람의 상상력과 뒤섞어 놓는다. 이 경우 매체는 의미의 중립적 전달자라기보다는 그 자체가 인간의 의식, 사고를 형성하는 중요한 의미생성 과정의 한 부분으로서 작용한다. 이는 매체가 인간정신의 구체적 표현이며, 그 자체가 의미분석의 핵심적인 텍스트가 된다는 점을 의미한다. 맥루한은 일찍이 이 점을 간파하여 '매체는 메시지이다'는 주장까지 펼쳤다. 또 보드리야르는 이를 수용하여 "매체가 매개하는 것은 메시지가 아니라

---

15) 이 책의 복수감각과 단일감각 편에서 자세하게 다루고 있다. 정세도가 높은 정보란 내용이 치밀하게 구성된 정보이어서 상대방의 참여를 적게 허용하는 반면 정세도가 낮은 정보란 내용이 여유 있게 구성되어서 상대방의 참여를 많이 허용하는 정보이다. 책이 대표적인 온 매체라면 텔레비전이 대표적인 냉 매체이다. 매체에 따라 이런 특징을 보이는 것은 감각의 균형, 즉 감각의 숫자와 관련이 있다. 책은 시각 하나에만 의사소통을 의존하기에 메시지 구성이 치밀해야 하는 반면 텔레비전은 시각과 청각에 의존하기에 다소 내용구성이 여유 있어질 수 있다.

바로 매체가 구현하는 형식적 코드"라고 주장한 바 있다(J. Baudrillard, 1981b).

보드리야르는 기본적으로 내파이론을 통해 경계를 허무는 사회적 엔트로피의 진행 과정을 서술했는데 이것은 매체에서 의미가 내파되고, 사람에게서 매체와 사회적인 것이 내파되는 것을 포함한다(J. Baudrillard, 1983b). 매체의 메시지와 기호연금술이 확산되어 사회적 장에 깊이 스며들고, 의미와 내용은 정보와 오락, 광고, 정치가 중화된 흐름 속으로 사라져 버린다. 보드리야르는 이런 내파 현상을 과잉현실, 모사(시뮬라시옹)와 더불어 자신의 이론의 성삼위일체쯤으로 비유했다. 그만큼 내파는 보드리야르의 학문세계에서 중요한 위치를 차지하고 있다. 사실 보드리야르는 맥루한을 추종하여 근대를 상품화와 기계화 기술, 그리고 시장관계의 폭발(외파)로 설명하고 탈근대사회(postmodern society)는 모든 경계와 지역, 그리고 고급문화와 저급문화의 구분, 외관과 실재가 내파되는 사회로 규정했다. 근대성(modernism)은 차이점을 증가시키는 과정으로 규정하고, 탈근대성은 차이를 부정하고 내파되는 과정으로 설명했다.

그런데 보드리야르는 20세기 중반 이후부터 이런 내파가 본격적으로 시작되었다고 주장했다. 영상매체 기술, 그 중에서 가장 대표적인 텔레비전은 자연에 있는 현실체들을 매체에 내파시킨 후 이들을 인공적으로 부활시킴으로써 실재보다도 더 실재적으로 보이는 대용실재성을 만들어내고 있다. 이 새로운 현상으로 말미암아 사람들은 대용실재성에 점차 과포화되는 텔레비전 문화에 살고 있다. 사람들의 삶만이 그런 것이 아니고, 저 밖의 온갖 실재성들－다시 말하면 자연－이 텔레비전에 의해 내파되고 있다(J. Baudrillard, 1988).

그런데 텔레비전과 같은 시각매체는 여기서 그치지 않고 죽은 실재성의 영상들을 모조적으로 부활시켜 영상매체 스스로의 상징체계를 일으킨다. 이 모조적 부활체들을 과잉현실이라고 부른다. 과잉현실의 특징은 실재성보다 더 실재적으로 보인다. 따라서 대표적인 시각매체인 텔레비전 그 자체가 '저 밖의' 실재성인 채한다. 바꿔 말하면 텔레비전은 제3인자로 시청자 앞에 앉아 있는 것이 아니라 실재성의 대응으로서 시청자와 면대면 상호작용(face-to-face interaction)을 요구하고 있다. 대용실재성으로서 텔레비전이 가능해진 것은 '저 밖의 실재성'들이 텔레비전이라는 매체에서 내파를 일으키고 죽었기 때문이다. 텔레비전은 죽은 영상을 되살려 그 스스로의 상징체계들을 일으킴으로써 시청자 앞에 새로운 형태의 실재성, 이른바 '과잉현실'의 재현으로서 나타난다.

그런데 과잉현실로서의 텔레비전은 내파된 원래의 세계를 시청자들에게 보여주는 것이 아니라 그 나름대로 재해석된 세계를 시청자들에게 투사하고 있다. 달리 말해서 텔레비전은 왜곡된 세계를 보여주는 것이다. 예를 들어 사람들은 텔레비전 뉴스를 보면서 마치 실제로 사건현장을 보는 것처럼 믿곤 한다. 마치 그들의 눈이 사건현장에 가 있기나 한 것처럼 말이다. 이것이 매체에 의해 현실체들이 내파되는 현상이다. 이런 내파로 말미암아 시각문화에서 현실체들의 대상성은 죽을 수밖에 없다. 즉 텔레비전에서 보는 과잉현실의 원실재인 저 밖의 실재성들이 갖는 지시 대상성이 없어지고 마는 것이다.

따라서 과잉현실은 되돌아갈 원실재성을 필요로 하지 않거니와 되돌아갈 필요도 없다. 그 결과 사람들은 오늘날 '저 밖의 (진짜) 실재성들'과 무관하게 되고 있다. 이처럼 시각매체는 사람들의 일상성에서 새로운 질서를 만들고 있다. 즉 자연은 배경으로 사라져버렸고, 텔레비전의 과잉현실적 공간이 대중들의 일상성을 지배하는 전경이 되었다. 그 결과 '우리를 만든 세계(자연)'는 사라졌고, '우리가 만든 세계(인공적 문화)'만이 우리와 함께 있을 뿐이다. 이를 두고 텔레비전이 환유효과를 일으킨 결과라고 말한다. 포스트만(N. Postman)은 매체는 은유라고 말했다. 그렇지만 은유는 과잉현실적 효과를 일으키는 데 비해 환유는 현실을 가장하며 현실적 효과를 일으킨다(Fiske, 1982). 시청자들이 일반적으로 '보는 것이 믿는 것'이라는 어수룩한 믿음을 갖고 있는 것은 환유효과의 전형적 예다.

이처럼 보드리야르의 분석은 실재와 매체에 의해 재현된 것의 전도된 관계를 보여준다. 이전에 매체는 실재를 거울처럼 재현하는 것으로 믿었으나 오늘날 매체는 과잉현실을 만들어낸다. 그리고 과잉현실은 궁극적으로 현실을 분해한다. 보드리야르에 따르면 매체에 의한 기호와 정보의 확산이 사람들로 하여금 매체와 현실을 구분짓지 못하게 함으로써 모든 내용을 분해하고 의미를 없애버린다. 따라서 매체로 가득 찬 사회에서는 메시지와 정보, 그리고 의미가 내파됨으로써 의미 없는 소음만이 양산될 뿐이다. 보드리야르는 정보는 의미를 파괴한다고 말했다. 의미의 결핍은 즉각 정보와 매체, 그리고 대중매체를 분해하고 제지하는 행동으로 연결된다.

나아가 보드리야르는 이런 매체 메시지뿐 아니라 매체의 존재형식도 문제라고 지적한다. 즉 대중매체의 지속적인 공세, 예를 들어 사라, 소비하라, 일하라, 투표하라, 의견을 말하라, 사회생활에 참여하라고 계속 조르는 것에 대해 사람들은 다소 염증을 느끼고 분노한다. 그 결과 사람들은 이런 메시지에 대해 무관심해지는 침묵의 다수로 변화한다. 이런 상황에서 모든 의미와 메시지, 또 권유는 마치 블랙홀로 빨려 들어가듯이 내파된다. 따라서 사회적인 것은 사라지고 그와 함께 계급, 정치적 이데올로기, 문화형태간의 차이, 매체의 기호연금술과 현실 자체간의 차이는 내파된다(J. Baudrillard, 1983a, 1983b).

이처럼 내파 개념은 보드리야르의 탈근대사회이론의 핵심적인 요소이다. 이전에 서구 산업사회는 외파(外波, explosion), 즉 사회적 영역, 담론, 가치의 분화뿐 아니라 상품생산, 과학과 기술, 국가 경계 및 자본의 확장으로 특징지어졌다. 예를 들어 마르크스와 엥겔스의 '공산당 선언'에서는 산업자본주의의 외파를 생산력의 혁신과 확장, 새로운 운송 및 의사소통 양식, 세계의 식민화로 서술했다. 이와 같이 근대성의 외파는 새로운 기술, 생산의 분화, 상품과 서비스의 지속적인 확산을 포함한다.

내파는 현실의 경험과 지반이 사라지면서 생겨난다. 보드리야르는 매체를 통한 기호와 정보의 확산이 매체가 구성한 메시지와 그것이 현실을 구별하지 못하게 만듦으로써 모든 메시지들을 분해하고 의미를 없애버린다고 설명했다. 따라서 현실과 이미지, 또는 모사간의 경계가 내파되고, 그 결과 현실은 기호에 종속되어 현실마저 해체한다. 이는 궁극적으로 현실이 현실을 분해하는 작업이라고 해석할 수 있다. 이는 이전의 사회질서와 현재의 사회질서, 근대성과 탈근대성 사이에는 명확하고도 중요한 경계가 존재하고 있다는 암시이다. 또 새로움과 독창성에 대한 보드리야르의 주장들은 어쩌면 새로운 어떤 것에 이미 도달해 있고, 어떤 새로운 사회적 조건, 현상을 포착하고 있으며, 이전의 사고, 경계, 정치를 넘어서 급속하게 움직이고 있다는 그의 신념들의 반영일 것이다.

물론 보드리야르는 텔레비전을 과잉현실을 만들어내는 이미지와 기호 암호를 재생산하는 핵심 시뮬레이션 기제로 파악하고, 이런 텔레비전의 등장이 탈근대를 구성하는 중요한 요인이 되었다고 주장했다. 그렇지만 보드리야르는 이런 매체분석 틀을 더 이상 의미 있는 메시지를 전달하지 못하는 기호와 정보의 블랙홀이라고 상정했다. 우리는 여기서 보드리야르가 맥루한의 매체이론을 어떻게 자신의 것으로 채택했는지 엿볼 수 있다. 보드리야르에서 매체는 메시지의 종식일 뿐 아니라 매체 자체의 종식이다. 이제 더 이상 언어로서 또는 문자로서 매체는 존재하지 않는다. 이 때문에 보드리야르는 매체를 정신의 우상(idols of minds)으로 본다. 따라서 그것은 차가운 유혹의 도구일 뿐이다.

4. 시뮬라시옹: 실재와 비실재의 구분 소멸

보드리야르는 우리가 지금 시뮬라시옹(simlulations)이라는 새로운 시대에 살고 있다고 주장한다. 예를 들어 우리가 누군가에 현금을 보낼 때 과거에는 은행에서 돈을 인출해서 다른 사람에게 인도했지만 지금은 모든 것이 컴퓨터 단말기에 의해 처리되고 있다. 즉 현금인출기라는 단말기에서 '송금'이라는 난을 찍으면 내가 원하는 만큼의 현금이 상대방에게 전달된다. 그렇지만 우리는 상대방도 만나지 않았고, 또 돈을 직접 만지지도 않았다. 보드리야르는 이런 조작을 시뮬라시옹이라고 불렀다. 따라서 시뮬라시옹으로 이루어진 사회에서는 컴퓨터화, 정보처리, 매체, 사이버

네틱 통제체제, 모사 코드와 모델에 의한 사회의 조직화가 사회의 주요 원리로서 생산의 원리를 대체한다. 근대사회가 산업 부르주아지에 의해 통제된 사회였다면 시뮬라시옹에 의해 이루어지는 탈근대사회는 모델과 코드, 사이버네틱스가 지배하는 정보와 기호의 시대이다.

따라서 보드리야르는 연금술(metallurgic)의 사회에서 기호연금술(semi-urgic) 사회로의 이행을 주장한다(J. Baudrillard, 1981a: 185). 기호연금술 사회에서는 기호가 나름대로의 생명력을 지니며, 모델, 코드, 기호에 의해 구조화된 새로운 사회질서를 구성한다. 그리고 급진적인 기호연금술은 기호를 극적으로 확산시킴으로써 기호가 사회생활을 지배하도록 만든다. 그렇지만 기호에 의해 만들어진 정보는 의미와 사회적인 것들을 일종의 불투명한 상태로 만드는데 이는 엄청난 변화라기보다는 오히려 그 반대쪽에 해당한다. 단지 우리를 총체적인 엔트로피 상태로 인도할 뿐이다(J. Baudrillard, 1983b: 100).

보드리야르는 시뮬라시옹을 원천이나 실재 없이 실재적인 것의 모형들에 의해 만들어진 것, 즉 과잉현실이라고 정의하고,[16] 그 대표적인 예로 디즈니랜드를 들었다. 보드리야르는 디즈니랜드를 시뮬라시옹의 얽히고 설킨 모든 질서를 보여주는 완벽한 모델이라고 정의한다. 물론 전통적인 근대성 추종자(modernist)들은 디즈니랜드를 미국적 가치에 대한 신화적 표상으로서 파악하고, 방문객들은 즐거운 시간을 보내는 동안 우연히 미국적 이데올로기에 노출될 뿐이라고 주장한다. 그렇지만 보드리야르는 이에 동의하지 않는다. 그에 따르면 디즈니랜드에 나타난 미국은 미국 사회에 존재하는 것보다 더 실제적이어서 결국에는 미국 사회가 디즈니랜드를 점차 닮게 된다는 것이다(J. Baudrillard, 1983a: 25).

---

16) 그런데 시뮬라시옹이 가공적인 것을 표상하는 기호의 기계적 능력만을 뜻하는 것은 아니다. 그것은 실제로 없는 것을 기호를 통해 마치 있는 것처럼 보여주는 거짓까지도 포함한다. 또 기호는 있는 것을 없는 것처럼 만드는 능력도 있는데 이를 비시뮬라시옹(dissimulation)이라고 표현했다.

물론 보드리야르는 디즈니랜드가 디즈니랜드 바깥에 존재하는 실제적인 미국을 상징적으로 표현하지 않았다고 본다. 그렇지만 디즈니랜드는 전적으로 오늘날 미국적인 시뮬라시옹을 승인하는 하나의 수단이자, 미국에 대한 모든 가공물이라는 입장을 취한다. 즉 디즈니랜드는 디즈니랜드 바깥 세계가 실제적인 것이라고 믿도록 하기 위해 상상적으로 제시되었지만 사실은 LA와 그것을 둘러싸고 있는 미국이 더 이상 실제적인 것이 아니며, 과잉현실과 시뮬라시옹의 질서에 의해 미국이 보여지고 있는 것이다. 따라서 보드리야르는 모든 것이 과잉 현실적인 것이 되고 있으며, 거기서 기호는 그 자체만을 지칭할 뿐이라고 주장한다.

그런데 시뮬라시옹은 두 가지를 사라지도록 만든다. 하나는 시뮬라시옹이 실재성의 매력을 죽인다는 점이다. 이는 시뮬라시옹이 사건, 물체,

▲ 디즈니랜드

지시 대상을 사라지게 한다는 것을 의미한다. 다른 하나는 시뮬라시옹이 추상화, 즉 개념의 마력을 죽인다는 사실이다. 이것은 원물체의 기의가 증발된다는 것을 말하는데 이런 현상들은 사람들이 점점 기의를 생산할 능력을 잃어가고 있음을 의미한다. 사실 사람들은 텔레비전 앞에서 생각하거나 명상하는 것을 점점 의미 없고 쓸모 없는 일이라고 생각하는데, 이런 과정들이 계속되면 우리들은 기의가 증발하고 난 벌거벗은 기표들의 세상에 둘러싸이게 된다. 이것이 이른바 탈근대에 일어나고 있는 원시적 기표세계 부활의 현장이다.

따라서 보드리야르는 "시뮬라시옹의 시대에서는 기호체계 안에서 지시체를 인공적으로 재생함으로써 모든 지시체의 소멸과 함께 시작된다"고 주장한다(J. Baudrillard, 1982: 24). 이는 매체 기술의 발전과 함께 언어구조에서 혁명이 일어나고 있음을 의미하는데 이것은 과거의 사유체계가 근본적으로 뒤흔들리고 있음을 말해준다. 바로 이것이 '기호=대상'이라는 근대성의 표상체계를 무력화시키는 대목이다. 따라서 탈근대에는 실제적인 것과 비실제적인 것, 진정한 것과 진정하지 못한 것, 진실된 것과 거짓된 것 간의 구분이 무너지고 있다. 즉 모든 것이 가공적이어서 오늘날 상황에서 확실성을 발견한다는 것은 이제는 힘든 일이 돼버렸다.

이 같은 상황 전개는 전자매체의 등장으로 더욱 촉진되고 있다. 그것은 전자매체가 근대성(modernity)이론이 지지하고 있는 고착된 지점, 근거, 토대 등을 체계적으로 제거하고 있어서이다. 사실 전자매체는 기표와 기의의 연결고리를 통해 작동하는데 이런 의사소통 방식은 현실을 재현함으로써 의사소통이 가능했던 과거의 언어 패러다임을 붕괴시키고 있다. 따라서 언어는 더 이상 현실을 재현하지 못할 뿐 아니라 주체의 도구적 합리성을 강화시키는 중립적 도구로서의 역할도 수행하지 못한다. 왜냐하면 오늘날 언어가 현실 자체가 되며, 또 어떤 경우에는 현실을 좀더 잘 구성하는 수단으로 변화하고 있기 때문이다.

따라서 오늘날 전자매체 시대에 살고 있는 사람들은 점차 자연을 떠나서 환상적 가공의 세계로 빠져드는 데 더욱 익숙하다. 즉 현실에 안주하지 않고, 가상현실, 또는 과잉현실 세계에 한없이 미혹되고 있는 실정이다. 텔레비전이 보여주는 과잉현실이 이 시대에 태어나는 아동들의 '자연'이 되고 있으며, 반면 신이 창조한 저 밖의 자연은 점차 흥미 없는 제2의 자연으로 멀어지고 있다. 즉 사람들은 기호의 유혹에 사로잡혀 인조기호의 세계에 점점 침잠하고 있는 셈이다. 또 학생들은 꽃잎의 세포조직을 현미경으로 들여다보기보다는 텔레비전 화면에 나타나는 가공의 이미지들, 즉 <닌자 거북이>, <터미네이터>, 영상 게임 쪽을 택한다. 정치인들은 가공의 통계 수치로 민심을 조작하고, 텅 빈 정치공약으로 민심을 선동한다. 신기하게도 그런 것이 사람들에게 잘 먹혀든다. 왜냐하면 사람들이 점점 가공적 기호들의 세계에 익숙해지고 있기 때문이다.

따라서 텔레비전이 오늘날 시뮬라시옹의 중심적 위치를 차지하고 있다고 말할 수 있다. 사실 텔레비전과 같은 시각매체는 이런 과잉현실을 생산함에서 실재성이나 근원이 없는 어떤 실재성의 모형들을 채용하고 있다(J. Baudrillard, 1988: 166). 보드리야르는 이런 시각매체의 작용도 시뮬라시옹이라고 불렀다. 시뮬라시옹으로 이루어진 사회에서 모델이나 코드는 경험을 구조화하고 모델과 현실 간의 차이를 제거한다. 예를 들어 '텔레비전 세계'에서 의사나 변호사의 이미지나 모델(모사 된 의사)은 종종 실제 의사로 간주된다. 미국에서 <닥터 웰비>라는 유명한 프로에 웰비 박사의 역할을 맡은 영(R. Young)은 의료 진찰을 요구하는 수천 통의 편지를 받고, 결국 광고에 그의 모습을 드러냈다. 또 <페리 메이슨>이라는 프로에서 변호사 역을 맡은 버(R. Burr)는 시청자들로부터 법에 관한 조언을 해달라는 수천 통의 편지를 받았다고 한다. 심지어 멜로 드라마에서 악역을 맡은 사람들이 텔레비전에서 자신들이 행한 행동 때문에 화가 난 팬들로부터 엄청난 항의를 받기까지 했다.

또 영화 <지옥의 묵시록>은 베트남 전쟁 재현의 현실성을 판정하는 일종의 기준이 되고 있다. 사람들은 '지옥의 묵시록' 같은 느낌을 갖고 있느냐고 묻는 것이 마치 베트남 전의 현실성을 묻는 것과 같은 것이 되었기 때문이다. 따라서 우리는 시뮬라시옹의 사회에서는 텔레비전 연속극의 주인공들에게 편지를 써서 결혼하자거나, 어려움을 동정하거나, 살 곳을 마련해주겠다거나, 아니면 어떻게 지내고 있는지 물어보거나 하는 일들이 얼마든지 가능하다.

그런데 과잉현실화된 시뮬라시옹 상황에서는 현실을 대체하고 있는 모델들의 조건을 강화한다. 여성잡지나 생활잡지에서 나타나는 '이상적인' 가정, 성에 관한 매뉴얼이나 책자들에서 묘사되는 '환상적인' 성생활, 광고나 패션쇼에서 보여지는 '우아한' 패션, 컴퓨터 지침서에서 제시되는 '바람직한' 컴퓨터 기술 등이 그것이다. 이 경우들에서 모델은 현실의 결정요소가 되고, 결국 과잉현실과 일상생활 간의 경계가 허물어진다. 이처럼 과잉현실이 우리 생활에 깊숙이 침투해오면 올수록 시뮬라시옹은 현실 그 자체를 구성할 뿐 아니라, 나아가 시뮬라시옹과 현실조차도 더욱 구분하기 힘들게 만든다. 이런 상황에서 시뮬라시옹은 현실 자체의 기준으로 바뀐다. 이에 대해 보드리야르는 시뮬라시옹은 더 이상 영토나 지시대상, 실재의 시뮬라시옹이 아니라 그것은 원본이나 현실성이 없는 현실, 즉 과잉현실 모델에 의해 산출될 뿐이라고 주장한다(J. Baudrillard, 1983b: 2).

이 때문에 오늘날처럼 대중매체의 메시지들이 충분히 확산되면 오히려 실재(리얼리티)에 대한 갈망이 생겨날 수도 있다. 따라서 실재를 가짜 세팅으로 바꾸어 놓은 텔레비전 쇼들은 모두 '실재' 살인자, '실재' 소란꾼들을 보여준다. 이는 시뮬라시옹과 실재가 서로 영향을 주면서 그 결과 두 세계의 경계가 허물어지고 있음을 의미하는데, 실제로 오늘날 시뮬라시옹과 현실의 구분이 없어지는 것을 적극적으로 활용하는 사례들이 나타나고 있다. 정보와 오락, 이미지와 정치 사이의 경계가 내파되고 있는 것들이 그런 예다.

사실 적지 않은 텔레비전 해설자들이 텔레비전 뉴스와 다큐멘터리 스토리를 전개하는 데 드라마 코드를 사용함으로써 점점 더 오락의 형태를 띠고자 한다. CBS의 뉴스 매거진 쇼 <57th Street>은 기자들이 코미디나 드라마에 나오는 인물처럼 출현하는 이미지의 콜라주로 시작한다. 또 음악전문 채널인 MTV의 <Entertainment Tonight>과 그 밖의 다양한 토크쇼에서는 문화산업과 관련한 광고를 '사실'과 '정보'로 위장하기 위해서 뉴스 아나운서의 틀을 사용한다. 미국의 텔레비전 뉴스 요약 프로그램인 <USA Tonight>은 대중적인 전국지 <USA Today>의 포맷을 모방해 하루 뉴스를 30가지의 짧은 뉴스와 오락 형태로 제공한다. 이런 것들의 결과는 이른바 '정보오락(infotainment)'이라고 불리는 것으로서 이 속에서 정보와 오락의 경계가 허물어지는 것이다.

이런 현상들은 오늘날 정치판에서 잘 나타나고 있다. 최근 선거에서 이미지가 실재보다 더 중요하다는 것이 그런 영향을 받은 결과이다. 이에 따라 정치 캠페인은 매체전문가, 홍보전문가, 정치를 이미지 경쟁이나 기호투쟁(sign struggle)으로 바꾸는 선거전문가들에게 점점 더 의존하게 된다. 1988년 부시와 듀카키스 후보가 경쟁한 미국 대통령 선거를 분석한

케네디와 닉슨의 대결 역시 이미지가 크게 작용했다

사람들은 후보자의 이미지를 제공했던 텔레비전 광고, 사진, 논쟁 및 여타 매체 이벤트들이 선거에서 중요한 역할을 했다는 것에 동의한다. 미국 선거뿐 아니라 매체선거가 본격적으로 전개되었던 한국의 1997년과 2002년의 대통령 선거도 마찬가지였다.

물론 매체에서만 이런 현상이 벌어지는 것이 아니라 현실에서도 일어나고 있다. 예를 들어 역사적 마을, 해변가 휴양지, 즐거움의 도시는 기저에 있는 실체와 아무런 관련을 갖고 있지 않다는 점에서 과잉현실적이다. 그것들은 그 자체의 시뮬라시옹 외에는 아무런 진정성이 없는 단순한 조작이다. 따라서 근대성 추종자들이 실체를 찾아나서는 것은 어리석은 일이다. 그것은 이 기호의 배후에 진정성이 존재하지 않기 때문이다. 단지 진정하지 않은 기념비만이 존재하는 것인데 이것들은 과잉현실적인 것이고, 근원이나 실체가 없이 실제에 대한 모형에 의해 만들어진 것이다(J. Baudrillard, 1988b: 166).

이렇게 보면 오늘날 매체는 허상에 해당하는 시뮬라시옹만을 생산하며, 오직 시뮬라시옹 안에서만 존재할 수 있다. 동시에 리얼리티를 강화하면서 리얼리티 없이 리얼리티를 대체하기도 한다. 보드리야르는 이에 대해 진짜에 대한, 그리고 너무나 진짜 같은 것에 대한 공포 때문에 우리는 거대한 시뮬레이터들을 만들어왔다고 말한다. 그리고 우리는 진짜의 파멸보다는 가상적인 것을 더 좋아하며, 그래서 텔레비전은 진짜의 보편적 거울이 되었다는 주장을 편다.

보드리야르는 '완전범죄'를 책의 제목으로 인용하면서 '가상현실(유사현실)이 참 현실(리얼리티)을 도둑질한' 범죄가 이런 상황에 대해 책임을 져야 한다고 말했다. 그에 따르면 이제 영상(스크린) 문화가 문화 자체의 표준이 되었고, 그 결과 현실은 사라졌고 그에 따라 시뮬라시옹이나 과잉현실적 것이 태동하는 영상문화를 정의하던 개념들도 사라졌으며, 이를 비판하는 비판적 사유마저 사라졌다. 이에 대해 보드리야르는 인간의 확장이라는 기술의 논리가 기술 자체를 뛰어 넘어 '한계 없는 가상성(limitless virtuality)'이 되어버렸다고 설파한다. 이제 실재 자체가 사라지고, 기호(이미지)만이 살아남을 것이라는 극단적 주장을 펴면서 이미지의 허상이 지배하는 세상을 예고한다.

결국 보드리야르는 과잉현실 내지는 가상현실을 탈근대적 의사소통의 조건을 설명하기 위해 도입한 것이다. 그리고 탈근대적 상황에서 의사소통의 내용물은 매체가 만들어낸 과잉현실 내지는 가상현실에 용해됨으로써 '비의사소통체계(systems of non-communication)'가 생겨나고 있다고 파악한 것이다. 이에 따라 보드리야르는 이런 탈근대적 의사소통을 가리켜 '매체의 소멸', 또는 '매체의 죽음'으로까지 비유했다. 이는 매체의 성격에 따라 메시지 의미가 달라진다는 맥루한식 해석 외에도 매체가 매개하는 인간 인식의 대상이 갖는 의미가 자의적이라는 점을 의미한다. 이런 그의 주장은 기표와 기의 간의 자의적인 관계를 상정한 후기구조주의 이후의 인식과도 일맥상통한다.

5. 아우라 파괴 이후

결국 지시대상이 없는 환영(시뮬라크라, simulacra)의 세계는 의미와 지시대상에 대한 탈구조주의자들의 비판효과가 극한점에 이른 것이다. 환영만이 유포됨으로써 텍스트성이나 담론작용이 고정된 이론이나 정치가 없는 불안정한 구조로 대치되기 때문이다. 실제로 보드리야르의 많은 저작들에서 세계는 경계가 없고, 불안정한 흐름처럼 보이며 그 속에서 철학, 사회정치이론, 자본주의 사회의 모든 낡은 경계와 차이는 환영의 비차별적 흐름 속에서 내파되고 있는 것처럼 보인다. 그리고 현실은 이미지와 기호의 얇은 안개 속에서 모두 소멸하고 만다.

이처럼 의사소통 기술의 발전은 우리들을 이상향으로 인도하는 것이 아니라 그 반대로 인도하고 있다. 그렇다면 이런 우스꽝스러운 결과는 왜 일어났을까? 그것의 원인은 이미 오래 전부터 잉태되었다. 전통적 언어는 기호체계들 중 가장 체계적으로 발전된 형태이지만 사람들은 진실보다는 거짓을 말하는 데 이들 기호체계를 더 많이 사용해왔다. 따라서 새로운 매체 기술이 도입된다고 해도 사람들은 진실을 더 말할 수 있는 것이 아니라 그 반대로 거짓을 더 완벽하게 말할 수 있다. 그렇다면 의사소통 기술에 어떤 결함이 있는 것이 분명하다. 그렇다면 '거짓의 기술적 생산'이 이 시대의 감추어진 의제가 아닐까?

그런데 새로운 매체 기술에서 있어서 이런 현상은 왜 더욱 심각하게 생겨나고 있는 것일까? 그것은 한마디로 영상매체가 갖고 있는 한계 때문이다. 그동안 언어 및 문자에 입각한 의사소통 방식을 특징짓던 기표와 기의의 분리된 두 평면이 영상매체의 내파 작용으로 하나의 연속체를 이루게 되었기 때문이다. 이것이 우리에게 혼돈의 시발점에 해당한다. 즉 내파에 의해 은유(기자는 상어다)가 환유(자유의 여신은 미국을 대표한다/디즈니랜드는 미국의 꿈이다)로서 탈바꿈되었다. 따라서 전자매체가 전달하는 메시지만을 갖고서 전부를 이해한다는 식이 된 것이다.

그런데 오늘날 전자매체는 대중매체로서의 지위를 확고히 하면서 급속도로 발전하고 있다. 게다가 영상 이미지나 소리, 기타 기호적 텍스트로 구성되는 전자매체는 시공을 초월해서 대상을 재구성할 수 있다. 따라서 물리적 거리나 과거와 미래라는 시간은 더 이상 넘을 수 없는 한계가 되지 못한다. 그렇지만 이런 인간의 의사소통 방식에서 기능적 확장이 그 빛을 발할수록 그 본질에서 어둠이 더하고 있을 뿐이다.

과거 인쇄매체 기술은 나란히 놓여 있는 눈들에게 정보를 처리하는 방식으로 성립되었다. 그렇지만 새로운 매체 기술은 인쇄매체의 이런 방식은 물론이고, 텔레비전과 같은 입체경 방식도 아닌 새롭게 진일보한 방식으로 의사소통을 한다. 그동안 감각기관은 우리들의 의식에서 참 현실을 만들어내는 역할을 수행해왔다. 그렇지만 새로운 디지털 영상매체가 만드는 빛의 유형들은 시각에 전달하기 위해 대상에 반사되는 빛의 체계를 무시한다. 그 결과 감각기관의 고정성과 자연스러움에 의문을 던지면서 새로운 매체 기술은 인간-기계라는 새로운 조합을 만들어내고 있다. 물론 이런 현상은 시간과 공간을 압축하고 소멸한 결과, 그리고 대상의 진본성

(眞本性)을 파괴한 결과이기도 하다.[17)]

이에 대해 베르그송은 영상이란 더 이상 어떤 사물을 지칭하는 것이 아니라 지각을 가능케 하는 것이라고 전제하고서 외면적 물질세계는 이제 영상이 만들어낸 내용의 총체에 불과하다고 주장한다. 이는 실재와 영상에 관한 기존의 존재론을 뒤집는 발언으로서 그의 이런 사상적 반란은 플라톤이래 서양사상을 지배해온 데카르트적 이성과 관념·논리중심주의에 대한 일대 반발이기도 하다. 결국 베르그송의 이런 생각은 후기구조주의 철학을 대표하는 푸코, 들뢰즈, 데리다 등에게 큰 영향을 미쳤고, 이들은 이성, 진리, 실재의 왜곡된 반영이거나 그것의 부스러기에 불과하다고 인식했던 영상이미지를 하나의 실체로서 받아들였다. 그리고 이미지에 일차적으로 반응하는 주체인 몸과 감각, 그리고 감성을 이성의 굴레에서 해방시켰다.

사실 인간은 어떤 사람과, 혹은 어떤 대상과 의사소통을 하기 위해서 매체라는 매개물을 끊임없이 도입했다. 그런데 매체는 그 본질상 매개를 할 수 없다. 헤겔 식으로 표현하면 매개란 '자기 동일화를 위해 사물 안에서 이루어지는 함량의 중첩운동'인데 매체는 순환 역량, 저장 가능성, 측정 가능성을 속성으로 하는 정보산출의 외적 형식이기 때문이다. 따라서 매체에 의해 재창출된 사물의 세계는 존재론적 지위를 상실할 수밖에 없다. 게다가 사물이 매체에 흡수되면 어떤 이미지, 표상, 부호 등으로 전락한다. 우리는 이를 매체 세계의 '무거리성', 혹은 '표피의 존재론'이라고 말한다. 그런데 무거리성은 주체와 대상 간의 친근감을 소멸시킨다. 따라서 매체 기술이 발달할수록 불가피하게 존재를 '무중력' 상태로 몰고감으로써 그 고유의 실체를 잃게 만든다.

그런데 음성언어에서부터 시작해서 현재의 디지털에 이르기까지 그야말로 매체 기술은 '비상구'도 없이 마구 달려왔다. 그 여파에서인지 의사

17) 벤야민(W. Benjamin)은 이를 '아우라(aura)'로서 구체화했는데 아우라는 독자성, 진정성, 호환성이 있는 개념으로서 '사물의 유일성을 구성하는 어떤 자리'에 해당한다.

소통에 대한 관심이 의사소통 그 자체보다는 매체 기술의 효과와 기능을 중심으로 진행되어왔다. 이런 매체중심주의는 의사소통 연구에서 그 무게 중심을 사라지게 하는 결과를 빚는다. 더욱이 오늘날 발전된 매체 기술은 오히려 '비의사소통'과 '무반응의 구조화'에 기여할 뿐 아니라 과잉 정보와 의미의 범람으로 말미암아 대중들을 극단적 무관심과 침묵 속에 존재하도록 만든다. 이런 상황에서 대중매체는 어떤 해방적 잠재력도 가질 수 없다. 따라서 규범적 의사소통 이론이나, 또는 매체의 해방적 소통가능성에 대한 논의를 결코 저버려서는 안 될 것이다.

참고문헌

Baudrillard, J. 1981a, *For a Critique of the Political Economy of the Sign*, 이규현 역, 1992, 『기호의 정치경제학 비판』, 문학과 지성사.

_____. 1981b, *Simulacres et Simulation*, 하태환 역, 1992, 『시뮬라시옹』, 민음사.

_____. 1983a, *Les strategies fatales*, Paris: Grasset.

_____. 1983b, *In the Shadow of the Silent Majorities*, New York: Semiotext.

_____. 1988, *Selected Writings*, edited by Mark Poster, Cambrige and Palo Alto: Polity Press and Stanford University Press.

Bernstein, R. J. 1983, *Beyond Objectivism and Relativism: Science, Hermeneutics and Praxis*, Philadelphia: University of Pennsylvannia Press.

Best S. & D. Kellner. 1991, *Postmodern Theory: Critical Interrogation*, 정일준 역, 1995, 『탈현대의 사회이론』, 현대미학사.

Fisk, J. 1982, *Introduction to Communication Studies*, London: Methuen.

_____. 1991, "Postmodernism and Television," in J. Curran and M. Gurevitich, *Mass Media and Society*, NewYork: Edward Arnold.

Poster, M. 1988, *Jean Baudrillard: Selected Writings*, Cambridge & Stanford: Politiy & Stanford University Press.

_____. 1990, *The Mode of Information: Poststructualism and Social Context*, 김성기 역, 1994, 『뉴미디어 철학』, 민음사.

Thompson, J. B. 1982, "Universal Pragmatics," J. B. Thompson and D. Held (eds.), *Havermas: Critical Debate*, Cambridge: The MIT Press.

제7장

새로운 매체

수사학

1. IBM의 결정적 실수

컴퓨터 혁명은 하드웨어로부터 시작했다. 초기의 IBM식 본체(main frame) 컴퓨터 시대는 더욱 그러했다. 당시만 하더라도 어떻게 하면 컴퓨터 용량을 늘릴 수 있을지, 또는 어떻게 하면 계산을 빨리 할 수 있을지 하는 것이 컴퓨터 발전의 모든 것이었다. 따라서 기술을 인간 기능의 연장이라는 측면에서 볼 때 이 당시의 컴퓨터 기술은 인간의 기억능력과 연산능력의 연장이었다. 인간과 컴퓨터간의 계산능력 경쟁이 가끔씩 있었는데 이런 것은 컴퓨터를 철저히 인간의 단순 사고 능력의 확장으로 파악한 결과이다.

그런데 1980년대 들어서 개인용 컴퓨터라는 혁명적 사상이 도입되면서 소프트웨어가 단연 초미의 관심사로 등장했다. 인간이 컴퓨터와 경쟁하기보다는 컴퓨터를 통해서 무엇을 얻을 수 있을지가 중요해짐으로써 다양한 소프트웨어가 개발되었다. 유희(game)에서부터 사무관리에 이르기까지 온갖 종류의 소프트웨어가 시장에 쏟아져나왔다. 컴퓨터 기술이 기억과 계산이라는 단순 인간 기능의 확장을 넘어서서 초보적인 단계이긴 하지만 인간의식의 확장이라는 질적인 차원으로 나아가기 시작했다. 이에 따라 컴퓨터의 사용환경도 크게 변화했다. 예를 들어 컴퓨터 인터페이스의 첫 출발이 IBM 직원들의 '천공 카드(key punch card)'였고, DOS 마법사들의 '알파벳-숫자 명령어'가 그 뒤를 이었으며, 애플사의 '데스크탑 메타포'가 마지막을 장식했다. 이는 사용자의 편리성에 일대 큰 획을 그은 작업이다. 이처럼 컴퓨터 인터페이스 디자인에서 변화는 지난 수십 년 동안 계속해서 이루어져왔다.

그런데 오늘날 우리들에게 있어서 컴퓨터의 의미는 또 다시 변화하고 있다. 과거처럼 계산기나 작업의 보조도구로서의 컴퓨터가 아니라 매체로서 파악되고 있다. 즉 매체로서의 컴퓨터라는 새로운 경험이 시작되고 있는데 이는 컴퓨터가 의사소통을 할 수 있는 존재로 바뀌고 있다는 것을 의미한다. 이런 상황에서 컴퓨터는 전 지구적 의사소통의 연결망에서 그 의미가 결정된다. 이는 컴퓨터가 하드웨어와 소프트웨어의 단순한 결합체로서가 아니라 하나의 의사소통적 관계와 더불어 시작하고 있음을 뜻한다.

이 과정에서 전 세계의 컴퓨터 발전을 주도해왔던 IBM은 컴퓨터 시장 예측에서 결정적 실수를 두 가지씩이나 범했다. 먼저 IBM은 개인용 컴퓨터 시장의 확산을 정확히 예측하지 못했다는 점이다. IBM은 그 때까지만 해도 보잘것없는 회사인 '마이크로소프트(Microsoft)'에게 개인용 컴퓨터의 운영체계 개발을 넘겨주었는데 그것은 개인용 컴퓨터의 운영체계가 당시로서는 '높은 기술'이 아니라 '낮은 기술'이었기 때문이다. 그렇지만 이것은 얼마 후 엄청난 시장가치로서 나타났다. 왜 IBM은 이런 어처구니없는 실수를 저질렀을까? 그것은 개인용 컴퓨터를 작업의 보조도구나 계산기 정도로 생각하고, 그것이 지니고 있는 매체라는 측면을 간과했기 때문이다. 즉 개인용 컴퓨터의 의사소통적 요소를 생각하지 못한 탓이다.

또 다른 실수는 IBM이 개인용 컴퓨터의 의사소통적 요소를 가정했다 하더라도 의사소통 구조가 중앙집권화된 구조에서 전혀 벗어나지 못했다는 점이다. 즉 IBM이 생각했던 의사소통구조는 본체 컴퓨터를 중심으로

<그림 10> IBM의 컴퓨터 네트워크 구상

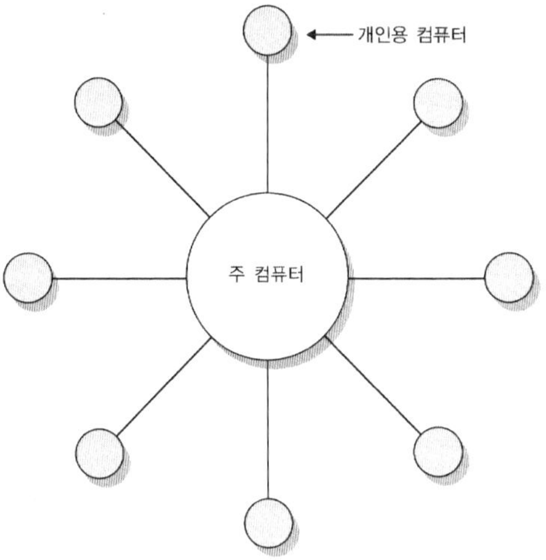

개인용 컴퓨터가 이것에 연결된 구조이다. 그것은 중앙집권화된 구조로서 의사소통 측면에서 볼 때 주체와 객체의 관계에 해당한다. 즉 IBM은 본체 컴퓨터에서 선두주자의 위치를 유지하면서 그 중심에 서서 주체로서의 역할만을 수행하고자 했다. 그렇지만 현실은 이를 거부하고, 의사소통의 탈중앙집권화된 쪽으로 기울어졌다. 즉 개인용 컴퓨터끼리의 의사소통이 좀더 활발해짐으로써 주제와 객체의 관계가 깨져버린 것이다.

따라서 오늘날 개인용 컴퓨터의 인터페이스 디자인에서 새로운 진화가 생겨나고 있다. 그 진화는 과거의 인터페이스 디자인과 전혀 차원을 달리하면서 사이버 공간의 가상적 실재와 자연스럽게 연결되고 있다. 이런 상황에서 컴퓨터와의 인터페이스 디자인은 새로운 매체 기술의 수사학으로 이해되어야 할 것이다. 과거의 글쓰기 방식으로서는 개인용 컴퓨터의 인터페이스 디자인을 새롭게 구성해낼 수 없다. 만약 오늘날의 전자매체 환경에서도 과거의 글쓰기 방식을 고집한다면 그 의미조차 전달되지 않거나, 심지어 왜곡된 상태로까지 전달될 수 있다. 따라서 새로운 글쓰기 환경에 걸맞은 새로운 수사학이 개발되어야 할 것이다.

또 새로운 매체에 의해 전개되는 수사학은 그것을 담고 있는 기술들로부터 판독해야지 그 기술들을 통해 이루어지는 담론들로부터 읽어서는 안 된다. 그만큼 매체가 글쓰기 자체를 지배하고 있는 상황으로 크게 변화하고 있다. 즉 매체 그 자체가 중요한 기표로서 작용하고 있는 셈이다. 따라서 새로운 매체 기술 상황하에서 코드들과 인터페이스들을 인간 상호의 의미전달을 위한 보조수단 정도로서 해석하는 견해는 너무나 낭만적이다. 아직도 꿈속을 헤매는 철학자들이라면 그렇게 생각할 수 있을 것이다. 이들은 '원격적 관계 맺음(telerelation)'의 확산을 거부하면서 여전히 사랑이나 진실, 또 문자 등의 낡은 권위들에 여전히 마력을 불어넣으려고 시도할 것이다.

그런데 오늘날 대표적인 전자글쓰기의 장인 인터넷은 자발적 질서의 핵심 무대로서 뿌리내리고 있다. 과거 전통적인 글쓰기 방식에서 요구되던 의사소통 형식이 자연스럽게 철폐되고 있다. 예를 들어 저자와 독자라는 수직적 의사소통 구조는 자연스럽게 연결된 개인들로 수평적 의사소통으로 대체되고 있다. 또 책을 매개로 하는 폐쇄적 의사소통 관계는 누구든지 자유롭게 참여할 수 있는 인터넷으로 말미암아 개방적 의사소통 관계로 변화하고 있다. 게다가 책의 권위를 매개로 해서 이루어지는 계몽적 의사소통은 누구든지 참여할 수 있는 정보교환의 의사소통으로 변화하고 있다. 따라서 인터넷은 계몽의 이상향으로부터 투영적 평면으로 변한 지 이미 오래이다.

더 매력적인 것은 인터넷의 개방된 구조에서 소수 집단들을 위한 연결망이 자유롭게 구축될 수 있다는 가능성이다. 이런 연결망 문화는 사회적 위계질서와 정반대로 기능한다. 즉 개방된 망들 속에서 자유롭게 연결된 개인들을 만난다. 그리고 이들은 항상 새롭게 자신을 기록할 수 있는 하이퍼텍스트로 꾸민 공동체를 형성하고 있다. 이것은 결코 통일적인 문화가 아니라 특정한 이해집단과 지식집단으로 구성된 연결망이다. 특히 젊은 층을 매개로 하는 인터넷 연결망에서 이런 경향이 더욱 뚜렷하게 나타난다.

이처럼 사회적 위계질서라는 과거의 친숙한 형식들은 오늘날 근원이 다른 연결망 문화를 매개로 사라지고 있다. 그 결과 우리는 고대의 공동체와 같은 '부족적 형제애'와 서로가 이방인이면서도 모든 인류는 형제라는 근대의 '보편적 형제애'의 단계를 지나서 또 다른 공동체 형식, 즉 전자적 연결망에 의해 구성된 '조직적 이웃애'와 마주하고 있다. 이는 연결망의 본래적 의미가 정보처리 차원이 아니라 공동체 형성에 있다는 점을 감안한다면 더욱 그러할 것이다.

2. 맥루한의 공명공간

오늘날 전자매체의 등장은 전혀 새로운 사회의 출현을 의미한다. 그것은 통합된 지구촌 공동체로서 마치 '신부족주의(neo-tribalism)'가 전자라는 기술의 '기(氣)'를 받고 일어나는 세계라고 말할 수 있다. 그런데 이 세계는 모든 것이 모든 것과 공명하는 옛 부족사회의 공명함과 같아서 사람들은 부분적으로, 또는 단편적으로 인식하지 않고 전반적으로 인식한다. 이 때문에 지난날의 유물들 ― 가치, 조건반응이나 태도와 같은 개념, 관점 같은 것들 ― 은 의미를 잃는다. 맥루한은 이런 세계를 가리켜 '공명공간(echo chamber)' 또는 '음향적 공간(acoustic space)'이라고 불리는 '지구촌(global village)'이라고 규정했다.

원래 지구촌이란 기술의 가능성을 의미하는 수사이다. 즉 의사소통 기술이 발달함으로써 전지구가 하나의 의사소통 공동체를 형성함으로써 마치 우리가 이웃하는 촌락으로 좁혀질 수 있다는 의미이다. 그런데 지구적 차원의 그런 원거리 의사소통은 기술의 가능성을 넘어 실제적으로 새로운 담론구조를 만들어내고 있다. 물론 대면적, 또는 인쇄적 상황에 기반해서 생겨났던 의사소통 과정에 대한 과거의 이론적 방식들이 전자적으로 매개된다고 해서 확장되거나 배가되는 것은 아니다. 그렇지만 전자적인 매개는 상징적 소통의 구조와 그 토대를 이루는 조건을 바꾸어 놓고 있다.

그런데 맥루한의 지구촌 개념은 무엇보다 근대성(modernism)이 마련한 공간 개념에 대한 반발이다. 그동안 근대성에 입각한 사회는 각 지역이 지닌 특성을 무시한 채 지도를 보면서 구획하는 식의 무색무취하고, 획일적이고 또 연속적인 공간 개념을 만들어냈다. 그러다 보니 삶에서 배제된 성역까지 만들어졌는데 이런 공간은 균질적인 공간으로 변화할 수밖에 없다. 물론 이런 균질적 공간은 이곳에 사는 사람들에게 실용성을 부여한 대가로서 성립되었다. 따라서 맥루한의 지구촌 개념은 실용성을 위해 잃어버렸던 질적인 공간에 대한 추구가 담겨진 것으로서 결국은 근대적 공간 개념을 극복하고자 했던 개념으로 파악된다.

또 지구촌은 근대적 시간 개념을 극복하고자 했던 개념이다. 근대적 시간 개념이란 기계시계에 입각한 개념으로서 기계시계는 우리들을 '인간중심'의 시간철학이 아니라 '작업중심'의 시간철학으로 몰아넣었다. 모든 시간을 24시간으로 평면화해서 시단위로, 또는 분단위로 쪼개서 우리들의 생활을 맞추도록 한 것은 편의상 그렇게 한 것이지만 인간의 생리상태나 심리상태, 또는 생체리듬을 고려하지 않은 시간 개념이다. 이에 반해 현대성 사회 이전의 '촌(村, village)'엔 과거에서 현재로, 현재에서 미래로 흐르는 단선적인 시간 개념이 없었고, 그 시간의 흐름을 미세한 단위로 쪼개어 거기에 맞추어 살고자 하는 의식도 존재하지 않았다. 오히려 현재의 삶을 사는 인간이 과거를 추구하고, 그것이 동시에 미래의 삶을 나타내는 다시 말해 과거와 현재와 미래가 함께 있는 그런 시간에서 살았다. 따라서 맥루한의 지구촌은 이런 내용을 담고 있는 하나의 아포리즘이다.

그런데 지구촌은 맥루한이 의도한 것과는 사뭇 다르게 사용되고 있다. 오늘날 '지구적(global)'에 대한 해석은 크게 두 가지로 나뉘어지는데 하나는 세계 어느 곳에 가도 동일한 음식점 체인에서 식사할 수 있으며, 동일한 음악과 옷을 소비한다는 등의 문화적인 현상을 지칭하며, 다른 하나는 국가의 경계를 넘어서는 경제의 흐름과 그 영향력을 의미한다. 두 경우 모두 과거에는 한 국가 내에서 볼 수 있었던 현상을 이제는 국가의 경계를 넘어서 전 세계적으로 볼 수 있다는 의미를 담고 있다. 다른 말로 하면 이전에는 국가 내의 균질성이 이제는 지구적 단위의 균질성으로 확대되고 있다.

이처럼 거리가 가까워지고 시간적으로도 가까워져 지구가 하나의 작은 촌락처럼 변화되었다는 식으로 지구촌이 해석되어지는 것은 균질화된 현대성의 시·공간 개념을 극복하고자 했던 맥루한의 의도와는 크게 상반된다. 맥루한은 근대성의 시·공간적 균질성을 부정하면서 '지구촌'을 언급했기 때문이다. 즉 시간적으로는 기계시간이 아니라 자연시간에 입각한 자연스러움이, 공간적으로는 모든 것이 가로와 세로라는 직선으로 정확히 구획된 공간이 아니라 자연적 지형과 조화를 이루는 공간으로서 지구촌이라는 말을 창안했다. 따라서 지구촌은 사람들의 삶이 과거 촌에서의 삶처럼 이질성을 회복할 수 있게 되었다는 질적인 차원에서의 변화를 의미한다.

그렇다면 '지구촌'의 원형은 무엇일까? 맥루한에 따르면 '지구촌'이란 표면적으로는 원시 시대 사람들이 동굴에서 행했던 의사소통 공간, 즉 공명공간이라고 말할 수 있다. 그렇지만 실질적인 정의에 들어가면 이런 범위를 훨씬 넘어선다. 공명공간이란 한 사람만 의사소통의 주체이고, 그 밖의 사람들은 의사소통상에서 객체인 그런 공간이 아니다. 누구든지 의사소통의 주체와 객체가 될 수 있는 공간이다. 따라서 이 공간에서 누군가가 던진 말은 금방 소멸되지 않고, 다른 사람을 통해 또 다시 확대 발전됨으로써 메아리처럼 울려 퍼진다. 즉 공명이 의사소통 공간에서 이루어진다. 이것이 구텐베르크 인쇄 시대에서 의사소통 주체는 저자 한 사람이고, 나머지는 독자라는 모두 객체인 상황과 크게 다르다.

물론 공명공간이 이루어지기 위해서는 의사소통에서 본질적인 변화가 필요하다. 즉 의사소통에 참여하는 주체들간에 친밀감이 필요하다. 즉 의사소통에서 '접촉 감각(touch sense)'이 요구된다. 이는 언어를 통한 구두의 사소통, 즉 청각만으로 이루어지는 의사소통이 아니라 촉각이 중요한 매체로서 작용하는 의시소통을 의미한다. 따라서 이성으로만 이루어지는 의사소통이 아니라 이성과 감성이 함께 아울러지는 의사소통이 공명공간을 구성하는 핵심요소이다. 이렇게 볼 때 맥루한의 지구촌 개념은 단순히 '세계가 한 지붕 밑에'라는 인간상호 작용의 외형적 변화를 말한다기보다는 그 속에서 살아가는 인간 경험의 질적 변화를 대변한다고 말할 수 있다.

그런데 오늘날 공명공간은 컴퓨터와 같은 전자매체를 통해서 의사소통을 하기 위해서 들어가는 공간, 즉 '사이버 공간(cyberspace)'으로 변화하고 있다. 사이버 공간이란 우리가 일상적으로 경험하는 물리적 공간과는 다르다. 오늘날 전자 시대에 사는 인간은 물리적인 한계 속에서 존재하는 과거의 인간과는 다르게 자신의 전자 대리인을 통해서 무한한 공간에 동시에 존재할 수 있음을 경험한다. 따라서 전자 시대를 살아가는 오늘날 사람들은 어느 특정 시각에 어느 한 장소에 있는 것이 아니라 동시에 여러 곳에 부재하면서도 현존한다. 기존의 물리적 관점에서 보면 결코 존재할 수 없지만 가상현실이라는 관점에서 보면 인간은 개별적 존재를 넘어 편재할 수 있다. 즉 전자적 의사소통이 만들어내는 엄청난 거리와 시간적 즉각성의 결합은 발화자와 수용자를 떼어놓기도 하고, 그들을 서로에게 데려가기도 한다.

이 같은 상황의 변화는 기존에 당연시되던 주체와 객체의 경계구분을 모호하게 만들고 있다. 예컨대 오늘날 의사소통 기술은 소수가 다수에게 정보를 전달하는 전통적인 의사소통 개념을 붕괴시키고 있다. 즉 다중의사소통 시대에서는 소수의 메시지 생산자와 다수의 메시지 소비자라는 의사소통 모델이 지배했는데 오늘날 전자매체를 통해서 이루어지는 의사소통은 메시지 생산자와 메시지 소비자의 경계가 허물어짐으로써 다수에 의한 의사소통이 지배적 의사소통으로 되고 있다.

예를 들어 사이버 공간에서는 어떤 화자가 다른 사람보다 더 많은 영향력을 발휘할 수 있지만 사이버 공간 뒤에 있는 기본적인 생각은 다수가 다수에게 이야기를 할 수 있다는 점이다. 따라서 사이버 공간의 이야기들은 더욱 개성을 띠며, 상호작용적이고, 개인주의적이게 된다. 또 서로 다른 토론장에서 다양한 청중들에게 다른 방식으로 이야기가 이루어진다.

즉 의사소통의 주체는 쌍방형 의사소통을 가리키는 기술적 용어인 상호작용의 기제를 통해 새롭게 구성된다. 따라서 '무엇을' 재현하는 것보다도 '어떻게' 꾸미느냐가 논의의 핵심이 된다.

사실 인쇄매체가 의사소통 주체에 대한 한 요소가 될 때 언어는 재현적 역할을 수행한다. 즉 언어가 대상을 지시하기 위해서 사유자들을 환기시키는 기호들의 자의적 체계로서 이해되었다. 반면 전자매체가 주체에 대한 이해를 매개할 때는 언어가 수행적이고 수사학적인 것으로, 즉 주체에 대한 능동적인 형상화와 자리잡기로 이해된다. 이런 의사소통 체제가 퍼져나가면 주체는 단지 부분적으로 안정되고, 시·공간의 다양한 지점들에서 반복적으로 재구성되며, 자기동일적이지 못하고 항상 부분적으로 타자에게 이해된다. 이렇게 볼 때 의사소통에서 객체는 표현이 중요하지 않다. 단지 상대방 표현의 소비자일 뿐이다. 이처럼 의사소통 주체와 객체가 융합하는 상황에서 표현은 공유의 대상으로 변화한다.

따라서 전자매체의 등장으로 생겨난 새로운 의사소통 양식에서 관심사는 단연 서사의 위치 문제, 즉 주체의 문제로 귀착된다. 주체가 객관세계와 맺고 있는 관계, 그러한 세계에 대한 주체의 관점이다. 그렇지만 이보다 더 중요한 문제는 의사소통 당사자들끼리의 위치 문제이다. 과거 전통적 글쓰기에서는 주체와 객체가 분리되고, 또 이런 관계는 상하적이었지만 오늘날 전자매체 시대에서 객체는 또 다른 주체로 변신하고 있고, 또 변신해야만 한다. 이렇게 해야만 의사소통의 진정한 주체로서 거듭날 수 있다. 따라서 주체의 위치는 새로운 의사소통 양식이 해결해야 할 중심 과제로서 오늘날 의사소통 토론의 중심에 서 있다.

그런데 오늘날 서사의 위치 문제는 하버마스(J. Habermas)의 '의사소통론'에서부터 그 이론적 단서를 찾을 수 있다. 하버마스는 참다운 의사소통을 위해서 이상적 대화상황을 가정했고, 그 이상적 대화상황의 조건들의 하나로 서사의 위치 문제를 언급하고 있기 때문이다. 물론 하버마스의 의사소통론은 전자글쓰기를 가정하고서 전개된 이론은 아니다. 오히려 그의 이론은 전통적 매체를 전제하고서 성립된 이론이다. 그렇지만 그의 의사소통론이 면대면(面對面) 의사소통이라는 대화상황에서부터 출발하고 있기에 오늘날 전자글쓰기의 상황과 유사할 수 있다. 따라서 그의 의사소통론을 전자글쓰기 상황에 적용하는 것은 큰 무리가 아니다.

3. 하버마스의 이상적 대화상황론

하버마스는 언어와 의사소통 문제를 비판이론에 종속시키거나 통합시키면서 독자적인 의사소통 이론을 발전시켜왔다. 그는 '의식철학 패러다임이 완전히 고갈되었다'고 선언하면서 그 대안으로서 의사소통, 또는 상호이해의 패러다임을 제창했다. 하버마스의 기본적 관심은 인간의 합리적 행위의 사회적 합리화에 대한 조건을 탐구하는 것이었는데 이를 위해 하버마스는 기본적으로 베버(M. Weber) 등 서구의 합리주의적 전통을 계승했다. 그렇지만 베버 이후의 철학과 사회과학의 영역에서의 제 이론들을 비판적으로 검토하면서 노동과 상호작용을 분리했다. 바로 이 점이 서구의 합리주의 전통과 구별된다(J. B. Thompson, 1984: 279-280).

그런데 노동과 상호작용이라는 구분은 하버마스의 후기 저작으로 넘어가면서 '목적합리적 행위'와 '의사소통적 행위'로 재정식화되었다. 하버마스는 마르크스와 베버가 인간행위를 이해하는 데는 공헌했지만 '행위유형(type of action)'과 '행위체계(action system)'를 구분하는 데 실패함으로써 이에 부합하는 행위의 합리성을 적절히 설명해내지 못했다고 비판했다. 그 결과 하버마스는 인간 행위를 '목적합리적 행위'와 '의사소통적 행위'로 구분하면서, 합리성은 이런 행위에 기반한 합리성이라고 규정했다(J. Habermas, 1984: 263-264).

목적합리적 행위란 기술적 경험의 효율성(목적합리성)과 일관성 있는 수단들의 적절한 선택(결정합리성)이라는 두 가지 다른 측면에서 이해될 수 있다. 그리고 이 두 가지 다른 측면에서 행위와 행위체계가 합리화될 수 있다. 이렇게 볼 때 '목적합리성'은 기술적으로 이용가능한 경험적 지식을 요구하며, '결정합리성'은 선택행위의 올바른 추출과 가치체계의 내적 일관성을 요구한다. 이에 반해 의사소통적 행위는 행위주체의 책임감과 행위규범의 정당화 가능성이라는 규범적·실천적 측면에 의해서 합리화된다.

따라서 목적합리적 행위는 진실한 지식 여부에 의해 합리성이 결정된다면 의사소통적 행위는 의도적 표현 및 규범의 정당성이라는 측면에서 그 합리성을 찾을 수 있다. 결국 의사소통 행위는 선택된 수단의 기술적 측면이나 수단 선택의 전략적 측면에 의해 합리화되는 목적합리적 행위 및 그 합리성과 대립된다고 말할 수 있다(J. Habermas, 1979: 117-119). 하버마스는 이런 행위 구분을 통해서 목적합리적 행위는 '결과지향적'이며, 의사소통적 행위는 '이해도달 지향적'이라고 파악했다. 결과지향적 행위는 자기중심적인 효용계산이 서로 어떻게 결합되느냐의 여부에 의해서 조정되는 반면 이해도달 지향적 행위는 상황에 직면하여 의사소통적으로 추구된 동의 내지는 합의의 조건 아래서 행위의 목표가 조정된다(J. Habermas, 1984: 285).

그런데 하버마스는 사회 유지를 위해서 목적합리적 행위와 의사소통적 행위 중 어느 하나가 다른 하나를 환원시키거나 종속시켜서는 안되고, 서로 보완적이 되어야 한다고 주장했다. 하버마스는 마르크스의 낙관적인 '경제주의 하부구조 분석'이나 프랑크푸르트학파 1세대들의 비관적인 '문화비판에 입각한 상부구조 분석'은 목적합리적 행위와 의사소통적 행위 가운데 하나를 다른 하나에 환원시키거나 종속시킴으로써 후기자본주의 사회의 역동성을 제대로 파악하지 못했다고 보았다. 왜냐하면 사회는 '체계(system)'와 '생활세계(life-world)'의 두 개념을 모두 포괄하고 있기 때문이다. 즉 체계는 돈과 권력이라는 조정매체(steering medium)가 조정함으로써 생활세계의 물질적 재생산 기능을 담당하는 반면 생활세계는 언어를 매개로 해서 상징적 재생산 기능을 담당하는데 이 두 가지 모습이 오늘날 사회에서 모두 발견되고 있기 때문이다.

그런데 사회의 진화과정에 따라 생활세계의 합리화가 이루어지고, 이로 인해 생활세계로부터 체계가 분리되고 있다. 즉, 돈과 권력이라는 조정매체의 제도화를 통해 이룩된 경제체계와 정치체계가 생활세계로부터 떨어져 나오고 있다. 이는 하나로 묶여 있어야 할 체계와 생활세계, 그리고 이것들을 지지하고 있는 목적합리적 행위와 의사소통적 행위가 서로 분리되는 것을 의미한다(J. Habermas, 1985: 318). 그런데 더욱 심각한 문제는 이 두 메커니즘이 서로 분리되었다는 것뿐만이 아니라 생활세계가 체계에 예속당하는 이른바 '체계에 의한 생활세계의 식민화' 현상이 나타나고 있다는 사실이다. 즉 경제체계와 정치체계가 생활세계를 지배하고 있다. 따라서 오늘날 사회에서 발견되는 근대화의 병리는 단순히 체계와 생활세계의 분리 때문에서 오는 것이 아니라 생활세계로부터 분리되어 자립성을 획득한 체계가 오히려 생활세계를 종속시킴으로써 발생한다(J. Habermas, 1985: 305-318).

하버마스는 체계에 의한 생활세계의 식민화 현상은 근·현대사회에서 새롭게 대두된 도덕 및 법의식 때문이라고 파악했다. 새로운 도덕 및 법의식에 따른 지배는 그동안 인류를 지배해왔던 전통적인 의식을 새로운 도덕 및 법으로 대체하는 것인데 일반적으로 사회 내에서 이루어지는 행위는 구체화된 도덕 및 법에 의해서 이루어지는 것이 아니라 일반화된 가치와 규범하에서 기능한다. 어쨌든 생활세계의 합리화가 진행될수록 상호작용의 참여자들 사이에서의 불화 가능성이 커진다. 왜냐하면 구성원들이 도달해야 하는 상호이해의 부담이 커지는데 이는 결과적으로 구성원들 사이의 상호조정에 도달할 가능성을 떨어뜨리기 때문이다.

그리고 도덕과 법의식 같은 비언어적 조정수단은 타당성 요청에 대한 참여자들 사이의 합의 형성을 행위와 연결시킴으로써 생활세계의 요건을 중립화시킨다. 예를 들어 행정조직은 의견이나 의지의 형성을 위한 개인의 자발적 과정을 무력화시키고, 대신 대중의 충성심 동원과 같은 것을 확대함으로써 정치적 결정을 일상생활로부터 벗어나도록 만든다. 따라서 사적 영역은 경제체계에 의해서, 공적영역은 행정체계에 의해서 훼손된다.

이렇게 볼 때 현대사회의 제 문제는 생활세계를 체계로부터 분리함으로써 해결할 수 있다. 이는 결국 생활세계를 합리화시키는 작업으로 생활세계 내에서 각각의 고유한 합리성을 균형 있게 제도화시키고 발전시키는 일이다. 즉 목적합리적 행위에 의해 위축된 의사소통적 행위를 그 지배로부터 벗어나게 함으로써 의사소통적 행위가 사회유지를 위한 정당한 몫을 담당토록 하고, 나아가 의사소통적 합리성이 목적합리적 합리성을 보완토록 하는 일이다.

일반적으로 의사소통 합리성은 그것의 현실적 존재양식에 대한 탐구에서부터 출발한다. 그렇지만 하버마스는 의사소통 합리성의 이런 현실적 존재양식을 무시하고, '이상적 대화상황(ideal speech situation)'이라는 이상향적 관점에서 의사소통 합리성이 구현될 수 있는 방안을 제시했다. 이상적 대화상황이란 의사소통상의 체계적인 왜곡을 배제하면서 의사소통 행위로부터 논술행위로, 또는 논술의 한 차원에서 다른 차원으로 이동할 수 있는 자유를 보장해주는 상황이다. 또 이상적 대화상황은 자유롭고, 공개적인 의사소통의 장을 제공하기 때문에 이런 조건하에서 달성된 합의는 어떤 것이든 타당한 합의로서 수용될 수 있다. 따라서 하버마스는 이상적인 대화상황의 존재여부에 따라 타당한 합의와 그렇지 못한 합의로서 구분했다.

하버마스는 이상적 대화상황에서 요구되는 '이상적 균형요건'을 다음과 같이 제시하고 있다. 첫째, 모든 잠재적 참여자들이 '의사소통적(communicative)' 언술행위를 할 수 있는 동일한 기회를 가짐으로써 언제든지 담화를 시작하고 지속할 수 있어야 한다. 둘째, 모든 참여자들이 '주장적(constantive)' 언술행위를 할 수 있는 기회, 즉 질문을 제기하고, 주장의 논거를 대거나 반박할 수 있는 동일한 기회를 가짐으로써 결국 어떠한 의견도 고려나 비판의 대상에서 제외되는 일이 없도록 해야 한다. 셋째, 모든 참여자들은 '표현적(representative)' 언술행위를 할 수 있는 기회, 즉 자신의 태도, 감정, 의도 등을 표현할 수 있는 동일한 기회를 가짐으로써 다른 사람에게 자기 자신이 감춤이 없이 솔직하게 보이도록 해야 한다. 넷째, 모든 참여자들이 '규제적(regulative)' 언술행위를 할 수 있는, 즉 명령하고,

반대하고, 허락하고, 금지하는 등의 행위를 할 수 있는 동일한 기회를 가짐으로써 일방적으로 한쪽이 특권을 가지지 않도록 해야 한다.

그런데 하버마스에게 중요한 것은 이상적인 대화상황이 실제로 존재하느냐의 여부가 아니라 일상적인 의사소통 행위에서 우리가 인도하는 이상적인 대화상황에 대한 예상일 뿐이다. 그런 예상을 통해서 이상적인 대화상황은 현실적 대화상황을 비판하고 개선을 도모하는 기준으로서 작용한다. 즉 이상적인 대화상황이란 플라톤의 이데아와 같은 것으로서 생활세계에서 이루어지는 의사소통 행위의 준거틀로 작용한다. 이렇게 함으로써 생활세계의 의사소통 상황을 비판하고 개선하는 것이다. 그렇지만 이런 이상론이 하버마스에 대한 비판의 주요 근거로서 작용했다.

이에 대해 하버마스는 이상적 대화상황을 좀더 구체적으로 제시했다. 즉 이상적 대화상황의 위치란 논증을 통한 합의론적 진리론에 있는 것으로서 의사소통 합리성의 기초가 되는 논증적 대화의 세 가지 측면들은 ① 과정의 측면에서는 모든 강제가 배제된 일반적인 균형조건, ② 절차상의 측면에서는 협업적인 역할분업에 따른 특정한 규칙에의 종속, ③ 산출의 측면에서는 설득력 있는 논증의 산출 등이다(Habermas, 1984: 25). 이 같은 절차상의 형식적 요건들에 대한 주장은 하버마스가 여전히 이상적인 대화상황이 갖는 유용성을 인정하는 셈이다. 이렇게 볼 때 하버마스의 의사소통 합리성 개념을 결국 '절차의 합리성'으로 대체된다고 말할 수 있다(R. J. Bernstein, 1983: 191).

그러나 의사소통 합리성은 절차의 합리성으로 이는 오늘날 사회에서 다소 재구성되기가 힘든 명제이다. 오늘날 인류는 중대한 기로에 처해 있다. 지금까지 인간 해방의 기획은 이성의 도구적 확장에 기여했다. 즉 주어진 상황에 대한 지식을 얻고, 그 지식을 삶에 적용하면서 인류는 발전해왔다. 그런데 이런 행위 자체는 비적응적인 행위로 변질되거나, 또는 퇴행적으로 진행되거나, 아니면 지배의 한 형태로서 고착되었다. 이에 하버마스는 인간해방의 새로운 방향을 '이상적 대화상황'이라고 명명한 새로운 형태의 행위에 의존했는데 이는 결국 의사소통에 대한 제약을 제거하는 것을 의미한다. 이렇게 함으로써 하버마스는 비판이론의 기반을 '도구적' 합리적 행위에서 '상징적' 합리적 행위로서 대체했다.

이처럼 하버마스는 자신의 이론을 일상의 평등주의적 공간인 '생활세계'에 비판을 위치시키는 상징적 상호작용이론으로 발전시켜왔다. 따라서 개인들의 '행위'가 아니라 이들 사이의 '상징적 기호의 교환'을 어떤 식으로 가능케 할 것이냐가 그의 주제이다. 이렇게 함으로써 하버마스는 자신의 생각을 '행위이론'으로부터 '의사소통이론'으로 옮아갔다. 그리고 글쓰기, 활자인쇄, 전자매체, 디지털 매체와 같은 의미 있는 의사소통 수단의 발전에서 보듯이 매체는 이런 가능성을 제한하는 것이 아니라 확장시키는 것으로 보았다.

그런데 하버마스는 그의 '의사소통행위 이론'에서 마르크스를 넘어서기는커녕 오히려 뒤쳐져 칸트로 회귀하고 있다는 비판을 듣는다. '목적이성적' 행위와 '가치이성적' 행위를 구분했던 베버처럼 '기술적 행위'와 '상징적 상호작용'의 이율배반을 해명하기 위해 이분법을 요청하고, 나아가 이상적인 담화 상황만이 이성사회를 생산한다고 보았기 때문이다. 이런 하버마스식의 처방은 옛날부터 내려온 '명예로운' 문화적 당위들에 호소하는 방식으로서 결국 계몽의 범주를 넘어서지 못하는 한계를 지닌다.

그런데 오늘날 의사소통은 탈근대(postmodern)라고 불러도 좋은 전자방식에 의한 의사소통으로 대체되고 있다. 그리고 이것은 고도로 제도화된 집단적 종교행위나 공동체의 다른 기능 속에서 이루어지는 것이 아니라 집 안이라는 사적이고, 비공식적이고 고립된 상황에서 이루어지고 있다. 따라서 전자매체에 의해 형성되고 있는 담론구조는 상징적 소통의 구조와 그 토대를 이루는 조건을 근본적으로 바꾸고 있다. 이런 상황에서 데리다는 매체가 일상의 한복판에서 새로운 문화를 형성하고 있다고 주장한다. 이렇게 함으로써 근대성 및 근대적 주체의 개념이 해체되고 있다고 예견했다. 이렇게 볼 때 하버마스는 여전히 근대성의 범주에서 머물고 있는 것이다.

4. 데리다의 해체론

새로운 매체의 출현은 무엇보다 의사소통에서 서사의 위치를 바꾸고 있다. 즉 과거 매체였던 책은 철저히 작가라는 주체와 독자라는 객체로 의사소통을 구성한 반면 새로운 매체인 인터넷 등은 이런 서사의 위치를 주체끼리의 관계로서 바꾸고 있다. 그런데 이런 관계가 제대로 이루어지기 위해서는 메시지를 텍스트로의 바꾸어야만 가능하다. 즉 수용자는 주체가 전달한 기표를 해석하는 데 있어서 이를 재구성할 수 있는 여지가 있어야 한다. 만약 주체가 완벽하게 구성된 기표를 제공한다면 상대방이 이를 재구성할 수 있는 가능성은 없어지고, 이것은 곧 일방적인 의사소통으로 전락하게 된다.

따라서 서사의 위치라는 외형적 변화만으로는 주체와 주체간의 실질적인 의사소통이 되기를 기대하는 것은 무리이다. 매체에 따른 서사의 위치 변화도 중요하지만 그 위치 변화에 걸맞게 텍스트도 재구성되어야 한다. 이 점이 바로 맥루한의 '매체론'과 데리다의 '전자글쓰기론'의 차이라고 말할 수 있다. 즉 맥루한이 의사소통 서사의 위치는 오로지 매체 그 자체에 의해서 결정된다고 보았다면 데리다는 매체에 적합한 기표가 제공되어야만 실질적인 서사의 위치가 결정된다고 보았다. 즉 전자매체라 할지라도 이에 합당한 텍스트가 제공되어야만 주체와 주체 간의 의사소통이 가능해진다.

포스터(M. Poster)는 데리다의 이런 입장을 수용해서 인간의 의사소통 역사를 재구성했다. 그는 정보기술과 전자매체 정보의 확산이 '사회적 관계의 연결망'을 변화시킴으로써 우리들의 생활방식과 우리가 스스로에 대해 생각하는 방식에 심대한 영향을 미쳐왔다고 보았다. 그리고 이에 기초해서 인류의 역사를 구술 시대, 문자교환의 시대, 전자매개의 시대로 크게 세 시대로 구분했다(M. Foster, 1990: 22-23).

구술(oralism) 시대는 인간의 상호작용이 대면적이었다. 생활방식은 고정되어 변하지 않았으며, 자아는 대면적 관계에 둘러싸인 채 발화의 소재지로 지정된다. 그리고 기호는 이렇게 정착화된 생활방식에 상응했으며, 상징적 교환은 공동체에 이미 알려져 있고, 수용된 것들을 강조하는 것과 관련이 있었다. 문자교환(written exchange) 시대는 기호가 표상적인 역할을 수행했는데 당시 자아는 합리적인 것으로 간주되면서 개인적 책임이 강조되었다. 그렇지만 자아는 가상의 합리적 자율성을 중심축으로 하기 때문에 주체로서 자처하지만 실은 주어진 기능을 담당하는 수행자로서만 남았다.

그런데 전자매개(electronic mediation) 시대에서 기호는 정보적 시뮬라시옹의 문제로 확대되었다. 이 시대에서 기호는 비표상적이었다. 따라서 자아는 끊임없이 불안정한 상황에서 탈중심화되고, 분산되고, 다중적이며, 다중적 자아형성의 지속적 과정에서 소용돌이쳤다. 그 이유는 주어진 대상을 나타내는 기호가 아니라 기표의 흐름이 이 시기의 주된 특징이었기 때문이다.

포스터의 이 같은 인식은 매체를 파악하는 데 있어서 기표와 기의의 '자의적인' 관계를 생략한 맥루한의 입장과는 뚜렷하게 구분된다. 오히려 기표와 기의의 '자의적인' 관계를 강조한 탈구조주의 이후의 인식과 상통한다. 이 같은 입장의 차이는 맥루한이 의사소통 주체로서 인간을 '해석하는 존재'가 아니라 '감각적인 존재'로서 설정하는 데서 비롯된다. 즉 맥루한은 인간을 로크적 인식론의 전통에 따라서 감각에 의해서 지배되는 동물로 취급하고, 이 같은 입장에서 동물에서 일어나는 감각구성의 변동, 특히 텔레비전이 초래한 변동을 강조했던 것이다.

이렇게 볼 때 포스터의 의사소통 역사가 '상징적 교환'에 기초한 변화의 모형, 즉 '정보양식(mode of information)'[18]에 입각해 있다면 맥루한의 의사소통 역사는 인간적 의사소통의 '기능론적 확대'와 관련된 기술결정론에 입각해 있다고 말할 수 있다. 따라서 포스터의 의사소통 역사 서술

---

18) 포스터는 마르크스의 생산양식을 흉내내어 정보양식이란 개념을 사용했다. 포스터에 따르면 역사는 상징적 소통구조의 변형 방식에 따라 시대구분이 가능한데 상징적 소통구조의 결과는 정보양식과 밀접하게 관련이 있다.

은 인간적 의사소통에 대한 맥루한의 기계론적 서술에서 벗어나서 새로운 패러다임의 등장, 즉 상징적 교환 패러다임의 등장을 예고한다. 따라서 오늘날 전자매체의 등장으로 생겨난 새로운 의사소통 양식은 주체의 형태를 문제삼는다. 즉 주체가 객관세계와 맺고 있는 관계, 그러한 세계에 대한 주체의 관점, 그 세계에서 주체의 위치 등인데 이것이 새로운 의사소통 양식이 해결해야 할 과제이다.

이처럼 데리다(J. Derida)는 그의 '해체이론'을 통해 전자글쓰기가 가져올 변화들에 대해서 많은 방식으로 예견했다. 먼저 그는 전자글쓰기가 서구 사상의 위대한 전통들에서 묘사된 주체의 형상을 무너뜨리는 것으로 생각했다. 그동안 서양철학에서는 주체의 형상이 크게 데카르트적 주체, 칸트적 주체, 헤겔적 주체로 나뉘어서 진행되었는데 데카르트적 주체는 자신이 마주하는 객체의 세계를 그 세계 외부에서 분명하게 인식할 수 있는 주체이고, 칸트적 주체는 지식의 기원에 해당하는 세계 외부에 있음과 동시에 지식의 경험적 대상인 세계 내부에 있는 주체이며, 헤겔적 주체는 세계 내 존재로서 그 자신을 변형시키면서도 세계의 생성이라는 궁극적인 목적을 구현하는 주체이다.

데리다에 따르면 전통적인 글쓰기 이론은 이런 주체들의 형상을 지지해왔다고 보았다. 이는 전통적인 글쓰기가 기본적으로 의미의 고정성, 불후성 또는 저자의 권위에 입각해 있기 때문이다. 그 결과 서구적 사유는 저자만이 안정된 의미의 근원이라고 주장하고, 또 책은 저자가 의도한 것만을 의미할 뿐이라고 주장하는 인쇄글쓰기에 의지해온 것이 사실이다. 그렇지만 전자글쓰기는 인쇄글쓰기와 달리 주체를 분산시켜 과거 전자시대 이전의 글에서 수행했던 하나의 중심으로서의 기능을 수행하지 않는다.

그런데 의미의 고정성과 불후성은 기표와 기의의 관계에서 엄격함으로써 설명될 수 있다. 즉 기표와 기의가 기계적, 또는 논리적으로 연결될수록, 다시 말해 이들의 관계가 엄격할수록 의미는 고정화되고, 변하지 않는다. 이 점에서 전통적인 글쓰기는 로고스 중심주의에 입각해 있다고 말할 수 있다. 이런 로고스 중심주의는 배제, 대리 보충, 여백화를 통해서 작동하는데 데리다는 이런 로고스 중심주의가 전복적 독법으로서 또다시 변화되어야 한다고 주장한다. 이는 기록된 흔적들로 이해된 텍스트가 실제로 행해지는 역할에 대해 주목하는 것이다. 따라서 데리다의 해체적 사유는 로고스 중심적 텍스트 및 그 텍스트와 주체의 관계에 대한 근본적인 비판이라고 말할 수 있다.

이런 데리다의 입장은 소쉬르(F. de Saussure)의 언어관과는 뚜렷하게 구분된다. 소쉬르는 언어를 역사적 특성과 진화를 고려치 않고 현재의 작동 법칙에 따라 분석되어야 한다는 것을 고집했다. 사실 언어적 기호란 청각적·시각적 구성물인 기표와 개념적 구성물인 기의 등 유기적으로 연관된 두 부분으로 구성된다. 즉 의미를 생성하는 차별적 기표를 통해서 '개념을 표현하는 기호체계', 즉 기의가 형성되는 것이다. 소쉬르는 이와 관련해서 언어의 두 가지 특징을 강조했다. 첫째, 언어적 기호는 자의적이며, 기표와 기의 간에는 자연적 결합이 존재하지 않고, 우연한 지시만이 존재하며, 둘째, 기호는 차별적인 것으로서 단어가 자신이 아닌 것을 참조함으로써 의미를 획득하는 의미체계의 부분으로서 언어에는 실정적 항이 없으며, 차이만이 존재한다(F. de Saussure, 1966: 120).

이런 소쉬르의 언어관에 대해서 데리다를 비롯해서 푸코, 크리스테바(J. Kristeva), 료타르, 바르트 등은 일련의 텍스트를 통해 비판했는데 이런 비판들은 탈근대 이론을 형성하는 데 도움을 준 강렬한 이론적 지각변동의 분위기를 만들어냈다. 데리다와 같은 탈구조주의자들은 언어놀이를 이항대립의 폐쇄된 구조에 가둔 구조주의자들과 달리 기의에 대한 기표의 우위를 주장하면서 언어의 역동적인 생산성, 의미의 불안정성, 의미를 이해하는 전통적인 재현적 인식 틀과의 단절을 강조했다. 따라서 의미에 대한 전통적 이론에서 기표는 의식적 정신의 기의에서 정지하지만 탈구조주의자들에게 있어서 기의는 의미작용의 끝없는 과정상 한 계기에 불과할 따름이다. 이러한 의미작용에서 의미는 주체와 객체 간의 안정적이고, 지시적 관계에서 생산되는 것이 아니라 기표의 무한한 상호텍스트적인 논리

속에서 생산된다.

이런 연장선상에서 데리다는 '각인(刻印)'은 언어를 다양한 의미로 열어두며, '흔적들의 공간화'는 저자로부터 의미를 떼어내서 그것을 변화시키거나 대체하며, '책의 순차적 형태'는 주의 깊은 독서를 통해서 논리의 모순과 진퇴양난에서 벗어남으로써 일종의 위계체제를 깨뜨릴 수 있는 체제를 부여받을 수 있다고 주장했다. 데리다의 이런 해석적 몸짓은 전자글쓰기에 대한 이해와도 유사하다. 따라서 데리다의 전자글쓰기란 기의를 기표화하는 과정에서 다양한 해석의 여지를 남겨두는 것이다.

사실 오늘날 하나의 기의를 나타내는 기표는 다양하면서도 고정되어 있는 것이 아니다. 따라서 전자글쓰기 시대에서는 기표 구성은 기계적이어서는 안 된다. 기계적이 되면 자연히 의사소통 구조가 주체와 객체라는 전통적인 관계로 전락할 수 있기 때문이다. 즉 형식적인 차원이 민주적 관계일지라도 내용적 차원에서는 권위주의적 관계로 바뀔 수 있다. 물론 그 관계가 느슨해지면 정확한 의미전달에 무리가 따르면서 기표만이 난무할 우려가 크다. 이를 정보이론으로서 설명하면 기표와 기의가 고정된 상황에서는 리던던시가 증가하지만 기표와 기의 사이의 관계가 고정적이지 않은 전자글쓰기 상황에서는 엔트로피가 높아진다.

이처럼 데리다 식의 해체와 전자글쓰기는 모두 쓰여진 언어의 휘발성, 그것의 불안정성, 또는 작가의 불확실성을 담지하고 있다. 또 데리다에 따르면 언어가 주체를 탈안정화시키고, 개인들을 분산시키며, 자아의 통일성과 고정성에 대한 잘못된 관념들을 깨뜨리는 것으로서 이해된다. 또 전자글쓰기의 이런 특징들은 모든 글쓰기에 적용되는데 데리다는 부분적으로 필사, 인쇄, 디지털 글쓰기간의 구분만을 시도했다. 따라서 해체는 모든 형태의 글쓰기에 대한 데리다의 해석적 몸짓이라고 말할 수 있다.

5. 차연(différance)

이와 관련해서 데리다는 의미(라는 단어)의 의미는 무한한 함축, 기표의 기의에 대한 무한한 연기라고 전제하고, 그 힘은 의미된 의미에 휴식이나 중지를 주지 않는 어떤 모호함으로서 그것은 다시 한번 의미되고서 연기된다고 주장했다(J. Derida, 1973: 54). 데리다는 기호의 분리된 성격을 설명하기 위해 '지연시키다(défé)'와 '다르게 하다(défer)'의 두 가지 의미를 가진 '차연(différance)'이라는 새로운 단어를 만들었다.

차연이란 불어의 differ라는 동사의 명사형인데 이 생경한 조어는 문자 그대로 '차이(difference)'와 '연기(delay)'의 두 가지 개념이 동시적으로 복합된 관념이다. 불어에서 'différér'라는 동사 자체가 이미 '차이가 나다'와 '연기하다'의 두 가지 복합적 의미를 동시에 함의하고 있는데 그런 동사의 양가적(兩價的) 의미를 명사화시킨 단어가 불어에는 없다. 따라서 데리다는 양가적 의미를 지닌 동사 'différér'의 명사화를 가리키기 위해 일반적으로 '차연'이라고 번역되는 'différance'를 만들었다. 차연의 'différance'와 차이의 'difference'는 불어의 발음상에는 아무런 변별적 차이가 없고, 단지 글자상에서 'a/e'의 구분이 있을 뿐이다.[19]

이처럼 의미가 항상 지연된다는 데리다의 생각은 스스로 완전히 드러내지 않지만 항상 동시에 존재하고 부재한다는 것을 말한다. 예를 들어 사전에서 한 단어의 뜻을 찾을 때 끊임없이 의미가 지연됨을 알 수 있다. 이처럼 사전을 찾으면 끊임없이 상호 텍스트적 의미의 지연만을 확인할 수 있다. 결국 기의의 의미를 고정시키지도 못하고, 언제나 다시 지시하

---

19) 그런데 a는 단순한 알파벳의 의미를 훨씬 넘어선다. 즉 차연은 공간적 개념인 차이와 시간적 개념인 연기의 두 실을 갖고서 짜깁기를 한 천이요, 텍스트라고 파악할 수 있다. 사실 하나의 텍스트도 '텍스트간의 연관'이고, 모든 텍스트들은 '텍스트 연합'이라고 말할 수 있다. 즉 텍스트가 이렇게 짜여지기도 하고, 저렇게 짜여지기도 하기에 으뜸의 텍스트란 있을 수 없고, 또 처음의 발단도 없다. 따라서 처음으로 텍스트를 짜는 시작이 존재할 수 없고, 나의 시작은 이미 다른 사람들이 해놓은 것에서부터 다시 시작하는 것일 뿐이다.

도록 만드는 기표에서 기표로의 끝없는 언급이 있을 뿐이다. 이 끝없는 기표에서 기표로의 지연은 대화를 할 때나 작품을 읽는 맥락에서만 비로소 일시적으로 고정된다.

따라서 데리다는 기표가 거울의 상을 비추듯이 직접적으로 기의를 드러내는 법이 없다고 주장한다. 즉 기표와 기의는 계속해서 분리될 뿐 아니라 새로운 조합을 형성해내는 것이다. 여기서 '젓가락 운동'이 이루어지고 차연이 적용된다. 따라서 기표와 기의가 종이의 양면처럼 연관되어 있다고 생각한 소쉬르의 기호모델이 적절치 못하다고 보았다. 이것이 소쉬르의 언어관과 근본적으로 다른 점이다. 소쉬르는 언어란 그냥 '변별적인 차이'에 의해 만들어진 일종의 놀이로서 파악했다. 즉 일단 언어가 만들어지면 그 의미는 고정된다고 보았다. 즉 기표와 기의 사이에는 자연적인 관계가 없으며, 그것은 순전히 자의적이며 비동기적인 관계로 맺어져 있다는 것이다.

사실 텍스트에서는 엄밀한 의미에서 독자적이거나 원본적인 창조란 있을 수 없다. 모든 창조는 사실상 재창조이고, 모든 글쓰기는 다시 쓰기와 다르지 않기 때문이다. 모든 것은 다 모든 것의 사본이다. 원본은 어디에도 없다. 따라서 저자도 없고, 단지 주어진 천을 꿰매는 사람만이 있을 뿐이다. 따라서 텍스트에서는 하나의 원천적인 중심 개념이 있을 수 없다. 즉 어떤 텍스트의 중심에서 출발하며, 그 주위로 동심원의 파문을 그어나가는 그런 해석은 불가능하다. 그런 점에서 데리다의 텍스트 이론은 결국 상반된 것들이 서로 엮어지는 교차로들을 그때그때 마다 살펴볼 수밖에 없다.

과연 세상이란 무대에서 누가 주체이고, 또 다른 그 무엇이 종속변수인가? 그리고 세상이라는 이 무대에서 우리는 하나의 관객으로서 관람하는 고유한 위치를 잡을 수 있을까? 나라는 관객도 이미 문자이고, 다른 것에 의해 이미 흔적을 받고 있기에 나는 주체가 아니고, 흔적의 연쇄에 가입되어 있는 것에 불가할 따름이다. 나는 하나의 고유한 실존적 단독자나 예외자가 아니다. 나는 차연의 반복되는 흔적에 불과하며, 텍스트의 세계에서 그 앞에 서 있거나, 또 그 바깥에 서 있는 사람이 아니다. 텍스트 밖에는 아무 것도 없기 때문에 우리는 텍스트를 읽는 위치를 차지하지 못한다.

어쩌면 데리다의 『문자학(*Gramatology*)』에서 볼 때 우리들은 모두 재단사이거나 요리사라고 말할 수 있다. 주어진 재료를 갖고서 옷을 깁거나, 음식을 만들기 때문이다. 깁거나 만드는 것은 독창적 창조가 아니고, 단지 이미 주어진 것들의 변형일 뿐이다. 따라서 재단사와 요리사는 주어진 텍스트를 그냥 해석하고 있을 뿐이다. 그리고 그 해석은 독창적인 것이 아니다. 왜냐하면 텍스트의 거울이 다른 흔적들을 이미 비추고 있기에 재단사와 요리사는 그 흔적들의 해석을 읽는 사람들이다. 만약 훌륭한 재단사와 요리사라는 표현이 가능하다면 그들은 흔적들의 연관 구조를 좀 뛰어나게 해독하는 사람들에 불과하다. 그러면 해독하는 자는 주체이고, 흔적들은 객체인가? 그것은 판단 불가능하다. 왜냐하면 그 사람도 흔적을 읽은 또 하나의 흔적이고, 역시 읽히는 흔적으로 바뀌어지기 때문이다(김형효, 1993, 요약).

우주라는 텍스트도 직조조직의 형태를 취하고 있다면 지나친 표현일까? 직조조직이란 다른 직물조직과 서로 얽혀 짜집기를 하고 있을 뿐이다. 적어도 텍스트는 두 개 이상의 날실과 씨실이 서로 얼기설기 짜여진 직물의 천인데 우리는 그 천을 짠 사람이 누구인지 모른다. 단지 우리가 아는 것은 그 직물이 차이의 상호작용이기에 이질적이면서도 교호적이고, 교호적이면서도 이질적이라는 것이다. 이처럼 텍스트의 작동은 시작과 끝이 없는 무한운동이 일반화시킨 접목의 작용이다. 우리가 몸담고 있는 우주도 그런 모습이 아닐까?

소크라테스는 『파이드로스』 대화편에서 파이드로스가 가져온 기록된 텍스트를 '파르마콘(pharmakon)'에 비유한다. 파르마콘이란 의학적 묘약처럼 치료제이기도 하고, 동시에 독약이다. 즉 파르마콘은 약이자 독이고, 축복이자 저주인 셈이다. 이처럼 파르마콘은 야누스의 두 얼굴을 취하고 있기에 로고스적 철학의 차원에서 보면 이상한 괴물에 해당한다. 소크라테스는 파르마콘에 문자를 비유해서 문자도 이상한 이중적 기능을 한다고 보았다. 따라서 파르마콘은 로고스 철학을 위협하는 적이자 독이다. 즉 '글에 의한 기록'과 '대화'의 차이는 '파르마콘'을 취급하는 마법, 즉 '사이비 의술'과 '진정한 학문으로서의 의학'의 차이만큼 분명하다는 것이다.

그런데 파르마콘도 따지고 보면 하나의 상호 얽힘이다. 즉 파르마콘은 그 자체가 텍스트이기 때문이다. 이런 상호 얽힘은 대립과 일치가 함께 하고 있다. 즉 양변의 차이로서 거느리되 대립시키지 않으면서, 상호얽힘을 엮어 나가는 파르마콘은 분명히 대립의 일치와 유사한 데가 있다. 그러나 대립의 일치에는 어떤 중심점이 있다. 즉 이 점에서 저 점으로 가면서 서로 만나는 점이 있다. 그러나 파르마콘에는 그 중심점이 없다. 즉 헤겔적인 변증법처럼 정·반·합과 같은 이미 정해진 길이 없다. 물론 헤겔의 변증법도 중심의 논리이기에 파르마콘의 양면성은 변증법적 모순개념과 기본적으로 다르다. 따라서 파르마콘은 뿌리가 없는 나무처럼 밑바탕이 없는 바탕처럼 자기 것을 지니지 않는다.

이처럼 이 세상의 모든 이치가 로고스가 아니고 파르마콘이라면 결국 이 세상은 모두가 텍스트요, 텍스트 바깥에는 아무 것도 없다는 데리다의 명제가 정당하다고 말할 수 있다. 모든 것이 텍스트라면 이 세상은 온전한 자기류나 자기성이라는 것이 존재할 수 없고, 사람들이 자기정체성이나 자가성이라고 착각하고 있는 것도 따지고 보면 이질성과의 동거와 접목과 전염에 의해 가능해진다.

사실 로고스의 논리를 영어로 표현하면 'either A or A'라는 공식으로 설명된다. 이는 양자택일의 논리요, 사고방식이다. 그러나 파르마콘의 논리는 양가성(兩價性)을 다 인정하기 때문에 'both A and A'라는 공식으로 표명된다. 파르마콘은 양자택일이 아니고 양가성이나 양자공존, 즉 동거의 논리라고 부를 수 있다. 로고스가 택일이나 선택의 논리라면 파르마콘은 동거의 논리이다. 즉 파르마콘은 상반된 두 항을 차연에 의하여 이 항은 저 항에, 저 항은 이 항에 동거시켜나가지만 그 항이라는 것이 하나의 실체나 존재가 아니라 흔적이며, 환영이라는 그림자에 의해 전염될 뿐이다. 따라서 동거의 논리는 흔적과 환영의 '차이'와 '연기'인 것이다.

이에 따라 데리다는 문자를 모든 흔적이 지니는 차연의 성격으로 규정한다. 즉 문자란 자기 고유성을 갖는 것이 아니라 상반된 다른 요소들로부터 흔적의 환영을 이미 받고 있음을 뜻한다. 즉 문자는 파르마콘과 같이 차이의 간격에서 주고받는 공놀이이고, 그래서 '흔적의 흔적'과도 같다. 문자의 세계에는 실체가 없고, 흔적과 환영의 삼투작용만 있을 뿐이다. 이것도 흔적이고, 저것도 흔적일진대 이 흔적은 저 흔적의 흔적과 다르지 않고, 그런 관계가 곧 문자이다. 또 그런 관계가 차연이다.

이렇게 볼 때 차연이란 존재함이나 존재성 그 자체가 아니라 현전과 부재의 범주에 속하지 않으면서 흔적만을 현재화하는, 즉 부재의 현재화이다. 그리고 '차연'은 차이들을 만들어내는 분열과 분화과정을 만들어내는 끊임없는 움직임도 의미한다. 따라서 모든 개념은 필수적으로나 본질적으로 하나의 사슬이나 하나의 시스템 내에 위치하면서 '차연'의 체계적인 작용에 의해 다른 개념, 그리고 또 다른 개념들을 지시해낸다.[20] 따라서 ('차연'의 개념이 지시하듯이) 언어의 의미와 인식의 내용은 시간적/공간적 구별성, 즉 차이를 생산하는 이항대립쌍이 없는 그 무엇은 이미 우리들의 사고 바깥에 있다. "텍스트 바깥에는 아무 것도 없다(nothing outside the text)"는 데리다의 말도 우리들이 범주, 개념과 약전, 그리고 표상의 구조 등을 통하지 않고서는 실제에 접근할 방도가 없다는 것을 의미한다.

자연은 문화보다 선행했을지 몰라도 순수한 실재로서 자연을 인식하는 것은 바로 문화의 산물이다. 글에는 언어의 타락이 아니라 발생부터 이미 그런 성질이 잠재되어 있다. 데리다에 따르면 그가 말하고자 하는 것을 '언명하고(declare)' 있었으며, 그러나 동시에 말하고 싶지 않은 바는 '서술하고(describe)' 있다. 말/글, 자연/문명이라는 양자대립은 이러한 모순의 해결을 통해 해체되며 반대편에 있는 특별한 용어는 그 의미를 얻기 위해 상대편의 의미에 의존하고 있음을 알 수 있다.

20) 텍스트를 해독한다는 것은 목에 걸려 있는 염주알의 수를 세는 것이라기보다는 이러한 끊임없는 현전과 부재의 과정을 추적하는 것이다.

결국 데리다의 해체이론은 주체와 객체로 구성된 상하적 의사소통의 문제를 의사소통 형식(구조)이 아니라 의사소통 내용(텍스트)의 차원에서 설명하고 있다. 즉 오늘날 대부분의 학자들은 새로운 매체(전자매체)가 의사소통 구조를 바꿈으로써 상하적 의사소통이 수평적 의사소통으로 변화될 것이라고 순진하게 말하고 있다. 그렇지만 데리다는 의사소통 내용, 즉 텍스트도 변화하지 않으면 이런 변화가 무용지물이 될 수밖에 없음을 경고한다. 즉 텍스트의 불변성은, 그것이 전자매체라 할지라도 여전히 수직적 의사소통을 이룬다. 따라서 그는 전자매체에 적합한 전자글쓰기를 제안했던 것이다.

6. 맺는 말

서로가 사랑하고 헤어지는 일은 인류 역사에서 가장 영속성 있고 가장 흥미로운 관심사이다. 당장 누가 누구를 사랑하면 많은 사람들의 인구에 회자되기 일쑤이고, 심지어 사랑을 위해서 전쟁까지 일어난 일도 인류 역사에는 존재한다. 사실 호모사피엔스(종족을 보존하는 인간: 옮긴이)로서 인류는 서로가 서로를 사랑하지 않았더라면 가정이란 것도 존재하지 않았지만 종족 보존 자체도 어려웠을 것이다. 사랑을 통해서 남녀가 짝을 찾고, 서로 결합함으로써 이른바 자식이란 것이 생겨났다. 섹스를 통해 쾌락을 느끼도록 만든 것도 종족 본능을 위한 신의 특별한 배려가 아닐까? 인류는 그런 생리적인 문제를 정신적인 문제로까지 승화시켰다. 수많은 문학작품이 이를 이야기해왔고, 그것도 부족해서 음악으로, 그림으로, 그리고 오늘날은 영화로, 텔레비전 드라마로 그려지는 것이 그것이다.

그런데 사랑하는 것보다 헤어지는 것이 더욱 극적일 수 있다. 문학적 표현만 보더라도 사랑은 순수성을 이야기하지만 헤어짐은 그보다 훨씬 복잡한 복선이 깔려 있다. 이 때문에 사랑하는 사람들끼리의 만남을 표현하는 기표는 강할는지 모르지만 비교적 단순한 데 비해 사랑하는 사람끼리의 헤어짐의 표현은 약하면서도 훨씬 복합적인 요소를 띤다. 이를 기호학적으로 표현하면 만남이라는 기의에 대한 기표는 단순하지만 헤어짐이라는 기의에 대한 기표는 복잡하다고나 할 수 있을까? 그렇지만 오늘날 헤어짐의 소재마저도 만남의 소재처럼 단순명료한 방향으로 전개되고 있다. 어찌 보면 삶이 멋없는 것처럼 보일 수도 있지만 만남과 헤어짐이 너무나 손쉽게 이루어진다. 즉 사랑이 컬트처럼 이루어지고 있는 셈이다.

그런데 오늘날 의사소통도 컬트처럼 진행되고 있다. 이는 의사소통적 쾌락이 정보와 아무런 관련이 없다는 것을 염두에 둔 말이다. 따라서 중요한 것은 잡담과 같은 것이다. 즉 '안녕하세요', '잘 가세요', '다음에 만나요'라는 그냥 끼어들기 식이다. 이런 식의 의사소통에서는 어느 누구도 앎을 본성적으로 추구하려 하지 않는다. 또 몇몇 기업가와 학자들을 제외하곤 어느 누구도 항시적으로 정보를 호출하지 않는다. 그것은 정보들이 오히려 안정보다는 불안정을 초래하기 때문이다. 이에 비해 컬트로서의 의사소통은 안정성을 부여받는데 이것은 사실상 정보와 반대되는 성격으로서 다중안전 장치에 해당한다. 이처럼 우리들은 잡담을 매개로 해서 안정감을 누린다.

그런데 인터넷과 같은 새로운 매체는 물론이고 텔레비전과 같은 낡은 매체도 정보는 '물신(物神)'으로, 의사소통은 '컬트'로서 기능하는 경우가 많아지고 있다. 텔레비전 토크쇼나 인터넷상의 채팅 방에 들어가면 이 말이 얼마나 진실인 것인지 알 수 있다. 여기서 중요한 것은 무엇이 이야기되고 있느냐가 아니라 이야기되고 있다는 그 자체이다. 즉 사람들의 입에서 쏟아져나오는 말은 계몽주의에 입각한 정보가 아니라 디지털 매체의 조건들 아래서의 마법과 같은 것이다. 따라서 매체 기술의 발전에 따라 수동적 수용매체를 능동적 참여매체로 대체할 것이라는 전망은 아직도 이상주의적 인간학이 꾸며낸 환상에 불과하지 않을까.

이런 이상적 의사소통관은 언어라는 매체에 대한 과잉 확신에서 비롯된다고 본다. 언어란 것도 따지고 보면 일종의 의사소통 기술이다. 구체적으로 신문, 라디오, 텔레비전처럼 의사소통 기술인 셈이다. 일반적으로 기술을 인간 기능의 확장이라고 한다면 언어란 인간에서 시각과 청각 기능의 확장이다. 문자는 시각기능, 그리고 음성언어는 청각기능의 확장이다. 그렇지만 기능의 확장이란 인간에게 있어서 효용성을 제공하는 그 이상도 이하도 아니다. 즉 언어를 통해 우리의 생각을 상대방에게 단지 편리하게 표현할 수 있을 뿐이다. 손짓, 몸짓에 비해 언어는 우리들의 생각을 표현하는 데 단지 유용한 도구일 뿐이다.

그러나 인간의 의사소통이란 효용성만을 목표로 하지 않는다. 무엇보다 인간은 의사소통을 통해 자신의 정체성을 확립할 수 있다. 즉 의사소통을 함으로써 자신의 존재 의미를 찾을 수 있다. 예를 들어 사랑의 밀어를 통해 자신의 순수함을 이야기하거나, '대한민국'을 외침으로서 민족의 동질성을 확인할 수 있다. 어쩌면 문학과 예술 그 존재 의미를 확립하는 데 있어서 가장 높은 수준에 와 있는 것이 아닐까.

그러나 언어를 통한 의사소통 방법은 존재 의미를 확립하는 데 한계가 있다. 언어란 하나의 기능에 불과하기 때문이다. 게다가 인간이 자신의 의사소통을 위해 언어에 지나치게 의존할 때 언어 자체가 변질될 수 있다. 언어가 인간의 정체성을 실제보다 미화하거나, 또는 오염시키는 경우가 그런 경우이다. 동양적 의사소통이 기표에 대한 불신, 그리고 기표와의 거리 두기를 하는 것도 바로 이런 이유 때문이다. 노자(老子)의 "도가 말해질 수 있으면 진정한 도가 아니며, 이름이 개념화 할 수 있으면 진정한 이름이 아니다(道可道 非常道, 名可名 非常名)"가 대표적인 예가 아닐까.

참고문헌

김형효. 1993, 『데리다의 해체철학』, 민음사.

Bernstein, R. J. 1983, *Beyond Objectivism and Relativism: Science, Hermeneutics and Praxis*, Philadelphia: University of Pennsylvannia Press.

Derrida, J. 1976, *Of Grammatology*, Baltimore: John Hopkins University Press.

Fisk, J. 1991, "Postmodernism and Television," in J. Curran and M. Gurevitich, *Mass Media and Society*, Edward Arnold.

Habermas, J. 1984, *The Theory of Communicative Action vol.1: Reason and the Rationalization of Sciety*, Boston: Beacon Press.

_____ . 1985, *The Theory of Communicative Action vol. 2: Lifeworld and System: A Critique of Functionalist Reason*, Boston: Beacon Press.

McCarthy, T. 1976, "A Theory of Communicative Competence," in P. Connerton(ed.), *Critical Sociology*, Harmondsworth: Penguin Books.

Thompson, J. B. 1984, "Rationality and Social Rationalization: An Assessment of Habermas's Theory of Communicative Action," in J. B. Thompson, *Studies in the Theory of Ideology*, Cambridge: Polity Press.

제8장

동양의 의사소통 미학

1. 동·서양의 의사소통관

'나는 생각한다. 고로 존재한다'는 데카르트의 이 명제만큼이나 서양 근대를 뚜렷하게 성격지은 말은 없다. 이 말은 근대사회에서 모든 인간은 이성적 능력을 지니며, 이 능력으로서 세계를 이해할 수 있는데 이 경우 인간은 세상의 주체로서 존재할 수 있다는 믿음을 반영한다. 어찌 보면 인간을 구성하는 이성과 감성의 양자구도에서 데카르트는 이성의 손을 확실히 들어준 셈이다. 이성을 지닌 인간만이 세계의 주체로서 확실히 존재하고, 감성적인 인간은 사회 속에서 경쟁력 없는 천덕꾸러기 신세로 전락했다고나 할까.

데카르트의 이 선언 이후 서양철학은 인간의 합리성을 중심으로 극적으로 전개되어왔다. 즉 인간 이성에 대한 절대적 신뢰를 바탕으로 자연/대상을 수량적으로 인식했고, 역사의 발전/진보를 당위로 설정해왔다. 사실 이성(reason)이란 말의 어원은 '근본적으로 계산한다(calculate)'라는 말에서 기원하기 때문에 자연/대상에 대한 수량적 사고를 고착시키게 마련이다. 나아가 인간 이성에 대한 신뢰는 인간과 대상, 이성과 감성, 주체와 객체, 정신과 육체, 본질과 현상, 즉자(卽者)와 대자(對自), 아름다움과 추함과 같이 실체를 이항대립으로 양분하는 사유체계를 일반화했다. 이런 이성중심의 이분법적 세계관이 언어중심의 인식론과 결합되어서 서양 사상의 근간을 이룬 것이 사실이다.

이를 근거로 서구 문명은 기술에 입각한 합리적 사회를 건설하는 데는 성공했지만 자연의 약탈과 파괴, 언어에 의한 실제의 대치, 또 인간 소외라는 역설적 결과를 낳았다. 따라서 의사소통에서도 감성적 소통의 미학보다는 이성적 효율성과 분리된 주체간의 메시지 교환이라는 기능적 측면만이 중요시되었다. 그 결과 매체 기술만이 급속히 발전되는 결과를 낳았다. 왜냐하면 매체 기술이란 인간 '가치(value)'의 확장이라기보다는 인간 '기능(function)'의 확장이었기 때문이다. 따라서 대상간의 이해와 공유, 그리고 나눔이라는 측면은 중요하지 않고, 오로지 지식, 정보와 같이 모든 것이 효율성으로 치환될 수 있는 측면만이 강조된 것이다.

이처럼 서양의 근대적 사유체계는 '실체'의 절대성하에 성립되었다. 이런 상황에서 모든 것은 기표와 기의의 관계로 구성되는 기호로서 환원된다. 이는 모든 것을 기호가 대치할 수 있다는 근·현대적 사유에 대한 믿음에서 비롯된 결과이기도 하다. 그 결과 인간은 세계를 기호학적으로 모형화함으로써 현실을 이해하고, 기호학적으로 모형화된 세계에 살게 된 것이다. 사실 '기호학적인 묘사는 현실 자체가 아니라 우리가 탐구하는 방식에 의해서 드러나는 자연'인데도 그럼에도 근대를 살고 있는 인간은 진정한 현실이라는 본질이 파악되지 않은 채 항상 '저 밖에' 있으면서 그 표상만을 잡아왔다. 이런 상황하에서 기호에 의해 그려진 표상의 세계는 전적으로 우리가 채용하는 탐구방식에 따라 얼마든지 그 모습을 달리할 수 있다.

그런데 이런 식의 사유체계는 의사소통과 관련해서 근본적인 한계를 지닌다. 우선 '실체'란 단지 기호로서 표현된 의미, 즉 언어의 의미작용을 통해 성립된 한낱 허구에 불과하다. 게다가 '실체'의 개념적 절대화는 유와 무, 사랑과 미움, 심지어 나와 당신과 같은 대립적 관점을 일반화시킬 수 있다. 그 뿐만이 아니다. 실체론은 그 '실체'를 중심으로 '문화파시즘' 마저 조장할 수 있다. '신의 뜻', '진리', '선', 심지어 '애국', '민족', '역사발전'과 같은 추상적 실체가 현실 속에서는 특정 집단의 지배 논리로서 쉽게 전락하고, 또 우리들은 이런 것들을 수없이 보아 왔기 때문이다. 이처럼 실체란 언어에 의해 재구성되는데 언어가 사물의 객관적 실제를 제대로 드러내는 경우가 거의 없다.

따라서 우리가 언어를 통해 사물을 완전히 이해하고 통제할 수 있다고 생각하는 것은 오만하기 짝이 없는 발상으로서 오로지 우리들의 아집과 집념의 결과일 따름이다. 이런 문제점은 근·현대 이후 서양의 인식론이 언어가 실재를 반영한다는 믿음과도 직접적인 관련이 있다. 따라서 애매모호하거나 다의적인 개념들, 그리고 감성적이거나 가치지향적 언사는 금기시 된다. 세계는 객관적으로 존재하고, 언어란 이것을 객관적으로 지시하는 것이며, 이들을 복합적으로 연결시킨 것이 곧 세계의 모습이라는 생각했기 때문이다. 결국 이런 생각은 인공언어까지 만들어내기에 이르렀는데 이 역시 기호가 모든 것을 대치할 수 있다는 믿음에서 비롯된 것이다.

그러나 우리들의 사유, 특히 동양적 사유에서 언어에 대한 불신은 그 뿌리가 대단히 깊다. 동양적 사유는 유교·불교·도교, 즉 유·불·선(儒·佛·仙)에 의해 대부분 구성되어지는데 여기서 언어에 대한 평가는 불신 그 자체에 가깝다. 유가(儒家)에서의 '입상진의(立像盡意, 모양을 만들어 뜻을 전한다)', 불가(佛家)에서의 '불립문자(不立文字, 말로서 세울 수 없다)', 도가(道家)에서의 '언어도단(言語道斷, 언어는 도를 해칠 수 있다)'이 이런 입장을 웅변적으로 대변한다. 이것은 유가(儒家)의 언행론〔言行論(일치론)〕, 불가(佛家)의 유식론(唯識論), 도가(道家)의 비명론(非名論) 등으로 압축될 수 있다. 이처럼 언어의 효용성을 제한적으로 이해하거나, 또는 불신하는 것이 유·불·선의 보편적인 입장이다.

어쩌면 진리는 언어를 초월하고 있다. 언어라는 기호로서 진리라는 큰 그릇을 표현하기에는 턱없이 부족하기 때문이다. 어쩌면 언어는 오히려 도(道)를 망칠 수 있는(言語道斷) 위험천만한 것일 수 있다. 『도덕경(道德

經)』에서도 사물의 이름이나 개념은 사물의 유한한 상태와 관련이 있기 때문에 이에 집착하면 분란이 생겨 '자연'에 도달할 수 없다고 말한다. 이렇게 보면 언어는 지극히 방편적이고, 잠정적인 수단으로서 실상이나, 본체, 그리고 진의를 제대로 전달할 수 없다. 이런 이유로 인해서 동양에서는 언어중심의 의사소통보다는 '명상'이나 '직관' 그리고 '조화' 중심의 의사소통을 중시해온 것이 사실이다.

따라서 우리의 전통적 의사소통은 상황에 따라 가변적이어서 생성적이며, 비언어적 감성을 중시하기에 직관적이다. 어쩌면 이런 의사소통이 통합적 소통미학의 산물이 아닐까 생각한다. 더욱이 우리들에게 있어서 의사소통의 주체와 객체는 분리되지 않았으며, 나아가 언어와 매체는 단지 의사소통의 한 방편으로서 인식되어왔다. 또 우리들의 의사소통은 서구식 수사학의 적극적이고 공격적 설득과는 달리 만물의 상대성과 불확실성에 바탕을 두면서 우리들의 자각이 어떤 사물에도 함몰되지 않는 상태인 무위(無爲)의 합의를 이루어내기 위한 방법이었다.

이를 위해서는 무엇보다 자신의 자각과 실천이 전제되어야 함은 물론이다. 원효의 『십문화쟁론(十門和爭論)』 중 한 구절인 "불괴진명속 환인색변공〔不壞眞明俗 還因色辨空, 진(眞)의 세계를 훼손시키지 않으면서 속(俗)의 세계를 밝히고, 또 색(色)의 현상을 통하여 공(空)의 실재를 분별한다〕"이 전제되어야 할 것이다. 이를 서양식 '기호학'으로 말하면 의사소통을 통한 이해가 기호에 의해서 결정되는 것이 아니라 자신의 의미를 통해서 도달한다는 것이다. 예를 들어 성철 스님의 유명한 법어, "산은 산이요, 물은 물이다"의 경우 우리가 이 의미를 스스로 해석하지 않으면 글자 그대로의 의미에서 한 발짝도 못 벗어날 것이다. 물론 해독 능력은 자각과 실천의 정도에 달려 있지만 말이다.

따라서 동양적 사유체계는 개별자가 아닌 전체를, 연역적이지 않고 직관적인 사고를, 언어가 아닌 인간 자체의 총체적 감수성 등을 중요시 해왔다. 즉 의사소통 방식에서 기표와 기의의 분리가 아닌 통합을 우리들 의사소통의 이상으로 삼아왔던 것이다. 그 결과 동양의 의사소통은 상대적으로 인간과 자연의 조화, 육체와 정신의 통합체로서의 몸, 비언어적 직관에 의한 인식을 강조해왔다. 따라서 말과 글을 포함하는 언어와 새로운 매체 기술(media technology)은 동양적 의사소통관에서 볼 때는 그저 본질과 무관한 방편들이라고 말할 수 있다.

따라서 '송신자-메시지-매체-수신자'로 정형화되는 서양의 일반적 의사소통 분석 틀은 우리의 관점에서 볼 때 일정하게 자기 모순인 '말다툼'에 불과한 것으로 보여진다. 여기서 대상간의 이해나 공유, 나눔이라는 측면은 중요하지 않다. 본래 소통은 일방적인 '자기주장적 행위'가 아니라 쌍방적 '공통의 행위'이다. 이는 의사소통(communication)이라는 말의 어원이 'common + action'에서 비롯되었다는 데서도 분명하게 드러난다. 따라서 송/수신자와 메시지/매체를 분리하는 서양식 의사소통 모델은 근본적으로 대상 간의 소통 가능성을 봉쇄한다.

게다가 이 모델에서는 진의나 실상을 '둘 중의 하나' 혹은 '너 아니면 나'로 양분함으로써 선택되지 않은 범주는 폐기시켜버린다. 사실 의사소통이란 무릇 '나와 너', '존재와 비존재', '아름다움과 추함', '선함과 악함', '어려움과 쉬움'과 같은 대립적인 것들을 한데 모아 동일화하는 과정이고, 또 개인이 개인을 지배하는 것이 아니라 모두가 살아남기 위한 행위이다. 이런 관점에서 볼 때 서양의 의사소통 모델은 진정한 의사소통이 이루어지지 못한 실패 모델이라고 감히 말할 수 있지 않을까.

2. 데리다의 반란

우리는 '동양의 도리(東道)와 서양의 그릇(西器)', '동양의 몸체(中體)와 서양의 쓰임새(西用)', '서양의 지성과 동양의 마음', '동양의 초월론과 서양의 현실론' 등 양의 동서를 대비하는 데 익숙해졌다. 사실 이런 비교는 일면 타당성이 있어 보인다. 오랜 시간 동양과 서양이 살아온 방식이 각기 다르기 때문이다. 물론 이런 비교는 자칫 동서양의 상반된 측면만을 부각시켜서 동서양을 대립 각으로 세울 가능성이 있다. 우리들의 삶에서 차이점보다는 공통점이 훨씬 더 많은데도 말이다. 즉 문화의 특수성보다는 보편성에 의해 더 많은 지배받는 것이 우리들 삶의 참 모습이 아닌가.

그러나 의사소통에서 동서양간 차이는 보편성보다는 특수성에 의해 지배받는다고 생각한다. 최소한 의사소통 학문의 세계에서는 그러하다. 서양인의 의사소통이 귀납적 사고와 차별적 사고의 바탕 위에서 언어중심적으로 이루어져왔다면 동양인의 의사소통은 연역적이면서도 총체적인 사고의 바탕 위에서 명상과 직관, 또 조화 중심으로 이루어져 왔다. 이에 따라 서양의 의사소통은 대상간의 이해, 공유, 나눔이라는 목표를 강조해왔다면 동양의 의사소통은 총체적 느낌을 목표로 해서 이루어져왔다고 말할 수 있다. 즉 '종합과 분석', '통합과 차별', '연역과 귀납', '비조직성과 과학성' 등으로서 동서양 의사소통 방식은 비교될 수 있다.

이런 차이는 의사소통이 우리들의 삶의 방식을 상당 부분 지배하기 때문이라고 본다. 사실 의사소통이 우리들의 사고방식, 가치, 인격형성, 나아가 문화창조 등에까지 지대한 영향을 미쳐왔다. 예를 들어 언어를 통해서 인간은 비로소 체계적인 사고를 할 수 있게 되었으며, 인쇄기 발명을 통해서 이성적 인간으로 거듭 날 수 있었다. 게다가 오늘날 텔레비전과 컴퓨터의 등장은 우리들의 또 다른 변신을 예고하고 있다. 이런 사실들은 앞장에서 여러 차례 논의되었다. 인류 역사를 의사소통 관점에서 가장 독창적으로 분석한 이니스(H. Innis)와 맥루한(M. McLuhan)은 이런 사실들을 가장 일찍이 예견했던 사람들이다. 보드리야르는 '모든 지시체의 소멸과 함께 시작되는 시뮬레이션 시대', '기표만이 난무하는' 미디어 현상 등에 의해 이미 로고스 중심적인 서양적 의사소통 방식의 위기를 내다봤다.

그런데 데리다는 그의 '해체론'을 통해서 기존의 서양 의사소통관에 근본적인 회의를 제기했다. 데리다의 해체론 핵심은 '문자학'이고, 문자학은 결국 '양가성의 논리', '동거의 논리', '차연의 논리'로서 설명될 수 있는데 양가성의 논리란 따지고 보면 서양의 이분법적 사고를 정면으로 비판한 논리이다. 즉 문자에서 서로 대비되는 개념이란 분리된 것이 아니라 공유되어 있어서 '젓가락 운동'이나 '공놀이 운동'과 같다는 것이다. 데리다는 이런 운동처럼 흔들리는 반복이야말로 '우주라는 텍스트'를 설명하는 참된 운동이라고 정의하고서, 지금까지 서양의 의사소통이 선형중심, 남성중심, 태양중심의 일직선적 발전을 해왔는데 이를 가짜운동이라고 규정했던 것이다.

그런데 이런 데리다의 입장은 동양적 가치의 의사소통관과 기막힌 접합을 이룬다. 데리다는 텍스트 이론으로서 '파르마콘'을 설명하면서 텍스트와 '파르마콘'을 '종국적으로 뿌리가 없는 나무'에 비유했다. 이런 비유는 말하기보다는 글쓰기에서의 '차연'의 문제, 그리고 의미가 고정되어 있지 않은 문제를 강조한 데서 비롯되었는데 기실 서양의 지배적 의사소통관인 '이항대립'이라는 대립적 사고도 엄밀히 따져보면 양극 간에 서로 대칭하는 것이 아니라 서로 교호하는 것이다. 데리다의 이런 주장처럼 텍스트가 의미의 젓가락 운동을 하면서 흔들리고 있다면 이미 삼라만상에 의미의 고정성을 두지 않는 동양적 사상이야말로 그 텍스트를 가장 잘 이해할 수 있을 것이라고 본다.

노자도 "모든 것은 그 반대편 것과의 관련성 속에서 비로소 존재하며, 그 반대 방향을 향해 열려 있다"고 말했다. 예를 들어 높은 산과 깊은 골짜기는 칸막이로 가로막힌 차단의 벽에 의해 각각이 별개로 존재하는 것이 아니라 하나가 존재하기 때문에 다른 하나가 존재하는 것이다. 따라서 높은 산과 깊은 골짜기는 하나의 주제나 중심으로 통일되어 있는 것은 아니지만 그렇다고 해서 서로 분리되어 있는 것은 더 더욱 아니다. 노자의 말대로라면 이 우주에는 형이상학적 실체와 같은 것이 따로 존재하지 않는다. 따라서 노자가 말하는 '도(道)'라는 것도 대립쌍들의 상호의존적 관계의 법칙 외에 다른 것이 아니다. 이 세계는 대립쌍들이 서로 꼬여서 이루어져 있는데 이것이 이 우주의 존재 원칙(恒)이자 법칙(常)이고, 이런 존재 형식 내지는 원칙에 '도'라는 기호를 붙였을 따름이다(최진덕, 2001: 40).

노자의 『도덕경』 제1장은 도덕경 전체의 골격을 가장 간략하고 분명하게 보여주는 장이다. 그리고 제1장을 개괄한 것이 그 유명한 '도가도 비상도, 명가명 비상명(道可道 非常道, 名可名 非常名)'이라는 첫번째 구절이다. 여기서도 노자는 '도'를 무엇이라고 정의하지 않았다. 만약 '대한민국'을 정의하는 경우 그것은 '대한민국'이 '일본'이나 '중국'이 아니라 바로 '대한민국'이라는 이유, 즉 본질을 드러내어 그 본질 속에 '대한민국'을 가두는 작업일 것이다. 그렇지만 노자가 보기에 세상은 모든 것이 반대편을 향해 열려 있고, 반대편 것과의 관계 속에서 비로소 존재한다. 즉 '대한민국'조차도 '일본적인 것'과 '중국적인 것'이 얼마든지 존재할 수 있다. 이 때문에 세계 사람들은 대한민국과 일본, 그리고 중국을 가리켜 동북아시아라고 부르지 않는가. 이런 식으로 사고하게 되면 결국 세계는 하나이고, 우주도 하나인 셈이다. 그리고 이것은 '도'에 의해서 밖에 설명되지 않는다.

따라서 '도'를 특정한 내용으로 정의해서 개념화하기가 힘들다. 이것은 '도'가 언어로 담기 어려울 정도의 거대한 모습인 초월적 존재이기 때문이 아니라 이 세계 자체가 본질을 규명하는 식의 언어행위로 구분할 수 없도록 되어 있기 때문이다. 예를 들어 '사랑을 눈물의 씨앗'이라고 개념화한다면 어떤 경우에서는 옳을 수 있지만 그것이 사랑의 진정한 의미를 언제나 전면적으로 드러내는 것은 아니다. '눈물의 씨앗'이라는 개념화 작업은 사랑이라는 이름을 눈물의 씨앗이라는 한정된 의미 안으로 가두는 작업으로서, 이는 사랑을 오히려 제한하고 죽이는 것이다. 이 점에서 노자는 분명 기독교적인 '로고스'적 의사소통이 아닌 '파르마콘'식의 의사소통을 추구했다고 말할 수 있다.

또 불교는 '색즉시공, 공즉시색, 색불이공, 공불이색(色卽是空, 空卽是色, 色不以空, 空不以色)'이라고 가르쳐왔다. 색(色)과 공(空)의 동거와 접목, 보완의 논리는 비색비공(非色非空)의 초탈 논리로 동시에 들어간다. 이를 텍스트의 문제로 좀더 구체화해보면 문자를 텍스트로 파악하는 경우 문자는 충만하고 동시에 비어 있다고 말할 수 있다. 충만이라 함은 대상을 있는 그대로 모방하고 묘사함으로써 가능한 것인데 문자는 분명 영상의 충만처럼 기능한다고 말할 수 있다. 그렇지만 문자가 그림을 통해 형상화될 때 그것은 대상과 어긋난 장소로 이동하게 되는데 이 경우 거기에는 빈 곳, 즉 '공(空)'이 들어설 수 있는 여지가 생겨난다. 사실 인간이 문자를 창안할 때 대상을 그대로 모방하거나, 또는 본뜨려 하지 않았다. 이 때문에 거기에는 '공'이 존재할 수 있고, 그렇기 때문에 다른 것에 의해 한없이 보충되고 대신되어야 한다(김형효, 1993: 121).

따라서 불교의 법(佛法)과 같이 문자에도 중심이 있을 수 없다. 충만이라는 것은 현존을 말하는 것도 아니고, '공(空)'의 부재를 의미하는 것도 아니다. 즉 충만한 것이 빈 것일 수 있고, 빈 것이 충만할 수 있다. 이런 불법의 세계를 데리다의 언어로서 환원하면 그것이 텍스트의 세계요, 문자요, 보완의 놀이이다. 이런 차원에서 볼 때 모든 문자는 '차이'이며 '보충'이며 '대리'인 셈이다. 이것은 상형문자에서 뿐만 아니라 표음문자인 알파벳에서도 마찬가지이다.

데리다에 따르면 표음문자는 화폐처럼 여러 지방과 나라에서 쉽게 통용될 수 있게 하려는 의도에서 만들어졌다. 어떤 음운적 발음이 애초부터 개별적인 뜻과 연결되어 있는 것이 아니라 화폐는 하나의 기호로서 사물을 대신하듯 알파벳 역시 상업적이고 화폐적이어서 사물을 대신하는 익명적인 대리 역할을 한다는 것이다. 즉 알파벳은 사물을 표현하는 하나의 약속이지 그것 자체가 의미를 내포하는 것이 아니다. 따라서 문자에서, 또는 텍스트에서 어떤 의미를 찾으려는 사람들은 그 문자와 텍스트로부터 조롱당하지 않을까 걱정이 된다(김형효, 1993: 152).

3. 유·불·선(儒·佛·仙)의 언어최소주의

동양의 의사소통 미학을 이해하기 위해서는 먼저 동양의 대표적인 사유체계라고 할 수 있는 유가·불가·도가(儒家·佛家·道家)의 입장에서 접근할 필요가 있다. 유·불·선은 우리들의 전통적인 사유방식이지만 한국, 중국, 일본으로 대표되는 동북아시아를 동양의 다른 지역과 구분 짓는 독창적인 사유방식이기도 하다. 그런데 유·불·선의 의사소통관은 불가에서는 '유식론'으로, 도가에서는 '비명론(非名論)'으로, 유가에서는 '언행론(言行論)'으로 각기 서로 다른 모습으로 나타난다. 이것들은 '불립문자〔不立文字(불가)〕', '언어도단〔言語道斷(도가)〕', '입상진의〔立像盡意(유가)〕'로 각기 상징화될 수 있는데 이것은 어쩌면 유·불·선의 핵심적 명제를 관통하고 있다고 말할 수 있다.

그런데 불립문자, 언어도단, 입상진의란 언명은 '뜻을 전달한 후에는 그 말을 잊어라'는 득의이망언(得意而忘言)이란 언어에 대한 불신론으로 요약될 수 있다. 이는 언어에 대한 최소주의(minimalism), 즉 '언어최소주의'라는 방법론적 사고에 근거하고 있다. 모든 기호체계가 그렇듯이 언어는 진실을 말하기 위해 사용되지만 거짓을 위해 이용될 수도 있다. 이런 점에서 언어는 축복이자 동시에 저주인 셈이다. 유·불·선으로 대표되는 동양의 지적 전통이 '최소한의 언어'를 사용해서 '최대한의 진실'을 밝히려고 하는 '언어최소주의'를 선호해왔던 것도 이런 이유 때문이다.

1) 불가의 불립문자론(不立文字論)

언어최소주의는 오관에 대한 불신과 기호화에 대한 회의로서 특징지어지는 불가(佛家)와 도가(道家)에서 극단적으로 드러난다. 특히 불가 선종(禪宗)에서의 불립문자관이 대표적인 예다. 선종은 천태·화엄(天台·華嚴)과 더불어 중국 불교의 삼족을 이루는데 선종에서는 언어나 문자를 통하지 않고 즉각적인 깨달음을 얻는 불립문자의 방식을 견성(見性)을 위한 최선의 방법으로 채택했다. 불립문자란 직역하면 '문자로 세울 수 없다'인데 이는 '문자로 표현을 할 수 없다'는 것을 의미한다. 이 불립문자론은 불교 선(禪)의 최초 설법에 해당하는 '염화시중의 미소' 이야기와도 일맥 상통한다. '염화시중의 미소'는 '말을 통하지 않고, 마음으로 전했고, 미소로 받았다'는 것을 내용으로 한다.

세존(世尊, 석가모니를 의미함)께서 영산의 법상에 오르시니 하늘에서 꽃비가 내렸다. 아무 말씀도 하지 않고, 꽃잎 하나를 들어 대중에게 보이시자 다들 의아하게 좌우를 둘러보는데 오직 한 사람 가섭(迦葉) 존자만이 혼자 조용히 미소를 지었다.

가섭 존자만이 '말로서 세울 수 없는(不立文字)' 불가의 미묘한 법문을 이해할 수 있었는데 이는 진리란 언어를 초월한다는 것을 상징적으로 말해주는 대목이다. 이처럼 불교의 선(禪)은 언어와 논리를 통한 적극적인 교설방식을 지나치다 싶을 정도로 배척하고 있다. 그것은 선이란 진리, 즉 불교의 법문이 유마(維摩)의 위대한 침묵 속에 있기 때문이다. 따라서 불교는 비언어적 명상을 통한 의사소통을 최우선 과제로 제시했다.

따라서 불가의 모든 교설은 어디까지나 도구적이라고 말할 수 있다. 누군가 불가의 교설을 '밑을 닦는 휴지'에 비유했다던 것도 같은 맥락이다. 그렇다면 누가 지금 화장실에 있는가. 누구랄 것이 없이 우리 모두가 지금 화장실에서 일을 보고 있다. 그런데 휴지가 없어 쩔쩔매고 있다. 이런 황당함과 고통스러움에서부터 휴지가 밑을 닦는 데 쓰일지라도 그것은 어디까지나 유용한 도구임에 분명하다. 불가에서 교설의 존재 이유는 바로 '밑 닦는 휴지'일 따름이다. 따라서 언어란 하나의 방편이지, 그것이 모든 것을 설명해주는 것이 아니다(한형조, 2000: 39). 바로 이 점이 기표=기의라는 식의 기호학을 낳기까지 한 서구의 형이상학과는 근본적으로 다르다.

사실 불가의 유식론을 의사소통 관점에서 보면 기의만을 강조하는 것이라고 말할 수 있다. 서양의 기호학이 언어가 '기표'와 '기의'의 조합이라고 주장하지만 불가에서는 오직 '기의'만이 존재한다고 말한다. 이를 결국 불립문자로서 표현했다. 즉 문자로서 뜻을 세울 수 없다는 의미이다. 이는 '기표' 혹은 일종의 감각기관의 연장에 해당하는 문자로서는 완전한 '기의'에 도달할 수 없다는 것이다.

그리고 불가에서는 현존하는 실체보다는 움직이고 있는 생성을 중요시함으로써 무상변전을 강조한다. '색(色)이 곧 공(空)이요, 공이 곧 색이니라

(色卽是空 空卽是色)'이 이를 말한다. 따라서 불가에서는 현상과 실재의 이분법적 사고를 부정하면서 종합적인 사고를 강조한다. 이것 역시 언어에 대한 불신에서 비롯된 것이다. 따라서 선 불교 체험의 독특한 측면인 '깨달음'의 경지를 말할 때 선사들은 불립문자 등의 선 불교 언어형식으로 표현할 수 없는 내적 경험을 강조했다. 그러면서도 적지 않은 선 어록을 남긴 사실은 신비주의 전통이 드러낸 체험과 표상의 아이러니컬한 구조와 그 연장선상에서 이해할 수 있을까.

사실 종교에서는 이런 신비적 체험을 신앙의 모체로서 매우 중요하게 생각하고 있다. 불교에서는 자신의 체험을 닐바나에 대한 각득(覺得)이라고 설명한다. 기독교에서는 자신의 체험을 하느님과 하나가 되는 것이라고 설명한다. 신비주의자들은 그들의 체험을 말로 표현할 수 없는 것이라고 누차 말하면서도 실제로는 끊임없이 '그 표현할 수 없음'을 설명하고자 하는 욕망을 결코 감추지 못한다. 신비주의자들의 문헌에서 그 욕망의 표출을 우리는 가끔씩 목격할 수 있다. 그 표출들은 대개 두세 줄의 짧은 글로서 대부분 일인칭 단수 형식이 아닌 간접적인 표현양식을 띠고 있다. 이처럼 신비주의자들이 신비체험에 대한 직접적인 언급을 극도로 회피하려는 것도 모두 언어에 대한 불신에서 비롯된 것이라고 말할 수 있다.

2) 도가의 언어도단론(言語道斷論)

도가(道家)의 비명론은 불가의 불립문자론과 같은 연장선상에 있다. 도가에서도 불가와 마찬가지로 '기표'를 인정하지 않는다. 실제로 도가에서는 기의를 제대로 전달하기 위한 방법으로 기표를 극단적으로 부정하고 있다. '물고기를 잡으면 통발을 버리고, 뜻을 얻으면 말을 버려라(得漁忘荃 得意忘言)'가 대표적인 예다. 이는 '물고기를 얻으면 통발을 잊고, 뜻을 얻었거든 말을 잊어라'는 의미이다. 즉 물고기를 잡고 나면 물고기를 잡는 통발이 더 이상 필요 없듯이 의미를 파악하면 그것의 통발에 해당하는 언어는 잊혀져야 한다는 것이다. 여기서 통발을 말에, 물고기를 의미에 비유했는데 이는 통발과 물고기의 관계를 기표와 기의의 관계로서 설명했다. 따라서 기표를 통해 기의(뜻)를 얻으면 기표를 버리라는 말이다. 이처럼 장자(莊子)도 기표인 언어를 기의에 도달하는 하나의 수단으로서 파악했다.

만약 의미를 전달하기 위한 수단인 언어가 인식 주관의 한켠에 계속 생경하게 남아 있다면 이는 안 맞는 신발이 발을 조이고, 결국 발의 통증을 느끼게 함으로써 우리들이 발이란 존재를 의식하는 것과 마찬가지인 것이다. 즉 언어와 의미가 서로를 제약하는 상태인 셈이다. 따라서 언어가 담고 있는 의미를 정확히 파악했으면, 즉 앎이 완성되는 순간 우리들은 잘 맞는 신발을 신고 있듯이, 그리고 물고기가 물 속에서 자신의 존재를 잊듯이 언어는 우리들의 의식에서 스스로 없어져야 한다(임채우, 2002: 186-203).

이는 언어란 뜻을 이해하기 위한 하나의 도구일 따름이어서 뜻을 얻으면 언어를 금방 버리라는 것을 강조하는 대목이다. 따라서 도가에서는 기표의 중계가 없는 명상과 직관이 조화된 상황을 바람직한 의사소통 상황으로 전제하고 있다. 즉 도를 깨닫기 위서 기표인 언어나 문자가 필요 없고, 마음이 중요하다는 것으로 이것이 도가의 중심적인 의사소통 사상이다. 서양 기호학의 경우 언어를 통해서 뜻을 파악하려고 하기 때문에 언어에 집착하게 되는데 이는 도가의 언어관과 매우 대조적이라고 말할 수 있다.

도가의 이런 의사소통관을 단적으로 말해주는 것이 언어도단론이다. 이는 언어를 의존해서는 도에 이를 수 없다는 극단적인 표현 양식이다. 즉 서양의 의사소통처럼 뜻을 전달하기 위해 언어를 사용하는 것은 진정한 의사소통을 가로막고, 결과적으로 도를 실현할 수 없다는 것이다. 따라서 노자는 『도덕경』 첫머리에 "도를 도라고 말할 수 있으면 더 이상 도가 아니고, 이름을 이름이라고 지을 수 있다면 더 이상 이름이 아니다(道可道 非常道, 名可名 非常名)"는 표현을 사용함으로써 언어에 대한 강한 불신을 드러냈다. 즉 언어란 잠정적인 표현수단에 불과하며, 진정한 의미를 전달하지 못한다는 신념이 '도가도 비상도, 명가명 비상명(道可道 非常道, 名可名 非常名)'이라는 구절 속에 자리잡고 있다.

사실 언어도단이란 '언어가 이를 수 없는 도'라는 의미인데 여기서 도는 모든 것을 관통하는 진리를 의미한다. 따라서 도가에서는 진리(道)는 언어적 표현으로 불가능하다는 말이다. 즉 의사소통의 한계 내지는 언어의 한계를 말해주는 대목이다. 이를 기호학적으로 표현하면 기표보다는 기의가 중요하다는 것을 의미한다. 즉 표현수단보다는 표현할 내용이 얼마나 많으냐에 따라 의사소통의 질이 결정된다는 말이다.

실제로 할 이야기의 내용도 별로 없으면서 이야기를 많이 하는 사람보다는 간단한 표현이지만 우리들의 마음과 심금을 울려주는 표현을 주위에서 가끔씩 마주친다. 시적 언어가 우리들의 일상에서 발견하는 대표적인 예다. 그리고 선사들의 화두는 더욱 절제되고 정제된 예다. 성철 스님의 유명한 "산은 산이요, 물은 물이다"라는 표현이 바로 그러하다. 이 표현이야말로 간단한 기표 속에서 얼마나 많고 풍부한 기의를 내포하고 있는가. 필자는 이런 표현, 즉 기표보다는 기의에 의존해서 이루어지는 의사소통을 '예(藝)'에 입각한 의사소통이라고 정의하고 싶다.

노자는 '진실로 위대한 웅변은 더듬거리는 것 같다(大辯若訥)'고, 또 '말을 통하지 않는 가르침(不言之敎)'을 숭상한다고 말했다. 나아가 '아는 자는 말하지 않고, 말하는 자는 알지 못한다(知者不言, 言者不知)', '믿을 만한 말은 아름답지 아니하고, 아름다운 말은 믿을 만하지 못하다(信言不美 美言不信)', '선한 자는 말을 잘 못하고 말을 잘하는 사람은 선하지 않다(善者不辨 辨者不善)'고 하여 언어에 대한 강한 불신감을 토로했다. 장자 역시 그의 「외물(外物)」편에서 "언어의 궁극적 목적은 의미의 전달에 있다. 의미를 얻고나면 언어를 버려야 한다(言者所以在意, 得意而忘言)"고 말했다. 즉 언어는 어디까지나 의미전달에 필요한 '최소한의 도구'에 불과하다는 것이다.

3) 유가의 입상진의론(立像盡意論)

유가(儒家)도 불가와 도가와 마찬가지로 언어최소주의라는 맥락에서 의사소통 철학을 전개했다. 그 결과 말의 정교함보다는 의미전달을 강조했는데 이는 기표보다는 기의가 우선한다는 것을 말해준다. 실제로 공자는 "교묘한 말은 덕을 어지럽힌다(巧言亂德)"(『論語』, 「衛靈公」)라고 보고, "말은 뜻이 전달되면 그만이다(辯達而已矣)"(『論語』, 「衛靈公」)라고 말하면서 도가와 마찬가지로 언어에 대한 강한 불신을 표명했다. 이런 언어관은 맹자에게서도 발견된다. 맹자는 "시를 읽을 때 하나하나의 글자로서 말을 그르쳐서는 안 되며, 한구 한구의 말로서 뜻을 그르쳐서도 안 된다"(『孟子』, 「萬章」 上4)고 주장했다. 이는 언어의 표피에 떠도는 자구에만 집착하지 말고 발화자의 원래 의도를 파악해내는 일에 역점을 두어야 한다는 의미이다.

그런데 공맹은 문자가 언어(말)에 비해 도덕과 진리의 관심사를 위협하는 존재가 된다고 보고 있다. 『주역(周易)』에서 공자의 말에 가탁하여 "글은 말을 다 표현해내지 못하고, 말은 뜻을 다 표현해내지 못한다"고 서술하고 있는데 이는 문어(written language), 구어(verbal language), 의미(meaning)의 가치서열이 글(書), 말(言), 뜻(意)의 순으로 정리될 수 있음을 말해주는 것이다. 이런 언어관은 화자의 인격이 기표를 통해 드러나고, 그것의 실천 여부가 기표의 완성으로 종결된다고 보기 때문이다. 따라서 언어가 화자의 위기지학(爲己之學)이 되기도 하고, 자기수행일 수 있는 것이 언행일치의 언어관에서 비롯된다. 이를 데리다의 분석대로 풀이하면 플라톤이 파르마콘의 위험성처럼 낯설고, 임의적이고, 생명 없는 기호가 음성언어의 진정하고 살아 있는 현존을 대신하기에 문자의 해독을 경고하듯 문자에 대한 회의를 제기하고 있는 것이다.

이처럼 유가의 언행론은 불가와 도가와 달리 언어를 부정하는 것이 아니라 언어를 사용하되 언어가 행동과 일치해야 한다는 것을 말한다. 여기서 행동도 기호학적으로 기표에 해당한다. 즉 언어라는 기표, 그리고 행동이라는 기표를 통해서 기의를 구현해내야 하는 것을 강조하는 것이다. 이는 서양의 의사소통관 내지 언어관과 일면 비슷한 것 같지만, 서양의 언어관은 모든 기의는 기표로서 대체될 수 있다는 신념에서 비롯된 것이라면, 유가의 언어관은 모든 기표는 기의와 일치해야 한다는 것을 의미한다. 어찌 보면 서양의 언어관은 기표에 대한 확신 내지는 과신을 담보로 한다. 반면 유가의 언어관은 기표를 사용할 때의 책임을 강조하는 것이라고 말할 수 있다. 이런 관점에서 유가의 의사소통에 흐르는 근본 원칙을 '예(禮)'라고 규정할 수 있다.

이런 언어에 대한 불신은 상대적으로 눈빛, 낯빛, 몸짓과 같은 비언어적 기호체계를 의사소통의 대안적 기제로서 채택하게 만든다. 사실 몸은 말에 비해 상대적으로 진실하다고 볼 수 있다. 말하는 사람과 듣는 사람이 같은 시·공간 안에 존재할 때만 가능한 '몸의 언어'는 '정보전달'의 기능보다는 공동체 안에서의 유대감을 공고하게 하기 위해 '공유하는 신념의 표상'을 나누어 갖게 하는 기능을 효율적으로 수행한다. 즉 '몸의 언어'는 새로운 정보의 전달보다는 기존의 가치체계와 신념을 확인시키는 목적을 위해 더욱 효율적인 방법이 된다. 관례·혼례·상례·제례와 같은 동양의 예는 바로 이러한 '공유의 의사소통'의 대표적인 경우라고 할 수 있다(이승환, 1997: 44).

이런 의사소통관이 '모양을 만들어 뜻을 전한다(立像盡意)'라는 표현에서 극적으로 드러나고 있다. 이는 언어를 사용해서 뜻을 전달하기보다는 오히려 실재 형상으로 전달하는 것이 더 바람직하다는 표현인데 언어와 문자만으로는 참 뜻을 전달하지 못한다는 것이다. 결국 우리들의 비언어적 기호체계, 즉 몸 담론이 첨부되어야만 진실된 의사소통에 이를 수 있다는 사실이다. 따라서 언어란 하나의 단편에 불과하며, 의식과 행동이 선행되어야 한다는 것을 강조한다. 이처럼 유가에서는 말보다는 행동을 강조했다.

그리고 의사소통이라는 말의 어원이 'common+action'에서 비롯되었다고 할 때 전달적 의미와 행동을 강조한 공맹의 의사소통관이 시사하는 바가 크다. 이런 공맹의 긍정적 언어관은 '바른 언어사용은 정치안정을 위해 가장 먼저 힘을 쏟아야 할 일이라고 주장한 정명사상(正名思想)' 등에서 잘 보여진다. 사실 고대 중국에서도 언어에 대한 관심은 언어를 철학적으로 어떻게 자리매김할 것인지는 관념적인 요구에 의한 것이 아니라 현실적이고, 구체적인 언어사용에 관한 문제에서 비롯되었다. 춘추전국시대라는 역사적 전환기에 언어에 의한 의사소통의 문제, 의사 전달의 문제는 가히 마비에 가까웠다. 백가쟁명(百家爭鳴)의 춘추전국 시대에는 저마다 한마디씩 했지만 그들의 내용은 실질적 내용과 괴리를 낳기도 하고, 실천으로 옮겨지지 않는 일도 다반사였다. 말하자면 언어에 의한 사회적 의사소통이 원활하지 못한 상황에서 그들이 사용하는 언어에 주목하게 되었다.

언어(기표)는 전달적 기능을 발휘하기 이전에 대상을 인식함에서 대상의 구성(기의)에 참여하고, 인식된 것을 표현함으로써 사고작용을 완성하는 기능을 한다. 그렇지만 고대 중국에서 언어(기표)에 주목한 것은 대상의 구성(기의)에 참여하고, 인식내용을 표현하는 기능이라기보다는 인간과 인간, 더 나아가 인간과 대상 사이의 관계 맺음을 돕는 언어의 전달적 기능에 있다고 할 수 있다. '사달이기(辭達而已)'라는 말은 언어의 전달적 기능에 주목한 공자의 의사소통관이다. 이는 언어를 구조적으로 분석하여 사물과의 대응관계에서 언어의 의미를 찾는 의미론적 시도가 가질 수 없는 생생한 언어 파악이라고 할 수 있으며, 언어의 본질을 지금 말하고, 듣는 구체적 현실에서 추구하는 태도라고 말할 수 있다.

4. 유·불·선(儒·佛·仙)의 의사소통관의 차이

앞 장에서는 유·불·선의 의사소통관에 대해 대략적으로 설명했다. 물론 이 내용들은 다음 장들에서 자세히 소개될 예정이다. 제9장에서는 불가와 도가의 의사소통관이 '예(藝)'라는 관점에서, 그리고 마지막 장인 제

<표 5> 유·불·선의 의사소통관

구분	의사소통관	내용	함의	이상적 표현방식
佛家	唯識論 (不立文字)	色卽是空 空卽是色 염화시중의 미소	비언어적 매개물을 강조 명상, 직관, 조화의 의사소통 현상/실재라는 이분법 부정	'藝'적 표현 (언어최소주의)
道家	非名論 (言語道斷)	道可道 非常道, 名可名 非常名 得漁忘荃 得意忘言	得道를 위한 언어 무용 기표의 중계 없는 의사소통 언어는 수단, 마음이 중요	'藝'적 표현 (언어불신론/언어최소주의)
儒家	言行論 (立像盡意)	書不盡言 言不盡意 형상으로 뜻을 전달	언어와 말은 단편 의식과 행동이 중요	'禮'적 표현 (언행/행의일치)

10장에서는 유가의 의사소통관이 '예(禮)'라는 관점에서 서술될 예정이다. 이런 구체적인 설명에 앞서 이 절에서는 앞 절의 내용을 바탕으로 해서 유·불·선의 의사소통관 차이를 서술하고자 한다. 그리고 이 차이 비교에 앞서 유·불·선의 의사소통관을 <표 5>로 정리해보았다.

불가나 도가에서는 언어에 대한 불신은 유가에 비해 훨씬 강하다. 불가나 도가는 언어(인간중심적 해결)를 통한 제 문제해결에 부정적인 태도를 표방한 반면 유가는 인간의 적극적인 상호작용을 통해서 이상사회를 구현하려고 했다. 이 때문에 유가는 불가와 도가와 달리 인간의 상호작용을 구성하는 언어나 의사소통 행위에 대해 좀더 적극적인 태도를 보였다. 즉 언어를 어디까지나 의미전달의 최소도구로 보는 공통점을 인정한 것이다. 여기서 우리는 공맹의 현세주의와 단계주의에서 노장과는 다른 언어에 대한 긍정적 태도를 볼 수 있다.

그런데 동양을 대표하는 유·불·선의 의사소통 사상이 왜 이렇게 서로 다른 입장을 보이는 것일까? 그것은 같은 동양사상이라고 해도 유교와 불교, 도교의 사유체계가 각기 상이하기 때문이다. 불가의 의사소통관은 노장의 그것과 비슷하지만 공맹사상과는 근본적으로 그 궤를 달리한다. 공맹사상은 인본주의(humanism)에 입각한 교양과 그 문화의 바탕 위에서 꽃피운 일종의 인간학으로 파악된다면 노장사상은 인간을 중심으로 사유하지 않는 자연주의에 가깝다고 말할 수 있다. 따라서 노장사상은 '무위적

(無爲的)' 자연주의, 그리고 공맹사상은 '능위적(能爲的)' 인본주의에 입각해서 진리를 설명하고 있다.

공맹이 노장과 달리 언어관에서 긍정적 태도를 취할 수 있었던 것은 의사소통에 대한 현실인식 때문이다. 이런 언어의 현실인식에 주목했던 유가의 의사소통관은 다른 사람의 행동에 영향을 미치고자 하는 의도의 반영이었는데 이것은 말을 통해 다른 사람과의 관계를 맺으려는 언어관을 낳았다. 어찌 보면 공맹이 언어의 문제를 인간과 인간 사이의 관계 맺음으로서 한정시켰던 것이다. 이것은 노장사상이 인간과 인간의 관계를 넘어 인간과 대상 사이의 관계 맺음, 즉 언어(기호)를 통한 대상의 인식에 천착했던 것과 크게 비교된다. 불가도 노장철학과 마찬가지로 주관과 대상이라는 분절된 두 세계의 경계를 서양철학에서 만들어놓은 의지에 의한 허구로 간주하고, 이를 허물어버리고 직통하려고 했던 것이다.

따라서 공맹사상이 '구성적(constructive)' 사유에 기초했다면 노장사상과 불교사상은 '해체적(deconstructive)' 사유에 입각해 있다고 말할 수 있다.[21] 구성적 사유에서는 인간이 쌓아온 지성과 선(善)의지의 승리가 세상을 비추는 모범적인 빛으로 추앙되고 숭상된다. 따라서 구성적 철학의 입장에서는 해체적 사유가 반문명적이고, 허무적인 성향으로 인간과 사회를 몰고갈 수 있는 위험성이 있다고 비판한다. 이에 반해 해체적 사유는 구성적 사유와 그 진리관을 부질없이 인간과 세상을 소모시키는 일로서 역사를 엄숙하게 가득 채우려는 사유라고 비판한다. 해체적 사유에 따르면 구성적 사유는 이 세상의 자연스러움을 어지럽히는 반자연적이고, 집착적인 성향으로서 인간과 세상을 뒤숭숭하게 몰고가는 어리석음을 범하고 있다고 비판한다. 따라서 인간 지성과 선의지의 작동을 멈추고, 가급적 그런 용심(用心)을 쉬도록 권장한다(김형효, 1999: 2).

사실 동서양 철학사를 비교하면 두 가지 종류의 철학적 생각의 형성으

21) 물론 해체적 사유는 노장사상에, 그리고 구성적 사유는 공맹사상에만 있는 것은 아니다. 불교철학도 해체적 사유에 입각해 있는 반면 기독교철학도 구성적 사유에 입각해 있다.

로 구성되어 있음을 느낀다. 하나는 구성적인 철학적 사유의 형성이요, 또 다른 하나는 해체적인 철학적 사유의 짜임이다. 구성적 사유는 더하기의 방향으로 철학의 생각과 방법을 전개해나가고, 해체적 사유는 빼기의 방향으로 철학을 한다. 불교와 노장사상이 여기에 해당하고, 데리다를 위시한 현대 해체주의자들의 철학이 사고의 결정체를 파괴시키고 있다. 데리다를 통해 우리는 불교와 노장사상, 그리고 혜시(惠施)와 같은 이른바 명가(名家)의 사유체계를 다시 해독할 수 있다(김형효, 1999: 9).

그렇다면 구성적 사유와 해제적 사유를 가르는 기준은 무엇일까? 그것은 인간과 자연이라는 두 개 축이다. 즉 구성주의는 자연을 인간 쪽으로 흡수하는 '자연의 인간동형론(anthropomophism)' 사유를 중시하는 일반적인 경향으로 나타난다면, 해체주의는 인간을 자연 속으로 산화시키는 '인간의 자연동형론(physiomorphism)'의 사유를 가까이 하는 일반적인 성향으로 나타난다. '자연의 인간동형론'은 자연의 본성(nature)을 인간본성(human nature)으로 전이시켜 자연성을 인간성의 존재론적 기반으로 삼으면서 지성이나, 또는 선의지로의 인간성에 대한 강력한 신뢰를 표방하는 휴머니즘 철학을 전개시켜나간다.

그런데 두 가지 사유체계의 공통점은 이기심(egoism)을 진리의 최대 장애물로서 본다. 예를 들어 기독교는 이기심이 하늘 나라의 시민이 되는 길을 막는다고 가르쳐왔고, 공맹사상은 이기심이 인간으로 하여금 군자의 덕으로서 인자(仁者)로 가는 길을 방해한다고 말하며, 불가에서는 이기심의 아상(我相)과 그 아상과 같이 가는 인상(人相)이 보살과 상불의 수행을 어렵게 하는 험한 절벽이라고 말하며, 노장사상은 이기심이 인간의 마음을 자기중심적으로 만듦으로써 이기적 이익을 마치 거룩한 가치로 위장케 한다고 지적해왔다. 이처럼 이기심이 진리의 길을 가는 데 가장 큰 문제라고 파악했다(김형효, 1999: 3).

그렇다면 구성주의와 해체주의 두 사유체계는 이기심을 철학적으로 어떻게 취급했는가? 그것의 취급방법에서 두 사유체계는 큰 차이점을 드러내고 있다. 해체적 사유는 '무위(無爲)'로서 이기심을 무력화시키고, 구성적 사유는 '능위(能爲)'로서 이기심을 극복하든지, 아니면 그것을 아예 사회화시킨다. 이 점에서 해체적 사유는 사회의 모든 문제들을 무위자연적 태도로서 관조하는 방법을 취하는데 이 때문에 사회현상을 구성하는 인간 상호간의 작용에 중추적인 기능을 수행하는 언어에 대해 부정적이며, 소극적이다. 반면 구성적 사유는 인간의 능동적이며, 적극적이 실천을 통해 제 문제들을 해결하려고 든다. 여기에서 유교는 인간의 상호작용 즉, 의사소통을 통한 사회화의 기능이 중요시 될 수밖에 없다.

이런 의사소통관은 서양 의사소통관의 대부분을 차지했다. 의사소통이라는 말의 서양적 어원을 따져보아도 그러하다. 커뮤니케이션(communication)은 라틴어 '코무니카레(communicare)'로부터 기원하는데 '코무니카레'는 'to make common'이라는 의미를 지니며, 그것의 명사형은 '코무니스(communis)'에 해당한다. 그리고 '코무니스(communis)'는 '쿰(cum)'과 '무니스(munis)'라는 두 개의 어근으로 구성되어 있는데 '쿰'의 의미는 영어의 '함께(with)'에 해당한다. 이에 반해 '무니스(munis)'의 경우는 논란이 있지만 두 가지 해석이 오늘날까지 비교적 타당성 있게 받아들여지고 있다. 그 중 하나는 '모이니스(moinis)', 즉 '묶다(bound)'라는 해석이고, 다른 하나는 '무니스(munis)'가 '오이노스(oinos)', 즉 '하나(one)'에서 온 것이라는 해석이다.

이런 해석은 라틴어 어원에서부터 커뮤니케이션(communication)이라는 단어가 혼자가 아닌 다수와 깊은 관계가 있다는 사실을 말해준다. 사실 이러한 발견은 의사소통의 형태를 보아도 타당성을 갖는다. 현대사회에서 우리가 익숙해져 있는 의사소통 행위는 지극히 사회적이기 때문이다. 또한 의사소통이 둘 이상의 다수와 연관이 있는 이유는 뭔가를 전달하려는 의도가 대부분 그 의도를 전달받는 사람을 전제로 하고 있기 때문이다. '둘 이상의 사람들이 연결되기 위한 무엇', 바로 이것이 라틴어에서 해석되는 의사소통의 의미인 것이다.

'코무니스(communis)'라는 라틴어는 영어권으로 넘어오면서 시대에 따라 약간씩 변화를 거듭해왔다. 중세에서는 'common'이란 단어가 현재 우리가 쓰고 있는 'communicate'라는 동사와 거의 같은 의미로 사용되었다. 영국 엘리자베스 1세 시대의 직전만 해도 사람들이 'communicating with'를 대신해서 'commoning with'라는 표현을 사용했다는 사실에서도 확인된다. 당시 사람들이 이 표현을 사용할 때 머릿속에 담고 있었던 발상은 '나눈다'는 것으로, '무언가 그 안에서 모든 사람들이 공동으로 나눌 수 있는 것'을 의미하지 않았나 생각한다.

결국 의사소통이란 '둘이나 그 이상의 사람이나 장소간에 접근하는 방법이나 접근하는 행위' 자체를 나타내는 의미로서 유가에서의 인(仁)의 어원, 즉 사람들간의 친화적 의미와 일맥상통하고 있음을 알 수 있다. 그러므로 유가에서의 인이란 의사소통 방법론이자 동시에 인의 의사소통 방법을 통해 이상적 사회를 실현하고자 했던 개념이다. 사실 인은 유가가 추구하는 이상적 사회를 실현하는 최선의 방법이기도 하다. 그리고 이기심을 타파하는 방법론으로서 유가에서 인을 그토록 강조했던 것이다.

5. 맺는 말

고대 그리스에서 시작했던 서양의 '철학(philosophia)'은 사물이나, 현상, 그리고 세계에 얽매이지 않는 사유를 시도하는 일이었다. 이것은 사물, 현상, 세계의 원인을 세계 안에 설정하지 않고, 이 세상 너머에 설정하는 것을 의미한다. 그리고 인간이 그것을 알 수 있는 것은 우리들의 사유가 생성, 변화하는 세계를 넘어선 초월자의 존재를 인식하고, 또 이런 식의 사유는 현상 안에 포함되지 않는 것을 전제로 하는 것이었다. 따라서 서양철학의 기원은 인간의 사유, 진리인식의 근거가 이 변화하는 세상을 초월해서 따로 존재하는 원인에 근거한다는 믿음에서 비롯되었다. 즉 서양의 진리인식은 이런 초월적 방식하에서 이루어졌다.

반면 동양철학은 이와는 다른 전제에서부터 출발했다. 인간은 실재하는 자연에 근거하여 자신을 그 자연 안에서 이해하고, 이에 따라 올바른 존재양식을 지향하고자 했다. 따라서 인간을 자연으로부터 분리하지 않았으며, 나아가 자연을 초월한 어떤 다른 존재도 전제하지 않았다. 이렇게 보면 동양적 사유는 초월적인 존재의 원인, 추상적인 진리를 추구하는 서양의 철학적 전통과 분명히 구분된다. 그리고 이런 점은 불가(佛家)와 도가(道家)의 철학에서 두드러지게 나타났다.

이처럼 자연 자체를 진리로 설정한 동양철학과 자연과 분리된 진리를 전제로 한 서양철학 간의 차이는 동서양의 방향과 성격을 달리 규정하는 근본적 원인으로 작용했다. 이로 인해 역사, 사회, 문화를 구성하는 근본적 차이가 나타나기도 했다. 즉 자연과 현실에 기초한 인간에 대한 동양적 사유는 현실적이고, 구체적인 인간의 존재방식을 모색토록 유도했으며, 그런 의미에서 항상 윤리적인 성격을 지니게 되었다. 반면 자연과 분리된 진리를 전제로 하는 서구적인 이성적 사유는 철학과 신학, 그리고 과학으로 연결되었으며, 이를 바탕으로 한 이상적 사회 건설을 추구하도록 만들었다. 이런 차이는 우리들의 의사소통관에서도 극명한 차이를 드러내고 있다.

그런데 우리는 지금 기표에 너무 의존하는 서구적 의사소통에 집착하고 있다. 게다가 새로운 의사소통 기술은 이런 경향을 더욱 가속화하고 있다. 그 결과 진정한 의미의 전달과 의사소통의 완성은 요원한 상태에 머무르고 있다. 오히려 공감각적인 우리들의 의사소통은 관련 기술의 발달과 인간이성에 대한 맹신으로 퇴보하는 경향까지 생겨나고 있다. 이는 이성중심적이고, 이분법적 세계관에 근거한 서양의 언어중심적인 인식론에 우리가 지나치게 익숙한 탓이다.

사실 서양적 인식론은 지나치게 기능적인 의사소통을 강조하고, 기호학적인 세계관을 구축하는 오류를 범해왔다. 결국 우리들의 의사소통을 왜곡하고, 의사소통의 한계를 갖도록 만들어왔다. 이제 이런 상황을 극복하는 길은 언어 자체의 결함과 언어사용자의 결함을 겸허하게 인식하는 길뿐이다. 물론 오늘날 눈부시게 발달하는 매체 기술에서는 더욱 이런 태도를 견지해야 할 것이다. 이런 언어에 대한 회의, 또 매체 기술에 대한 반성으로서 기존의 이성적, 언어중심적, 기능적 의사소통의 오류를 극복할 수 있을 것이다.

노장의 의사소통관에 따르면 언어는 그저 하나의 방편에 불과하다. 왜냐하면 우리들의 의사소통 상황이 매우 가변적이고, 생성적이기 때문이다. 따라서 우리들의 의사소통에서 언어에만 의존하지 말고 비언어적 감각에도 충실해야 한다. 불가에서의 의사소통관도 이런 노장의 의사소통관과 크게 다를 바 없다. 따라서 우리는 도가와 불가의 의사소통관이 현실적이지 않다 하더라도 지금과 같은 의사소통의 왜곡 상황에서 중요한 방향타 역할을 해줄 것으로 본다. 이렇게 함으로써 서양의 획일적 의사소통 사상을 극복하고, 동양적 사상에 기반한 한국적 의사소통 사상을 확립할 수 있는 길을 찾을 수 있지 않을까 생각해본다.

참고문헌

김형효. 1993, 『데리다의 해체철학』, 민음사.

_____. 1997, 「'법'의 진리와 '님'의 진리: 비전의 철학과 현존의 철학」, 한국기호학회, 『삶과 기호』, 문학과 지성사.

_____. 1999, 『노장 사상의 해체적 독법』, 청계.

이승환. 1997, 「몸의 기호학적 고찰－유가전통을 중심으로」, 한국기호학회, 『기호학 연구3/삶과기호』, 문학과 지성사.

임채우. 2002, 『한국한문학논선집』, 불함문화사

최진덕. 2001, 『노자의 목소리로 듣는 도덕경』, 소나무.

한형조. 2000, 『왜 동양철학인가』, 문학동네.

제9장

藝 —

불가 · 도가의 의사소통관

1. 의사소통의 이상과 현실

인간의 의사소통이란 가장 기본적인 활동에 해당한다. 의사소통을 통해서 인간은 비로소 인간적인 활동을 영위할 수 있기 때문이다. 의사소통은 영어로는 'communication'인데 'communication'은 공통, 또는 공유를 의미하는 라틴어 'communis'에서 비롯된 것인데 어원적 의미로는 하나 이상의 생물체가 다른 생물체들과 지식, 정보, 의견, 신념, 감정 등을 '공유화' 또는 '공통화'하는 행동이다. 이런 '공유화' 또는 '공통화' 과정은 상징을 통해 이루어지는데 상징에는 언어적 요소뿐 아니라 몸짓과 표정 같은 비언어적 요소까지 포함된다. 이런 상징을 통해 인간은 자신의 생각이나 의견을 상대방에게 전달하고, 상대방은 그것을 이해하는 방식으로 의사소통이 이루어지는 셈이다.

그런데 오늘날 불가(佛家)의 선종(禪宗)에서 대표적 깨달음의 사례나 수단으로 제시되는 '염화시중의 미소', '이심전심(以心傳心)'이나, 그 깨달음을 글로 표현할 수 없다는 '불립문자(不立文字)'에 이르면 우리들로서는 무엇이 깨달음인지, 나아가 어떤 의사소통이 이루어지는지 그 의미를 정확히 파악할 수 없다. 게다가 불가에서 말하는 깨달음 자체에 대한 의사소통조차 쉽게 이루어지지 않는다. 의사소통이 상호 간에 이루어진다는 사실을 감안할 때, 불가에서 석가와 제자 가섭(迦葉)이 꽃을 드는 것을 보고 이에 미소로써 화답함으로써 이른바 이심전심이 되어 거대한 불가의 진리가 어떻게 의사소통이 될 수 있는지 의문이 아닐 수 없다.

또 도가(道家)에서는 불가와 비슷하게 비명론(非名論)으로서 의사소통을 설명하고 있다. 비명론은 불가의 염화시중의 미소나 이심전심처럼 언어나 문자에 의존하는 의사소통 방식이 아니다. 사실 도가에서는 불가에서와 마찬가지로 언어와 문자에 대해 강한 불신을 표시해왔다. 정확히 말하면 도가는 불가보다도 '기표' 사용에 대해 매우 회의적인 태도를 지녔다. 예를 들어, 불가에서는 '꽃'과 '미소'가 그런 대로 기표로서 사용되었다면 도가에서는 이마저도 인정하지 않았다. 이런 극단적인 언어소통관은 '언어도단'이라는 말로 귀결되는데 이는 언어를 사용해서는 절대로 도에 이를 수 없다는 표현방식이다. 따라서 서양의 의사소통에서처럼 뜻을 전달하기 위해 언어를 사용하는 것은 진정한 의사소통을 가로막고, 결과적으로 도를 실현할 수 없다는 것이 도가의 입장이다.

사실 노자의 『도덕경』 첫머리에 "도가도 비상도, 명가명 비상명(道可道 非常道, 名可名 非常名)'이라고 설명함으로써 언어사용에 대한 그의 불신을 잘 보여주고 있다. 즉 도를 도라고 말할 수 있으면 그것은 진정한 도가 아니고, 이름을 말로 표현할 수 있으면 그것 또한 진정한 이름이 아니라는 것이다. 즉 언어는 잠정적인 표현수단에 불과하며, 언어를 통해서는 진의나 또는 진정한 실재를 전달할 수 없다는 불신을 말해주는 것이다. 이는 도를 깨닫기 위해서는 언어나 문자와 같은 기표는 장애가 될 뿐이며, 오히려 마음을 닦는 것이 도를 깨닫는 방편이라는 도가의 중심적 의사소통관이다. 이것이 도가의 비명론의 단초를 제공했다.

그런데 이런 불가와 도가의 의사소통관은 현실적인 대안을 마련하고자 했던 유가(儒家)와 대조된다. 유가의 경우 불가·도가와 마찬가지로 언어나 문자에 대해서 회의적인 것은 마찬가지였지만 불가·도가의 경우처럼 언어 자체를 불신하는 극단적인 방식을 채택하지 않았다. 그보다는 언어와 문자가 갖고 있는 한계점을 인식하고 그 안에서 현실적인 대안을 찾고자 노력했다. 그 결과 그것은 입상진의(立像盡意, 모양을 만들어 뜻을 전한다)와 같은 방식으로 나타났다. 즉 언어와 문자에 대한 지나친 의존을 피하고, 이를 모양으로서 전달함으로써 언어와 문자를 의사소통에서 보조적인 수단으로 활용하는 지혜를 보였던 것이다.

이런 유가의 현실적 의사소통관은 다음 장으로 넘기고, 본 장에서는 불가와 도가의 의사소통관에 대해 알아보기로 하자. 이를 위해 불가에서 이심전심을 철학적으로 체계화한 유식론에서 보는 언어에 대한 태도와, 그리고 의사소통 측면에서 불립문자를 어떻게 이해하고 있는지, 또 도가의 비명론에서 보는 언어에 대한 태도와 의사소통 측면에서 감각기관 무용론과 의사소통 불신론을 어떻게 이해하는지 살펴보고자 한다.

2. 불가의 유식론(唯識論)

불가의 유식론은 '연기(緣起)'를 바탕으로 하는 순환적 사고와 밀접한 관련을 맺는다. 연기를 바탕으로 하는 순환적 사고란 생과 사, 원인과 결과는 서로 다른 것이 아니라 '뫼비우스의 띠'처럼 연결되어 있다는 가정에서부터 출발한다. 유식론에 따르면 이 세계는 '오로지 식일 뿐(唯識)'이라는 것이다. 여기서 '식(識)'이란 분별작용을 의미하는데 이 분별작용에 따라 사물 내지 세계가 구성된다. 따라서 사물과 세계, 그리고 우리들의 의식으로부터 벗어나야만 하나의 객관적 존재를 발견할 수 있다. 이렇게 보면 불교의 유식론은 초월적 존재를 인정하는 서구의 형이상학과 근본적으로 그 궤를 달리한다.

불가에 따르면 인간의 의지가 욕망을 낳고, 그 욕망이 인식을 낳았다고 설명한다. 그것이 곧 주관과 대상이라는 인식의 두 세계인데 여기서 '유식(唯識)' 본원의 고요가 깨어지기 시작했다고 본다. 즉 주관과 대상이 성립하면서 생멸윤회의 영원한 바퀴가 구르기 시작했는데 이런 맹목적 의지가 고요한 근원의 에너지를 격동시켜 주체, 혹은 자아를 형성시키고, 곧 그 짝인 대상을 불러왔다는 것이다. 이들이 결합하여 결국 인식을 구성하고, 그 결과로서 언어와 사유가 만들어졌다. 그러므로 인식이란 분절된 세계인 셈이다. 이를 경계(境界)라고 부르는데 그 경계는 의지에 의한 허구이고, 환상일 따름이다. 이미지의 세계는 이렇게 해서 펼쳐지는 것이다(한형조, 2000: 49).

그런데 유식을 해석하는 일은 말을 해석하는 것만큼이나 쉽지 않다. 법상종(法相宗)의 주요 경전인 『유식론(唯識論)』만 하더라도 모두 10권으로 구성되어 있을 만큼 그 내용이 복잡하고, 또 난해하다. 유식을 말 그대로 해석하면 '오로지 인식할 뿐'이다라는 의미이다. 물론 불가에서는 일체의 법은 심식(心識)이며, 실재하는 것은 오직 '식(識)'이라고 말했는데 이는 원시불교에서 심(心)이 그만큼 강조되었기 때문이다. 단지 '심'이 '식'으로 바뀌어진 것은 불교의 중국화 과정에서 유심(唯心)이 유식(唯識)으로 대체되었기 때문이다.

유식철학에서는 '팔식(八識)'과 '삼능변(三能變)'에 의해 어떻게 '심식(心識)'이 가능한지를 설명하는데, 팔식은 안식(眼識, 눈으로 보는 것), 이식(耳識, 귀로 듣는 것), 비식(鼻識, 코로 맡는 것), 설식(舌識, 혀로 맛보는 것), 신식(身識, 몸으로 느끼는 것), 의식(意識), 말나식(末那識), 아뢰나식(阿賴那識)으로 구성된다. 안·이·비·설·신·의·말나·아뢰나(眼·耳·鼻·舌·身·意·末那·阿賴那)의 팔식은 심(心)을 길(표층)에서 깊은 속(심층)으로 가는 8가지 구조로 보는 것이고, 삼능변은 심을 3개 층으로 해서 깊은 속에서 겉으로 나가는 것이다. 이를 그림으로 보면 <그림 11>과 같다.

이 내용은 『유식삼십송(唯識三十頌)』에 나오는데 제1에서 제5까지의 눈, 귀, 코, 혀, 몸에 의한 오식은 별다른 사려분별 없이 현재 우리들 앞에 놓여 있는 대상 그대로를 인식하는 것이므로 이를 전오식(前五識)이라고 부른다. 그러나 제6의 의식은 이것과 달리 색·성·향·미·촉·법(色·聲·香·味·觸·法)의 이른바 육경(六境)을 인식 대상으로 해서 작용하는데 여기서 '경'

<그림 11>

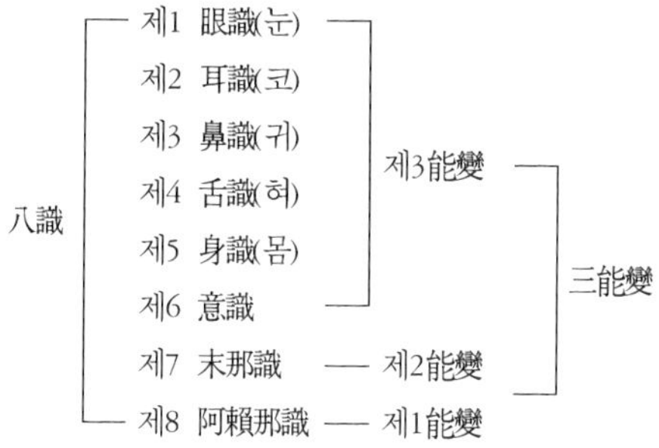

이란 마음 바깥에 존재하는 외적 사물의 존재를 의미한다. 제7의 말나식은 제8의 아뢰나식으로 가기 위한 단계로서 아의(我疑), 아견(我見), 아만(我慢), 아애(我愛)의 네 가지 번뇌를 통해 나의 실체를 항상 세심하게 생각하고, 따짐으로써 제8의 아뢰나식으로 갈 수 있다. 아뢰나식은 모든 씨앗을 갖고 있는 말나식의 근본인데 스스로 주관작동을 설정하고, 객관작동을 통해 현상세계를 바꾼다고 설명하고 있다.

여기서 인식론과 유식론의 차이가 드러난다. 인식론에서 인식을 가능케 하는 것은 우리들의 오관이다. 눈과, 귀, 그리고 코와 혀를 통해 우리는 외부와 의사소통을 할 수 있는데 이것이 '제3능변'에 해당한다. 그리고 '제3능변'을 통한 의사소통을 원활토록 하기 위해 언어와 문자가 자연스럽게 등장했다. 즉 '제3능변'의 보조역할로서 언어와 문자가 등장한 것이다. 반면 유식론은 우리들의 오관을 포함해서, 그리고 그것을 넘어선 의사소통 방식이라고 말할 수 있다. 직관이나 명상 등이 이에 해당한다고 말할 수 있다. 이것이 바로 제1능변과 제2능변이다. 따라서 팔식(八識)이 종합적으로 작용하면 사람들은 유심무경(唯心無境), 또는 만법유식(萬法唯識)의 상태로 옮아간다. 그것은 유식철학의 기본 구조가 '식일원론(識一元論)'에 입각해 있기 때문이다. 즉 모든 주객의 현상계는 가상일 뿐이며, 오로지 존재하는 것은 마음뿐이라고 보기 때문이다.

이렇게 보면 '유식'의 개념은 크게 두 가지로 이해될 수 있다. 첫째, 객관적 사물의 실재성을 부정하고, 존재하는 것은 마음뿐이라는 점이다. 그렇지만 '마음만 있다'는 명제가 객관적 실재를 부정하면서 주관적 실체인 마음을 근거로서 이론이 구축되는 것은 아니다. 인식 대상이 존재하지 않으면 당연히 인식 주체도 존재할 수 없다. 따라서 '유식'은 생각을 객관적 사물로 착각하는 우리의 전도된 사고를 명상하기 위한 장치, 즉 인간의 정신이 꾸며낸 장치를 해체함으로써 허구적 구성물에서 비롯되는 정신의 고통을 덜고자 하는 명상수행의 실천적 화두인 셈이다.

둘째, 분별작용으로서의 '식(識)'이란 주관과 객관의 어느 한 편에 속하지 않고, 오히려 주관과 객관을 잠재적 계기로 포함하고 실현하는 메타 작용을 의미한다. 따라서 '유식론'은 서양의 '유심론(唯心論)'이나 '유물론(唯物論)'과 같은 실체론과 구별된다. '유심론'이나 '유물론'이 '심(心)'과 '물(物)'이라는 분별 위에서 구조화된 사유체계라면 유식론에서의 '식'이란 '심'과 '물'과 같은 분별을 만들어내는 '마음 작용'을 근본적인 대상으로 삼는 명상의 방법이다. 왜 세계가, 지식이, 선과 악이, 아름다움과 추함이 우리에게 변별적으로 인식되는가 하는 그 작용 자체를 문제삼는다.

예를 들어 『반야심경(般若心經)』을 보면 "색즉시공 공즉시색 수상행식 역복여시(色卽是空 空卽是色 受想行識 亦復如是)"이라는 구절이 있다. 즉 '색'이 곧 '공'이고, '공'이 곧 '색'이고, 수(受), 상(想), 행(行), 식(識)도 또한 모두 이와 같다는 말이다. 여기서 '색'이 실체라면 '공'은 실체에 대한 부정으로서, '허공'이 아닌 '일체 만물의 포섭'이다. 당연히 '색'이라는 물질적 실체뿐만 아니라 '수', '상', '행', '식'과 같은 정신적 실체도 존재할 수 없다. 결국 이 말은 현상과 실재라는 이분법에 대한 부정을 의미한다. 따라서 불가의 '유식론'에서는 실체보다 '생성(becoming)'이 더 중요하다. 어떤 대상도 무상하게 변전하기 때문이다(한형조, 2000).

따라서 서양의 이분법 대신에 현상과 실재의 조화나, 양자를 초월할 수 있는 종합적인 사고를 요구한다. 그 결과 인간도 신의 섭리에 따르는 '피조물'이나 자연계를 지배할 권능이 있는 '유일자'라기보다는 천지만물과 조화를 추구하는 불완전한 존재일 뿐이다. 예컨대 '나'라는 존재는 정신과 육체, 물질과 관념이라는 이중구조 속에 있지 않고, 오히려 양자의 통합체로서의 '몸'이다. 따라서 '몸'은 넋이 빠진 고깃덩어리가 아니라 자아와 세계와의 교통방식이자 영혼과 육신의 통합물이다. 이런 '몸'은 존재나 주체와 같은 실체의 개념과는 다르다.

어찌 보면 서양에서의 존재/주체 개념은 허구적 관념론의 산물이다. 왜냐하면 관념이라는 실체가 먼저 존재하고 그 관념의 주체로서 '나'가 설정되기 때문이다. 이에 반해 동양적 사유에서는 '몸'이란 그 자체가 '기(氣)의 형용'일 뿐 결코 실체가 아니라고 말한다. 유식론에서처럼 '나'라는 주체는 물질, 사고, 인식, 실천, 감성의 가합(假合)에 불과하기 때문에 하나의 실체로서 존재할 수 없다. 이런 '몸'은 말뿐만 아니라 눈빛, 낯빛, 몸짓과 같은 비언어적 매개물을 통해 세계와 의사소통을 한다.

이렇게 보면 유식철학에서 말하는 심식(心識)이 왜 중요한지가 드러난다. 서양은 대상을 모두 언어화하여 이 언어로서 모든 것을 표현할 수 있고, 또 이것으로서 상대방과 의사소통을 할 수 있다고 믿는다. 그렇지만 의사소통의 주체라고 가정하는 '나'는 하나의 의사소통의 실체가 아니다. 오히려 주체는 온 세상에 널려 있는 존재이다. 단지 '나'는 이들 존재를 자기중심적으로 재단해서 보려고 할 뿐이다. 즉 상대방과의 의사소통의결과로서 나타나는 세계에 대한 상은 있는 그대로 객관적으로 존재하는 상이 아니라 '나'가 만든 하나의 가상의 세계일 뿐이다.

따라서 심식의 방법은 구체적으로 다음의 세 가지를 요구한다. 첫째로 주관적 아집을 버리기 위해 주객 관계를 실체화하여 실재의 나와 법을 설정하는 것이고, 둘째로, 법으로 허망을 분별하는 것이고, 셋째로, 진실, 곧 진여(眞如)로서 존재론적, 인식론적, 가치론적으로 최고의 것을 성취하는 것인데 이는 이른바 삼자성설(三自性說)이라고 불린다. 따라서 삼자성설이 설명하는 것처럼 유심철학의 목적은 일상적 인식을 질적으로 변화시켜 해탈을 성취하는 것으로 요약할 수 있다.

이 때 일상적 인식이란 언어에 의해 인식되는 것으로서 언어는 마음 밖에 독립적으로 존재하는 인식 대상, 다시 말해 '경(境)'이 된다. 그 결과 유식철학의 입장에서는 일상적 언어를 부정할 수밖에 없다. 이 때문에 유식철학에서는 일상적 언어형식을 버리고 이른바 '승의적(勝義的) 언어형식'을 강조한다. 승의란 범어(梵語)의 'pramartha'에서 온 말로 '최승진실(最勝眞實)의 도리'이거나, '언어가 갖는 본질적 의미'를 뜻한다. 예를 들어, 승의적 언어형식으로 의사소통을 할 수 있는 사람은 진리와 진리를 표현하는 언어를 동질적인 관계로 만들 수 있는 사람을 말한다.

따라서 승의적 언어로서 진리를 표현할 수 없다는 것은 말하는 사람과 듣는 사람이 서로 다른 언어형식을 갖고 있다는 의미이다. 예를 들어 한 사람은 승의적 표현을 할 수 있는 반면 상대방은 세속적 표현밖에 못하거나, 또는 이해할 수밖에 없는 경우이다. 이를 정리하면 불교에서의 언어상황은 말하는 사람과 듣는 사람 상호 간의 해탈지향적 대화상황이기 때문에 승의적 언어형식 소유자의 언어표현은 상대방인 세속적 언어형식 소유자가 취하는 언어수용 태도에 따라 그 한계가 결정된다.[22] 즉 세속적 언어형식의 청자는 자신의 언어형식을 질적으로 변화시키지 않는 한 언어와 승의적 진리와의 본질적인 단절 상태가 계속될 수밖에 없다. 여기서 '진리란 언어로 표현될 수 없다'는 '불립문자론'이 등장한다.

그런데 승의적 언어형식의 소유자가 하는 언어는 '불립문자론'과 관계없이 계속 유효하다. 그것은 진리라고 하는 기의와 진리를 표현하는 기표가 완전히 일치한다고 보기 때문이다. 물론 그것은 세속적인 차원에서는 도달할 수 없는 경지이다. 진리를 기표로서 완전히 일치시킨다면 그것이 곧 해탈의 경지이기 때문이다. 물론 언어가 해탈하기 위한 매개적 도구로서 갖는 기능은 유식론 곳곳에서 자주 발견된다.

> 무슨 인연 때문에 일체 법의 이언자성(離言自性)에서 언설을 일으키는가?

---

22) 예를 들어 성철 스님이 "산은 산이고, 물은 물이다"고 했을 때 이것은 승의적 언어 표현방식이다. 세속적 방식으로 이것은 쉽게 이해되지 않는다. 단지 이 법문을 듣는 사람의 언어수용 태도에 따라 결정된다. 따라서 불가에서는 승의적 언어표현을 이해하기 위해서 수양과 정진을 강조하는 것이다.

> 답하기를 언설을 일으키지 않으면 다른 사람을 위해 일체 법의 이언자성을 설명할 수 없고, 다른 사람 역시 뜻을 들을 수 없다. 만약 들음이 없다면 곧 일체 법의 이언자성을 알 수가 없으니 이런 까닭에 언설을 일으킨다.
> (불경의 「瑜加師地論」)

여기서 일체 법의 이언자성이란 세속적 언어형식의 한계를 벗어난 승의적 언어형식을 의미한다. 이 구절은 아직 세속적 언어형식에 매여 있는 다른 사람으로 하여금 승의적 진실을 체득하도록 하기 위해 언어의 사용이 불가피하다는 것을 말해준다. 이처럼 유식철학에서는 심식을 근본으로 하지만 언어를 해탈에 이르도록 하는 도구적 기능을 인정하고 있다. 그 결과 유식철학은 언어를 활용하는 이론이나 논리를 적극적으로 개발하여 방대하고도 복잡한 이론체계를 구축했다.

물론 불가에서는 승의적 언어에 대한 갈망보다는 일상언어에 대한 비판이 주로 발전되었다. 그것은 승의적 언어형식으로 통해 해탈에 이를 수 있다는 강조보다는 세속적 언어형식으로는 해탈에 이를 수 없다는 점을 강조하고자 했기 때문이다. 세속에서 사용하는 일상언어는 우선 어떤 대상에 대해 고정성과 동일성을 부여하려는 속성이 있는데 이는 마치 유동적 존재에게 고정성을 부여하려는 것으로서 하나의 모순이라고 보았다. 이를 기호학적으로 설명하면 '고정된' 기표가 '유동적인' 기의를 대체할 수 없다고 본 것이다. 이에 따라 대상으로서의 존재를 소유가능한 형태로 변질시켜 유동적 존재인 인간에게 고정 불변적 자아개념을 부여해서 결국 삶에 집착하도록 만든다고 생각했다. 원시불교에서는 이 같은 일상언어의 오류를 바로잡아야 한다고 강조했다.

그런데 심식(心識)을 강조한 일반 철학은 일상언어에 의해 의미되는 존재를 마음 밖으로 외화시켜 이를 객관적으로 존재하는 인식대상으로서 믿게 함으로써 주관과 객관이라는 대립의 이원적 인식구조를 만들었다. 그리고 주관과 객관이 결합해서 인식을 구성하고, 인식은 언어와 문자의 필요를 낳게 된 것이다. 따라서 인식이란 통합된 세계가 아니라 분절된 세계를 의미한다. 이는 '심'을 중심으로 하는 유식적 인식구조에 전적으로 반하는 태도이다. 유식철학의 일상언어에 대한 비판은 여기서부터 시작되었다.

3. 이심전심(以心傳心)과 불립문자론(不立文字論)

불가의 '유식론'은 비언어적 명상을 통한 세계와의 의사소통을 의미한다. 불가에서 말하는 '염화시중의 미소' 이야기도 이와 일맥상통한다. '염화시중의 미소'는 불교 선(禪)의 최초의 설법이라고 말할 수 있는데 이는 말을 통하지 않고서, 마음으로 전했고, 이를 미소로써 받았다는 내용이다. 그것은 가섭만이 '말로써 세울 수 없는(不立文字)' 불가의 미묘한 법문을 이해할 수 있었는데 이는 진리란 언어를 초월하고 있다는 사실을 상징적으로 말해주는 대목이다.

> 세존(世尊, 석가모니를 의미함)께서 영산의 법상에 오르시니 하늘에서 꽃비가 내렸다. 아무 말씀도 않고, 꽃잎 하나를 들어 대중에게 보이시자 다들 의아하게 좌우를 둘러보는데 오직 한 사람 가섭(迦葉) 존자만이 혼자 조용히 미소를 지었다.

이처럼 불교 선의 최초의 설법인 염화시중의 미소와 관련해서 선종(禪宗)은 불법의 전달방식으로 특별히 이심전심(以心傳心)의 방식을 설정했고, 이것이 불립문자에 대한 일반적인 이해이다. 그렇지만 불교 선은 역사적으로 언어와 논리를 통한 적극적 교설의 방식을 지나치다 싶을 정도로 배제해왔다. 이는 선은 진리, 즉 불교의 법문이 유마(維摩)의 위대한 침묵 속에 있다는 교설의 극단적인 확인이라고 말할 수 있다. 그 결과 중국의 육조(六朝) 시대에는 공(空)에 집착하는 사람들 가운데 경전을 비방하며, 문자마저 사용하지 않는 경우도 생겨났다.

그러나 문자를 쓰지 않는다고 말하면서 그것을 불립문자로 표현하는 것은 하나의 모순처럼 보인다. 사실 불교 언어를 이용한 현학적이자 공론적 논의가 유행하자 이에 대한 반동으로서 언어의 본래 목적인 승의적 언어형식으로 돌아가 근본 불교 정신을 회복하자는 요구가 대두되었던 것은 사실이다. 이 때 등장한 것이 선종이며, 그 주장의 하나로서 불립문자, 교외별전(教外別傳)이 표방되었다. 이런 맥락을 이해한다면 불립문자는 기존의 모든 교학적 논의나 성과를 부인하는 것이 아니라 교학의 수용방식이나 태도에 대한 비판으로 이해되어야 할 것이다.

이에 대한 움직일 수 없는 증거가 바로 불립문자의 표방에도 불구하고, 방대한 규모로 남겨진 선종의 문헌이라고 할 수 있다. 이는 선종의 언어개발이 해탈하려는 승의적 대화형식을 찾기 위해 다른 어떤 교학보다도 적극적이었음을 말해준다. 이처럼 선종과 관련해서 서술된 방대한 양의 경전은 승의적 언어형식을 찾으려는 구도자들의 수천 년에 걸친 노력의 발자취가 아닐 수 없다. 유식(唯識)철학도 심식(心識)을 근본으로 하고, 일상언어(세속언어)를 마음 밖에 독립적으로 존재하는 '인식 대상(境)'으로 보고, 부정한 것이 사실이나 승의적 언어형식만은 해탈로 가는 도구로 보고 오히려 강조했다고 말할 수 있다. 그 결과 유식론은 방대한 분량으로 체계화된 것이 사실이다.

이처럼 선종은 언어에 의한 도(道)의 전달가능성을 전적으로 부정했던 것은 아니다. 문헌을 보면 선종에서조차 언어를 의사소통 수단으로서 매우 중요하게 생각했다. 한 예로 『육조단경(六祖壇經)』을 보면 "어리석은 자는 지혜로운 사람에게 묻고, 지혜로운 자는 어리석은 사람에게 법을 설해준다. 어리석은 사람이 문득 마음이 열리면 곧 지혜로운 사람과 다름이 없다"라는 구절이 나온다. 이처럼 어리석은 자와 지혜로운 자의 언어(설명)를 매개로 한 의사소통을 통해 해탈을 달성할 수 있다고 봄으로써 언어의 중요성을 강조하고 있다. 해탈이 되지 않아서 불립문자의 상태가 되어도 문자 자체는 해탈을 위한 중요한 도구라는 설명이다. 이에 대해 『육조단경』은 다음과 같이 설명하고 있다.

공(空)에 집착하는 사람은 경전을 비방하며, 문자를 사용하지 않는다고

'말'하는데 문자를 이미 쓰지 않는다고 한다면 말도 또한 하지 말아야 할 것이다. 말이 곧 문자의 모양이기 때문이다. 또 불립문자라고 하나 불립이란 두 글자도 또한 문자이다. 사람이 말하는 것을 보고는 곧 그를 비방하며, '문자에 집착한 것'이라고 하니 당신들은 모름지기 알아야 한다. 스스로 어리석을 수는 있으나 불경까지 비방해서야 되겠는가?

중국의 육조(六祖) 시대에 혜능(慧能) 선사가 『육조단경』에서 불립문자를 극단적으로 주장하는 선객(禪客)들을 비판한 것은 당시 선종이 교전을 외면하고 참선에만 매달렸기 때문이다. 이 시대에 중국의 불교계는 화엄종(華嚴宗)의 현수(賢首), 정토교(淨土敎)의 선도(善導), 율종(律宗)의 도선(道宣) 등이 출현해서 언어와 문자의 적극적인 활용을 통해 불교학의 여러 가지 논의들이 활발했던 것이 사실이다. 그 결과 불교 언어의 본래 목적인 해탈 영역에 들어가기 위한 매개체로서가 아니라 세속적 언어형식 내에서 언어와 문자를 수용 개발하려는 경향이 농후했다. 이처럼 『육조단경』은 불립문자를 문자에 대한 전면적 부정, 즉 언어형식과 용법자체를 부정한 것은 아니었다.

또 『육조단경』에서는 '말한 것을 모두 외워 그것에 의지해 말끝에 견성하면 비록 천리를 떨어져 있어도 항상 내 곁에 있는 것 같지만 말끝에 깨닫지 못하면 얼굴을 맞대고 있어도 천리를 떨어져 있는 것 같다'고 지적한 것은 말과 해탈과의 관계를 잘 설명해준다. 언하견성(言下見性), 언하대오(言下大悟)와 같은 표현은 듣는 사람이 말하는 사람의 말을 듣고, 세속적 언어형식을 승의적 언어형식으로 변화시켜 견성대오할 것을 강조한 말이다.

심지어 선종은 해탈이라는 기의를 달성하기 위해 무수한 기표를 실험적으로 사용하기까지 했다. 선종의 문답이나 어록 등을 보면 비논리적인 것들이 흔하게 나타나는데 이는 기존의 논리적 기술이 갖는 한계를 보완하려는 노력의 하나로서 이해되어야 할 것이다. 임제 선사(禪師)의 문답 가운데 나오는 갈(喝)이나 불자(拂子)로 치는 행위 역시 비논리적 언어나 행위로서 승의적 대화를 하려는 노력의 하나라고 보아진다.

임제 스님이 승(僧)에게 다가와 '어디서 왔는가? 하고 물으니 승이 곧 갈을 했다. 임제 스님은 곧 갈하고 승을 앉게 하였는데 승이 헤아려 말하고자 하니 임제 스님이 곧 쳤다.

'어디서 왔는가'라는 세속적 질문에 수도자라면 답할 필요가 없어 승은 갈을 한 것이고, 임제는 다시 승이 필요 없는 대답을 하려 하자 불자로 친 것이다. 이처럼 선종에서는 해탈을 위한 매개물로 언어, 갈, 불자로 치는 행위 등의 다양한 방법을 사용했다.

이렇게 본다면 서로 간에 의사소통이 이루어지지 않고, 즉 듣는 사람에 의해 언어가 세속적 언어형식으로만 받아들여져 해탈이라는 실천적 목적을 성취하지 못하는 의사소통의 한계를 지적하는 표현이 선종의 '불립문자론'이 아닌가 생각한다. 말하는 사람은 어떤 대상(불교의 진리)에 대해 기표와 기의를 동일하게 놓고 말했지만 듣는 사람이 세속적 언어형식밖에 몰라 기의를 놓치는 상태, 다시 말해 의사소통이 이루어지지 않는 상태를 불립문자의 상태라고 말할 수 있다. 여기서 우리가 염두에 두어야 할 점은 듣는 사람이 자신의 세속적 언어형식을 개선하지 않음으로써 해탈에 이르지 못한다는 사실이다.

따라서 말로 표현할 수 없어(불립문자) 마음에서 마음으로 전달된다(이심전심)는 방법은 언어와 문자에 의해서 도의 전달이 불가능하기 때문에 특별히 설정된 비법은 아니다. 이는 세속적 언어형식을 탈피하지 못하는 한 깨달음에 이를 수 없고, 승의적 언어형식으로만 가능하다는 의미로 해석되어야 할 것이다. 즉 이심전심이든 불립문자든 선종에서는 해탈로 가는 의사소통의 수단으로서 언어와 문자를 전적으로 부인하지는 않았다. 따라서 선(禪)의 사상과 언어가 대립적인 관계로 이해되는 것은 바람직하지 않고, 세속적 언어형식을 개변시켜 이른바 승의적 언어형식으로 승화시키려는 노력이 불립문자라는 역설적 표현으로 나타났다고 보아야 하겠다.

4. 도가(道家)의 비명론(非名論)

도가에서도 불가의 유식론과 같은 입장을 기본적으로 견지해왔다. 도가를 대표하는 노자의 『도덕경』에서는 사물의 이름이나 개념은 사물의 유한한 상태와 관련이 있는 것이기 때문에 이에 집착하면 분란이 생겨 '자연'에 도달할 수 없다고 말한다. 이렇게 본다면 언어는 지극히 방편적이고 잠정적인 수단이기 때문에 실상/본체/진의를 전달할 수 없다. 그런 연고로 해서 동양에서는 언어중심의 의사소통보다는 '명상'이나 '직관', 그리고 '조화'중심의 의사소통을 중시할 수밖에 없다. 이런 입장은 『도덕경』의 첫 구절인 '도'가도 비상'도', '명'가명 비상'명'('道'可道 非常'道', '名'可名 非常'名')에서 상징적으로 나타났다.

사실 『도덕경』 첫 구절은 『도덕경』의 중심 내용으로서 이 경의 등불과 같은 구절이다. 이 구절에서는 천지만물을 운용하는 진리의 체성과 작용, 그리고 그것을 체득해가는 방법과 하나의 진리의 오묘함을 밝히고 있다. 어쩌면 『도덕경』 전체 내용은 이 첫 장의 말을 구체적으로 해석하고, 그것을 인격화하는 과정, 실천으로 완성을 이룬 성인의 심정, 생활모습, 처세의 지혜, 정치적 능력, 인간을 지도하는 방향 등을 밝힌 것이다. 그렇다면 『도덕경』의 첫 구절은 무엇을 말하는 것일까?

> 도를 도라고 말할 수 있다면 그것은 진정한 도가 아니요.
> 이름을 말로 설명할 수 있다면 그것 또한 진정한 이름이 아니다.
> 무는 천지의 시작이요, 유는 만물의 어머니이다.
> 그러므로 항상 무로 그 오묘함을, 항상 유로 그것의 끝을 보아야 한다.
> 따라서 이 양자는 함께 나왔지만 이름이 다르고, 모두 현묘하다고 불린다.
> 현묘하고 현묘하니 모든 현묘의 문이다.
>
> 道可道 非常道 名可名 非常名
> 無名天地之始, 有名萬物之母
> 故, 常無, 欲以觀其妙, 常有 欲以觀其徼
> 此兩者 同出而異名, 同謂之玄
> 玄之又玄 衆妙之門

(『老子』, 上篇「道」)

이런 식으로 직역하면 그 의미가 우리에게 성큼 다가오지 않는다. 그렇다면 이런 식으로 의역을 하면 어떨까?

생각되어질 수 있는 진리는 절대적 진리라고 할 수 없고,
말로써 표현할 수 있는 진리는 영원한 진리라고 할 수 없다.
이름으로는 다 표현할 수 없는 진리가 천지의 바탕이 되고,
말로써 표현할 수 있는 이치가 만물을 기르는 어미가 된다.
언제나 무념의 경지에 사무쳐야 궁극적인 진리를 체득할 수 있고,
언제나 유념의 사색을 하여야 만 가지 변화의 이치를 터득할 수 있다.
무명의 도, 유명의 도는 하나이나 경우에 따라 다른 이름으로 불린다.
하나의 큰 진리란 현묘하고 현묘하여 갖가지 묘한 이치를 두루 갖춘 문이다.
(장응철, 1998: 14)

이처럼 '도'에는 만물의 이치가 포함되어 있어서 형상도 소리도 없다. 또 영원히 변하지도 않는다. 이런 이치는 언어나 문자로 설명할 수 없다. 따라서 대도(大道)를 깨달으려면 언어나 문자에 집착해서는 안 된다. 오로지 마음으로 깨달아야 한다. 이런 이치를 깨달아야만 우주만물의 생성에 관해 논할 수 있다. 즉 노자는 도의 '불가언표성(不可言表性, 언어적 표현의 불가능성)'을 이야기하고 있다. 이를 기호학적으로 해석하면 기의의 기표화를 통해서 기표들끼리의 교환을 통한 의사소통이 아니라 기의와 기의가 기표라는 매개체의 중계 없이 맞부딪치는 의사소통을 의미한다. 이 경우 '도'라고 불리는 기의를 깨닫는 것이 중요하다.

물론 이것은 다음과 같은 전제 때문에 성립할 수 있다. 즉 천지가 시작될 때 물체의 모습은 없었다. 이것을 '무(無)'라고 한다. '무'는 곧 도의 본체이며, 우주의 근원이다. 도가 창조와 생성작용을 하면 만물이 탄생하는데 그것을 '유(有)'라고 하는며 이것도 바로 도의 작용이다. 그러므로 천지의 시초가 '무'임을 생각하면 곧 도 본체의 오묘함을 이해한다. 또 만물의 근원이 '유'라는 것에 생각이 미치면 곧 광대하고 끝없는 도의 작용을 이해한다. 즉 '무'는 도의 본체이고, '유'는 도에서 나온 것으로 이름만 다를

뿐 같은 것이다. 즉 다같이 현묘하고 현묘할 뿐이다. 그것이 바로 우주만물의 창조와 생성의 근원인 도이다.

이처럼 기표의 중계가 없이 이루어지는 의사소통, 즉 명상이나 직관에 의해 이루어지는 의사소통을 이상적인 의사소통으로 전제하고 있다. 그것은 현묘하고 현묘한 진리인 도를 깨닫기 위해서는 기표에 해당하는 언어나 문자는 거추장스러울 뿐, 진리를 파악하는 데 아무런 도움이 되지 못한다. 그 보다는 진리를 깨달을 수 있는 상황으로 나아갈 수 있는 마음이 더 중요하다는 것이 도가의 핵심적 의사소통 사상이다.

이를 언어철학적 면에서 파악하면 존재에 대한 언어의 열등성이라고 말할 수 있다. 일반적으로 존재도 그것이 서술되고, 상대방에게 전달되려면 언어를 반드시 필요로 한다. 이 경우 자칫 언어 자체를 존재로 착각 할 수 있다. 따라서 노자가 도가도 비상도 명가명 비상명(道可道 非常道 名可名 非常名)의 구절에서 말하고자 했던 것은 언어가 존재 자체가 아니라는 것, 그리고 언어로 의미화된 존재는 역시 의미에 불과하지 결코 의미화 이전의 존재가 아니라는 것, 더 구체적으로 존재에 비해 그 존재를 의미하는 언어가 열등하다는 것이다. 이런 말들은 결국 존재는 언어로서 완전히 표현될 수 없다는 뜻이다.

노자의 이런 언어관은 『도덕경』의 첫 구절에서 뿐 아니라 그 뒤에도 거듭 강조되었다. 제32장에서는 "도상무명(道常無明)", 즉 영원한 도는 이름이 없다고 했으며, 제41장에서는 "도은무명(道隱無名)", 즉 도는 숨어서 이름을 붙일 수가 없다고 했다. 물론 이런 노자의 견해는 장자에 와서도 거듭 강조되었다. 장자는 "완전한 도는 이름을 붙일 수 가 없으며, 완전한 논평은 말을 쓰지 않는다(夫大道不稱 大辯不言)"고 했고, "천지가 창조될 때 아무 것도 없이 있는 것도 없고, 이름도 없었다(太初有無無有無名)"고 말했다.

이처럼 언어로는 전체 세계에 대한 올바른 이해가 불가능하다는 것이 노자의 기본 사상이다. 언어는 말하는 자의 결함과 듣는 자의 결함 때문에 오류가 발생하며, 언어가 실체를 다 드러내지 못하는 언어 자체의 결함 때문에 진정한 의미의 전달과 표현이 불가능하다는 것이다. 예를 들어

'사람(人)'이라는 단어를 아무리 잘 설명하고, 의미를 전달하려고 해도 말하는 사람이 사용한 '사람'이라는 단어는 완전한 의미의 '사람'이 아니다. 이는 장자의 「제물론(齊物論)」에서도 잘 나타난다. 언어가 실체가 아니고, 실체의 껍데기일 뿐이다(名者 實之賓也). 이는 언어 또는 문자는 실체를 제대로 담지 못하는 언어 자체의 결함을 갖고 있기 때문이다.

또한 언어는 시간적, 공간적 제약을 받고 있기 때문에 동시동소성(同時同所性)이 없다. 먼저 언어는 음성적으로 표현되기에 시간적 제약을 받기 때문에 표현과 동시에 사라진다는 의미이다. 즉 계속성의 결여와 시간적 개념의 부재에 있다. 또 언어는 공간적 제한을 가지므로 언어 자체가 어떤 규정을 지닐 수밖에 없다. 따라서 실체는 하나인데 언어에 의해 규정은 여러 가지로 나나날 수 있다. 예를 들어 '돌, 石, stone' 같이 실체는 '돌' 하나이지만 언어적 규정은 다양할 수 있다. 이는 언어 자체가 완전한 실체를 전달하지 못하고, 오직 실체의 껍데기로서 실체의 일부만을 전달할 수 있기 때문이다.

이처럼 언어가 존재를 완전히 표현할 수 없다는 견해는 양의 동서를 막론하고 수많은 사람들에 의해 주장되었다. 이 때문에 예술이라는 장르도 태어났다고 보아진다. 예술가들은 과학이나 철학이 표현할 수 없는 것을 예술로서 다소나마 존재를 그려보고자 접근했다. 이런 의미에서 예술적 표현이 과학이나 철학보다는 진리에 가깝다는 주장도 나오게 된 것이다. 어쨌든 과학이든, 철학이든, 그리고 예술조차도 존재의 참모습을 그려내고자 한다는 점에서 공통된다. 그렇지만 노자와 장자의 눈에는 이런 시도들이 결코 존재의 참모습인 '도'를 그려낼 수 없다고 본 것이다.

만약 많은 시인이나 예술가, 또는 과학자나 철학가들이 자신들의 요구대로 언어가 서술하는 대상과 똑같이 그려낼 수 있다면 그 순간부터 언어는 존재할 수 없다. 예술작품이 무엇인가를 기술하는 한에서 그것을 넓은 의미의 언어로 본다면 한 예술작품이 무엇인가를 서술하고, 혹은 표현할 수 있는 것은 그것이 그리고자 하는 대상과 어딘지 다른 점이 있기 때문에 가능한 것이다. 이 때문에 수많은 표현방식이 존재하는 것이다. 그렇지만 이런 수많은 표현방식에도 불구하고 존재의 참모습은 영원히 어둠 속에서 자신의 모습을 조금씩만 드러내는 것이다.

이처럼 노자는 언어 자체의 결함과 언어사용자의 문제 때문에 참뜻이 전달되지 못한다고 보았다. 즉 노자는 기본적으로 언어를 풍파와 같이 변화하기 쉽고, 위태로운 존재로 인식했다. 그리고 언어를 사용하는 사람은 참 의미의 포착과 전달을 위해 최선의 노력을 다해야만 하지만 언어사용자는 말을 화려하게 하고, 감정에 치우친 말을 하고, 또 주관이 개입됨으로써 오류가 일어난다고 지적했다. 즉 언어 자체가 풍파를 일으키는 것도 있지만 언어를 사용하는 사람의 결함 때문에 풍파가 일어난다고 말할 수 있다. 반대로 듣는 사람의 경우도 똑같은 결함을 지니고 있어서 같은 풍파의 오류를 범한다.

그렇다면 전달의 오류를 발생시키는 언어와 말하는 사람과 듣는 사람의 결함, 즉 언어사용자들의 결함이 치유된다면 실체의 의미가 제대로 전달될 수 있을까? 노자가 말하는 도, 즉 참된 지식에의 접근이 가능하고, 완전한 의미의 전달이 가능할 것인가? 노자에서 무사무념 무상무념(無思無念 無想無念)의 경지에 이르는 상망(象罔), 혹은 지인(至人)이 득도하여 도의 완전한 단계에 이르렀다고 하더라도 앞서 논의한 언어 자체의 결함으로 인해 실체의 의미 전달은 불가능하다. 이처럼 제3자와의 완전한 의사소통이 방해받고 있기에 지인(至人)은 결국 무언(無言), 또는 불언(不言)이라는 '전칭부정판단적(全稱不定判斷的) 표현'밖에 없다는 것은 이런 이유 때문이다. 따라서 언어의 부분 소통은 가능하지만 완전한 의미의 의사소통은 불가능하다는 인식이 노자의 기본 사상이다.

5. 도(道)의 기표 불가능성

그렇다면 본 장에서 말하는 도란 무엇인가? 그리고 그것은 우리의 의사소통 방식과 어떤 관련을 맺고 있을까? 우리들의 일상에서 사람들이 다니는 길을 인도라고 하고, 차가 다니는 길을 차도라고 한다. 이것은 형상이 있어서 우리가 쉽게 인식할 수 있는 사실적인 길이다. 또 사람이 마땅히 행하여야 할 길이 있다. 이것을 윤리규범이라고 하는데 이 규범은 추상적이다. 사회정의란 것도 추상적이다. 그런데 윤리규범이나 사회정의란 것은 시간적·공간적 상황이나 형편에 따라 그 모습을 달리할 수 있으므로 이런 규범을 인위(人爲)라고 부른다. 인위는 사람의 인식으로써 포착된다.

그러나 자연의 섭리는 좀 다르다. 봄이 되면 따뜻하여 식물들은 생기가 돌고, 신록의 여린 잎들이 피어난다. 그리고 여름이 되면 이 잎들은 무성해지면서 가을이 되면 낙엽이 지고, 겨울에는 어디론가 자취를 감춘다. 이런 식으로 자연현상을 연출하는 연출자가 있다. 그것은 어떤 법칙에 의해 쉬지 않고 새로운 모습을 보인다. 우리들의 눈에 보이지도 들리지도 않는 진리가 있어서 만물이 그 법칙에 의해서 태어나고, 늙고, 병들고, 죽어간다. 이런 진리는 인간의 일상적인 인식능력이나 사고력으로는 알 수 없는 깊고, 넓고, 크고, 영원한 존재이다.

게다가 인위의 도는 인간이 만드는 것이기에 그 개념을 알 수 있고, 그것에 대해 알맞은 이름을 지어 부를 수 있는 반면 자연을 자연이게 하는 그 무위(無爲)의 도는 그것을 깨달아 합일하지 않는 사람에게는 포착되지도 않고, 또 포착되었다 하더라도 그 일부분만을 알거나, 아니면 잘못 알게 된다. 그 실체는 주객이 없는 절대 하나이기에 분별을 일으켜서 이것이라고 하면 벌써 그 도의 궁극적인 참모습을 잃는다. 따라서 도를 도라고 알았다고 하는 그런 도는 무위의 진리라고 말할 수 없다. 이처럼 도는 고정된 의미가 없을 뿐더러 개념적으로 표상할 수 없다.

따라서 모양으로 실존하는 도는 현실에서 경험하는 모든 사물과 다르다. 그것은 구체적인 형상의 사물이 아니다. 그것은 형체도 없을 뿐만 아니라 빛깔도 소리도 없다. 그래서 노자는 "보이지도, 들리지도, 잡히지도 않는다고 말했다. 또 그것을 마주 보아도 머리가 보이지 않고, 따라가도 끝이 보이지 않는다고 했다. 이것은 도란 우리의 감각기관으로 알 수 없음을 형용하기 위한 것이다. 도는 인류의 모든 감각기관과 지각능력을 초월해서 존재한다. 그러기에 노자는 불가사의한 것이라고 했다. 즉 도는 비록 보이지도 들리지도 잡히지도 않지만 분명한 것은 시공을 초월해서 존재하면서 만물을 주재하고 있다는 사실이다.

사실 도란 천지를 뒤흔들고 인간을 뒤흔드는 바람과 같은 존재에 비유할 수 있다. 우리 인간은 그 바람의 지휘에 따라 그저 울고 웃어야 할 오케스트라의 단원이다. 봄이 되면 꽃을 피우고, 가을이면 잎을 떨구듯 인간은 도의 기획에 몸을 실어야 한다. 기쁜 일이 있으면 웃고, 슬픈 일이 있으면 운다. 그것뿐이다. 문제는 인간이 자신의 의지로 기쁜 일을 고착시키고, 슬픈 일을 차단하려는 데서 생겨난다. 그것은 절대적인 자연에 반하는 상서롭지 않은 일이다. 사실 인간의 비극은 도의 자발적인 과정과 유기적인 연관을 벗어나 자신의 의지를 고집하면서 불거졌다.

그런데 노자는 '도가도 비상도 명가명 비상명(道可道 非常道 名可名 非常名)'이라는 불가해한 주문을 『도덕경』 첫머리에 놓고서 이를 자신의 핵심 교설로 삼았을까. 그것은 투명한 눈으로는 세계가 분리되지 않는데 인간이 이를 분리시키고 있는 것에 대한 반작용이라고 할 수 있다. 노자는 이를 다음과 같이 말했다.

모두가 다 아름다우면 아름다운 줄 알지만
이미 그 때 추하다는 관념도 생겨난다.
또 모두가 선하면 선한 줄 알지만
이미 그 때 악이라는 개념도 생겨난다.
유와 무가 서로 낳고, 어렵고 쉬운 것이 서로 이루고,
길고 짧은 것이 서로 나타나며,
높고 낮은 것이 서로 기울어지고, 음과 소리가 서로 조화하고,
앞뒤가 서로 따른다.
그러나 성인은 무위의 태도로 세상일을 처리하며,
말없는 행동으로 가르침을 행한다.
만물의 흥망성쇠에 주관적으로 개입하지 않고,
만물을 잘 가꾸고도 자신의 능력이라고 내세우지 않고,
모든 것을 성취하고도 머물지 않는다.
아! 오직 상대적 세계에 초탈함이여 그 이름 영원히 남는다.

天下皆知美之爲美, 斯惡已
皆知善之爲善 斯不善已
故有無相生 難易相成 長短相形
高下相傾 音聲相和 前後相隨
是以聖人處 無爲之事
行不言之教
萬物作焉而不辭 生而不有
爲而不恃 功成而弗居
夫唯弗居 是以不去

우리들이 사물을 보고 듣고 하면서 아름답다고 느끼거나 착하다고 생각할 때, 또 더럽다고 생각할 때나 악하다고 생각할 때 마음속에는 아름다움의 기준이나 선한 것의 표준이 생긴다. 즉 아름답다고 할 때 그 아름다움의 기준에 의해 그 반대되는 추함이 발생한다. 이처럼 인간 세상의 모든 개념과 가치는 인간이 모두 정한 것이며, 가치판단은 이를 비교함으로써 생긴다. 상대적 관계는 항상 변하므로 가치판단도 쉴새 없이 변한다. 그럼에도 우리들은 아름다움과 추함, 유와 무, 어려움과 쉬움, 긴 것과 짧은 것, 높고 낮음, 앞과 뒤 등의 개념을 구분함으로써 스스로를 괴롭히고 있다.

도는 이런 것들을 모두 동일한 수준에 놓는다. 그리고 원래 우리들의 세계도 이런 구분이 없이 평등했다. 그런데 인간의 유용성이라는 도구적 관심의 희생이 되면서 구획되기 시작했다. 예를 들어 건물을 사람과 거리, 산과 강과 같은 지형으로서 구분하는 것은 건물의 본성이나 선택에 의한 것이 아니다. 건물은 독립된 실체로서 존재하는 것이 아니라 거리라는 일체된 공간 속에서 사람과 다른 건물, 그리고 산과 강이라는 지형과 함께 더불어 존재한다. 그럼에도 건물과 그것을 바치고 있는 지형을 구분할 수 있는 유일한 근거는 유용성 때문이다. 이처럼 도구적 목적을 배제하면 대상은 대상으로서 성립할 수 없다.

만일 대상이 객관적으로 존재한다면 무한분할과 무한소급의 함정에 빠질 수 있다. 건물은 그것을 구성하는 다양한 구성물로 나뉘어지며, 다시

각 구성물들은 그보다 작은 재질과 부속으로 구분되기 때문이다. 예를 들어 건물은 본체와 지붕으로, 본체는 대들보와 벽과 창문으로, 벽은 벽돌과 시멘트로 이런 식으로 계속 나뉘어질 것이다. 기호학에서 그것의 기본 전제 중 하나인 이항대립이 바로 이에 해당한다. 이항대립이란 대상을 차이에 의해 '예(yes)' '아니오(no)'로 계속 구분하는 방법을 말한다. 그 결과 기의는 매우 작은 것으로 쪼개어지고, 이런 작은 기의여야만 기표로서 객관화할 수 있다. 이는 결국 모든 기의는 기표에 의해 대체할 수 있다는 믿음에서 비롯된 것이다.

그런데 무한소급과 무한분할의 다양한 층위 가운데 어느 것을 중심으로 삼을 것인지 그리고 그것을 정하는 객관적인 표준이 있을 수 있는지는 합의된 한정이 없이 막막한 미궁으로 빠질 것이고, 만일 합의를 통해 표준이 성립된다면 그것은 객관적인 표준이라고 할 수 없다. 이것이 바로 딜레마이다. 이 딜레마를 본격적으로 논한 사람들이 있는데 혜자(惠子)와 같이 '논리학파'라고 부르는 변론가들이다. 이들의 논의 가운데 '먼지보다 큰 것은 없고, 천지보다 작은 것은 없다'는 궤변이 있다. 이것은 인간 인식이 기본적으로 상대성에 입각하고 있고, 나아가 객관적이라는 것을 유지한다는 것이 얼마나 어려운지를 보여주는 실례이다. 먼지는 그보다 작은 층위에서 분석의 잣대를 들이대면 크게 보일 것이고, 천지라 할지라도 우주 전체라는 층위에서 보면 먼지보다 하잘것없을 것이다. 장자는 이런 모순 앞에서 결국 세계를 재는 객관적이며, 표준적인 준거는 없다고 하면서 손을 들었다.

> 설결(齧缺)이 왕예(王倪)에게 물었다.
> "사물의 진가에 어떤 표준이 있다고 생각하십니까?"
> "내가 어찌 알겠느냐.
> 내가 아는 것이 모르는 것인지도 모르고,
> 또 모르는 것이 사실 아는 것인지도 모르지 않느냐?
> 그럼 내가 물어보지.
> 사람이 습기 찬 곳에 살면 허리병이나 관절염이 생기는데
> 미꾸라지도 그럴까?

사람이 높은 나무 위에 올라가면 겁에 질리는데 원숭이도 그럴까?
사람과 원숭이와 미꾸라지가 사는 곳이 다르지.
그렇다면 어떤 것이 표준이겠니?"
"모든 것이 표준이라는 것이 없군요."
"바로 그것이네.
지네는 뱀을 먹고, 사람은 고기를 즐겨 먹으며,
까마귀는 쥐를 즐겨 먹고,
사슴은 풀을 뜯어먹지.
이 네 가지 동물의 입맛이 각각 다른데 어느 입맛이 표준이 되겠나."

장자만 그런 것이 아니다. 우리도 실제 생활에서 이런 경우를 많이 당하고 산다. 내가 남을 설득하는 경우 나의 논리적으로 아무리 정합하고 합리적으로 타당하다 할지라도 상대방의 이해와 편견 앞에서는 어떻게 할 도리가 없는 경우가 왕왕 있다. 혹 상대방이 고개를 끄덕이더라도 그것은 상황에 편승하거나 집단의 압력에 굴복한 결과이지 실제로 승복한 경우가 아니다. 이렇게 승복되지 않는 상대방의 응어리는 가슴 밑바닥에 남아 언젠가 폭발하기 마련이다.

이처럼 인간은 무서운 동물이다. 장자도 "인간의 마음은 산천보다 험하고, 그 깊이는 바다보다 측량하기 어렵다"고 말했다. 따라서 합리나 공정도 함부로 자임할 수 없는 표준들이다. 게다가 이들 객관적 표준들조차 무한소급과 무한분할처럼 다층적 지평과 전망을 갖고 있다. 따라서 일정한 목표 아래에서는 타당한 논의도 한 걸음을 넓히거나 옮기면 옹색하거나 구차해지기 쉽다. 그렇지만 논쟁은 엄격한 제한을 둘수록 구체성을 다지기 때문에 논변에서는 포괄적이고 웅대한 전망이 불리하다. 따라서 현실은 표피적이고 즉물적인 차원을 장악한 편협한 지식에 의해 장악되는 비극이 연출된다. 장자는 그것을 이렇게 개탄했다.

매미는 얼음을 이야기할 수 없고,
우물안 개구리는 바다를 말할 수 없으며,
반편의 지식인은 진정한 길을 말할 수 없다.
매미는 시간에 잡혀 있고,
개구리는 공간에 잡혀 있으며,

반편의 지식인(曲士)은 자신이 배운 바에 고착되어 있기 때문이다.

그런데 한문은 재미있는 언어이다. 반편의 지식인으로 번역한 장자의 원어는 곡사(曲士)이다. 곡(曲)이란 '굽어 있다'는 말이다. 그런데 이 말은 또한 '수없이 다양한'이란 뜻을 갖고 있다. 곡례삼백(曲禮三百)이란 의례와 에티켓의 절목이 300개나 된다는 뜻이다. 그것은 또한 행동의 지침에는 익숙하면서도 정작 그 근본적 원리나 정신은 소홀하다는 편의를 함축하고 있다. 곡사의 '곡' 또한 이 세 가지를 복합적으로 의미하는 절묘한 말이다. 그렇지만 여기서 곡사의 지평은 구체적이고, 한정적이다. 자신의 편협한 경험이나 자기집단의 이해가 그럴듯한 명분으로 포장되고 그것을 공적으로 설득시키기 위해 그는 가능한 모든 논리와 언변을 동원한다. 인간사의 비극과 사회적 혼란은 여기서부터 생겼다.

물론 이에 대한 반론도 만만치 않다. 특히 서양의 형이상학적 존재신학은 이를 두고 말도 안 된다는 입장을 취할 것이다. 세상을 창조하신 하느님이라는 표준이 분명히 있는데 하고서 말이다. 이에 대해 장자는 오히려 스스로를 타자처럼 바라보는 반성적 명상이 필요하다고 말한다. 그것은 천지의 주인이 인간이 아니기 때문이다. 따라서 한줌도 못 되는 인간의 좁은 소견으로 수많은 동물과 식물, 그리고 바람과 물이 섞여 운화하는 광대한 공간을 판단하고 재단하는 우를 범해서는 안 될 것이다. 인간이 만물의 척도가 아니기 때문이다. 이처럼 장자는 인간의 에고(ego)를 훨씬 넘어서 자연이라는 절대의 지평 위에서 사유하고 있다. 어쩌면 장자는 자연을 인간의 눈으로 보지 않고, 자연의 눈으로 인간을 응시한다고나 할까.

우리는 가끔씩 바깥을 응시하다가 바깥에서부터 우리 스스로를 바라볼 때가 있다. 이 때문에 사람의 눈이 하나가 아니고, 두 개이지 않은가라고 생각도 해본다. 그렇다면 두번째 눈은 저 너머 의미의 공간에서 스스로를 돌아보는 반성적 힘일 것이다. 이 눈을 통해서 우리는 상황의 피동적 매몰과 의지의 맹목적 견인으로부터 벗어날 수 있다. 그런데 그것이 쉽지가 않다. 작은 일이라면 몰라도 생사가 걸린 문제라면 의미와 반성의 눈을 적용하기가 힘들다. 그럼에도 장자가 자연이라는 절대 지평을 통해서 자신을 바라본 것은 그야말로 삶을 통째로 들어서 절대적 객관의 렌즈에 들이댄 엄청난 모험이라고 말할 수 있다.

그런데 장자가 인간이 아닌 자연을 표준의 잣대로 삼은 이유는 훨씬 심원한 데 있다. 그것은 인간중심주의가 인간 내부의 분열과 갈등의 징표라는 것을 간파했기 때문이다. 인간이 만물의 척도임을 주장한 것은 소피스트들이었다. 그리고 이들은 정의란 강자의 이익이라고도 말했다. 만약 이 두 가지 명제가 서로 모순이라고 생각한다면 그것은 이 명제 사이에 있는 필연적 연관을 간과한 탓이다. 자연에 대한 인간의 우위를 확인하는 순간 우리는 독점과 권력을 향한 인간 사이의 혈투의 무대 속으로 곧바로 던져진다. 그것은 흡사 정치권력을 둘러싼 쟁투와도 같다. 하여 인간사회는 자신이 세계의 중심임을 내세우는 수천 수만의 에고의 각축장이 된다. 이해가 다르고 득실이 상충되는 곳에서 일치된 합의를 기대하기는 난망이다.

이 때문에 장자의 시선은 인간 세상에서 자연으로 옮겨져 무궁한 시공을 향해 나아간다. 장자는 사람은 반드시 스스로 자각하고서, 남에게서 자신을 그려내지 말아야 한다고 말한다. 또 지나간 과거와 닥쳐올 미래에서 현재를 그려내지 말고, 가치 없는 것에서 가치를 그려내지 말며, 무한에서 유한을 그려내지 말고, 나아가 죽음에서 삶을 그려내지 말라고 말한다. 그래야만 속박을 뛰어넘어 자유를 얻을 수 있다. 따라서 장자의 철학은 기본적으로 자유의 철학이다. 생명을 무한의 시간과 공간에 삼투시켜 체험하는 철학이다. 장자가 보기에 인간세상의 모습은 '생명력이 없는 질서'이기에 그가 추구한 것은 '생명력이 있는 무질서'이라고나 할까.

따라서 장자는 우리들이 자연의 과정에 개입하고, 재단하는 것을 철저히 금기시 한다. 세계의 중심은 인간 너머에 저 멀리 있기 때문이다. 오히려 장자는 우리들이 진정으로 구원을 얻고자 하면 몇 눈금의 시각 이동만 하면 된다는 것이다. 이는 발뒤꿈치를 돌리면 얻어진다는 불교 선의 표현과 대동소이하다. 따라서 관건은 자기중심적 관심을 떠나 세계의 모습을 바라보는 일이다. 그 때 세계는 미망과 환상의 거죽을 벗고, 시린 가을 물처럼 투명하게 나타난다. 그런데 그 세계가 어떤 것인지는 안타깝게 그려낼 수 없다. 세계의 실상이 궁극적으로 언어를 넘어서고 있기 때문이다.

6. 감각기관 무용론(無用論)과 의사소통 불신론(不信論)

도가의 의사소통관은 크게 인간의 감각기관인 오관에 대한 무용과 기호화에 대한 회의로서 특징지어진다. 이는 오관을 통해 접하는 텍스트의 단순 해석에 대한 회의와 언어(기표)에 대한 불신을 자연스럽게 드러낸다. 일반적으로 언어란 사물이나 현상을 명료화하는 수단일는지 모르지만 노·장자에게 있어서는 참된 의미를 해석하고, 나아가 느낄 수 있는 수단이 아니다. 오히려 텍스트를 제대로 해석하거나, 나아가 진리에 이르는 길은 자신과의 의사소통, 즉 명상이나, 언어를 초월한 의사소통, 다시 말해 직관으로서 가능할 수 있다고 본다. 그렇다면 노장사상은 도라는 기의의 존재를 분명히 인정하지만 이를 언어로서 기표화하는 것은 불가능하다는 입장을 취한다. 이런 감각기관에 대한 회의는 노자의 『도덕경』 곳곳에서 발견된다.

> 지나치게 색깔을 즐기다보면 결국 시각장애를 일으킨다.
> 지나치게 음률의 즐거움을 추구하다보면 청각장애를 일으킨다.
> 지나치게 입맛을 즐기다보면 미각을 상실하여 입맛을 잃는다.
>
> 五色令人目盲
> 五音令人耳聾
> 五味令人口爽

따라서 도를 깨달은 사람은 검소한 생활로 배만 채울 뿐 감각적인 즐거움을 바라지 않는다. 『도덕경』에서 말하는 바는 오관(시각, 청각, 촉각, 미각, 후각)에만 의존하는 의사소통에 대한 불신을 강조하는 것이다. 사실 오늘날 의사소통 기술이 인간 의사소통을 마비시키는 방향으로 나가는 것이 아닌지 의심스럽다. 기술이 인간의 욕망을 한없이 채워주는 방향으로 나아가고 있는데 우리의 의사소통은 제 방향으로 가고 있는 것인지, 대표적인 예가 사이버 공간(시각), 청량음료(미각) 등이 이에 속하지 않을까. 그런데 이 욕망이 사이버 공간 등에서 채워지다보면 궁극에 가서는 현실세계에서는 오관을 통해서 만족할 수 없는 상황이 발생할 수 있다.

따라서 이는 오늘날 컴퓨터 그래픽 등으로 말미암아 발생하는 문제들에 대한 통렬한 지적이 될 수 있다. 인간에게 있어서 의사소통의 진미는 단순한 텍스트라도 그것을 음미하고, 또 음미하는 데 있다. 이런 점에서 수묵화가 빛나는 것도 이 때문이다. 오늘날 컴퓨터 그래픽 등에서 나타나는 텍스트는 복잡다단하고 현란하지만 그 해석은 인간의 단세포적 감각에 의존하는 경향이 있다. 따라서 그 곳에서 참된 진리나 진정한 의사소통은 찾기 힘들다. 어쩌면 의사소통을 위해 의사소통을 하고 있다고 말할 수 있을까.

노자는 왜 이런 입장을 취했을까? 그것은 도가 무색(無色), 무성(無聲), 무형(無形)의 모습을 띠고 있기 때문이다. 따라서 우리의 감각을 통해서는 도를 찾을 수도 없을 뿐 아니라 도의 근본에도 이를 수 없다. 오히려 우리의 감각기관이 도의 근본을 찾아가는 데 방해가 될 뿐이다. 이런 입장을 노자는 『도덕경』에서 다음과 같이 말하고 있다.

> 도는 보아도 보이지 않는 무색이고
> 귀를 귀울여도 들리지 않는 무성이고
> 잡으려고 해도 잡히지 않는 무형이다.
> 이 세 가지로는 도를 추구할 수 없기에
> 도란 이 세 가지가 혼연일체가 된 것이다.
> 도는 그 위라고 해서 밝지 않고, 그 아래라 해서 어둡지 않으며
> 끊임없이 계속되고 이름을 붙일 수 없어
> 결국 아무 것도 없는 무로 되돌아간다.
> 그것은 형체 없는 형체, 형상 없는 형상이라고 하여 황홀이라고 한다.
> 도는 마주 보아도 그 머리가 보이지 않고, 뒤를 보아도 그 끝이 없다.
> 영원 전부터 존재하는 도를 지니며, 현재의 모든 사물을 장악하기 때문에
> 태초의 시조임을 알 수 있으며, 이를 곧 도의 근본이라고 한다.

視之不見名曰夷
聽之不聞名曰夷
博之不得名曰夷
此三者不可致詰 故混而爲一
其上不皦 其下不昧
繩繩不可名 復歸於無物
是謂無狀之狀
無物之象 是謂惚恍
迎之不見其首 隨之不見其後
執古之道 以御今之有
能知古始 是謂道紀

(『老子』, 下篇「德」)

따라서 노자는 우리들의 일반적 의사소통이 이루어지는 감각기관에 대해서 엄격한 제한을 가했다. 그것을 모르고 의사소통을 할 때 감각기관에 대한 의존이 높아지면 도의 근본에 영원히 도달할 수 없다고 보았다. 따라서 감각기관을 사용하지 않는 것이, 심지어 감각기관의 구멍을 막아버리는 것이 영원한 도를 이어받을 수 있는 길로 나아간다고 설파했다.

그 구멍을 막고 그 문을 닫으면 죽을 때까지 지치지 않고
구멍을 열고 그 일을 이루면 죽을 때까지 이루지 못한다.
작은 것을 보는 것을 밝다고 하고, 부드러움을 지키는 것을 강하다고 한다.
그 빛을 써서 그 밝음으로 되돌아가면 몸에 재앙이 남지 않는다.
이를 일러 습상(영원한 도를 이어받는 것)이라고 한다.

塞其兌 閉其門 終身不勤
開其兌 濟其事 終身不救
見小曰明 守柔曰强
用其光 復歸其明 無遺身殃
是爲習常

(『老子』, 下篇「德」)

이는 눈, 코, 귀, 혀, 몸, 뜻으로 구성된 정욕의 구멍을 막고, 문을 닫아 그것이 생기지 않도록 하면 평생동안 괴로움을 당하지 않으며, 정욕의 구멍을 열면 번잡함만 불러들여 평생토록 돌이킬 수 없다는 의미이다. 눈,

코, 귀, 혀, 몸이 무엇인가. 그것은 바로 인간이 외부와 의사소통을 할 수 있는 도구이다. 또 뜻이란 무엇인가. 그것은 오관을 통해 들어온 것을 우리의 두뇌로 보낸 결과로서 이루어진 것이다. 즉 외부 기호에 대한 해독화(decoding)의 결과이다. 이런 것을 정욕의 구멍쯤으로 비하해서 표현한다는 것은 외부와의 의사소통 수단에 대한 회의에서 비롯된다.

그런데 감각기관에 대한 회의의 하이라이트는 장자의 '호랑나비 꿈'에 관한 이야기일 것이다. 그는 꿈을 통해서 비로소 감각기관으로부터 완전히 해방될 수 있음을 느꼈다. 그는 꿈에서 나비가 되어 훨훨 날아다녔는데 이 때 그는 아무 것에도 걸리지 않고 느끼지 않는 그런 자유로운 상태였다. 이것은 결국 장자가 나비가 되었기 때문에 가능했던 일인데 더욱 정확히 말하면 인간의 감각으로서 세상을 만나지 않았기 때문이었다.

> 어느 날 내가 꿈을 꾸었다. 그가 날개를 퍼덕이자 정말 나비처럼 즐거웠다. 그 때 그는 자신이 장자라는 사실을 완전히 잊고 있었다. 나비가 되어 어디에도 걸리지 않고 자유로이 훨훨 날아다니는 꿈을. 그러다 문득 깨어보니 아하! 꿈이라. 가만있자 그것이 꿈이었던가. 혹 모르지. 내가 조금 전 나비가 되어 날아다니는 꿈을 꾼 것인지, 아니면 나비가 지금 내가 되는 꿈을 꾸고 있는 중인지. 나와 나비는 자연이 마련한 분수 안에 있다.

이 꿈에서 장자가 말하고자 했던 것은 자신이 나비일 수도 있고, 나비가 자신일 수도 있다는 것이다. 즉 하늘의 균형이 너와 나, 현실과 꿈 사이의 견고한 벽을 허물고, 그리고 그리던 영원의 평화를 찾아준 것이다. 그 때 삶은 유쾌한 나들이로, 세상은 한바탕 축제의 무대로 화할 수 있다. 따라서 세상을 넘어야 세상이 보일 수 있다. 인간이 태어나기 이전, 혹은 인간이 우주의 무대 뒤로 사라진 그 막막한 공간을 떠올려보거나 아니면 적극적으로 자연이라는 전체적 운행의 그 중심 축을 파지(把持)하여 천지와 함께 호흡하면 우리는 자연과 일치할 수 있고, 곧 우주의 진리를 깨달을 수 있다. 이처럼 자신과 호랑나비 사이의 걸림 없는 이동을 만물의 영원한 회귀에 이르는 길이라고 말할 수 있다.

그런데 우리는 일상생활에서 자신과 나비를 구분한다. 나는 호랑나비가 절대로 아니라는 인식하에서 말이다. 꿈에서는 자신이 나비가 될 수 있음에도 불구하고. 이는 우리들의 감각기관이 보고, 듣고, 느끼고 하면서 만들어낸 하나의 왜곡이라고 말할 수 있다. 우리는 이를 서구의 근대사회과학적 의미로는 '물화(物化)' 그리고 불가(佛家)에서는 경계(境界)라고 부른다. 이처럼 물화 내지 경계는 우리들의 감각기관의 작용의 결과인 셈이다.

7. 맺는 말

장자가 그리는 삶의 모습은 2천 년 전의 것답지 않게 오늘날에도 여전히 유효하다. 장자는 희망 없는 세계에 살고 있는 인간의 운명에 대해 다른 사회철학자들이나 사회과학자들처럼 안이한 사회경제적 처방을 내리지 않는다. 그는 즉물과 피상을 넘어 생명의 본질과 그 소외에 대한 철학적 통찰을 통해 이 문제를 해결하고자 했다. 그 결과 그는 인간의 비극이 더 많이 살고자 하는 인간의 욕망에서 비롯되었다는 것을 깨달았다. 사실이 그렇지 않은가. 인간은 영원히 살고자 하면서 죽음을 두려워한다. 근본적인 사실은 여기에서부터 비롯된다. 우리의 삶과 문화가 바로 이것을 중심으로 펼쳐져 있다.

물론 유가를 비롯한 동서양의 내로라하는 철인들도 삶에 대한 인간의 의지를 인정했다. 이들은 대체로 이런 인간의 삶에 대한 의지에서 비롯된 제 문제를 해결하기 위해 이를 분배하고, 관리하고, 조성하는 인문적 방식을 모색했다. 이에 반해 장자는 이와 전혀 다른 길을 걸었다. 장자는 이들 욕망이 본질적인 것이 아니라 자연으로부터 오는 비본질적인 소외이며, 이 소외를 극복하지 않는 한 비극은 종식되지 않는다고 했을 뿐 아니라 인간 해방이나 자유는 달성될 수 없음을 예언적으로 설파했다. 이 때문에 장자도 불교와 더불어 '나 없음(喪我)'을 강조했다. 사실 이 역설은 이해하기도 쉽지 않지만 구현하기는 더욱 어렵다.

흔히들 노장사상의 축인 도가를 자연주의라고 칭하며, 이것을 무신론과 연결시키려는 통념이 있다. 그러나 이런 통념은 노장사상을 제대로 이해하지 못하는 데서 기인한다. 장자는 세계를 이루고(造物), 지배하는(主宰) 신(天君)이 있다고 말한다. 다만 그 신이 인격의 형태로 존재하지는 않는다고 생각했을 뿐이다. 한 인격이 포괄하기에는 우주가 너무 클 뿐 아니라, 또 너무 작다는 직관은 의인화의 유혹을 떨쳐낼 뿐이다. 따라서 신은 그대로 있는 것이다. 단지 그 스스로 있는 것(自然)일 따름이다. 천지를 운행시키면서 동시에 만물의 생로병사에 간여하는 이 불가해한 신비적 존재에 대해 그는 '도'라는 이름을 붙였다.

그런데 인간은 자연의 다른 식구들과 달리 인간이라는 종은 그 다툼의 무기로 '말'을 갖고 있다. 그런 점에서 말은 결코 객관적일 수 없다. 장자가 바라보는 말은 서양철학의 진리관에서처럼 사물에 대한 객관적 명명이 아니다. 연구실에서는 그럴 수 있을는지 모르지만 시장 바닥의 현실은 그렇지 않다. 장자는 고함소리와 책상 치는 소리에 뒤섞이는 현장에서의 말을 보고 있다.

그런데 언어란 무엇인가? 그것은 바람에 의해 들려지는 소리와는 다르다. 그것은 무엇인가를 의도하고 있기 때문이다. 즉 기의를 기표로 묶어두려는 의도이다. 의도에서 출발한 말은 (편견의 소산이므로) 결코 객관적이지 않다. 그렇다면 진정한 의미의 언어가 정녕 있을까? 아니면 언어는 불가능한 환상일까? 과연 또 우리들의 언어는 새의 짹짹거림과 어디가 다른가. 둘 사이에 정녕 구분이 있는 것일까? 혹은 없는 것일까?

참고문헌

곽철환. 1995, 『불교길라잡이』, 시공사.

김형효. 1997, 「'법'의 진리와 '님'의 진리: 비전의 철학과 현존의 철학」, 한국기호학회, 『삶과 기호』, 문학과 지성사.

박태원. 1984, 「불교언어의 이해와 불립문자」, 고려대 석사학위논문.

韓國佛敎大辭典 편찬위원회. 1982, 『韓國佛敎大辭典』, 寶蓮閣.

한형조. 2000, 『왜 동양철학인가』, 문학동네.
황용회. 1996, 「불교경전에 나타난 의사소통 현상의 이론적 분석」, 동국대 석사학위논문.

吳經熊. 1997, *The Golden Age of Zen*, 未詳, 1967, 서돈각·이남영 역, 『禪學의 황금시대』, 천지.
후루다 쇼킨·다나까 료쇼. 1993, 『慧能』, 남동신·안지원 역, 1982, 『慧能』, 현음사.

제10장

禮 — 유가의 의사소통관

1. 서불진언 언불진의(書不盡言 言不盡意)

우리는 이제 마지막 장에 이르렀다. 마지막 장에 이르는 동안 우리의 의사소통 방식에 적지 않은 문제점이 있음이 계속 지적되어왔다. 무엇보다 의사소통을 행하는 데 우리들이 매체 기술(media technology)에 지나치게 의존해왔다는 사실이다. 오늘날 눈부시게 발달하고 있는 전자 및 디지털 매체 기술은 그 극점에 이른 듯하다. 물론 언어와 문자도 매체 기술이라는 측면에서 배제될 수는 없다. 어쩌면 언어와 문자가 의사소통 기술의 의인화를 가장 자연스럽게 이룬 매체라고 말할 수 있다. 그런데 매체 기술에 의존할수록 우리들의 의사소통은 보다 빨리, 멀리, 많이, 정확히 등의 기능적 측면에만 몰입되고 만다.

그렇다면 이런 문제점을 인정하고서 지금까지 해왔던 의사소통 방식을 고집해야 할 것인지, 아니면 이런 문제를 극복하기 위해 다른 의사소통의 대안을 모색할 것인지 한번쯤 생각해봐야 할 것이다. 사실 서양의 의사소통 사상은 현행 방식의 문제점을 인정하고 있음에도 불구하고, 그런 문제점을 해소할 만한 뚜렷한 대안을 제시하지 못하고 있다. 데리다가 '차연

(差延)'의 개념을 들고서 서양의 의사소통론에 대한 문제점을 해소해보려고 시도했지만 그의 사상에는 여전히 서양의 분석적 사고가 지배하고 있어서 근본적인 해결점을 제시하지 못하고 있다.

또 도가(道家)와 불가(佛家)의 사상은 의미(기의) 그 자체를 중요시 여긴 나머지 언어인 기표를 철저히 불신하고 있다. 물론 도가와 불가 철학을 숭배하는 사람들이 만약 컴퓨터를 비롯해서 오늘날 우리들의 의사소통 매체로서 보편화되고 있는 새로운 매체양식을 접한다면 자신들의 생각이 옳았다고 주장할 것이다. 언어가 발달하지 않았던 고대 사회에서도 언어에 대한 불신과 비판을 이렇게 강하게 쏟아냈는데 매체가 곧 언어인 지금의 상황에서는 더 이상의 언급이 필요 없다. 이처럼 컴퓨터 그래픽 등에서 보는 것처럼 기의(진리)가 소홀히 다루어지고 기표(언어)만이 난무하는 상황에 대해서 도가와 불가 철학자들은 어쩌면 분노에 가까운 탄식을 쏟아낼 것이다. 그렇지만 도가와 불가 철학에서 말하는 의사소통론은 오늘날의 관점에서 보면 마치 의사소통을 하지 말라는 뜻으로 밖에 해석되지 않는다.

그렇다면 오늘날 상황에 적합한 의사소통 이론이나 사상은 없는 것인가. 또는 의사소통 기술의 비약적인 발전에도 우리들의 의사소통에서 근본을 유지할 수 있는 이론이나 사상은 없는 것인가. 또는 요란하거나 현란한 기표의 작용 속에서도 말하고자 하는 사람의 기의가 기표에 영향받거나 흔들리지 않으면서 전달될 수 있는 방법은 없는 것인가. 또는 '매체가 곧 내용'이 아니라 '내용이 곧 내용'인 의사소통의 방법론은 없는 것인가. 마지막 장을 쓰면서 필자의 이런 고민은 어쩌면 당연한 것일는지 모른다. 이런 고민 속에서 유가에서 말하는 '입상진의(立像盡意)'에 입각한 의사소통론이야말로 서양의 기능적 의사소통론과 도가와 불가의 반기능론적 의사소통론의 모순을 함께 극복할 수 있는 바람직한 대안이 아닌가 생각한다.

입상진의란 '모양을 만들어 본 뜻을 전한다'는 의미인데 이는 말로써 뜻을 다 표현할 수 없기 때문에 형상으로써 전달한다는 내용을 담고 있다. 이 말은 의사소통과 관련한 본질적인 문제에 부딪힐 때마다 필자가 탈출구로 생각하는 의미 있는 개념이다. 어쩌면 현재와 같이 왜곡된 의사소통 상황을 극복할 수 있는 유일한 돌파구가 아닌가 생각한다. 이 말은 『주역(周易)』에서 "서불진언 언불진의(書不盡言 言不盡意, 글은 말을 다하지 못하고, 말은 뜻을 다하지 못한다)"에서 비롯되었는데 이승을 떠날 때가 된 스승과 그 제자 사이의 대화에서 '입상진의'가 다음과 같이 극적으로 표현되고 있다.

> 선생님! 제자에게 남기실 가르침이 없나요?
> 고향을 지나거든 수레에서 내려라. 알겠느냐?
> 고향을 잊지 말라는 말씀이시군요.
> 높은 나무 아래를 지나거든 종종걸음으로 가거라. 알겠느냐?
> 노인을 공경하라는 말씀이시군요.
> 내 혀가 있느냐? 있습니다. 내 이가 있느냐? 없습니다. 알겠느냐?
> 강한 것은 없어지고 약한 것은 남는다는 말씀이시군요.
> 그럼 세상의 일을 다 말했느니라.

이 글은 허균의 『한정록(閑情錄)』에서 나오는 글인데 여기서 '진의(盡意)'에 해당하는 구절은 '고향을 잊지 말라', '노인을 공경하라', '강한 것은 없어지고 약한 것은 남는다'이다. 이를 '고향을 지나거든 수레를 내려라', '높은 나무 아래를 지나거든 종종걸음으로 가거라', '내 혀는 있지만 이는 없다'는 식으로 하나의 '입상(立像)'으로서 표현했다. 이를 기호학적으로 설명하면 '고향을 잊지 말라'는 기의를 '고향을 지나거든 수레를 내려라'는 기표로서, '노인을 공경하라'는 기의를 '높은 나무 아래를 지나거든 종종걸음으로 가거라'는 기표로서, 그리고 '강한 것은 없어지고 약한 것은 남는다'는 기의를 '내 혀는 있지만 이는 없다'라는 기표로서 각각 보여준 것이다.

우리들의 의사소통에서 언어와 말은 그저 하나의 단편에 지나지 않는다는 사실을 매우 감동적으로 보여주는 대목이다. 즉 언어의 모순을 깊이 인식하면서 언어사용에서 그 문제점을 얼마나 지혜롭게 비켜가고 있는가.

이것은 모든 기의는 기표로서 직접적으로 대체될 수 있다는 만용에 가까운 서양의 의사소통관과는 비교될 수 없으며, 또 언어에 대한 불신으로 말미암아 이것의 사용을 엄격하게 제한한 도가와 불가의 의사소통관과도 분명히 구분된다. 즉 언행일치를 통해 기표의 사용을 엄격하게 제한하면서 그 뜻을 전달하려고 한 것이다. 이런 점에서 '입상진의'의 정신이 오늘날 기표의 남용으로 인해 우리들의 의사소통 본질이 크게 위협받는 상황에서 이를 극복할 훌륭한 대안이 아닌가 생각해본다.

사실 '입상진의'의 의사소통 방식을 접하면서 솔직히 필자는 공맹(孔孟) 사상을 다시 한번 생각해보는 계기가 되었다. 그동안 우리 사회는 공맹사상에 대해 무척이나 부정적으로 인식해온 것이 사실이다. 우리는 지난 수 세기에 걸쳐 공맹사상의 가르침 속에서 살아왔는데도 오늘날 이것이 우리의 몸과 의식에 맞지 않는다고 배척하며, 심지어 『공자가 죽어야 나라가 산다』는 책까지 출판되어 사람들의 공감을 얻은 바 있다. 게다가 대학을 다닐 때 유학을 들어야만 졸업을 할 수 있었는데 당시 수업이 자구 해석에만 그쳐 시험 통과하기에 급급했던 기억만 있다.

어쨌든 의사소통 사상에서 공맹사상이 노장사상보다 현실적인 대안을 제시했다는 점에서 한수 위가 아닌가 하고 생각한다. 즉 공맹사상은 노장사상에 현실이라는 매우 풀기 어려운 요인을 하나 더 삽입한 것이다. 사회과학이 인문과학과 달리 사회 속에서 이상향을 그리는 것을 목표한다면 노장사상은 여전히 인문학적 굴레에서 벗어나지 못하고 있다. 따라서 노장사상은 언어의 문제점을 근본적으로 비판했다는 점에서 주요한 의미를 지니지만 그 비판이 매우 극단적이어서 현실적이지 못하다. 반면 공맹사상은 인문학적 굴레에서 벗어나 사회과학까지 영역을 확대하고자 했기에 현실적인 대안을 제시하고자 노력한 것이다.

물론 그 극단적 비판에 깔려 있는 노장사상의 참된 의미를 이해하지 못하는 바는 아니다. 그렇지만 노장의 이야기대로라면 우리는 의사소통을 할 필요가 없다는 해석에 자연히 이르게 된다. 이것은 마치 실험실 안에서 가능한, 아니 강단에서나 가능한 의사소통 사상이 아니겠는가. 지금

저자 거리에 있는 사람들은 당장 의사소통을 해야 먹고사는데 이것을 하지 말라는 것은 현실과 얼마나 동떨어진 생각인가. 이는 불교 선종(禪宗)의 가르침과 비슷하지만 불교에는 선종만 있는 것이 아니라 의사소통의 중요성을 강조했던 교종(敎宗)도 존재하고 있다는 사실을 무시한 처사는 아닐까?

바로 이 대목이다. 우리는 그동안 대립적 사고에 익숙해왔다. 선종이 있으면 교종이 있고, 서양이 있으면 동양이 있고, 주관이 있으면 객관이 있고 하는 식 말이다. 그리고 두 개의 대립적인 존재들은 결합이 불가능하다고 파악했다. 기껏 서양에서는 정-반-합(正-反-合)의 논리로서 두 개의 결합을 시도했지만 그것은 하나의 물리적인 결합에 불과할 뿐이다. 따라서 또 다른 대립의 양상이 얼마든지 나올 수 있고, 이것은 영원히 반복되는 정-반-합의 연쇄라는 모순된 구조를 낳는다. 그렇지만 이런 모순을 일찌감치 감지하고 대립적 사고보다는 융합적 사고를 행한 방식이 있다면 그것은 훨씬 의미 있는 철학일 것이다. 바로 이런 점에서 공맹사상은 우리에게 큰 지혜를 가져다주었고, 그것은 의사소통관에서 '입상진의'로서 구체화된 것이다.

2. 인(仁): 의사소통의 목적 및 방법론

인은 유가에서는 가장 핵심적 개념으로 취급된다. 사실 유가의 이상은 인의예지(仁義禮智)의 실천이라고 말할 수 있다. 그리고 인(仁)은 측은지심(惻隱之心, 남을 측은히 여기는 마음)에서, 의(義)는 수오지심(羞惡之心, 부끄러워하는 마음)에서 예(禮)는 사양지심(辭讓之心, 사양하는 마음)에서 지(智)는 시비지심(是非之心, 옳고 그름을 가리는 마음)에서 비롯된다고 본다. 즉 인은 남을 측은히 여기는 마음에서 비롯되는데 그만큼 남과의 관계가 중요시하는 것이다. 따라서 인의 개념을 통해서 우리는 유가의 의사소통관을 살펴볼 수 있다. 그렇다면 인의 어원은 어디서부터 출발하고 있을까? 유가에 따르면 인은 기본적으로 다른 사람과 친하고, 서로 함께 함을 의미한다.

> 仁은 친하는 것이다. 사람 인(人)과 두 이(二)를 따른 것이다.
> 親也, 人二[23]

> 仁은 두 사람이 짝함으로써 서로 함께 함이다.
> 相人偶者 謂人之偶之也[24]

이처럼 인은 사람과 사람의 친화, 또는 사람과 사람의 의사소통을 통한 교감을 나타내는 것으로서 유가의 의사소통관을 형성하는 데 절대적인 영향을 끼쳐왔다. 예로부터 유교권에 속해 있는 동양에서 사람을 '인(人)'이라 하지 않고 굳이 '인간(人間)'이라고 지칭한 것은 인간을 일종의 관계 매듭으로 보았기 때문이다. 즉 주체적인 단독적 실재가 아니라 상호주관성(inter-subjectivity)으로서 인간을 파악했다. 이렇게 인(仁)은 인간(人間)[25]과 관계하면서 사람과 사람의 관계, 즉 의사소통을 통한 친화의 결과로서 그 의미가 형성되었으며, 이것이 유가적 인간 존재론을 표상하는 이념적 언명으로서 자리잡았다(김형효, 2003: 8).

그런데 초기 유가에서의 인간들 상호간의 친화적 의미, 또는 친화하는 방법론으로서의 인은 시간의 흐름에 따라 그 의미가 서서히 변해왔다. 먼저 공자는 인이란 '사람을 사랑하는 것(愛人)'[26]이라고 규정했는데 사람을 사랑하는 것을 통해 친화(親和)하고, 궁극적으로 친일(親一)하는 것으로서 인을 정의했다. 결국 공자에게 있어서 인이란 사랑(愛)을 통한 인간 상호간의 존재방식을 의미한다. 즉 인(仁)은 '我(人)'와 '他(人)'의 존재방식(共生)으로서 의사소통의 방법이자 목적에 해당되는데 이는 사랑을 통해서

23) 仁의 어원: 『說文解字』의 정의.
24) 阮元의 仁 해석, 阮元 『硏經室集』 上권 8, 「論語論仁論」, 윤사순 글에서 재인용.
25) 음운론으로도 人과 仁은 [ren]이다. 이는 能記적인 발음의 유사성이 所記적인 의미의 유사성을 부른다고 말할 수 있다.
26) 『論語』, 12장 「顔淵」, "樊遲問仁. 子曰, 愛人".

수행된다고 파악했다. 이처럼 공자는 서로 존경하고 사랑하는 인간관계를 위해 인의 필요성을 요청했다.

그런데 송대(宋代)에 와서는 인의 개념에 변화가 생겼다. 이 당시는 인(仁)을 존(存, 仁猶存也)이라고 정의했는데(淸·阮元校刻, 1991: 1613) 존이란 '휼[27]문(恤問)'[28]으로서 신께 예(禮)를 올리는 것을 의미했다. 이처럼 송대에 와서는 인의 인식론적 범주가 신과 인간의 관계로까지 확대되었는데 이렇게 함으로써 인은 사람과 사람 간의 존재방식일 뿐 아니라 인간과 신의 존재방식(우준호, 2000)까지를 포함하게 되었다. 그 결과 인을 통한 관계의 구현은 어떤 형식을 더욱 요구하게 되었다. 그후 유가에서 인은 말(言)보다는 애(愛)와 예(禮)라는 형식의 실천적 행동을 통해서 구현되었는데 이런 변화가 인의 대상이 확대되었음을 말해준다.

여기서 "서불진언 언불진의(書不盡言 言不盡意, 글은 말을 다하지 못하고, 말은 뜻을 다하지 못한다)"의 가능성을 찾을 수 있다. 그것은 말과 글(書)이 언(言)에 해당한다면 뜻(意)은 애(愛)와 예(禮)에 해당하기 때문이다. 그만큼 '뜻(기의)은 인간의 모든 것을 포함하고 있기에 단순히 글과 말로서 충분히 설명될 수 없고, 애와 예를 통해서 온갖 정성을 다해야만 그 의미를 제대로 해석할 수 있다는 것이다. 따라서 입상진의라는 표현에서 궁극적으로 의도하는 바는 애와 예를 통해서 의사소통하는 길을 자연스럽게 열어주는 것이다.

이렇게 보면 유가에서 말하는 인(仁)의 개념은 사람(人)들이 다양한 대상(人과 神)들과 독립적으로 존재할 수 없다는 존재방식을 포함하고 있다. 이는 동양의 인간관 즉, 사람(삶)을 '人(being)'으로 보지 않고, 세상 속(間)의 인간인 '인간세(人間世, being-in-the-world)'로 보는 상호주관성(inter-subjectivity)의 존재론적 '관계'에 근거하는 인간관에 대한 언표인 셈이다. 따라서 인본주의에 근거한 현실지향의 유가는 인의 철학적 정의보다는 1

27) 恤이란 근심하다, 기민을 먹이다, 사랑하다로 위문하는 뜻을 지님.
28) 『禮記』의 「仲尼燕居」 편 참조.

인의 목표를 수행하는 '의사소통' 방법론으로 수행[애(愛)와 예(禮), 그리고 樂(악)]을 강조함으로써 인의 현실적 성취를 위한 방법론적 의사소통관을 탄생케 했다고 말할 수 있다.

인은 사람의 마음이요, 의는 사람의 길이다.
그런데도 사람들은 그 길을 버리고서 따르지 않으며,
그 마음을 잃어버리고도 찾을 줄 모르니 가엾구나!
사람들은 닭이나 개를 잃어버리면 찾을 줄 알면서도
자기의 마음을 잃어버리고는 찾을 줄 모른다. 학문의 길은 다른 것이 아니라
바로 잃어버린 자기의 선량한 마음을 찾는 것일 뿐이다.

孟子曰, 仁人心也 義人路也.
舍其路而不由 放其心而不知求 哀哉!
人有鷄犬放 則知求之, 有放心而不知求,
學問之道 無他. 求其放心而已矣

(『孟子』, 「告子章句上」)

이처럼 유가는 불가·도가와 달리 능위적(能爲的) 사유체계를 지향한다고 할 때 유가에서의 이런 인(仁)의 사회적 실현은 불가능한 공상이 아니라, 사회적 실현이 가능한 능위적 개념으로 파악할 수 있다. 『논어』의 「술이(術而)」편 제7장을 보면 인의 능위적 개념을 다음과 같이 설명하고 있다.

공자께서 말씀하시기를 인은 멀리 있는 것인가?
내가 인을 원하면, 곧 인이 찾아온다.

子曰, 仁遠乎哉?
我欲仁, 斯仁至矣

이처럼 유가의 능위적 사유에는 인에 대한 도덕적 의지, 또는 인에 대한 실천적 의지가 확실히 새겨져 있다. 즉 인은 멀리 있는 것이 아니라 자신이 인을 원하면 찾을 수 있는 대상이다. 자신의 노력 여하에 따라 인을 구현할 수 여부가 결정된다는 말이다. 여기서 인의 실천을 위한 의사소통의 목적과 방법론이 정해진다고 말할 수 있다.

유가에서는 이상적인 의사소통의 목적 및 방법론과 관련해서 크게 세 가지를 말하고 있다. 첫째는 언행(言行)일치와 행의(行意)일치를 이루는 길이고, 둘째는 '성(聖)'과 '학(學)'을 통한 능위적 의사소통으로서 공감각적 의사소통을 이루는 길이고, 셋째는 인의 의사소통 행동규범으로서 '예(禮)'와 '악(樂)'을 구현하는 길이다. 첫번째의 언행일치와 행의일치가 기표보다는 기의의 중요성을 강조하는 것이라면 두번째의 공감각적 의사소통은 의사소통의 목표를, 그리고 세번째의 의사소통 행동규범으로서 '예'와 '악'의 규정은 의사소통의 방법론을 의미한다고 말할 수 있다.

3. 언행(言行)일치와 행의(行意)일치

공자는 인(仁)의 의사소통 행동규범으로서 군자(또는 聖人)의 말과 행동의 일치, 또는 말보다는 행동을 통해 그 품은 바 뜻을 몸소 실천하기를 『논어』 제13장 「위정(爲政)」편 에서 다음과 같이 강조했다.

> 자공이 군자에 대해 묻자, 공자께서 말씀하시기를
> 먼저 그 말한 것을 실행하고, 그 뒤에 말이 행동을 따르게 하는 것이다.
>
> 子貢問君子, 子曰, 先行其言而後(行)從之

잘 알다시피 자공은 언어에 능한 제자였다. 공자가 제자들의 장단점을 말한 대목에서 보면 재아(宰我)와 자공(子貢)이 언어에 능하다고 평했다. 그런데 말이 능한 사람은 대개 말을 먼저 앞세우고 실천이 뒤따르지 못하는 폐단이 있다고 하면서 자공의 웅변을 꼬집었던 것이다. 이렇게 자공의 말 잘하는 것을 비판하면서 언행보다는 행동을 강조했다. 이를 기호학적으로 표현하면 언행이 기표에 해당한다면 행동 역시 기표에 해당한다. 따라서 「위정」편 제13장의 내용은 기표로서 언행보다는 행동을 강조한 대목이다.

이런 표현은 『논어』의 여러 곳에서 발견된다. 제4장 「이인(里仁)」편 4절에서는 군자는 "말은 어눌하게 하고 실행에는 민첩하고자 한다(君子欲訥於言而敏於行)"고 주장하고, 제14장 「헌문(憲問)」편 29절에서는 "군자는 그 말을 조심하고 행실을 말보다 앞서게 한다(君子恥其言而過其行)"고 표현하며, 또 5절에서는 "덕이 있는 자는 반드시 훌륭한 말을 하거니와, 훌륭한 말을 하는 자는 반드시 덕이 있지는 못하다(有德者必有言, 有言者不必有德)"고 말하며, 제15장 「위령(衛靈)」편 22절에서는 "군자는 말을 잘한다고 해서 그 사람을 들여다 쓰지 않으며, 사람이 나쁘다 하여 그의 좋은 말을 버리지 않는다(君子不以言擧人, 不以人廢言)"고 표현했다.

또 제12장 「안연(顔淵)」편 3절을 보면 "인자는 그 말함이 참아서 하는 것이다(仁者其言也訒)"고 하며, 제13장 「자로(子路)」편 3절을 보면 "그러므로 군자가 이름을 붙이면 반드시 말 할 수 있으며, 말할 수 있으면 반드시 행할 수 있는 것이니, 군자는 그 말에 대해서 구차히 함이 없을 뿐이다(故君子名之必可言也, 言之必可行也. 君子於其言, 無所苟而已矣)"라고 말하며, 제17장 「양화(陽貨)」편 17절을 보면 "말을 좋게 하고, 얼굴빛을 곱게 하는 자는 인(仁)한 사람이 드물다(巧言令色, 鮮矣仁)"고 보았다.

이처럼 공자는 말과 행동의 일치, 또는 말보다는 그 본래의 뜻과 행실을 좀더 중요시하는 의사소통관을 지녔다. 이런 유가의 입장은 정명사상(正名思想)으로 이어졌는데 정명사상이란 말 그대로 '이름을 바로잡는 사상'을 말한다. 여기서 이름을 바로잡는다는 것은 기호학적으로 기의와 기표의 일치를 이루는 것을 의미한다. 그만큼 공자는 기표가 기의의 다양하고 충만한 의미를 다 표현해내지 못한다고 보았다. 따라서 그 기의에 합당한 기표를 찾는 작업이야말로 공자의 의사소통관에서 가장 핵심에 해당하는 내용이다. 이런 정명사상은 『논어』의 「자로」편에 자세히 표현되고 있다.

…… 자로가 말했다. 위나라 군주가 선생님께 나라의 정치를 맡기신다면 맨 먼저 무엇을 하시겠습니까? 공자가 말하기를 반드시 이름부터 바로 잡

겠다. 선생님께서 무슨 이런 답답한 말씀을 하십니까. 무슨 이름을 바로 잡을 필요가 있습니까? 명(名)을 바로 하지 않으면 말이 순조롭지 못하고, 말이 순조롭지 못하면 일이 이루어지지 않는다. 일이 이루어지지 않으면 예악(禮樂)이 흥기할 수 없고, 예악이 흥기하지 못하면 형벌이 적중하지 못한다. 형벌이 적중하지 못하면 백성이 수족을 둘 바를 모르게 된다. 그러므로 군자는 사물에 이름을 붙이면 반드시 말할 수 있어야 하고, 그것을 말하면 반드시 행할 수 있어야 한다.

이처럼 정치의 최우선 과제가 무엇이냐는 자로의 질문에 대해 공자는 다소 엉뚱하게 '이름을 바로 잡는 것(正名)'이라고 대답했던 것이다. 자로는 아마 형벌이나 예악과 같은 구체적이고, 직접적인 정책을 물은 것인데 공자는 뜻밖에도 별로 상관이 없어 보이는 '이름을 바로 잡는 일'을 최우선 과제라고 들고나왔다. 공자의 궁극적 이상이 백성들을 평안하게 하는 정치에 있었음을 상기할 때 그러한 이상과 관련한 정명에 대한 언급은 공자에서 이름, 즉 언어의 중요성, 즉 기표 사용의 엄중함을 보여준다. 그렇다면 공자는 왜 정명이 정치에서 최우선 과제라고 말했을까?

공자의 설명에 따르면 정명은 바로 순조로운 언어 사용이 이루어지기 위해서 필요한 것이며, 순조로운 언어 사용은 어떤 과제가 수행되기 위해서 필요하며, 과제가 원활하게 수행되는 것은 예악의 홍성을 위해 필요하며, 예악의 홍성은 형벌의 공정성을 위해서 요구되며, 형벌의 공평성은 사회적, 정치적 안정을 이루기 위해 긴요한 것이기 때문이다. 이처럼 정치에서뿐 아니라 예악이나 형벌과 같이 현실적인 제도에서까지 언어문제가 관통하고 있음을 역설한 것이다. 공자는 이를 명(名)→언(言)→사(事)→예악(禮樂)→형벌(刑罰)로 문제를 구체화시키면서 전자가 곧 후자의 필요조건임을 말해주었다. 예를 들어 명(名)은 언(言)의 필요조건이고, 언(言)은 사(事)의 필요조건이고, 사(事)는 예악(禮樂)의 필요조건이며, 예악(禮樂)은 형벌(刑罰)의 필요조건인 것이다.

이처럼 단순히 '이름을 바로잡는 것(正名)'이 이런 엄청난 정치적, 사회적 행위를 함축하게 되는 것은 이름에도 바로 예악, 형벌의 규범체계나

가치체계와 마찬가지로 그 이름을 사용하는 사용자의 가치가 내재해 있기 때문인 것이다. 따라서 이름, 즉 언어에는 가치가 존재하고, 이것은 언어가 단순히 사물을 기술하고, 사고를 명료하게 하는 기능만이 아닌 특정 규범체계나 가치체계를 제시하거나, 또는 전달하는 것이다. 이처럼 '정명(正名)'은 어떤 특정 행위방식을 선호하고 강제할 수밖에 없다. 이는 결국 언어의 수행적 행위 측면을 강조한 데서 비롯된다.

이처럼 가치체계를 담지한 가치언어로서 유가적 의미의 언어는 타인의 행동에 영향을 미치거나 자기 자신의 행동도 제약하는 역동성을 갖는다. 이런 언어관, 즉 언어를 생각할 때 항상 행동과 연관시켜 파악하는 언어관은 공자의 글에서도 잘 나타나고 있다. 『논어』의 「위정(爲政)」편을 보면 "먼저 행한 후에 말이 뒤따라 그것을 따른다(子曰 先行其言而後從之)"고 나와 있는데 이는 행동과 말의 일치를 강조한 내용이다. 또 「이인(里仁)」편을 보면 "옛날에 말을 내지 않은 것은 몸이 그 말에 못 미칠까 부끄러워해서이다(子曰古者 言之不出恥躬之不逮也)", "군자는 말을 천천히 하고, 행동은 민첩하게 하고자 한다(子曰 君子欲訥於言而敏行)", "말이 행동보다 지나침을 부끄러워한다(子曰 恥其言而過其行)"는 내용들이 있는데 이 역시 마찬가지로 말과 행동의 일치를 강조한 내용이다.

그런데 말과 행동이 일치될 때 믿음(信)이라는 가치가 실현될 수 있다. 물론 이런 신(信)이 맹목적인 신이 되지 않기 위해서는 뜻에 비추어 보아야 하고, "신이 진정한 뜻에 가까울 때 말은 더욱 행동하기 쉽게 된다(有子曰 信近於意, 言可復也)"(『論語』, 「學而」). 이처럼 명(名)과 실(實)의 일치라는 명실론(名實論)의 이상이 언어와 행동과의 관계에 있어 언행일치로 변형되면서 신(信)과 의(義)라는 가치적 성격으로 부각된다. 결국 언어를 통한 행동의 예고는 가치실현에 대한 예고인 셈이다. 따라서 유가에서 '名(이름)'은 예고에만 그치는 것이 아니라 반드시 실천되어야 할 '명(名)'에 해당한다.

이런 명실론은 마음과 행동, 그리고 정신과 육체의 합일을 강조했던 데서 비롯된다고 말할 수 있다. 정교한 논변과 화려한 수사로서 유명했던 맹자도 마음과 행동, 정신과 육체의 합일을 강조했는데 그의 이런 태도가 단적으로 드러난 곳이 '지언(知言)'과 '호변(好辯)'을 논한 대목이다. 즉 맹자는 공손축이 고자(告者)와 맹자의 부동심(不動心)에 대해 묻는 데서 '지언'을 언급하게 되었는데 『맹자』의 「공손축」편을 보면 다음과 같이 설명되고 있다.

> 고자가 말하기를 말에서 뜻을 얻지 못하면 마음에서 구하지 말고,
> 마음에서 이치를 얻지 못하면 기에서 구하지 말라고 했는데
> 마음에서 이치를 얻지 못하면 기에서 구하지 말라고 한 것은 괜찮으나
> 말에서 뜻을 얻지 못하면 마음에서 구하지 말라고 한 것은 옳지 않다.

고자는 부동심을 추구하는 데 언어의 문제는 언어 속에서 해결하고 마음을 움직이게 해서는 안 된다고 생각했다. 고자는 강론하고 사변하는 일은 모두 밖의 일로 보았기 때문에 반드시 마음이 언어에 얽매일 필요는 없다고 생각했다(노사광, 1986: 135). 이런 생각은 언어문제의 초점을 대상과 개념과의 관계나 그 말이 행해지는 객관적 상황에 맞추면 그것은 모두 마음 바깥의 일이기에 마음속에서 조리를 찾아서는 안될 것이라는 데서 비롯된 것이다.

그런데 맹자는 언어와 기를 마음과의 연관 속에서 단절시킴으로써 부동심을 추구한 고자와 달리 맹자는 심(心), 기(氣), 언(言)을 상호연관성 속에서 파악했다. 무엇보다 맹자는 언어가 마음속(心)을 여실히 반영하고 있다고 파악했다. 심의 기능은 사유작용이기에 "생각하면 이치를 얻을 수 있지만 생각지 않으면 얻지 못할 것이다(心之官則思 思則得之 不思則不得也)"(『孟子』, 「告子」 上)가 말했다. 따라서 맹자의 지언(知言)이란 바로 지심(知心)이며, 지심은 곧 지인(知人)을 의미한다. 결국 말이란 마음의 양태가 바로 나오는 창문이라는 것이 맹자의 지언인 것이다.

게다가 맹자는 한쪽에 치우친 말에서 그 마음이 가려져 있음을 알 수 있다고 파악했다. 즉 지나친 말 속에서 그 마음이 미혹에 빠져 있음을 알 수 있고, 정도에 어긋난 말 속에서 그 마음이 사리와 멀리 떨어져 있음을

알 수 있으며, 자기합리화에 급급한 말속에서 그 마음이 곤궁(困屈)함을 더해줌을 알 수 있다고 보았다. 따라서 '말에서 뜻을 얻지 못하면 마음에서 구하지 말라(不得於言 勿求於心)'고 한 고자의 부동심 방법론은 모든 문제를 대체 기제라고 할 수 있는 마음속에서 파악, 해결하려고 한 맹자에게 있어서 도저히 용납될 수 없었다.

또 변론에 능했던 맹자가 세상 사람들에 의해 호변(好辯)이라는 식으로 구설수에 오르내리자 "내가 어찌 변론함을 좋아하리오, 부득이하기 때문이다"(『孟子』, 「滕文公」 下)라고 주장했는데 이는 언어를 응용하는 논리의 예술이라 할 수 있는 변론을 언어차원의 문제로 국한시키지 않고 행동의 차원으로 이해했던 것이라고 볼 수 있다. 자기 시대의 혼란상을 언어의 혼란상으로 이해한 맹자에게 언어의 혼란상은 일반 사람들에게는 마음의 미혹됨을 반영하는 것이지만 맹자에게 언어는 이미 음성적, 시각적 부호로서의 기표이거나, 또는 대상과 결합되어 의미를 갖는 약속체계로서의 단순한 기표는 아니었다.

4. 공감각적 의사소통

공자는 말과 행동의 일치, 또는 말보다는 그 본래의 뜻과 행실을 더욱 중요시하는 의사소통관을 넘어서 뜻과 표정(시각), 그리고 말(청각)과 시선(시각) 등이 일치해야 한다고 주장했다. 이는 유가의 의사소통관이 언어 자체보다는 언어의 주체라 할 수 있는 사람의 뜻과 행실에 그 비중을 두고 있음을 강조하는 데서 비롯되었다. 또 이는 행실을 중심으로 한 공감각적인 의사소통을 강조하는 대목이기도 하다. 이런 유가의 공감각적 의사소통관은 『맹자』와 『예기』에서 각각 다음과 같이 표현되고 있다.

(군자가) 본성으로 지닌 인, 의, 예, 지는 마음에 뿌리박고 있어서,
그것이 빛으로 발하면 얼굴에 윤택하게 나타나고,
등에 넘쳐흐르고 온몸에 뻗어나니,

온몸은 말하지 않아도 그것을 알게 해준다.

君子所性 仁義禮智根於心 其生色也 然見於面 於背 施於四體
四體不信不言而喩

(『孟子』)

(군자가) 군대를 통솔하여 전투에 임할 때
표정은 용감하고 과단성이 있어야 하며,
호령(言)은 엄정해야 하고, 그 안색은 엄숙해야 하고,
그 시선은 맑고 날카로워야 한다.

戎容暨暨 言容詻詻 色容厲肅 視容淸明
立容辯卑毋諂 頭頸必中 山入 時行 盛氣顚實揚休 玉色

(『禮記』)

이 글은 군대를 통솔하는 지휘관이 부하들 앞에서 갖추어야 할 낯빛을 이야기하고 있다. 즉 전투에 임할 때는 용감하고, 과단성이 있어야 하고, 호령을 내릴 때 목소리는 엄정해야 하고, 안색은 엄숙해야 하고, 시선은 맑고 날카로워야 한다는 것이다. 이런 지위 표시로서의 얼굴빛에 관한 언급은 거슬러 올라가 『상서(上書)』에서도 발견된다. 『상서』에서는 백성을 다스리는 군왕이 갖추어야 할 조건으로 다섯 가지를 들면서 그 중 첫번째로서 용모를 뽑고 있다(이승환, 1997: 57).

그리고 유가에서는 성인군자(聖人君子)를 유독 강조하고 있다. 성인군자란 총명한 사람을 지칭하는데 총명이란 귀가 밝고(聰耳), 눈이 밝은(明目) 것을 뜻한다. 따라서 성인이란 시(視)지각과 청(聽)지각이 공감각적으로 발달한 총명한 사람을 칭한다. 달리 말해 성인이란 유가의 이념인 인(仁)을 공감각적으로 수행하기 위한, 즉 기호현상에 대해 귀와 눈이 밝아 총체적이며 공감각적인 의사소통을 원활히 수행하는 사람이라고 말할 수 있다. 이 때문에 고대 이래로 유가에서는 역대의 성인군자의 행동과 말을 본보기로 해서 그 가르침을 전수하고 있는데 중국 고대의 전설적 제왕인 삼황오제(三皇五帝), 그리고 자연세계의 해석을 통한 인문(人文)의 개창자로서 종교(巫)·정치(王)·문화(師)에서의 지도자를 성인으로 추앙해오면서 이들을 탁월한 의사소통자(semiological power man)로서 성인군자라고 일컬어왔

다.[29]

결국 유가에서의 성인은 외모·몸짓(行), 언어(言), 시지각(視), 청지각(聽), 사고(思)의 총체적이며 공감각적인 의사소통을 수행하는 실천자로서, 바로 유가의 이념인 인을 능위적으로 사회에 실현하는 이상형의 인간인 셈이다. 이런 내용은 유가에서 성인군주가 의사소통상에서 지켜야 할 다섯 가지 태도, 즉 외모(貌), 말(言), 보는 일(視), 듣는 일(聽), 생각하는 일(思)에서도 잘 드러나고 있다. 외모, 즉 표정과 몸가짐이 공손해야 하고, 말은 이치에 따라야 하며, 바라봄에 있어 명석해야 하고, 들음에 있어 총명해야 하며, 생각함에 있어 미세한 곳까지 통해야 한다고 강조한다. 즉 표정과 몸가짐이 공손스러우면 엄숙해지고, 말이 도리에 맞으면 일 처리가 조리있게 되고, 보는 것이 밝으면 사물을 명석하게 이해하게 되고, 듣는 것이 총명하면 일을 잘 도모할 수 있으며, 생각이 미세한 곳까지 통하면 성인과 같이 된다는 것이다.

> 五事, 一曰貌, 二曰言, 三曰視, 四曰聽, 五曰思.
> 貌曰恭, 言曰從, 視曰明, 聽曰聰, 思曰睿.
> 恭作肅, 從作乂, 明作哲, 聰作謀, 睿作聖
>
> (『尙書』, 「洪範」)[30]

이처럼 보통사람보다는 탁월한 기호해독과 기호제작, 그리고 기호사용 등과 같은 의사소통의 능력을 고루 갖춘 사람을 바로 성인군자라고 파악했다. 그러나 유가에서는 이런 이상향의 성인군자를 '이상' 속에만 편재시키지 않고, 편협하지 않은 넓은(周) 공부(學)와 끊임없는 매일(每)의 공부(學)를 통해서 성인군자를 양성하고자 했다. 이른바 "배우고 그것을 때때로 익히면 어찌 기쁘지 않겠는가? …… 사람들이 알아주지 않더라도 서운해하지 않는다면 어찌 군자가 아니겠는가?(學而時習之, 不亦說乎? 有朋自

---

29) 聖人에 관한 세부내용들은 이승환, 「성(聖)의 기호학」, 『기호학과 유교문화』, 한국기호학회 2003년도 춘계학술대회, 2003. 73-82쪽을 참조했음.

30) 이승환 글에서 재인용, 79-80쪽.

遠方來, 不亦樂乎? 人不知而不慍, 不亦君子乎?)"(『論語』, 제1장 「學而」 1절)라는 유명한 언명이 그것을 단적으로 말해준다.

결론적으로 유가의 의사소통관은 이상적 사회의 실천적 현실화의 방안으로 인(仁)을 실현코자 하는 성인군자로서 공감적이며 총체적인 의사소통 상에서 제대로 된 의사소통자를 끊임없이 교육(學)을 통해서 양성하여, 그로 하여금 인의 이상적 이념을 사회에 실천적으로 전파하고자 하는 능위적 의사소통관에서 비롯된다. 이렇게 보면 유가의 의사소통관은 다분히 이상적이다. 사실 능기(能記)와 소기(所記)의 완벽한 일치를 유지하면서 의사소통을 하기는 쉽지 않다. 유가에서는 그것을 수행하는 이가 다름 아닌, 공감감적 의사소통을 수행하는 성인군자로 보고, 성인군자의 길로 나설 것을 강조했다.

그러나 "군자는 그릇처럼 국한(편협)하지 않는다(君子不器)"(『論語』, 제2장 「爲政」 11, 12절)는 언명과 "군자는 두루 사랑하고 편당하지 않으며, 소인은 편당하고 두루 사랑하지 않는다(君子周而不比, 小人比而不周)"(『論語』, 제2장 「爲政」 4편 14절)라는 언명에서 보듯이 유가에서는 성인군자를 반드시 이상향의 인물로서 제한한 것은 아니다. 넓고 지속적인 공부(學)를 통해서 성인군자의 길로 나아갈 수 있다는 인의 현실 속 구현을 제시했다. 이런 현실 속 인의 구현은 "인은 멀리 있는 것인가? 내가 인을 원하면, 곧 인이 찾아온다(子曰, 仁遠乎哉? 我欲仁, 斯仁至矣)"는 공자의 말에서도 드러난다.

일반적으로 상대방을 평가할 때 눈동자보다 더 좋은 판단수단이 없다. 눈동자는 자기의 악을 엄폐하지 못하기 때문이다. 사실 마음속이 올바르면 눈동자는 맑고, 마음속이 올바르지 못하면 눈동자가 흐리다. 이런 입장은 『맹자』의 「이루(離婁)」 상편 존호인자(存乎人者)에서 "그가 하는 말을 듣고, 그의 눈동자를 보면 사람이 어찌 자기 마음속을 감출 수 있겠는가"라는 식으로 표현되어 있다. 여기서 맹자는 눈동자/마음의 관계를 인과적으로 설명하려고 한 것이 아니라 오직 상대방의 몸－그것이 눈빛이건, 낯빛이건, 몸짓이건 간에－을 통해서 상대방의 마음을 이해할 수 있음을 말하려고 했다.

이처럼 유가 전통에서는 나의 존재를 확인시켜주는 것은 나의 행동이나 몸짓, 표정 등과 유리된 순수의식이 아니다. 나 혼자만의 '순수의식'이 진리를 담보해주지 않기 때문이다. 오히려 나의 행동, 몸짓, 표정 등을 바라보는 공동체 안의 상호주의적 시선이 중요하기에 나의 덕, 나의 감정, 나의 의지는 반드시 행위와 몸짓을 통해 공공체의 상호주관적 시선에 드러날 때 그 존재가 확인된다. 이런 점에서 나의 몸뿐만 아니라 나의 마음 역시 공동체의 상호주관적 시선을 공개적으로 받고 있다.

사실 나의 몸은 공동체의 구성원의 '해독(decoding)'을 기다리는 기표가 되며, 내면의 덕과 감정은 이에 상응하는 기의가 된다. 유가적 전통에 따르면 공동체의 문법에서 벗어난 혼자만의 사적 언어는 애당초 불가능할 뿐 아니라 아무런 의미도 지니지 못한다. 이는 개인이 사용하는 언어의 의미가 공동체의 문법에 의해 규정되듯이 개인이 드러내는 몸짓의 의미 역시 공동체의 약호체계(code system)에 의해 규정되기 때문이다.

그렇다면 '나'를 어떻게 드러내며, 나의 '마음'은 어떻게 드러나는가. 정신과 육체를 따로 떼어내서 생각하는 이원론적 체계에서 '나'는 드러나지 않는다. 나의 살덩어리만이 드러날 뿐이다. 그렇지만 정신과 육체의 합일로서 '몸'을 생각하는 유가에서 몸은 곧 마음의 드러남이며, 가치체계의 외연이다. "그가 하는 말은 듣고, 그의 눈동자를 보면 사람이 어찌 자기 마음속을 감출 수 있겠는가"라고 말하는 것은 그의 몸이 이미 그 사람 내면의 기호화가 되어 드러나 있다는 것이다. 이는 반드시 생각의 뚜껑을 열어야 알 뿐 그의 몸은 사라지고 없는 데카르트와 달리 공맹에게 있어서는 몸짓, 눈짓, 행동의 기표만 보아도 그 사람 내면의 기의를 알 수 있다. 따라서 공맹이 데카르트의 "나는 생각한다. 고로 존재한다"는 명제를 접했더라면 공맹은 "나는 드러낸다. 고로 존재한다"로 이 명제를 분명 바꾸었을 것이다.

이처럼 유가에서는 몸을 통하지 않고서는 나를 드러낼 수 없고, 몸을 통하지 않고서는 상대방의 마음을 이해할 수 없다는 입장을 취했다. 마치 기표 없는 기의를 생각할 수 없듯이 몸(기표)을 경유하지 않는 마음(기의)은 영원히 이해될 수 없는 것이다. 예를 들어 상(喪)을 당했을 때는 반드시 슬퍼하는 낯빛이 있어야 하고, 상여줄을 잡았을 때는 웃지 않아야 한다. 즐거움에 처했을 때는 탄식하지 않아야 하고, 갑옷과 투구를 잡았을 때는 반드시 침범할 수 없는 기색이 있어야 한다. 그러므로 군자는 다른 사람을 대할 때 낯빛을 잃지 않도록 경계해야 한다(臨喪則必有哀色, 執紼不笑, 臨樂不歎 介胄則有不可犯之色 故君子戒慎不失色於人, 『禮記』).

이처럼 각 상황에 적합한 '동작기호'를 '몸'에 익숙하게 체현해서 드러내면 그 낯빛은 더 이상 의도적인 행위가 아니라 저절로 드러난 표현처럼 자연스럽게 된다. 즉 인공기호가 자연기호처럼 자신에게 체화되고, 관습화되는 것이다. 이렇게 각 상황에 적합한 감정을 내면적으로 '느끼는 것'과 외면적으로 '드러나는 것'이 하나가 될 때 그리고 자발적인 '행위'가 비자발적인 '표현'처럼 자연스럽게 될 때 우리는 그것을 '자연기호화된 인공기호'라고 말한다. 공자가 인생 최후 경지로 언급한 "예술적 경지에서 노닌다(遊於藝)"라는 표현이 바로 이런 경지를 지칭한 것이 아닌가 생각한다.

이처럼 공자에게 있어서 언어는 행동을 의미한다. 따라서 기표화된 말은 반드시 행동으로 구현되어야 한다. 이런 식으로 언어와 행동을 필연관계 속으로 관계지으면 언어는 비언표적 행위에 해당한다. 언어가 이미 행동의 범주 속에 용해되어 행동화되고 있기 때문이다. 이것은 언어의 화용론적 측면을 강조한 결과이기도 하다. 즉 언어를 단순히 기표로서보다는 전달이라는 측면에 더 초점을 맞춘 결과이다. 이것이 맹자가 호변이라는 구설수에 대해 '부득이하기 때문'이라고 하면서 강변한 이유이자 그의 언어관에 해당한다. 이렇듯 맹자는 언어를 심(心)과 기(氣)의 기표화라는 생각에서 출발해서 행동이라는 또 다른 기표를 통해 하나의 기의로 완성되는 것으로 보았다.

그렇다면 공맹이 언어문제를 단순히 의식의 표현을 넘어 마음에서 시작하여 행동까지 포섭하는 넓은 내용 대(帶)를 유지하는 것은 어떤 근거에서일까? 여기서 우리는 언어관을 통해 유가의 전통에서 정신과 육체의 합일성을 증명해낼 수 있다. 공맹은 수신(修身)의 문제를 수없이 강조해왔다. 여기서 수신은 '몸을 닦는다'가 아니라 '행동을 닦는다'는 해석이 더 적합할 것이다. 왜 유가에서 수양을 말하면서 마음 대신 '행동을 닦으라'고 했을까? 이는 앞에서도 설명했듯이 언어기호가 마음에서 출발하여 행동까지 담아낼 때 하나의 언어로서 완성되듯 그것은 분리되는 것이 아니라 합일되는 것을 말한다. 즉 한 사람의 언어에는 마음과 몸, 그리고 정신과 육체를 함께 담아내는 것이다.

이는 서양의 이원론적 전통에서 '나'를 정신과 육체로 나누어 관찰하는 것과 비교될 수 있다. 나를 정신과 육체로 나누어서 고찰하려는 태도는 존재의 세계를 정신적인 것과 물질적인 것으로 범주화하는 형이상학적 이분법과 뿌리깊은 연관을 맺고 있다. 존재의 세계를 정신적인 것과 물질적인 것으로 나누려는 형이상학적 이원론은 여기에 대응하는 인간의 지적 능력도 각기 이성과 감성으로 구분할 뿐 아니라 나아가 인간 자신까지도 '생각하는 것으로의 나'와 '물질적인 것으로의 나'로 구분한다.

이에 반해 동양적 사유는 일상적인 삶의 세계, 혹은 직접적 체험의 세계를 대상으로 한다. 따라서 동양적 사유는 우리를 생활세계에서 이간시키려는 지나치게 추상적인 '선험적 사변'에 의한 '이념화'를 경계한다. 우리가 일상적인 삶을 살아가는 생활세계에서는 몸과 마음의 이분법, 정신과 물체의 이분법이란 존재하지 않는다. 동양적 관점에서 보면 '신체 없는 의식', '감성과 격리된 이성', '신체로부터 유리된 자아'란 광기어린 이성주의자의 독백에 불과하다(이승환, 1997).

5. 禮와 樂: 의사소통 행동규범

공자는 의사소통의 행동규범으로서 예(禮)와 악(樂)의 필요성을 제시했다. 공자는 예(禮)를 통한 인(仁)의 실천 즉, 의사소통의 행동규범을 강조했는데 유가에서 예(禮)란 사람과 사람, 그리고 사람과 신으로 구성된 관계 속에서 관계를 조화롭게 구성하는 분·절(分·節)의 기능을 수행한다. 여기서 '분(分)'이란 직능별 구분과 직위별 차별에 따라 각자에게 적절한 몫(分)을 배정함으로써 혼란과 쟁탈을 없애고자 하는 것을 의미하며, '절(節)'이란 "중을 세워 절도를 제정한다(立中制節)"는 의미와, "쓰임을 줄여 백성을 넉넉하게 한다(節用裕民)"(「富國」)는 의미를 포함한다. 결국 예(禮)의 분과 절 기능을 통해 지배하는 사람과 지배받는 사람을 포함한 모든 구성원들이 각자의 삶을 기를(養) 수 있다. 이런 공자의 입장은 『논어』에서 다음과 같이 기술되고 있다.

> 자기의 사욕을 이겨 예로 돌아감이 인을 구현하는 것이다
>
> 克己復禮爲仁
>
> (『論語』, 제12장 「顔淵」편 1절)

> 예가 아니면 보지 말며, 예가 아니면 듣지 말며, 예가 아니면 말하지 말며, 예가 아니면 동하지 말라.
>
> 非禮勿視, 非禮勿聽, 非禮勿言, 非禮勿動
>
> (『論語』, 제12장 「顔淵」편 1절)

> 예로써 나라를 다스려야 한다.
>
> 爲國以禮
>
> (『論語』, 제11장 「先進」편 25절)

"非禮勿視, 非禮勿聽, 非禮勿言, 非禮勿動"에서처럼 예가 아니면 의사소통을 하지 말라는 언명은 의사소통의 전달 기능보다는 의사소통의 가치를 더욱 중요시하는 유교의 의사소통관을 웅변적으로 말해주는 대목이다. 이는 의사소통 방식에도 일종의 관계적 구별의 가치가 있음을 반영하는 것이다. 이처럼 예(禮)는 사람과 사람, 또는 사람과 신으로 구성된 관계(세계와 국가, 사회, 가정 등)에서의 분·절(分·節) 기능을 수행하는 실천적 행위이다.

그런데 공자는 예를 통한 관계의 구별이 관계의 조화 즉, 원활한 의사소통을 수행함에 있어 한계가 있다고 해서 다음의 악(樂)을 통해 또 하나의 의사소통 방식을 제시하고 있다. 유가에서 예(禮)가 사람과 사람, 또는 사람과 신으로 구성된 관계에서 조화로운 분·절(分·節)의 기능을 수행한다면 예(藝)로서 악(樂)은 사람과 사람, 또는 사람과 신으로 구성된 관계에서 시중(時中)을 통한 조화 즉, 관계론적 통합과 조화의 기능을 수행한다. 이런 입장은 다음 예문에서도 잘 나타나고 있다.

선생님께서 제(齊)나라에서 소(韶)를 들으시고
석 달 동안이나 고기 맛을 모르고 식사하셨고,
음악이 이러한 지경에까지 이르리라고는 생각하지 못했다고 말씀하셨다.

子在齊聞韶, 三月不知肉味. 曰不圖爲樂之至於斯也!

(『論語』, 제7장 「述而」 13절)

희로애락이 나타나지 않고 있는 것을 중(中)이라고 하고,
나타나서 다 절도에 맞는 것을 화(和)라고 한다.

喜怒哀樂之未發, 謂之中.發而皆中節, 謂之和.

(『中庸』)

악(樂)은 사람의 화합을 말한다.

樂以道和.

(『莊子』, 「天下」편)

악경(樂經)은 사람의 마음을 화(和)하는 즐거움을 발하게 한다.

樂以發和.

(『史記』, 「滑稽列傳」)

악경은 성인의 조화(調和)이다.

樂言是其和也.

(『荀子』, 「儒效」편)

훌륭한 음악은 하늘과 땅이 더불어 화합의 작용을 한다.

大樂與天地同和.

(『禮記』, 「樂記」편)

음악은 하늘과 땅 사이의 자연을 화합시킨다.

樂者, 天地之和也

(『禮記』, 「樂記」편)

그러므로 음악이라고 하는 것은 천하를 크게 가지런히 하는 것이요, 중화(中和)를 얻기 위한 대요(大要)이다.

故樂者天下之大齊也. 中和之紀也.

(『荀子』, 「樂論」편)

결국 유가에서 '예(禮)'와 '악(樂)'을 강조하는 것은 사람과 사람 상호간의 의사소통에서 의사소통의 전달기능보다는 의사소통의 목적과 가치에 그 비중을 더 두고 있기 때문이다. 따라서 질서(禮)와 조화(樂)를 통해서 인[仁(親)]하고자 하는 것이 유가의 방법론적 의사소통관이다. 어쩌면 외예내예(外禮內藝)를 통한 인의 실천이 유교에서의 의사소통 행위인 것이고, 이것이 유교 이념인 인의 목적이자 이상향인 셈이다. 이는 다음의 예문에도 잘 나타나고 있다.

도(道)에다 뜻을 두고, 덕(德)을 의지하고, 인을 따르고,
육예(六藝)에서 즐긴다.

志於道, 據於德, 依於仁, 游於藝

(『論語』, 제7장 「述而」 6절)

시(詩)로써 감흥(感興)을 갖고, 예(禮)로써 자립(自立)하고,
음악으로 완성한다.

興於詩, 立於禮, 成於樂

(『論語』, 제8장 「泰伯」 8절)

음악이라는 것은 사람의 마음을 화합하게 하고,
예의라는 것은 사람들의 신분을 차등이 있게 한다.

樂者爲同, 禮者爲異

(『禮記』, 「樂記篇」)

음악은 하늘과 땅 사이의 자연을 화합시키고,
예의는 하늘과 땅 사이의 질서를 만든다.

樂者天地之和也, 禮者天地之序也

(『禮記』, 「樂記篇」)

예기(禮記)의 경건함과 악경(樂經)의 우아함(中和).

禮之敬文也, 樂之中和也.

(『荀子』, 「勸學篇」)

음악은 사람의 마음속에서 나오는 것이고,
예의는 사람의 몸 밖으로부터 만들어지는 것이다.
음악이 마음속에서 나오는 것이므로 고요한 것이고,
예의가 몸 밖으로부터 만들어지는 것이므로 움직임이 있다.
뛰어난 음악은 반드시 평이(平易)하고,
중대한 예의는 반드시 간략한 것이다.
읍양(揖讓)하는 것만으로 천하가 다스려진다고 하는 말은
예악(禮樂)의 효과를 이르는 말이다.

同則相親, 異則相敬, 樂勝則流, 禮勝則離, 合情飾貌者, 禮樂之事也.

(『禮記』, 「樂記」편)

화합하면 서로 친해지고, 차등이 있으면 서로 존경하게 되는데,
음악으로 화합함이 지나치면 무질서해지고
예의로 존경함이 지나치면 마음이 떠나게 된다.
인정을 화합하게 하고 용모를 꾸미게 하는 것이
예(禮)와 악(樂)이 할 일이다.

樂也者動於內者也. 禮也者動於外者也.

(『禮記』, 「樂記」편)

음악은 사람의 내심을 움직이는 것이요, 예의는 사람의 외형을 움직이는

것이다. …… 그러므로, 음악은 화합을 다하고 예는 공순함을 다한다. …… 말을 하고 그것을 실천하는 것이 예이다. 실천을 하고 그것을 즐기는 것이 음악이다.

…… 故, 樂極和, 禮極順 …… 言而履之, 禮也. 行而樂之, 樂也.

(『禮記』, 「樂記」편)

6. 맺는 말

오늘날 우리는 언어를 통해 사물을 완전히 통제하고, 이해하겠다는 서양적 의사소통에 대한 반성으로 '명상'이니 '직관'에 의존하는 불가나 노장의 의사소통관을 하나의 보완적 대안으로 생각하기에 이르렀다. 그렇지만 이런 대안을 생각하기에는 너무나 많은 매체 기술 속에 우리가 깊숙이 포섭되어 있고, 또 복잡한 인간관계망 속에 갇힌 존재가 되었다. 또 지난 세기를 풍미했던 대중매체가 아니더라도 이동전화 등의 새로운 통신기술은 우리들로 하여금 끊임없이 누군가와 소통하도록 충동시키고 있다.

또 오늘날 새로운 매체로서 가장 주목받는 매체 중 하나인 인터넷은 그 이전의 어떤 매체에서도 볼 수 없었던 색다른 특징들을 보여준다. 과거 매체들은 대체로 사적 성격과 공적 성격을 확연히 구분했는데 인터넷은 과거 매체와 달리 이 둘의 공간을 혼재시키고 있다. 따라서 이 공간 안에서 오고가는 정보를 구성하는 언어들은 공적 매체가 지닌 책임과 신뢰를 거의 보여주지 못하지만 실은 공적 매체 못지 않은 큰 영향력을 행사하고 있다. 게다가 욕설, 모욕적 언사, 허위사실 유포, 음란한 표현 등으로서 타인의 명예나 인격을 침해하는가 하면 사상의 자유시장에서조차 공적 토론의 매개체로서의 역할을 다하지 못하고 있다.

이처럼 인터넷은 사적 매체/공적 매체라는 서양의 이분법적 틀을 벗어난 통합적 매체라고 말할 수 있다. 어쩌면 서양적 의사소통에 적합한 매체가 아니라 동양적 의사소통에 적합한 매체라고 말할 수 있다. 그런데 이런 공간에서 이루어지는 소통방식이 기표에 대한 과신으로 일관된 서양의 의사소통 방식에만 의존하고 있다는 것이 바로 문제이다. 이는 언어와 행동이 분리되고, 육체와 정신이 분리되고, 이성과 감성이 분리된 채 의사소통이 이루어지고 있기 때문이다. 따라서 인터넷상에 말은 분명 있지만 발하는 사람이 없는 의사소통으로 점차 전락하고 있다.

또 오늘날 신세대는 자신의 사고와 행동을 분명한 언어구조로서 표현하거나 되고, 또 분석가능한 이성의 논리에 지배되기보다는 이미지로 대표되는 직관에 의존한다. 다소 극단적으로 말하면 이들은 이미지로 의사소통하며, 이미지를 통해 자신의 가치를 구현한다. 따라서 이들의 일상생활과 행동에서 찾을 수 있는 삶의 가치는 모호성과 자율성, 아름다움과 혼합, 그리고 스스로의 즐거움 추구 등으로부터 비롯된다. 게다가 이들이 경험하는 현실은 물리적으로 경험되는 현실공간에만 있는 것이 아니라, 이미지로 제공되고 느껴지는 사이버 공간까지도 포함하고 있다. 즉 이미지를 통해서 사이버 공간을 자신의 생활공간에 포함시켰다.

우리들의 현실경험이 이성적 토대를 기초로 해서 이루어졌다면, 사이버 공간은 보여지는 이미지로서 만들어진다. 이미지는 바로 직관과 통찰로서 사고하고, 또 이것의 자유로운 변형과 확장을 가능케 하는데 사이버 공간은 바로 이미지에 의해 표현되고 의사소통이 되는 중요한 장이다. 사이버 공간이 지금처럼 우리의 일상생활 공간에서 급속히 확장하고 있는 상황에서 이미지는 조금씩 현실의 행동과 생활양식을 재구성할 수 있다. 그리고 이것은 이미지로 표현되고, 이미지로 통하며, 이미지로 사고하는 지식정보사회의 대표적인 인간형이 등장함으로써 더욱 촉진될 것이다.

이 과정에서 우리는 구체적인 실체로 존재한다고 믿었던 심상(心象)을 사이버 공간과 같은 가상환경 속에서 존재하는 이미지를 통해서 찾으려고 시도할 것이다. 이런 것은 인간이 스스로의 존재를 이성적 측면 뿐 아니라 감성적 차원을 통해 새롭게 해석하고자 하는 시도라고 볼 수 있다. 사이버 공간을 통해 인간은 현실과는 다른 방식으로 자신을 인식하며, 또 이런 방식을 통해 새로운 인간 관계를 맺을 것이다. 채팅이나 대화방 등에서 이루어지는 활동이 바로 이미지로 이루어진 가상적 교류의 구체적인 경험이다. 이처럼 감성은 이성을 대신해서 새로운 조명을 받는다.

그렇다면 인터넷상에 올라온 말들 하나하나가 나의 심상이고, 나의 기이고, 나의 가치체계이고, 내가 행동으로 실천해야 할 기표가 될 수 있지 않을까? 실은 익명성이 보장되는 이 인터넷 공간이야말로 언어가 그 사람의 심이자 기이자, 그리고 행동으로 옮겨질 수 있는, 그럼으로써 유가적 의사소통이 이루어질 수 있는 생활세계가 아닐까? 즉 말하는 사람의 가치체계가 담지된 가치언어가 오고가는 하나의 유가의 이상적 공동체 공간이 될 수 없을까?

그런데 유가는 위기지학(爲己之學, self-discipline)의 체계를 갖추고 있다. 즉 스스로 배우고, 훈련해서 얻어져야 하는 것이지 그냥 얻어지는 것은 아니다. 이는 인간의 내적 본성은 미리 규정되어 있어서 그 본성을 구현하기 위해서는 도를 통해야 한다는 것과 관련이 있다. 사실 모든 인간의 훈련과 교육은 이 도를 닦기 위한 것이다. 따라서 언어의 문제, 또한 자기훈련의 체계, 자기구도의 기획 안에 자리잡고 있다. 그 본성을 구현하는데 가장 큰 길(道)이 바로 언어의 문제이다.

유가에서는 인간의 의미가 기독교처럼 절대적 타자를 위한 복종에서 확인된다거나, 불교에서처럼 인간의 모든 관계를 절연한 절대 고독 속에서 그런 존재를 마주할 것이라거나 노장처럼 사회와 문명을 거부하고 물질적 자연성으로 회귀함으로써 자기와 대면할 것이라고 말하지 않는다. 자기의 밖에 존재하는 타자적 절대자는 없고, 단지 자기 속의 자기와 화해할 뿐이다 여기가 유학이 다른 정신적 전통들과 합일의 사고를 공유하면서도 서로 차이가 있는 곳이다(한형조, 2000: 241).

게다가 이런 자기훈련이 이루어지는 곳은 다른 특별한 공간이 아니라 밥 먹고, 컴퓨터 앞에 앉아 있고, 대화를 하는 일상의 공간이다. 한대(漢代) 이후 '관료화된 유교'가 아니라 초기 유랑시절 '비판정신의 유교'를 이 시점에 유용하게 보게 된 것은 이러한 자기수련의 체계와 일상성의 의미작용이라는 부분에 유의하고 있기 때문이다. 그리고 우리가 의사소통관을 통해 그 사상의 복원 가능성을 타진해보는 것도 그런 연유에서이다.

참고문헌

김형효. 2003, 「기조강연: 오늘에서 본 공자의 철학적 읽기와 유교의 진리」, 『기호학과 유교문화』, 한국기호학회 2003년도 춘계학술대회.

노사광. 1986, 『中國哲學史』, 정인재 역, 『중국철학사』, 탐구당.

徐腹觀. 1990, 『中國藝術精神』, 권덕주 역, 『중국예술정신』, 동문선.

우준호. 2000, 「유교의 기본관념에 대한 재고찰」, 『중국학논총』, 한국중국문화학회.

윤사순. 2000, 「유학의 변천과 그 정체성의 문제」, 『한국공자학회 정기 발표회』.

이승환. 1997, 「몸의 기호학적 고찰－유가전통을 중심으로」, 『기호학 연구 3/삶과 기호』, 한국기호학회 엮음, 문학과 지성사.

_____. 2003, 「성(聖)의 기호학」, 『기호학과 유교문화』, 한국기호학회 2003년도 춘계학술대회.

한형조. 2000, 『왜 동양철학인가』, 문학동네.

清·阮元校刻. 1991, 『十三經注疏』, 北京: 中華書局.

찾아보기

ㅈ~ㅊ

▒ 지은이

김정탁

저자 김정탁은 성균관대 신문방송학과를 졸업하고, 중앙일보사에 입사하여 4년간 기자 생활을 했다. 1980년 신문기자 생활을 그만둔 뒤 미국에 유학, 미주리 대 언론대학원에서 석사 및 박사 학위를 받았다. 1985년부터 지금까지 성균관대 신문방송학과 교수로 재직하면서 현재 동 대학 언론정보대학원장을 겸하고 있다.

논문으로는 「한국 언론인의 부수화된 자기중심성」, 「민중의 커뮤니케이션적 인식」, 「한국 언론의 지배이데올로기의 형성과 전개」, 「포스트모더니즘 토대로서 노동과 커뮤니케이션」 등이 있다. 그의 최근의 학문적 관심은 언론학에서 의사소통학으로 바뀌고 있다. 이 책은 이런 학문적 변화의 첫 결과물이라고 할 수 있다.

한울아카데미 657

禮 & 藝

한국인의 의사소통 사상을 찾아서

지은이 **김정탁** | 펴낸이 **김종수** | 펴낸곳 **한울엠플러스(주)** |

초판 1쇄 발행 **2004년 6월 11일** | 초판 4쇄 발행 **2016년 6월 15일**

주소 **10881 경기도 파주시 광인사길 153 한울시소빌딩 3층**
전화 **031-955-0655** | 팩스 **031-955-0656**
홈페이지 **www.hanulmplus.kr** | 등록번호 **제406-2015-000143호**

Printed in Korea.
ISBN 978-89-460-6182-8 93330
* 책값은 겉표지에 표시되어 있습니다.